교정복지론

박영숙 · 김주연 · 고명석 · 강영실
김수정 · 황희숙 · 구승신 · 신소정
공저

청목출판사

머리말

우리나라는 해마다 범죄 발생 건수가 증가하고 있다. 그 중에서 재범이나 누범에 의한 범죄의 비율이 50% 가까이나 된다. 이러한 사실은 우리나라에서 교정복지 역사가 그리 길지 못하며 아직까지 정착되지 못하여 교정복지가 그 기능과 역할을 제대로 하지 못하였기 때문이다.

최근에도 재범, 누범에 의한 흉악범죄가 잇따라 발생하면서 전국민을 불안에 몰아넣어 교정복지의 필요성과 중요성을 절감한 바 있다. 이제 우리나라도 교정복지에 대한 관심과 그의 정착화에 더 이상 소극적일 수는 없다.

교정복지란 비행 청소년과 범죄인에 대한 교정·교화를 통하여 재활을 돕고 정상적으로 사회에 복귀하도록 하는 데 그 목적을 두고 있다. 즉, 비행 청소년과 범죄인의 교정·교화를 사회복지적 차원에서 접근하여 비행 청소년과 범죄인 개인뿐 아니라 그들을 둘러싼 제반 환경에 개입하여 당면한 문제를 해결 및 예방하려는 것이다.

이러한 교정복지의 활성화·정착화를 통하여 비행 청소년 및 범죄인에 대한 재사회화와 건전한 사회복귀를 도움으로써 재범에 의한 범죄를 방지하고, 안전하고 행복하고 건강한 사회를 만들어야 할 것이다.

본서는 범죄인의 재사회화와 건전한 사회복귀라는 교정복지의 목적을 달성함으로써 건강한 사회, 행복한 사회를 구현해 나가기 위한 교정복지의 메신저로서의 역할을 하고자 하는 차원에서 집필한 것이다. 저자들은 각 대학교 사회복지학과 현장에서 사회복지학도들을 지도하고 있는 교수들로 그동안 교정복지에 대한 중요성을 인식하고 교정복지의 다양한 이론과 기술 그리고 실천 방법 등에 대하여 연구하여 왔다. 본서는 바로 저자들이 그동안 관심을 두고 연구해 왔던 교정복지의 각 영역에 대한 내용들을 집필한 것이다.

본서는 총 10장으로 구성되어 있다. 제1장은 교정복지의 기초 개념을 중심으로 한 교정복지의 이해이며 제2장은 외국과 우리나라의 교정복지에 대한 역사로 구성되어 있다. 또한 제3장은 다양한 범죄 이론과 범죄 원인론에 대하여 그리고 제4장은 교정복지와 관련된 사법제도에 대한 소개로 구성되어 있다. 제5장은 교정처우의 방법으로서 시설내 처우와 사회내 처우에 대하여 제6장은 교정복지가 이루어지고 있는 다양한 교정복지현장에 대한 이해 그리고 제7장은 교정복지실천에 대한 이해로 구성되어 있다. 그리고 제8장은 교정복지와 관련된 다양한 제도와 프로그램이 소개되어 있으며 제9장은 교정복지분야론으로서 교정복지의 다양한 분야에 대하여 마지막으로 제10장은 교정복지의 앞으로의 전망과 과제로 구성되어 있다.

제10장 중에서 제1장과 제2장은 김주연 교수와 신소정 교수가 제3장과 제5장은 박영숙 교수가 그리고 제4장은 황희숙 교수가 집필을 담당하였으며, 제6장은 강영실 교수가, 제7장과 제8장은 고명석 교수가 그리고 제9장과 제10장은 각각 김수정 교수와 구승신 교수가 집필을 담당하였다.

여러 교수님들이 참가하여 집필한 관계로 중복되는 내용이 다소 있으나 교정복지에 대한 입문서로서 최선을 다하고자 하였다.

교정복지사나 교정공무원 등 교정분야에 관심 있거나 활동하고자 하는 교정복지 학도들에게 많은 도움이 되기를 바라며 이 책의 출판을 맡아주신 청목출판사 유성렬 사장님과 직원 여러분들께 진심으로 감사드린다.

2008년 7월

저자대표 박 영 숙

차 례

제 1 장

교정복지의 이해

1. 교정복지의 필요성

1) 범죄문제의 심각성

오늘날의 각 나라들은 그 어느 때보다도 다양한 사회문제들로 고민하고 있다. 실업문제, 인구의 노령화, 생태계파괴와 환경오염, 가족해체, 빈곤과 식량 부족, 범죄문제, 인종차별, 자원의 고갈, 인간성의 상실 등 그 문제들을 다 나열하기조차 매우 곤란하다. 그러나 이러한 사회문제가 국제적으로나 국내적으로 언급될 때마다 문제의 심각성이 충분히 인정되고 있지 않는 부분이 바로 범죄문제이다. 그렇게 생각되는 이유 가운데 하나는 인간사회가 복합적인 인간관계(human relations)로 섬유조직(fabric)처럼 엮여져, 각 개인은 이들 관계 속에서 자아현실을 이루고자 하지만, 범죄는 이와 같은 사회 구성원의 삶의 목표를 원천적으로 봉쇄하기 때문이다. 뿐만 아니라 범죄는 사회 속에 존재하는 암세포와 같아서 무서운 파괴력을 발휘하고 한 번 발생하면 범죄 그 자체와 그로 인한 결과(consequences)를 완전히 제거하기가 매우 곤란하기 때문이다.

이와 같이 범죄문제는 새로운 세기로 이어진 국제적인 당면과제가 되었다. 이는 양적인 증가뿐 아니라 질적 측면을 고려할 때 이 문제의 심각성을 깨닫게 된다. 우리나라도 예외일 수 없으며, 지난 30년 동안 우리나라의 범죄발생건수를 가지고 그래프를 그리면 45도에 가까운 상승곡선을 그린다(법무부, 1998:28-29).

우리나라의 범죄발생건수의 추이를 보면 1979년부터 10년 사이에 약 2배로 증가하였으며 재범자와 누범자에 의한 범죄비율은 전체 범죄건수의 약 43.2%에 이르고, 그 가운데 재범 2회 이상이 64.5%이며, 5회 이상도 20%에 이르고 있다. 지난 5년간의 소년범죄를 보면 1993년 이후 지속적으로 증가추세를 보이고 있다.

1997년에는 1993년에 비하여 48.4%가 증가하여 전체 범죄증가율 21.8%보다 2배 이상의 높은 증가를 보이고 있다(문화관광부, 1998:430). 물론 내용면에서도 흉악화, 저연령화, 집단화되고 있다. 이는 교정을 통하여 범죄자가 결국에 가서는 사회에 복귀하고 사회와 통합을 시키고자 하는 우리나라 행형의 일차적 목적(조준현, 1991:1)을 이루지 못하고 있는 근거라고 할 수 있다. 더군다나 우리 사회의 범인성 환경이 증대되어 범죄를 유발하거나 조장하는 등 범죄의 발생을 용이하게 할 것이다. 특히 범죄는 통계수치 그 자체가 의미하는 것보다 훨씬 큰 영향을 미치고 있다. 피해자와 그 가족은 물론이고 지역사회에 크나큰 악영향을 미치며 사회 구성원의 삶의 공동체를 파괴하고 삶의 질에 극약과 같은 것이기 때문에 비행과 범죄에 대한 사회의 지대한 관심이 절실하다.

그럼에도 불구하고 범죄가 우리 사회에서는 당면한 문제가 아닌 것처럼 인식하는 경향이 없지 않다. 현재 전국 교정시설에 수용된 재소자 수만 하더라도 최대 수용인원을 55,000명으로 볼 때 이미 그 한계를 넘어섰고, 교정시설의 과잉수용 문제가 이미 다가왔다. 이 과잉수용의 문제는 재소자에 미치는 부정적 영향은 물론이거니와 제 아무리 완벽한 제도와 교육훈련된 요원을 공급한다 하더라도 '교정'의 실효를 거둘 수 없도록 만든다.

교정시설의 수용인원 악화현상을 보면, 미국의 경우 1970년대 초에 비해 오늘날의 성인교도소 인구는 3배로 증가하였고, 1980년대에만 하더라도 168%까지 나타났다(Mika, 1995:119). 우리의 개념으로 천문학적인 교정비용을 쓰고 이러한 결과를 낳고 있는 것이다.

몇 년 전 미국의 연구 결과에 따르면, 당시의 범죄증가 추세를 보아 21세기 초에는 1990년대 초 전체 주정부와 연방정부의 교도소 인구의 2배에 이른다는 것이다(Mika, 1995:68). 미국을 비롯한 선진국들이 많은 국가재정과 노력을 투자 했음에도 불구하고 오히려 범죄문제는 심각해지고 있기 때문에, 현재의 형사사법체계와 사법정책을 그대로 유지할 수도 또한 유지하지 않을 수도 없는 딜레마에 빠져 있다.

범죄사건은 우리에게 경제적, 물리적 또는 경우에 따라 신체적 해를 입힌다. 그로 인한 해가 적을지라도, 실재로 받은 정신적 또는 심리적인 영향은 그것을 측정할 수 없을 정도로 클 수 있다. 범죄가 발생하면 지역주민 사이에 두려움과 공포감이 생기고 모든 사람들이 주변의 사람들을 의심하게 된다. 지역공동체의 상호 신뢰하는 관계가 파괴된다. 뿐만 아니라 범죄사건이 범죄피해자와 그의 가족, 지역사회에 주는 영향은 경우에 따라서는 엄청난 혼돈과 고통에 처하게 만든다. 그리하여 하나의 범법행위가 개인의 존엄과 사회 전체의 응집력을 산산조각 내기에 충분하다(Peanuy, 1994). 이는 범죄가 일어나기 전에는 범죄피해자 개인의 세계가 질서 있고 평온하며 모든 것들이 신뢰되었지만 범죄사건이 있는 후 피해자의 상황은 판이하게 달라진다. 범죄피해자는 범죄로 인한 피해와 관련하여 그 자신과 다른 사람들을 비난하게 되고, 그가 잃은 자신의 온전함(wholenesszehr, 1990:25)을 회복할 수 없다. 결국 이러한 범죄피해자가 늘어나고 있다는 것을 주의 깊게 생각하여 보면 오늘날 우리 사회가 겪고 있는 아픔과 상처야말로 대단한 것이다.

정부가 더 많은 재정을 투자하여 더 많은 수용시설을 지어 범죄자를 구금하고 재소자를 위해 더 투자한다면 범죄자가 감소되어야 하겠지만, 현실을 보면 우리의 바람과는 정반대 현상이 일어나고 있다. 현실의 상황을 냉정히 볼 때, 교도소에 막대한 비용을 투자하여 교정효과가 없음(Quinlan, 1995 : Crawford et al., 1990:4)에도 불구하고 과거 어느 때보다도 교도소에 의존하고 있는 것이 대부분 국가들의 실정이다. 예를 들어, 미국 사회의 경우에도 향후 10년간 청소년범죄가 놀라울 정도로 급증하리라고 예상하고 있는데(Colson, 1995:3) 이들에 대해 어떻게 대응해야 할지는 큰 도전이지 않을 수 없다.

2) 사회 환경의 악화와 청소년 비행

최근 우리나라 부부의 이혼은 매년 증가하여 1970년도 초에는 1만 4천 건에서 1997년에는 9만 3천 건으로 크게 증가하였다(문화관광부, 1999:25). 이와 같이 증가하는 우리나라 가정의 이혼율은 분열되는 가정 자체가 큰 문제인 것은 물론이고, 그 가정의 청소년 자녀에게 미치는 영향은 이루 말할 수 없다. 또한 경제의 급속한 발전과 개방화에 편승하여 향락퇴폐업소 및 폭력, 음란성 매체 증가, 황금만능주의 팽배 등 일반사회적인 만연함에 따라, 특히 청소년의 경우 그 문제가 심각해지고 있다. 청소년 가출, 약물남용, 성폭행, 청소년 윤락, 청소년 폭력, 미성년자 고용 등 청소년문제가 심각한 사회적 현안문제로 대두되게 되었다(문화관광부, 1998:373).

청소년범죄의 성격을 보면, 재범률이 1993년 이후 매년 증가되고 있고, 전과의 경험이 있는 경우가 1997년의 경우 전체 26%에 이르고 있다. 특히 이들의 가족 관계에서는 실부모가 있는 소년들이 77.9%로 가장 많으며, 범행동기에서는 별다른 이유 없이 우발적으로 저지르는 경우가 전체 21.9%이어서, 유흥비 충당 등 이욕(利慾)범행 14%보다 훨씬 높은 것으로 보인다. 결국 청소년범죄가 결손가족에서 빈곤과 생존의 기본적 욕구를 위해 일어나던 과거와는 달리 이제는 실부모가 있는 가정에서, 필요한 욕구의 충족을 위해서라기보다는 자신들의 쾌감을 추구하려는 경향이 있고, 별다른 이유 없이 범행이 이루어지는 경향이 강해지고 있다.

전반적으로 과거에 비하여 우리의 생활수준이 향상된 것은 사실이다. 그렇다면, 청소년들이 지니는 문제가 줄어드는 것이 당연하지만, 현실은 그렇지 못하고 오히려 악화일로에 있다는 것이 전체적인 경험이다. 더구나 이러한 청소년의 경향이 긍정적으로 예측되기보다는 그 반대적인 요인이 강하게 나타나고 있다. 그렇게 생각할 수 있는 주요 요인들을 살펴보면 다음과 같다.

첫째, 우리 사회는 지난 10여 년 동안, 그 중에서도 지난 몇 년 간 예전에는 상상하기 힘들었던 급속한 사회변화를 체험하고 있다. 산업화 사회에서 정보화 사회로의 변화는 세계 각국이 추구하는 방향이기도 하고 그렇다고 다른 선택이 있는 것도 아니다. 이러한 급변하는 사회의 흐름 속에서 기존의 전통과 가치와 새로운 가치관의 차이에서 오는 세대 간의 갈등이 발생하고 우리 사회의 전체적인 혼돈 상태를 야기시키고 있다고 볼 수 있다. 정보화 또는 세계화로 인하여 외부로부터 유입된 여러 가지 가치와 생활방식은 청소년들에게 혼돈을 가중시키는 요인이 될 수 있다. 이들은 단시일 내에 청소년들에게 새로운 변화와 적응을 요구하는 결과가 되지만, 다원화된 사회에서 다양한 생활방식과 가치관에 익숙하지 않은 우리 사회는 결코 용이한 일이 아니다. 그렇기 때문에 사회에서 요구되는 정보와 지식의 획득을 위한 경쟁 속에서 뒤떨어지는 사람들이 겪는 새로운 소외현상이 발생되고 때로는 자포자기로 이어져 비인간적인 흉악한 범죄를 저지르는 경우도 있다.

둘째, 우리 사회의 급격한 변화 속에서 전 생에 가운데 그 어느 때보다도 예민한 청소년들은 사회변화의 긍정적 영향보다는 부정적 영향에 쉽게 노출되는 현상이 있다. 물론 그들은 다른 연령층에 비하여 심리적·정신적으로 쉽게 상처받을 수 있지만(vulnerable), 이들을 보호하거나 지원할 만한 별다른 사회적 제도나 장치나 마비하여 유흥환경, 음란성 매체, 그리고 불건전한 성인성 가치관에 영향을 받게 된다. 다시 말해서, 여러 가지 반사회적인 환경요인에 자극을 받아 청소년들은 가출과 약물남용, 성폭행과 유흥업소 출입, 각종 폭력행위, 그리고 기타 비행과 범죄 등 사회문제의 제공자로 낙인되기도 한다.

셋째, 여러 가지 이유로 인하여 청소년들을 공동체의식이 과거 어느 때보다도 부족하다. 이들이 생활하는 사회나 학교에서도 마찬가지다. 이는 최근 우리사회의 전반적인 급격한 변화로 인한 것이기도 하겠지만, 가족생활이 안정되지 못하고 부부간의 불화로 인한 불완전한 부모기능에 연유할 수 있다. 특히 가정에 관한 전통적 윤리의식의 변화, 핵가족화에 의한 역기능 증가, 여성의 사회활동 증가 등으로 인한 부부간의 갈등과 가정의 불화로 이혼의 경향이 급속히 높아지고 있고 전통적으로 가족 내의 문제는 가족 내에서 스스로 해결하려고 하던 것과는 달리 국가적 또는 법정과 같은 공공 기제(formal mechanism)를 통하여 문제를 해결하려고 하는 것도 최근 두드러지게 나타나는 현상이다. 그렇기 때문에 이처럼 공적인 문제해결 기제를 통하여 부부간의 문제가 외형적으로는 해결되는 경우일지라도 문제에 관여된 당사자들이나 자녀들의 심리적, 정신적인 갈등은 여전히 남아 있게 된다. 대부분의 경우 가정의 지속되는 갈등 속에서 청소년들은 필요한 애정과 관심의 대상이 되지 못하고 아픔과 상처를 경험하게 되는 피해자가 되는 경우가 상당하다.

넷째, 청소년들의 대부분이 학생 신분인데 바로 학생들에 의한 범죄나 비행이 상당부분을 차지하고 있다는 점이다. 최근 5년간만 보더라도 학생에 의한 범죄는 급격하게 증가되어 그 증가율이 우리나라 전체 범죄 및 소년범죄의 증가율을 능가하고 있고, 소년범죄 가운데 학생에 의한 범죄가 차지하는 비율 역시 계속 증가추세에 있다.

〈표 1-1〉 학생범죄의 연도별 현황 (단위 : 천명, %)

연 도	전체범죄(A)	소 년 범 죄		학 생 범 죄	
		인원(B)	구성비(B/A)	인원(C)	구성비(C/B)
1994	1,660,973 (100)	108,342 (100)	6.5	69,611 (100)	64.3
1995	1,804,405 (108.6)	124,244 (114.7)	6.9	82,442 (118.4)	66.4
1996	2,018,296 (121.5)	146,986 (135.7)	7.3	91,750 (131.8)	62.4
1997	2,117,759 (127.5)	164,182 (151.5)	7.8	103,292 (148.4)	62.9
1998	2,341,431 (141.0)	161,277 (148.9)	6.9	99,625 (143.1)	61.8

주 : ( ) 안은 기준 연도 대비율임
자료 : 대검찰청
출처 : 문화관광부(1999) p. 498.

학교라고 하는 공교육의 현장과 관련되는 범죄가 상당히 존재하고 더구나 증가일로에 있는 것은 쉽게 묵과할 수 없는 일이다. 그 어느 곳보다도 학교는 신성시되어야 하고 어느 사회에서든지 그 사회를 위한 미래에의 투자와 관심의 초점이 되기 때문이다. 과거에 도심의 빈곤지역이나 낙후지역에서 범죄나 비행이 발생한다는 것은 이해될 만한 일이고 그 원인부터도 찾아내기가 상대적으로 용이하였다.

3) 정보화 시대

21세기에 들어서면서 가장 급속히 우리의 생활 속에 파고 들어온 과학문명의 이기 가운데 하나를 말하라고 하면 주저 없이 인터넷이라고 할 것이다. 신문에서 특정 지면을 할당받아 경제, 사회, 문화, 교육 등 사회 전반에 걸쳐 각종 인터넷 정보를 쏟아내기 시작한 지 벌써 몇 년이 되었고, 국가적 차원에서도 전 국민의 정보화 마인드 구축이라는 목표 아래 학생은 물론 일반인들을 대상으로 한 인터넷 교육의 열기도 어렵지 않게 우리 주변에서 읽을 수 있다. 그 결과 최근 집계된 인터넷 사용자 수는 2000년 7월 말 현재 1천 600만 명에 이르렀으며, 불과 반년 만에 50% 가까운 증가를 보였다.

가정이나 청소년 자신의 컴퓨터 이용 여부에 대해 조사한 결과, 현재 컴퓨터를 이용하고 있는 청소년은 전체 응답자 중 71.5%, 과거사용 청소년이 17.2%로 컴퓨터 이용률은 88.7%로 나타났다. 이러한 수치는 1998년 국민 평균 컴퓨터 이용률 41.7%, 1999년 37.9%보다 2배가 넘은 수치이다. 또한 일본 청소년의 경우, 현재 컴퓨터를 이용하고 있는 청소년이 42.8%, 과거에 이용한 경험이 있는 청소년이 41.9%로 총 84.7%의 청소년이 컴퓨터를 이용한 경험이 있는 것으로 조사되어 우리나라와 비슷한 경향을 보였다.

인터넷 이용이 일반화되면서 국내 인터넷 이용자 수는 1994년 말 13만 8,000명에서 해마다 2배 이상 증가하고 있다. 2000년 3월 말에 한국인터넷정보센터(KRNC)에서 설문 조사한 자료(한국전산원, 2000:337-338)에 따르면, 국내 인터넷 이용자 수가 1,393만 명으로 집계됨으로써 6년 만에 무려 100배가 넘는 폭발적인 증가를 보이고 있다.

정보화 시대에 들어서면서 청소년들은 훨씬 신속하고 다양하게 정보를 접하게 되는 등 편리한 생활을 영위하게 되겠지만 무제한적 정보의 무차별적 확산으로 인해 청소년의 건전한 성장을 저해하게 되었고 정서함양에 부정적 영향을 미치게 되었다. 한 단체에서 실시한 조사(대전광역시 청소년유해환경 감시단, 1997)에 의하면, 청소년들이 가장 유해하다고 지적한 매체는 음란비디오(33.9%), 음란PC통신

(13.5%), 불법 CD-ROM(10.4%), 성인영화(10.0%) 순으로 나타났다. 또한 음란비디오를 본 적이 있는 청소년은 32.5%, 성인영화를 본 적이 있는 경우는 77.1%, 음란PC통신을 한 적이 있는 경우는 63.4%, 불법 CD-ROM을 본 적이 있는 경우는 72.9%, 국내 외 음란잡지를 본 경험이 있는 경우는 77.4~79.9%로 나타나 적지 않은 청소년이 음란매체에 노출되어 있음을 알 수 있다.

청소년이 접하게 되는 유해매체는 크게 폭력성과 음란성이 문제가 된다. 폭발적으로 밀려드는 다양한 매체를 평가할 수 있는 안목이 형성되지 않는 채 가출, 유흥장 출입, 음주, 흡연, 폭력, 가출, 남녀 혼숙, 흉기 소지, 환각물질 오남용으로 이어질 수 있다. 1997년 청소년백서에 의하면, 1996년 20세 미만의 가출인의 39.9%보다 7.5%나 증가했다.

청소년 폭력 또한 큰 문제가 되었다. 1995년 형사정책연구원이 조사한 학교폭력피해에 관한 결과에 의하면, 1990년 3,704건, 1992년 5,196건, 1994년 5,296건, 1995년 8월까지는 4,044건의 학교폭력이 적발되었다. 피해 내용으로는 금품피해가 22.6%, 폭력피해가 14.1%, 협박 등 심리적 피해가 15.8%로 나타났으며, 전체 학생의 36.1%가 피해를 당한 경험이 있는 것으로 나타났다.

특히 자살문제가 최근 우리나라의 심각한 문제로 등장하고 있다. 이는 인터넷이 큰 영향을 미치는데 세계 검색엔진에 자살이라는 검색어를 입력하면 2만여 개의 사이트가 나타나며, 이들 중 자살을 실제적으로 부추기는 사이트가 1,200개에 달한다. 특히 일본에서는 자살방법을 구체적이며 실질적으로 가르쳐 주고 있는 웹사이트가 150여 개에 이른다는 것이다. 우리나라도 이런 사이트가 최근 들어 급증하고 있다. 서울시 청소년종합상담실(1998)에서 서울시의 중·고등학교 청소년 503명을 대상으로 실시한 조사에 의하면 33.2%의 청소년들이 자살하고 싶다는 생각을 해본 적이 있다고 응답했다. 이러한 자살충동 경험 여부를 특성별로 살펴보면, 자살충동 경험이 있다는 응답은 여자(43.7%), 고등학생(37.0%), 학년이 올라갈수록 높아지는 것으로 나타났으며, 인문계 고등학생(39.1%), 월 가족소득 300만원 이상인 고소득층 청소년(41.5%)에서 높게 나타났다.

이는 인터넷이 급속히 확산되면서 정보시대에 있어서 이러한 정보매체를 통한 접속물들이 특히 청소년들에게 지대한 영향을 미치고 있을 뿐 아니라 그들의 생활 패

턴과 사고방식을 변화시키는 단적인 측면을 보여주고 있다.

4) 현행 형벌제도의 한계점

현행 형벌제도의 대표적인 형태는 구금형이며 이 구금형을 통하여 범죄자를 처벌한다. 사실 처벌이라는 것은 한 개인이 범법하였기 때문에 이에 대한 대가로서 고통과 불쾌감을 부가하는 것이다. 소위 범죄란 국가의 법을 위반하여 유죄가 인정된 것이기 때문에 사법체계는 정해 놓은 사법정의(justice)에 따라 얼마만큼 질책할지를 결정하고 그 정도에 따라 고통을 부과한다. 이러한 관점은 소위 응보주의에 근거한 형벌에 입각한다. 범죄자에게 부과되는 고통이라는 것은 가정과 사회로부터 격리하는 것이다. 사회의 보호라는 명분에서 범죄자를 사회로부터 격리시키는 것이 불가피하다고 하겠지만, 격리 자체는 범죄자를 사회에의 재통합시키고자 하는 교정의 궁극적 목적과는 상반되는 것이다. 현행 형 처벌에서 보면, 사법정의란 단지 범죄자를 일반사회에서 숨겨진 사회로 옮겨 그곳에 소외된 채 공동 수용하는 것 이상의 별다른 의미가 없다. 범죄자는 대부분이 자신의 가치를 낮게 가지고 있고, 자신의 자율성이 낮은 것이 사실이다. 그리나 교도소 생활은 이러한 범죄자 자신에 대한 가치를 한층 낮게 만들뿐만 아니라, 자신에 대한 인식을 높이는 데 필요로 하는 차원에 접근하기가 더욱 어렵게 한다. 현행의 형사사법체계와 교정체계는 그 한계를 분명히 나타내고 있다. 무엇보다도 범죄자가 겪어야 하는 지속적인 악순환은 범죄자의 주변 환경을 범죄 이전보다 훨씬 어렵게 만든다. 많은 범죄자들이 범죄 후에 자기 가정으로부터, 사회로부터 소외될 수밖에 없는 것이 사실이다.

위와 같은 현행 형벌제도의 한계점들을 다음과 같은 교정의 문제점으로부터 좀 더 구체적으로 살펴볼 수 있다.

현대사회는 그 어느 시대보다 매우 복잡한 기능과 역할을 개인에게 요구하기 때문에 이에 대응하는 개인의 활동이야말로 단순화시키기가 거의 불가능하다. 그렇기 때문에 정상인에 비하여 가정, 학교, 지역사회, 직장 등에서 어려운 처지에 있는 범죄자가 만들어내는 행동 하나 하나를 대응해 나가는 데는 한층 어려움이 있다. 결국, 범죄자는 교정 차원에서 인간으로 다루어져야 한다. 인간이 인간으로 다루어질 때 가장 순수해지며 인간으로 돌아갈 수 있기 때문이다. 예측을 불허하는 인간행동의 특성을 기존의 형벌이념에 깔려 있는 100% 응보도, 100% 재활만을 위한 것도 아닌 애매모호한 태도로 대하는 것은 최선의 방법이 아니다. 그렇다면 범죄자를 인간으로 다루어야 한다면 범죄행위를 차지해도 되는지, 어느 정도까지 범죄자를 처벌하고 어느 정도까지 인간으로 다루어야 하는지 등의 질문이 계속 제기된다. 정의와 공동성 개념을 염두에 두면 또 다른 질문이 연결된다. 그러나 분명한 것은 범법행위에 대하여 '맛 좀 보라'는 식의 범죄대응책은 계속 유지할 만한 해결책이 못 된다는 것이 입증되었다. 이는 오늘날 각국의 교정현실이 입증해 주고 있다.

구금형은 시설 내에 범죄자를 일정 기간 구속하여 관리 감독한다. 이와 관련되어 발생하고 있는 문제가 바로 교정시설의 과밀수용 문제이다. 국제적으로도 교정시설에서의 과밀수용 문제는 매우 심각한 상태이다. 교정선진국인 미국의 경우 천문학적인 교정비용을 쓰고도 이러한 결과가 나타나고 있다. 미국은 최근 1년 동안 교도소를 건설하고 이를 운영하는 데만 210억 달러를 쓰고도 상태는 악화되고 있다. 예를 들어, 1993년 말, 미국 캘리포니아 주 교정 국에서는 그 주 내에 최대수용능력의 184%에 해당하는 재소자를 수용하고 있었다. 교정시설에 최대수용인원을 초과 수용할 경우 교정시설의 기능을 다할 수 없다. 이러한 미국의 교정시설 과밀수용 현장은 1970년대 시작된 범죄에의 '강경책(tough on crime)'에 많은 영향을 받고 있다. 결국 이러한 정책이 범죄문제를 해결하거나 감소시키는 데 도움이 되지 못한다는 것을 시인하지 않을 수 없게 된 셈이다. 이는 증가하는 재소자를 수용하기 위해서는 예를 들어 1991년 한 해 동안 구금인원 120만 명을 감안하면, 한 해 동안 500명 수용이 가능한 교도소를 매주 건설해야 한다는 계산이 나오기도 한다. 재소자 한 사람을 수용하는 데 필요한 공간을 교도소 하나의 총 건립비용에서 계산한다면 약 5만 달러가 소요된다고 하니, 대단한 정부예산을 소비하게 된다.

교정시설의 건립비용뿐만 아니라 재소자 한 사람을 1년간 수용하는 데 필요한 비용 또한 막대한 예산이 필요하다. 1995년 미국 법원 해정당국(the Administrative Office of U.S. Courts)의 자체 문서에 의하면, 보호관찰을 받고 있는 범죄자 한 사람을 1년 동안 관리 감독하는 데에 필요한 비용은 2,344달러인 반면에, 동일한 한 사람을 교정시설에 구금하는 데 소요되는 비용은 24,783달러로서 약 10.6배에 상당한 미국 국민의 세금이 드는 셈이다.

이같이 교정시설을 건립하고 재소자들을 시설에 수용하는 데 소요되는 비용이 지난 15년 동안 대부분의 주정부 예산(state budgets) 가운데 가장 빠르게 증액되어 주정부 예산의 8% 내지 10%에 해당하고 있는데, 이와 같은 예산증액은 고등교육, 환경보호 등을 위한 예산이 줄이는 대신 할당하고 있다.

우리나라의 교정시설에 수용된 재소자들의 하루 평균 인원을 보면 지난 20년 동안 지속적인 증가현상을 보이고 있다. 그러한 추세가 법무부에 따르면 1998년 12월 현재 수용인원은 7만 4,000명에 이르러 전국의 교도소와 구치소의 적정수용인원을 5만 6,000명으로 볼 때 30%나 초과한 상태이다. 이러한 교정시성에서의 과밀수용이 문제가 될 수밖에 없는 이유는 그러한 상황에서 재소자의 '교정'을 기대할 수 없기 때문이다. 과잉수용의 상황에서는 재소자들 사이에 적대감이 증대되고 심지어는 상호간에 폭력을 사용한 싸움이 일어나기도 한다. 수용시설을 지을 때 계획한 적정인원이 수용된다 하더라도 재소자들을 집단적으로 기거하게 함으로써 생활에서 미치는 악영향이 보고되고 예상되는 형편인데, 이와 같은 과밀수용의 상황에서 행형의 목적을 기대하기란 어려운 실정이다.

교정시설에 수용인원이 증가한다는 것은 우리 정부에게도 지출비용이 그만큼 커진다. 우리의 경우 1인 재소자 수용 연간 경비는 6,155,000원인 것을 보면 결코 적은 비용이 아니며, 반면 보호관찰 대상자 한 사람을 위한 비용은 372,000원에 불과한 것으로 나타났다.

범죄자에게 형벌을 가할 때, 벌을 부과하는 입장에서는 범죄를 저지른 행동에 대한 보복(retribution)의 의미가 가장 강하게 부여되고 있다. 외형적으로는 수용되어 있는 동안 겪게 될 여러 가지 차원에서의 고통을 감수하면서 반성하는 계기로 삼으리라는 의미이지만, 벌을 주는 자나 이러한 사건을 듣는 자들의 내심에서는 이번에는 '맛 좀 봐라'는 메시지가 가장 크게 소리를 낸다. 그렇게 때문에, 기존의 행형제도에서 범죄자가 '죄의 대가'를 치르는 동안 무슨 생각을 하게 될지는 가치 있는 연구의 대상이다. 그들이 가지는 생각과 가치, 또는 그들의 과거 행동이 형벌을 받는 동안 변화가 있는지 그 여부는 추후 그들의 행동에서 미루어 짐작할 수 있다. 불행하게도 형벌을 마치고 또다시 범죄하는 자가 상당수 있다는 것은 그 형벌이 범죄자

자신의 범행으로 인한 결과를 해결하지 못한다는 증거가 된다. 물론 범죄자 가족에게 그의 범죄로 인하여 겪게 되는 고통과 상처는 거론할 여지가 없다.

범죄는 다른 사람의 생명과 재산을 위협하고 때로는 항구적인 신체적·심리적 상처를 남김으로써 무죄한 개인의 삶이 바뀌게 되는 경우가 있다. 피해자가 받은 물리적·신체적·피해에 대하여 사건처리 과정에서 또는 피해자 주변에 있는 사람들의 태도, 특히 분별없는 소문, 호기심을 드러낸 시선, 또는 몰래 이루어지는 험담 등으로 피해자는 마음의 상처가 한층 심해질 수 있다. 이처럼 범죄는 개인뿐만 아니라, 그 가족 전체의 행복과 평화를 짓밟아 놓는 경우가 흔히 일어난다. 그렇지만 기존의 형벌과 행형제도는 범죄피해자와 그 가족에게 관심을 갖고 있지 못하다.

범죄가 발생되고 사건이 일어났다는 이야기를 듣기만 해도 지역주민들 사이에 두려움과 공포감이 생기게 마련이다. 그리하여 서로를 의심하고 경계하도록 만들며 자신의 신변을 위한 안전장치를 설치하는 경향이 있다. 범죄는 이처럼 사회계를 파괴하여 큰 혼돈과 고통에 처하게 만들기고 한다. 현재 실행되고 있는 형벌은 범죄자가 잡혔기 때문에 그에 의한 범행이 지역사회 내에서 또는 그 주민들에게 당분간만이라도 다시 일어나지 않을 것이라는 것 외에 다른 것을 의미하는 바가 없다. 시간이 지나면 자연적으로 잊게 될 것이라는 기대가 있을 뿐 지역 사회가 본래의 신뢰를 되찾고 인간적인 관계가 회복되어 삶의 공동체가 이루어지는 일에는 관심을 갖지 않는다. 그런 이유에서 우리의 지역공동체는 하루하루 튼튼해지기보다는 날이 지날수록 허약해지고 있다(배임호, 2000).

2. 교정복지의 의의

교정복지학은 사회복지학의 한 분야론임에도 불구하고 사회복지학의 다른 분야론인 아동복지, 청소년복지, 노인복지, 장애인복지 등과 비교하여 상대적으로 학자들의 관심을 덜 받고 있는 실정이다. 따라서 축적된 연구도 상대적으로 많지 않다. 이는 다음의 두 가지 이유에서 연유한다고 생각한다. 첫째, 교정복지는 본 분야의 주 대상자인 비행청소년, 범죄인, 출소인 등의 클라이언트가 사회복지의 다른 분야론의 클라이언트에 비해서 도움 대상으로서의 사회적 공감과 합의에 대한 이론이 발달되어 있지 않다. 둘째, 교정 복지는 사회복지와 법, 그 중에서도 특히 형법과 형사소송법 등의 결합이기 때문에 그 범위가 광범위하여 접근하기가 용이치 않다. 이러한 이유로 사회복지학계 내부에서 교정복지를 주 전공으로 하여 연구하는 학자들은 소수에 그치고 있으며 그 결과 다른 분야론에 비하면 본 과목을 개설하여 운영하는 사회복지학과도 적은 편이다.

미국 등의 외국에서도 대학 또는 대학원에서 비행청소년 관련과목(social work & juvenile justice) 등의 교과목은 개설되어 있으나 교정사회사업(correctional social work)이라는 과목으로 개설하여 강의하는 곳을 찾기란 쉽지 않다.

그럼에도 불구하고 외국 선진국에서는 교정과 관련된 현장에 많은 사회복지사가 참여하여 범죄인들의 교정, 교화나 사회재적응을 지원하는 등의 상당히 가치 있는 활동을 왕성하게 하고 있다. 예를 들면, 미국의 많은 주에서는 우리나라의 소년원과 같은 시설의 전문가 상당수가 사회복지사로 구성되어 있다. 이는 교정 복지 현장이 다른 어느 사회복지 현장 못지않게 사회복지의 가치가 구현되고 사회복지의 지식과 기술이 요구되는 곳이라는 것을 인식하고 있는 결과라고 생각한다.

그러나 우리나라의 교정복지 현장에서는 사회복지사를 만나기가 쉽지 않다. 교정복지가 주로 공공의 영역에서 이루어지고 있고 사회적으로 충분히 개방되어 있지 못하며 아직 전문적 영역으로서의 그 위상을 정립하지 못하고 있기 때문이다. 그러나 근래에 들어 보호시설 등의 공적인 영역에서 개방화가 일정수준 진행되고 있고 또한 그동안 사적인 영역에서는 언급조차 할 수 없었던 교도소의 민영화가 진행되고 있다. 교정 현장의 이러한 개방화와 민영화는 체계의 변화에 따른 일부 부작용이 없을 수 없겠으나 장기적으로는 그 동안 줄기차게 요구되어 오던 교정 분야의 전문화에 긍정적인 영향을 미칠 것으로 판단된다. 교정 현장의 이러한 전문화의 경향이 현실 속에서 하루 빨리 구체적인 결실을 맺을 수 있도록 사회복지계의 보다 적극적인 참여가 요망된다. 그리하여 비록 범죄 행위로 인하여 사회에 누를 끼친 사람일지라도 선진국과 같이 사회복지사로부터의 양질의 서비스를 받아 개인적 자립을 통한 건강한 사회구성원으로서의 역할과 의무를 다할 수 있는 기회가 주어져야 한다. 더불어 재범방지를 통한 사회적 안전의 증진도 이루어져야 한다.

주지하듯이 사회복지는 전체 국민의 삶의 질을 높이는 것과 관계가 있으며, 복지 수혜의 자격과 내용에 있어서 선별적이거나 차별을 하지 않는 것이 복지 서비스 제공의 대원칙이다. 그런데 사회복지의 여러 대상 중의 하나인 범죄인에 대한 관심은 그 범죄의 원인이 어디에 있든지 간에 범죄의 피해자가 될 확률이 높은 관계로 그 사회의 주도적 계층과는 적대적 관계에 있을 개연성이 높다. 때문에 그들의 존엄과 권리는 스스로의 주체적 역량에 의해서가 아니라 복지 마인드를 가지고 있는 일부 실천가들의 노력에 의해 이루어지는 경우가 대부분이다. 이러한 연유로 범죄인을 위한 효율적인 복지제도의 도입과 정착은 항상 국가정책의 우선순위에서 밀릴 수밖에 없는 실정이다(홍봉선, 1997:57). 이는 사회에 위해를 끼쳤던 사람들이라는 그들에 대한 부정적인 고정관념(최인섭외, 1995:51-73)으로 인하여 국민의 공감대를 얻지 못하기 때문으로 판단된다.

또한 이들에 대한 정책적 지원과 프로그램의 마련도 현실적인 어려움이 많다. 이는 사회복지실천에서 매우 중요하게 다루어지고 있는 사회적 자원을 활용하는 데 많은 장벽이 존재하기 때문이다. 이러한 이유도 교정복지가 이론의 정립과 실천적 기술의 개발이라는 학문적 발전을 이루는 데 상당한 어려움으로 작용한다. 그러나 역설적으로 바로 이러한 이유 때문에 사회복지학계는 교정복지의 학문적 발전에 보다 적극성을 보여야 한다. 왜냐하면 사회복지는 인간의 존엄성 향상과 사회적 자원의 공평 배분이라는 불변의 가치를 토대로 사회적 통합에 기여하고자 하는 궁극적 목적을 가지고 실천하는 학문인 반면, 교정복지현장은 사회복지의 다른 현장에 비해 클라이언트의 존엄성을 확보하기가 매우 취약하여 범죄인은 사회적 통합의 대상에서 제외될 개연성이 현실적으로 가장 크기 때문이다.

최옥채는 교정 현장에의 사회복지 접근의 필요성을 다음과 같은 사회복지학의 특성으로 설명하고 있다(최옥채, 2003:60-61).

첫째, 사회복지학은 인간의 존엄성과 변화의 능력을 인정하고 인간을 돕는 정신을 바탕으로 태동하고 발전한 학문이다. 따라서 사회복지사는 어느 전문가들보다 인간다운 정신과 기술을 가지고 비행청소년이나 범죄인의 재활에 적극적으로 개입할 수 있다. 실제로 사회복지실천은 빈곤 지역사회의 비행청소년과 범죄인을 위한 활동으로부터 시작하였다.

둘째, 사회복지학에서 중시하는 기술은 클라이언트 개인은 물론 그의 가족과 관련인 그리고 지역사회를 동시에 조망할 수 있도록 개발되었다. 그러므로 사회복지사의 역할은 어떤 분야의 전문가보다 비행청소년이나 범죄인의 재활에 이들 개인뿐 아니라 이들의 가족과 관련인, 그리고 지역사회를 함께 변화시켜야 한다는 데 더욱 중점을 두고 있다.

셋째, 사회복지학은 사회복지사 자신의 능력 정도에 따라 클라이언트가 지니는 심층적인 문제에까지도 접근할 수 있는 기술을 준비하고 있다. 그러므로 정신장애로 어려움을 겪고 있는 비행청소년이나 범죄인의 재활에도 다른 분야의 전문가와 함께 손색없이 일할 수 있다.

넷째, 사회복지사는 지역사회의 유용한 자원을 끌어들이고 활용하는 데 뛰어난 기술을 겸비하고 있다. 비행청소년 혹은 범죄인의 재활을 위해서는 지역사회의 다양하고 많은 자원을 필요로 한다. 사회복지사는 평소 여러 형태의 연계망(network)을 구축하고 있어 지역사회 내의 자원을 조직하고 활용하는 데 특출할 뿐 아니라 그렇게 활동할 수 있는 여건을 충분히 마련하고 있다.

3. 교정복지의 개념

미국의 Correctional Social Work은 직역하면 교정사회사업이라고 하여야 할 것이다. 영국에서는 Correctional Service라는 용어를 사용한다. 그러나 한국 용어로는 사회복지대학교육협의회에서 제시한 사회복지학 교과목지침서에 교정복지로 명명되어 있다. 다른 분야론들, 즉 아동복지, 청소년복지, 장애인복지 등도 분야 명(名)에 복지라는 용어만 붙이고 있으므로 그와 균형을 맞추려고 하는 의도로 생각된다. 그러나 그러한 분야 론은 이미 그 용어가 널리 사용되어 그 과목들이 사회복지학의 한 분야라는 것을 인정받고 있으므로 그렇게 사용하여도 무관하다고 본다. 반면에 교정 복지는 아직 우리 사회에서 사회복지학의 한 분야로 널리 받아들여지지 못하고 있는 실정임을 감안하여, 교정사회복지(Correctional Social Work)라는 용어를 사용하는 것이 바람직하다고 본다. 현재 School Social Work를 학교사회복지라고 명명하는 것과 마찬가지다. 본서에서는 대학교육협의회의 권고를 수용해 교정 복지라는 용어로 통일하여 사용하고자 한다.

그러나 최근에 미국에서도 'Correction'이라는 용어는 수사, 기소 등의 법집행 단계(Law Enforcement)와 재판단계(the Courts), 그리고 교정단계(Corrections)로 이어지는 형사사법체계의 연속과정에서 마지막 단계에만 집중하는 경향이 있으므로 이들 전(全) 단계에서 사회복지사의 개입의 의미가 강한 Forensic Social Work이라는 용어를 사용하기도 한다(Young, 2001). Robett는 Forensic Social Work 교육이란 법률에 초점을 두고 사회복지 대상자의 법적 측면에 대한 법전문가를 양성하는 것과 관련 있는 사회복지 실천이며 이것은 가정폭력, 법원, 소년사법, 성인교정, 법집행에서의 사회복지실천이다(Robett, 1999)라고 설명하고 있다.

그러나 우리나라에서는 아직 본 용어가 생소할 뿐만 아니라 사법체계의 마지막 단계인 교정 단계에서 조차도 아직 사회복지사의 개입이 이루어지지 않고 있는 실정이므로 본 용어의 사용은 학자들의 폭넓은 논의와 합의가 이루어진 후에 이루어져야 할 것으로 본다. 그러나 장차 Forensic Social Work은 우리 사회에서도 반드시 활성화되어야 할 내용과 명제라고 생각한다. 다행히 현재의 교정복지 교육의 내용에 Forensic Social Work의 내용이 일부 포함되어 있다.

그리고 교정복지의 주 대상인 범죄인도 다른 학문 영역에서는 대부분 죄를 지어 현재 구금 상태에 있는 범죄자로 불리고 있으나 여기서는 다른 사람의 의견을 인용하는 것일 경우 외에는 범죄인으로 통칭하고자 한다. 이에는 재소자, 출소자뿐만 아니라 수사 및 재판 단계에 있는 사람들까지 법적인 용어로 말하면 장차 유죄로 확정되는 피의자, 피고인까지 포함한다는 것을 미리 밝혀 두고자 한다. 아무튼 학자들이 어떠한 용어를 사용하든 범죄인을 대상으로 하는 사회복지 영역이나, 교정 복지의 개념에 대해서는 다른 사회과학의 영역에서와 마찬가지로 통일된 정의는 존재하지 않는다. 교정 복지에 관한 국내 학자들의 견해를 살펴본 후 영국의 Correctional Service의 정의와 저자의 견해를 밝히고자 한다.

구종회는 교정사회사업은 교정기관에서 비행과 범죄(delinquency & crime)로 인하여 조사받거나 수용보호, 또는 처벌 대상자, 그리고 교육명령, 사회봉사명령제에 가담하는 교정 수혜자와 그들의 가족들에게 사회사업의 윤리와 철학에 기초하여 사회적 기능(social functioning)을 회복시켜 주며 예방시키고 보다 안녕(well-being)된 사회생활을 돕는 전문직이라고 설명하고 있다(구종희, 2001:178).

이에 비해 남진열은 교정 복지를 협의와 광의로 구분하여 정의하였는데, 그의 정의에 따르면 협의로는 "사회복지사가 청소년과 성인 범죄인에게 보복이나 처벌을 하기 위한 것보다는 오히려 재활 또는 지역사회 재통합, 재적응을 할 수 있도록 사회복지의 가치와 지식, 기술을 기초로 사회복지 실천방법을 활용하여 시설과 지역사회 내에서 범죄인에 대한 처우를 통해 범죄인의 가치와 행동을 지역사회의 가치와 행동에 모순되지 않도록 변화시키는 사회복지의 전문 분야라고 할 수 있다"라고 하였다. 그리고 광의로는 "범죄인에 대한 처우뿐만 아니라 범죄 예방 활동과 범죄 피해자에 대한 보상 그리고 피해 이전의 정상적인 생활로 복귀할 수 있도록 사회복지적인 접근에서의 모든 지원 활동이라고 할 수 있다"라고 하고 있다(남진열, 2002:390).

또한 최옥채는 교정복지란 "개별사회사업(case work), 집단사회사업(group work), 지역사회사업(community work) 등과 같은 기초적인 사회복지실천방법론을 활용하여 범죄인이나 비행청소년이 심리, 사회적으로 가장 편안한 상태를 유지하면서 사회에 적응해 갈 수 있도록 돕는 활동이다. 그러므로 범죄인의 재활을 위해 정상적이고 원칙적인 활동에 참여하려는 사회복지사는 사회복지실천에 관한 전문적인 지식과 기술을 익혀야 하고, 나아가 범죄인과 비행청소년에 대한 전반적인 상황 그리고 당국의 정책 등을 필수적으로 이해해야 한다"라고 설명하고 있다(최옥채, 2003:63).

교정복지에 대한 세 학자의 개념은 교정복지의 요체를 가장 간단하면서도 설득력 있게 정의하고 있으므로 다른 개념을 덧붙일 것이 없다고 생각된다. 그러나 본 과목은 사회복지학의 일반 다른 과목에 비해 법(law), 특히 형법의 개념이 상당수 포함되어 있어 상대적으로 이해하기가 난해한 부분이 있다. 이러한 의미에서 영국의 교정사업은 법적 개념을 포함하여 좀더 포괄적으로 설명하고 있는 것으로 보인다.

교정사업(correctional service)은 범죄인 또는 비행자를 교화, 개선시켜 건전한 사회인의 한 사람으로 사회에 복귀하게 하는 일련의 활동이다. 이를 교화, 개선의 측면에서 보면 교정활동(correction)이고 사회복귀라는 측면에서 보면 재활(rehabilitation)이 되는데, 보통 이 두 과정, 즉 교정과 갱생보호를 합한 개념이다. 따라서 교정사업은 이와 같은 교정사상을 밑바탕으로 하여 범죄인의 사회복귀를 용이하게 하고 또 재범을 방지하기 위한 사회적, 형사적, 교육적, 의료적 및 심리학적 처우의 총체이며 이는 오늘날 사회사업의 한 부분이기도 하면서 동시에 경찰, 검찰, 재판 등과 같이 범죄인 처우에 관한 국가의 형사사법제도의 한 분야에 속한다고 하고 있다.

현대에 이르러 교정복지의 대상에 범죄의 피해자를 포함시키려고 하는 흐름이 분명 존재한다는 것이다.

그러나 교정복지의 개념에 범죄의 피해자를 주 대상자로 포함시킨 경우, 사회적 분위기로 인해 교정복지의 초점이 급속도로 피해자로 옮겨갈 개연성이 있다고 본다. 이러한 연유로 범죄인과 범죄피해자 공히 사회구조적 결함에 의한 희생자라는 관점이 보다 널리 우리사회에서 통용되기 전까지는 범죄인과 범죄피해자를 같은 무게로 다루는 것이 상당히 주저된다. 때문에 다른 학자들과 마찬가지로 본서에서도 아직은 교정 복지의 대상을 범죄인을 중심으로 하는 전통적인 관점에서 교정복지의 개념을 다루고 있음을 밝힌다.

교정복지는 사회복지의 한 분야 론으로서 그 대상이 성인이든 청소년이든 혹은 재소자이든 출소자이든 그리고 내국인이든 외국인이든 간에 범법행위를 한 사람과 그 가족을 대상으로 하여 사회복지의 철학과 가치관을 근간으로, 사회복지의 정책과 실천기술을 활용하여 그들의 삶의 질을 높이는 활동이다. 구체적으로는 사회복지의 기본 가치인 인간존엄성과 헌법과 법률에 명시되어 있는 생존권적 권리를 그들이 향유하고 있음을 명확하게 하고 그것이 현실화될 수 있도록 하는 국가적 차원의 각종 사회복지정책과 개인, 가정, 지역사회 단위의 전문프로그램을 활용하여 그들의 교정, 교화는 물론 건강한 재사회화와 그들이 속한 가정의 문제해결을 지원하는 총체적인 활동이다.

4. 교정학 및 형사정책과 교정복지의 비교

교정복지는 사회과학의 종합적 성격을 가지고 있으므로 여러 사회과학 관련 학문 영역에서 다루어지고 있는 것은 당연하다. 그리고 실제 범죄인의 복지증진을 위해서는 많은 사회과학 분야들이 상호 긴밀한 협력을 해야 한다.

구체적으로 우리나라에는 교정복지학과 많은 부분 상호 관련이 있는 교정학과 및 경찰행정학과가 독립된 과(department)로 설립되어 있고 법학과에서는 형사정책이라는 과목(subject)이 존재한다. 그 밖에 사회학, 심리학, 교육학 등의 사회과학에서도 범죄 및 교정과 관련하여 나름대로 활발한 연구를 진행하고 있다. 교정복지 그 중에서 특히 교정학 및 형사정책학과 밀접한 관련을 가지고 있다. 용어의 사용에 있어서도 상호 대체되어 쓰이는 등 중복되는 부분이 적지 않다.

그러나 엄밀하게 살펴보면 이들 세 영역은 상호 다른 독자적인 가치체계와 학문적 배경 및 기술을 가지고 있다. 때문에 교정 복지에 대한 이해를 높이기 위해서는 이 세 영역의 면밀한 비교를 시도할 필요가 있다. 그러나 이 세 영역에 대한 비교를 시도한 선행 연구가 전무하여 교정학이나 형사정책에 관한 깊이 있는 연구를 하지 못하는 관계로 심도 있는 비교 분석을 하는 것은 대단히 어려운 작업이다. 또한 교정학은 우리 현실에서는 독립적인 과의 영역이고 형사정책학은 법학의 한 과목이며, 교정 복지도 사회복지의 한 과목인 관계로 이렇게 서로 외연이 다른 영역을 비교하는 것은 그 기본 전제가 되지 않는다는 비판이 있을 수도 있다. 그럼에도 불구하고 이들 세 영역의 비교는 그것이 비록 기초적이며 평면적 수준일지라도 교정복지를 이해하는 데에는 크게 도움이 될 것으로 생각하기 때문에 세 학문의 영역과 방향에 대하여 비교를 시도하고자 한다.

교정학 및 형사정책학과 교정복지는 먼저 언급한 바와 같이 서로 다른 학문영역에서 다루고 있지만 세 영역 모두 기본적으로는 연구 및 그 관심 대상이 범죄와 범죄인이고 범죄 없는 사회건설이라는 공통적인 목적을 가지고 있다. 그러나 그러한 연구 및 목적을 달성하기 위한 접근방식에 있어서는 기본적으로 다른 철학적 배경을 가지고 있다.

우선 교정학은 사회공동생활의 안녕과 질서를 침해하는 반사회적인 범죄인이나 우범자들로부터 범죄를 진압하여 국가사회를 보호하고, 이에 기초하여 행사하는 국가 형벌권이 수형자들이나 피수용자들에게 어떠한 영향과 고통 그리고 피해를 주며, 그 집행의 효과는 어떤 것이며 어떻게 하여야 발전 가능성이 있는지에 대하여 이론적으로 연구하는 학문이다. 다시 말하면, 각종 형벌과 처벌이 여하한 방법으로 행사되는 것이 범죄인의 악성 교정과 범죄로부터 사회를 방어하고, 국민에 대한 일반 경계상(警戒上)의 가치 등이 있는가를 실증적으로 논증하지 않으면 아니 된다. 이러한 연구방법을 총칭하여 형벌학 또는 교정학이라고 한다. 그러나 이러한 모든 것들은 궁극적으로 국가 형벌권의 엄정한 행사(격리구금)와 범죄인의 악성교정(교정교육)으로 요약할 수 있다. 그러나 양자는 서로 상반되고 합일될 수 없는 별개의 핵이다. 결과적으로 교정은 상반되고 합일될 수 없는 격리구금과 교정교육을 서로가 만족하는 상태로 가장 가까운 위치에 접근시켜 놓느냐 하는 것이 교정학에 주어진 명제라고 보아야 한다(정갑섭, 1990:15-16).

한편 형사정책학은 보통 학문적인 개념으로 쓰이고, 실무에서 범죄와 관련된 정부의 정책을 말할 때는 범죄대책 또는 형법입법문제라고 한다. 그러므로 형사정책은 범죄에 관한 다양한 학문적 정보와 함께 그것에 따른 정부의 각종 대책을 종합적으로 연구하는 과학이다. 형사정책에 대한 통일된 정의는 아직 내려지지 않고 있으나 국가나 사회공공단체가 범죄현상을 파악하고 이에 대한 원인을 탐구하여 범죄방비대책을 수립하는 일체의 활동을 의미하는 것으로 정의하는 것이 보통이다(배종대, 2001:3).

위의 간단한 정의에서 알 수 있듯이 교정 학은 형벌권이 범위 내에 있는 사람들, 좀더 구체적으로는 교정시설에 수용되어 있는 사람들을 주 대상으로 하여 그들의 교정, 교화를 위한 각종 제도나 프로그램의 개발을 심도 있게 연구하는 학문적 영역이다. 그에 비해 형사정책학은 범죄와 관련된 보다 넓은 영역, 즉 범죄의 예방과 범죄 그 자체에 대한 연구 및 정책 수립, 나아가 범죄인의 처우에 이르기까지의 국가시책을 포함한다. 따라서 형사정책은 교정학의 주 초점인 범죄인의 교정을 위한 제도 및 프로그램의 개발에 대한 집중성은 상대적으로 떨어지는 것으로 보아진다.

이에 비해 교정 복지는 범죄인이라는 클라이언트의 인간적 존엄성과 권리에 대한 가치를 확인하는 것에 보다 강한 초점을 두면서 그들과 그들 가족들의 사회적 적응과 재활을 위한 정책적, 프로그램적 성격을 강조한다. 즉 범죄인의 재활을 통한 재범방지 그리고 재범방지를 통한 사회보호의 목적을 달성하고자 한다. 여기에서 범죄인의 가족이 교정복지의 대상이 되는 것에 의문이 들 수 있다. 결론부터 말하자면 범죄인의 가족은 결코 교정의 대상이 될 수도 될 필요도 없지만 일반적으로 교정 복지의 서비스 대상에는 포함된다. 주지하듯이 가족 중에 범죄인이 존재한다는 것은 가족 내의 상호작용이나 외부적 환경과의 관계에서 많은 어려움이 예상되므로 보다 적극적인 사회적 서비스가 이들 가정에 제공될 필요성이 존재하기 때문이다.

세 영역의 차이점을 〈표 1-2〉에 제시하였다. 주의할 것은 이것은 어디까지나 상대적인 관점이라는 것이다. 예를 들면, 교정학 및 형사정책은 주로 성인을 그 대상으로 하고 교정 복지에서는 비행청소년에 상대적으로 더 무게를 두고 있으나 성인 범죄인의 교정과 재활을 위한 지원에도 그에 버금가는 관심을 두고 있다는 의미이다. 반면에 교정학, 형사정책학은 성인 범죄인에 보다 더 관심을 가지고 있으나 비행청소년도 당연히 그 대상에는 포함된다. 다만 교정복지에서 성인을 그 대상으로 하는 정도에는 상대적으로 미치지 못한다고 생각하는 것이다. 그 외의 다른 영역에도 그러한 상대적 관점은 똑같이 적용된다.

그리고 교정 복지에서의 연령 대상자별에서 비행청소년에 상대적으로 무게를 두는 이유는 첫째, 비행청소년이 성인 범죄인에 비해 심리, 정서적으로 더욱 위축되어 있기 때문에 사회복지적 욕구가 크다는 것이다. 둘째, 비행청소년은 성인에 비해 사회내처우가 많고 따라서 사회적 자원을 활용하는 전문적인 프로그램을 진행하기가 상대적으로 용이하다는 것이다. 셋째, 두 번째의 이유로 인해 비행청소년에의 접근성은 어느 수준까지는 그 확보가 가능하나 성인 범죄인을 수용하고 있는 교도소나 구치소는 직원이 아닌 경우에는 접근하기가 현실적으로 어렵다는 것이다. 마지막으로 교정복지의 본질적 가치지향은 아니나 비행청소년이 성인에 비해 아직 인성형성이 상대적으로 유연하기 때문에 재활의 가능성이 높고 장차 사회적 기여에 대한 기대도 크다는 것이다.

〈표 1-2〉 교정학, 형사정책학 그리고 교정 복지학의 차이점 비교

내용영역	대상자 (연령)	대상자 (재소자, 출소자, 범법자)	보호방법의 강조	정책 및 프로그램의 초점	형벌의 지향	궁극적 목표
형사 정책학	성인	범법자	시설, 사회내 보호를 함께 거론	범죄 예방 및 준법시민 양성	일반예방	범죄인의 재활에 앞서 사회보호를 강조
교정학	성인	재소자	시설내 보호	재소자의 반사회성 교정	소극적 특별예방	사회보호를 위한 재소자 교정
교정 복지학	비행청소년과 성인	재·출소자 함께 강조하고 가족도 포함	사회내 보호	범죄인의 인간존엄성 및 생존권적 기본권의 확인과 재활 프로그램	적극적 특별예방	범죄인 재활을 통한 사회보호

크게 보면 형사정책학은 일반 예방이고 교정학과 교정 복지학은 특별예방 지향이다. 즉, 형사정책은 범죄인의 교정에 앞서 사회보호를 지향하고 사회보호라는 목적을 달성하기 위하여 범죄의 원인, 대책 등의 정책을 다룬다. 따라서 그 내용에는 사회보호를 위해서 범죄인의 오랜 사회적 격리도 당연히 포함될 수 있다. 이에 비해 교정학과 교정복지학은 특별예방의 관점을 지향한다. 즉, 개별적 차원에서의 범죄인의 교정 및 재활에 초점을 맞춘다. 다만 교정학에서는 범죄인의 시설수용 등의 구금, 즉 엄격한 법집행과 교정프로그램의 중요성을 동시에 달성하고자 한다. 특히 교정시설의 운영과 정책방향에 대하여 심도 있게 다룬다. 그러나 범죄인의 교정과 재활은 사회보호라는 보다 궁극적인 목적을 달성하기 위한 것으로 보아야 한다. 반면에 교정복지학은 범죄인의 교정과 재활 그 자체가 목적이다. 그래서 무엇보다도 먼저 그들의 인간적 존엄성과 생존권적 기본권의 가치를 확인하고자 한다. 이것은 범죄인이 사회적 가해자인 동시에 피해자이기도 하다는 명제에 기꺼이 동의한다는 것을 포함한다. 때문에 범죄인의 교정과 재활에 보다 유리한 정책과 전문 프로그램의 확보와 환경 조성을 강조한다. 그리고 사회보호의 가치를 소중히 생각하나 그것은 범죄인의 교정과 재활을 통하여 자연스럽게 달성되는 과제로 간주한다.

5. 인권과 교정복지

범죄자의 법적 지위가 보장되고 인권이 지켜져야 한다는 것은 그리 쉬운 일이 아니었다. 그들에 대한 처벌의 우선적인 목적이 그들의 자유를 박탈하도 행동에 제한을 가하는 것이기 때문이다. 법을 위반하였기 때문에 그들의 인권이 어느 정도 침해되는 것은 사회적으로 묵인된 사실이다.

교정시설 내의 재소자에 대한 인권은 미국의 경우 1960년대 흑인과 여성의 인권운동이 시작되면서부터 부각되었다. 다시 말하면, 비록 범죄를 행하고 유죄가 인정되는 재소자이지만 이들에 대한 기본적 인권이 보장되어야 하고 인간의 기본적 존엄성이 지켜져야 한다는 인식이 생긴 것이다. 그리하여 현재는 어느 교정시설에서든지 법전과 같은 서적이 교정시설 내의 도서관에 항상 비치됨으로써 재소자는 필요한 법률정보를 얻을 수 있게 되었고, 대부분 시설의 경우 자원봉사자로 일하는 변호사가 방문하게 됨으로 필요한 법률서비스를 무료로 받을 수 있다.

교정복지에서의 인권에 관한 이슈는 재소자도 인간으로서의 가치를 인정받고 인간의 기초적 생활을 유지함으로써 결국 사회 내의 정상생활에로의 복귀를 도모하자는 것이다. 범죄자를 넘어서서 그들의 기본적인 권리까지도 박탈당하고 '증오의 존재'로만 간주하던 시대도 있었던 것 같다. 특히 오늘날은 국내에서도 수용시설 내에서 예전보다 인권의식이 높아졌다. 그리하여 재소자 사이에 그리고 재소자와 시설의 직원 사이에 범죄 소송도 과거보다 많이 제기되고 있다. 아울러 제소자의 권리를 지켜 주기 위한 몇 가지 장치도 마련되어 있다. 예를 들어, 재소자에게 소송을 제기할 기회를 제공한다든가 헌법소원, 행형옴부즈맨(Ombudsman)제도 등을 들 수 있다. 결국교정시설에서 기본적 인권이 지켜지고 있고 어떤 이유로든 차별대우 없이 평등하게 대해지는 환경 속에서 인도적 처우가 이루어진다면 성숙한 교정복지의 실현은 앞당겨질 것이 분명하다.

교정복지는 범죄자나 비행청소년의 재활과 정상인으로서의 사회복귀를 돕고 범죄사건으로 인한 제반 영향(consequences or harm)을 해결하기 위한 전문적 사회복지의 한 분야이다. 이러한 교정 복지의 개념에는 범죄자와 범죄피해자, 그들의 가족, 나아가 범죄가 발생되는 지역사회에서의 문제해결과 예방적 관점에서 범죄와 비행으로 인한 영향으로부터 정상적 상태로 회복시키고자(restore) 행해지는 일체의 활동이다. 또한 이들을 위한 정책을 수렵하고 행정을 위한 전문적인 제반 활동을 포함한다. 일반적으로 교정의 개념은 범죄를 행한 개인이 자신을 돌아보고 과거의 태도를 변화시킬 수 있도록 도와주며 그의 잠재력 개발과 사회에의 재적응을 지원하는 것으로 매우 협의의 의미에 머물렀다. 그러나 교정 복지는 교정의 문제를 사회 복지적 차원에서 대처함으로써 범죄자나 비행청소년의 개인차원은 물론이거니와 그들을 둘러싼 사회 환경에 개입함으로써 당면한 문제뿐 아니라 재범예방 차원에서 효율성을 증진시키고 범죄나 비행이 야기시킨 부정적인 결과를 제거하여 사회 구성원의 복지증진에 기여하고자 체계적으로 연구하는 새로운 학문분야이다.

교정활동을 사회복지 차원에서 실천하는 데에는 다양한 활동현장이 있음을 알 수 있다. 먼저 교정기관 및 교정시설은 물론이거니와 교정대상자들을 상담, 훈련 및 교육을 위한 민간 또는 공공국가기관이 있다. 그리고 또한 범죄사건을 다루는 경찰, 검찰, 법원 등 사법기관, 각종 학교, 종교기관 및 시설, 그리고 지역사회복지관과 다양한 복지기관과 시설이 포함될 수 있다. 교정복지사의 활동현장은 청소년범죄자가 사법 처리되는 절차를 보고서도 이해할 수 있을 것이다.

교정복지는 공급주체 면에서 크게 공적부문과 민간부문으로 나누어 수행되고 있다고 할 수 있다. 공적부문에서는 경찰과 검찰, 법원, 교정청, 보호관찰소, 소년원 등으로 조직화되어 있고, 민간부문에서는 법인이나 단체 등이 수탁 운영하는 민간 시설, 종교단체나 사회봉사조직, 혹은 개인적 차원에서 행해지는 서비스를 들 수 있다. 여기서는 이 가운데에서 주요한 교정 관련 기관 및 시설을 중심으로 대략적인 내용을 요약 제시해 보면 〈표 1-3〉과 같다.

〈표 1-3〉 교정 복지시설 및 기관과 주요활동

구분	주요 시설	활동 및 서비스
수용시설	교도소(구치소)	형의 유무에 따라 기결(미결)수용자를 수용, 성별, 연령별, 죄의 경중, 기능별로 분류 수용
	보호감호소	재범의 위험이 있는 자에 대해 특수한 교육, 개선 및 치료가 필요할 경우, 수용 및 교정
	특수교도소	약물, 알코올남용, 나환자 등 특수처우가 필요한 대상을 수용
보호시설	보호관찰소	교정시설에 수용하지 않고 일상 사회생활을 영위하면서 재범에 빠지지 않도록 대상자를 지도, 감독하고 원호하는 사회 내 처우(상담, 취업알선, 학교 복귀, 환경 개선 등) -사회봉사명령 : 지정 시간에 무보수로 근로에 종사함으로써 죄를 반성하고 지역사회에 봉사하도록 하는 형사제재
	소년원	가정법원소년부에서 송치된 비행소년들을 보호, 수용하여 교정교육을 하는 특수교육기관(학교교육, 직업훈련, 심성순화, 심신의 보호, 지도 등)
	소년분류심사원	범죄소년에 대한 분류심사를 실시하여 법원소년부에 자료제공, 교정 처우 지침 제시, 사후지도 권고 등
	치료감호소	범죄를 저지른 장애인 및 약물중독자의 재활을 위한 보호와 서비스
민간시설	갱생보호기관 (한국갱생보호공단)	집행유예나 선고유예자, 가석방처분이나 출소자를 대상으로 정신적, 물질적 원조 제공, 건전한 사회복귀와 재적응 도모
	소년보호시설	소년법원에서 4호 처분을 받은 소년들을 아동복지시설 또는 소년보호시설 등에 위탁하여 감호, 학업 및 직업교육 제공
	종교, 사회기관 및 시설 지역사회복지기관 및 복지시설	다양한 교정기관, 시설로부터 서비스 대상자를 위탁받음

제 2 장

교정복지의 역사

1. 외국의 역사

교정복지의 주요 클라이언트인 비행청소년과 범죄인에 대한 전반적인 재활을 역사적으로 이해하는 것은 중요하다. 따라서 범죄인을 중심으로 한 재활(교정)의 대표 국들인 영국, 미국, 스웨덴, 일본의 실상을 살펴보고자 한다. 이렇게 범죄인의 재활에 관한 역사적 전개를 알아보는 것은 범죄인의 재활을 위해 교훈 삼을 수 있는 기회가 되고, 나아가 이와 같은 교훈적 작업을 통해 범죄인의 재활을 위한 합당한 방향을 모색할 수 있기 때문이다.

1) 영국

영국은 범죄인을 식민지로 이송함으로써, 특히 미국과 호주의 범죄인 재활에 크게 영향을 미쳤다. 영국의 범죄인 재활의 역사적 전개 과정을 살펴보면 다음과 같다.

범죄인 처벌에 관한 영국의 역사는 16세기 이전으로 거슬러 올라간다. 1555년 런던에 높은 담과 철조망으로 격리된 교정시설이 세워졌는데, 바로 브라이드웰(Bridewell) 교도소다. 영국의 교도소는 1580년대에 들어서면서 수용자가 초과되었고, 이로 인해 교도소에 심각한 문제가 발생하게 되었다. 이와 같은 문제를 해결하고자 교정 당국은 수용자가 벌목장이나 제재소 및 농장에서 작업할 수 있도록 정부에 건의하였다. 또 산업화에 따라 대규모 노동력에 대한 사회적 요구가 강해지자 교정 당국은 노동력을 필요로 하는 곳에 경범자나 행형 성적이 우수한 수용자를 선발하여 고용하였다.

당국의 이러한 의도는 우선 부족한 노동력을 해결하고 나아가 당시의 교도소 과밀수용 인원을 줄이고자 했던 것이다. 그러나 이러한 정책은 임시방편에 불과했으며 본래 의도했던 목적을 달성하지 못했다. 즉, 범죄인들이 교정시설에 들어온 이후 이들을 일시적으로 취업시켜 해결하려는 정책은 미봉책에 불과했던 것이다.

18세기에 들어오면서 범죄는 급속히 증가하였고, 교도소는 만성적인 과포화 상태가 되었다. 결국 영국 내에서는 그 해결책을 제시하지 못하고 수용자를 해외 식민지로 이주시키게 되었다. 그 주요 대상 지역으로 당시 영국의 식민지였던 미국과 호주가 적격지로 선정되었다. 1717년부터 1775년까지 58년 동안 영국(잉글랜드)은 대략 4만 명의 수용자를 미국으로 보냈으며, 1788년부터 1868년까지 약 16만 명을 호주로 이송시켰다. 이처럼 국가가 범죄인을 활용한 사례는 그 후 계속 일어났다. 프랑스는 1555년에 항해자들이 각계각층으로부터 범죄인을 포함한 개척자를 모집하여 브라질의 리우데자네이루 시를 건설하도록 허락하였고, 1500년대에는 마젤란의 세계 일주 항해에 수용자들을 무죄 석방 조건으로 대거 참여시켰다. 우리나라에서는 범죄인을 '북파공작원'으로 활용하였다.

당시 영국의 교도소 시설은 범죄인을 사회로부터 격리하여 교정시킨다는 정신과는 너무 동떨어진 상태였다. 인간을 보호하고 인간다운 생활을 할 수 있도록 한다는 차원에서 시설들은 매우 미비하였다. 특히, 수용자들의 일상생활에 기본적으로 필요한 하수처리와 환기시설 따위가 수용자를 교화시킨다는 목표에 전혀 도움이 될 수 없었다.

이렇게 열악한 교도소 시설의 문제는 지속적으로 시설을 개혁하려는 교정제도 개혁가들의 지적을 받아 왔다. 특히, 하워드(John Howard)는 1774년부터 1786년까지 영국 내는 물론 유럽 각지의 교도소를 순회 방문하면서 여러 교정시설의 실태를 파악하였다. 그의 목적은 교도소의 열악한 시설을 개선하는 것이었고, 이런 시설의 개선을 통해 수용자의 교화를 위한 더욱 효과적인 기회를 부여하는 데 있었다. 하워드의 이러한 노력은 잉글랜드 가 언급한 바와 같이 영국의 지방 교도소 시설이 수용자를 인간답게 치우한다는 의지의 표시로 받아들일 수 있으며, 결국 이러한 작업으로 인해 영국의 교정시설은 급격한 개선을 보게 되었다.

한편 영국은 세계범죄작가협회(CWA)를 두고 있는데, 이 협회는 매년 범죄인이 쓴 문학작품을 선정하여 범죄 문학상을 수여하고 있다. 비록 범죄인이 쓴 문학 작품이 꼭 범죄와 관련한 것은 아닐지라도 '비행과 범죄 관련 문학작품을 통해 교정 당국과 시민이 교류할 수 있다.'는 측면에서 이 협회의 활동을 주목할 필요가 있다.

19세기 말까지만 해도 영국의 교정이념은 범죄인을 일반 시민으로부터 격리시키는 즉, 피해자를 위한 보복의 개념이 주를 이루었다. 한편 범죄인에 대한 재활주의 입장은 20세기에 들어오면서 거론되기 시작하였다. 이러한 양상은 이 분야와 밀접하게 관계하고 있는 인접 학문의 발달과 함께 이루어졌다.

재활주의의 견해는 비행청소년이나 범죄인 개인을 이해하고 처우하는 데 의료적, 사회적, 심리적, 정신분석적 측면을 통합해 접근하려는 입장이었다. 그 예로 1969년에 제정되었던 '아동과 청소년 법'을 들 수 있는데, 이 법은 비행청소년의 재활을 전통적인 방법으로부터 탈피하여 과학적으로 접근하려고 하였다. 영국은 이외에도 비행(범죄)청소년과 여성범죄인들을 우선적으로 보호하기 위해 이들을 상대로 보호관찰 제도를 가장 먼저 실시하였다.

영국의 교정 당국은 교정의 한 방법으로 시설 밖에서도 다양한 프로그램을 실시하였지만 범죄인을 실질적으로 교정한다는 차원에서 교도소는 오늘날까지 중요한 역할을 하고 있다. 이런 맥락에서 영국의 교도소는 교정의 중추를 이루고 있는데 수용자의 초과수용으로 난관에 부딪히게 되었으며, 열약한 시설과 수많은 수용자들이 겪는 비인간적인 처우와 교도관의 불만족한 근무 조건은 교정의 진행을 더욱 어렵게 만들었다. 결국 시설에 대한 수용자들의 불만은 1970년대에 교도소 내의 폭동과 격렬한 농성을 불러일으켰다.

교도소의 문제가 사회문제로 대두하면서 1978년에 교도소의 전반적인 실상을 파악하고 대대적인 개혁을 단행하기 위해 '메이조사단(May Inquiry)'이 조직되었다. 이 조사단의 보고서는 교도소 내 교정사업에 대한 적절성, 유용성, 운영, 자원의 활용 따위에 관하여 언급하고 있다(Evans, 1980). 메이조사단은 당시 영국 교도소의 문제점을 해결하기 위한 대책으로 정부의 충분한 재정지원을 들었다. 그러나 교정 영역의 예산을 늘려야 한다는 견해에 대해서는 적지 않은 문제가 제기되었다. 내무부에서 지적한 것과 같이(Stern, 1987:13) 1979년 보수당의 집권 이래 당시 정부가 교정분야에 편성하여 투자한 재정이 400퍼센트 가깝게 증가해 왔기 때문이다.

일반적으로 영국은 수용자를 격려 구금할 때 이들이 갖는 보안성과 안전성에 따라 A, B, C, D 네 등급으로 분류하고 있다. A급에 속하는 수용자는 계호 상 높은 안전성을 요구하므로 대개 각 지방교도소에 수용하며, B와 C급에 속하는 수용자들은 중간 정도의 보안성을 요구하는 자들로 주로 훈련교도소에 수감한다. D급의 경우는 보안성이 아주 경미하므로 보통 개방교도소에 구금하고, 앞의 A, B, C급의 수용자들보다 자유스럽게 생활할 수 있으며, 생활상 많은 혜택을 주고 있다.

중 구금시설에 수용된 A급 수용자들은 수감기관과 수형생활 태도에 따라서 더 낮은 단계의 시설로 이감될 수 있다(Dobash et al., 1986). 예를 들면, 종신형을 받은 수용자는 형을 받자마자 외부와 엄격히 차단된 중 구금시설에 수용되는데, 일정 기간이 지나면 행형성적에 따라 B, C급의 수용자들이 있는 훈련 교도소로 이감되고 남은 형기의 대부분을 이곳에서 지내게 된다. 아울러 이들은 출소를 앞두고 '출소 전 고용규정'에 따라 개방 교도소나 기타 중간처우시설로 옮겨 사회생활을 위한 적응 훈련을 하면서 준 사회인으로서 생활하게 된다(NACRO, 1990).

영국의 교정 당국이 교도관을 채용할 때 특별히 규제하는 사항은 없다. 기초적인 읽기와 셈하기를 시험할 뿐이며 과거 범죄사실이나 건강상 문제가 없으면 쉽게 교도관으로 채용할 수 있다. 채용 선발시험에 합격한 자는 12주간의 교육과 훈련을 마치면 바로 교도관으로 임명되어 일선 교도소에 투입되며, 그 후 2주간 기본적인 업무파악 기간이 지나면 즉시 독자적으로 자기 업무에 임할 수 있다.

한편 교도관들을 열악한 근무 여건에 불만을 토로하고 시정을 요구해 왔으나 만족을 못하고 있는 상태다. 스턴의 주장에 따르면 영국 교도관들은 무엇보다도 피할 수 없는 시간 외 근무로 과중한 업무량을 수감하고 있으며, 이러한 근무 조건에 비해 그들이 받는 보수에 불만이 많은 것으로 나타났다(Stern, 1987:91). 이와 같은 문제를 해결하기 위해 1990년대에 들어서 교정 당국은 '새 출발'이라는 표어를 내걸고 교도관 채용계획안을 보완하였다(Whitfield, 1991:25).

2) 미국

영국으로부터 영향을 많이 받았던 미국의 범죄인 재활은 범죄인 수가 수백만 명이 넘으면서 교정의 산업화를 방불케 하고 있다. 따라서 교정시설의 과학화를 비롯하여 다양한 기술을 적용하고 있다는 점을 특성으로 꼽을 수 있다.

16세기 말부터 급증한 영국의 수용자는 당시 영국이 점령하고 있었던 식민지로 이주되었다. 영국 범죄인의 이주는 미국의 교정정책에 많은 영향을 미쳤다(Short, 1979). 영국으로부터 오는 수용자를 일반 시민과 분리하여 한데 모아둘 수 있는 수용시설이 필요하였는데, 당시 교도소의 시설은 영국의 형태를 그대로 받아들인 것이다. 1632년 범죄인을 사회와 철저히 격리할 수 있는 시설이 보스턴에 세워졌는데, 이 시설은 매사추세츠만 지역으로 들어오는 영국 수용자를 수용하기도 하였다(Felkenes, 1973:261).

1600년대 말경 교정에 특별한 관심을 갖고 있던 펜(William Penn)과 필라델피아의 퀘이커 교도들이 교정시설을 세우는 데 촉매 역할을 하였다. 한편 새로운 수용시설을 미처 세우지 못한 지역에서는 탄광건물과 같은 기존의 건물을 교도소로 개축하기도 했나(Sutherland & Cressey, 1966:505).

서덜랜드(Sutherland)와 크레시(Cressey)가 언급했듯이 당시 미국에서 범죄인을 처벌하고 격려 수용하면서 처우했던 원칙은 기본적으로 죄에 대한 보복주의에 입각했다. 이 보복주의 입장에서 실시하는 교정서비스는 퀘이커 교도들과 같이 교도소 개혁에 중대한 관심을 가졌던 종교인들이 바꾸어 가기 시작했다. 1770년대에 '필라델피아 위원회'의 퀘이커 교도들은 수용자들이 받는 신체적 고통을 없애도록 하는 데 일차 목표를 두고 활동했으며, 당시의 원시적인 교정행정을 개혁하는 데 앞장섰다(Sutherlend & Cressey, 1966:504). 아울러 이 위원회는 교도소 내 수용자들에게 성경을 공급해 주었으며, 종교 상담과 함께 약간의 재정적인 도움도 주었다(Mckelvey, 1974:5).

한편 1825년에는 종교지도자인 드와이트(Louis Dwight)가 '보스턴 교도소 규율위원회'를 조직하여 교정사업의 개혁에 크게 기여하였다. 이 위원회는 전국에 걸쳐 행정가, 입법가, 교도관들에게 교정제도의 안내 역할을 할 수 있는 보고서를 매년 제작하여 발송함으로써 교정의 홍보에 힘썼다(Mckelvey, 1974:9).

미국의 교정이념에 교육행형이 등장하기 시작한 시기는 19세기 후반부터였다. 그 본보기로서 엘미라(Elmira)교도소 측은 수용자를 선별하여 매주 6일간 저녁시간에 초등학교 과정을 공부할 수 있도록 해 주었다. 상급반 수용자 학생을 위해 대학 강사까지 투입하여 지질학과 자연과학을 가르쳤다(Thomas, 1987:110). 또한 교육프로그램의 발전과 아울러 전문 기술을 익힌 교도관이 이 분야에 등장하였으며, 이들 전문가는 실시 중인 프로그램에 적당한 수용자를 참여시키기 위하여 진단 방법과 확실한 교화계획을 강조하고 나섰다. 이렇게 함으로써 이들 전문가에게 수용자를 석방시킬 수 있는 재량권이 주어지기도 하였다.

수용자에 대한 교육행형이 시작되었던 19세기 말에 미국의 교정제도에 일대 전환기를 맞이하게 되는데, 이는 '교도소 노동개혁 조사위원회'의 성립을 일컫는다. 이 조사위원회는 미국의 교도소체제를 대대적으로 개혁하려고 전국의 교도소를 상대로 조사활동을 펼쳤다(McKelvey, 1974:94). 즉, 교도소 내 수용자 노동력의 실태를 철저히 조사했으며, 수용자의 수형생활에 변화를 가져오기 위해서는 무엇보다도 이들의 노동력을 사용하지 않고는 불가능하며, 교도소를 합리적으로 운영할 수 없음도 아울러 발견하게 되었다. 이는 수용자의 직업 훈련을 포함한 교도소 안에 있는 작업장의 산업을 교정실무의 주요 프로그램으로 간주했던 것이다.

20세기 초 미국의 교정 당국은 영국과 벨기에로부터 비행청소년을 위해 현대화한 제도를 도입하였다. 이 제도는 비행 청소년을 유형별로 분류하고, 가벼운 처벌을 받은 경우 학교에서 계속하여 학업에 참여토록 하는 프로그램을 포함하고 있다. 원생들의 위생을 감안하여 샤워시설이나 식당과 같은 기초생활시설과 기타 부대시설을 마련하였으며, 교정 당국이 수용자를 특성별로 개별화하여 처우하려는 노력도 이 시기에 이루어졌다(Abadinsky, 1977:144).

1970년대 초부터 지속적으로 발생했던 수용자의 극렬 소요사태는 당시 제기되었던 교정사업의 문제점들에 대한 일반 국민의 인식을 일깨워 주었을 뿐 아니라 교도소의 운영상 제반 문제점들을 고양시키는 계기가 되었다(Orland, 1975:6). 특히

1971년에 있었던 아티카(Attica)교도소의 수용자 소요사태는 미국 교정역사 가운데 가장 비극적인 교정 사고로 43명이 목숨을 잃었다.

미국 교도소는 지방, 주, 연방의 3단계로 분리하여 운영하고 있다. 행정상 교도소가 속해 있는 정부로부터 재정을 지원받아 독립적으로 운영된다(Ryan & Ward, 1989:5). 최하급 단위인 지방정부에 속하는 지방교도소는 대부분 경범죄로 1년 이하의 형을 받은 범죄인만수용하고 있다. 주정부에 소속된 교도소는 장기수용자를 수용하고 있으며, 이곳에서 지방 교도소보다 더 다양한 프로그램을 실시하고 있다. 한편 연방정부가 운영하는 교도소는 작업, 잡업훈련, 오락, 스포츠, 교육, 종교 활동과 같은 진취적인 프로그램을 제공할 뿐만 아니라 의료시설, 청소년을 위한 시설, 성인을 위한 시설과 같은 종합적인 수용자 보호프로그램도 함께 실시하고 있다.

교정시설에 수용된 대부분의 미국 수용자들은 시설 내의 과포화 수용, 미비한 심리상담 서비스, 부족한 재정지원, 미비한 작업훈련, 교도소에 대한 일반 시민의 부정적인 시각 따위로부터 정상적인 처우를 받지 못했다(Berk & Rossi, 1997:34). 수용자들이 이와 같은 상황에 처할 수밖에 없는 근본적인 이유 중 하나는 지역사회 내에서 주민들과 함께 할 수 있는 프로그램의 결여라고 볼 수 있다.

1980년대에 들어서면서 미국의 교정 당국은 교도소 운영의 민영화에 관한 논의를 활발히 진행하였다. 이 논의는 교정실무자, 학계인사, 언론인들로부터 이루어졌는데, 이들은 특히 교도소의 고질병인 포화수용 문제를 해결하는 데 주안점을 두었다(Murphy & Dison, 1990: 111). 미국에서 처음으로 운영하고 있는 민영교도소는 1975년 펜실베이니아 주의 위버스빌(Weavers-ville)에 치료감호소로 세워졌다.

한편 "교정시설의 민영화는 교정에 관한 민간의 관심을 유도하고, 민간의 참여를 촉진하며, 열린 교정을 펼쳐 나가는 데 크게 기여할 수 있다."(최희찬, 1999:61)는 측면에서 민영교도소의 설치는 교정 당국의 주요 과제라고 할 수 있다.

미국의 교정 당국은 교도소의 건설적인 분위기를 만들어 내려고 상당한 노력을 기울이고 있다. 그 예로 교정 당국은 1980년대에 소위 '제3세대 시설'이라고 불리는 '기능적인 시설의 운영'에 역점을 두었다. 이 표어는 교도소 운영을 효과적으로 해낼 수 있었을 뿐 아니라 교도관과 수용자 관계를 바람직하게 조성하는 데 큰 도움이 되었다(Murphy & Dison, 1990). 이 기능적인 시설은 수용자와 교도관 관계를 더욱 밀접하게 할 수 있는 기회를 늘리고, 프로그램에 수용자의 참여도를 높이며, 교도관의 수를 줄이는 동시에 수용자의 부정행위를 예방할 수 있도록 재건축되었다(Gitchoff, 1989:158).

3) 스웨덴

스웨덴의 범죄인 재활은 낮은 수용률, 교도관과 수용자 간 우호적인 관계, 시민의 관심으로 유명하다.

스웨덴의 교정 당국은 1930년대 초부터 범죄인을 인간적으로 처우하고 이들을 처우하는 데 드는 비용을 최소화한다는 방침 아래, 시설 내 수용을 억제하는 반면 사회 내 처우인 비구금형을 최대로 활용해 왔다(short, 1979). 이러한 교정의 흐름에서 교정 당국은 먼저 교정시설의 소규모화와 경구금시설화를 추진하였다. 아울러 비구금제도로서 범죄인을 위한 교정 프로그램이 다양하게 발달하였다.

1960년대에 들어오면서 교정제도에 관심을 가진 각 분야의 전문가들과 다수의 시민이 함께 참여하는 교도소 개혁운동이 진지하게 거론되었다(Dodge, 1979:191). 1966년에 '교도소 개혁을 위한 전국협회'가 조직되었는데, 이 협회는 수용자에 대한 당국의 인간적인 대우와 이들의 재사회화에 역점을 두어야 한다고 강조했다(Dodge, 1979; Short, 1979:34).

1971년 '교정사업 개혁위원회'가 앞장서서 범죄인 재활사업을 위해 비구금 프로그램을 활용해야 한다고 강력히 주장하였다. 이 위원회의 보고서는 범죄인의 처우에 대한 적은 비용과 인간적인 대우에 주안점을 두었다(Short, 1979:33).

스웨덴 정부는 1974년에 형사적 보호에 대한 개혁의 시초라고 할 수 있는 형사정책법을 입안하여 통과시켰다. 이 법은 교정 작업을 위한 범죄인의 처우에 대해 새롭게 조명하고 있으며, 스웨덴 교정 역사에서 비구금시대의 발전기로 접어드는 계기가 되었다(Kaiser, 1984:97). 이 새 법안과 함께 스웨덴의 교정 관련 공무원과 개혁가들은 여러 가지 교정 프로그램에 공개적으로 참여할 수 있게 되었다. 이 프로그램들은 주로 범죄인이 교정시설에서 생활하는 중에 일어날 수 있는 부정적인 효과를 가능한 최소로 줄이고, 수용자들에게 주어지는 실제적인 서비스 개발에 역전을 두었다.

이와 같이 교정 당국과 민간의 노력으로 법안을 개혁한 이래 가장 효과적이었던 결실 중 하나는 근린지역 교도소를 운영한 점이다. 이 근린지역 교도소에 수감되는 범죄인은 자택과 최대한 가까운 거리에 있어서, 교도소 밖에 나가서 일하거나 공부할 수 있는 기회를 다른 어떤 교정시설에서보다 더 많이 제공받을 수 있도록 하고 있다.

한편 교정 당국에서는 '범죄 예방위원회'를 조직하여 범죄에 대처하였는데, 일반 시민들이 협력하도록 하고 범죄문제에 대한 여타 조사 작업도 아울러 실시하도록 하였다. 이 위원회는 교정사업 분야에 대한 폭넓은 조사 보고서를 작성하고, 협회 밖에서 실시하는 조사활동에 재정적으로 뒷받침하는 것도 아끼지 않았다. 범죄를 예방하는 기관이나 조직은 이 위원회뿐 아니라 각 지방의 지역별 경찰국과 지방 복지기관들도 참여하여 협력하도록 권장하고 있다.

특별히 스웨덴은 다른 나라와 달리 대부분의 국민들이 범죄 자체에 지대한 관심을 가질 뿐 아니라 범죄인들의 재활사업에 적극 참여함으로써 이 분야에 크게 봉사하고 있다. 이를 '사회연대의식'이라고 하는데, 이웃의 범죄인에 대한 책임을 함께 분담한다는 태도를 의미한다. 예컨대 사회 연대의식은 이웃의 비행이나 범죄를 나의 문제로 생각하고 비행 및 범죄의 예방이나 비행청소년 및 범죄인의 재활에 관심을 쏟으며 참여함을 중시한다.

사회연대의식 차원에서 스웨덴의 형사정책은 분명히 인본주의, 공평성, 능률성에 기반하고 있다. 이러한 능률성은 교정시설에서 일하는 직원의 선발과 훈련과 지속적인 교육의 성과에 적지 않게 기여하였다. 아울러 범죄인의 성격, 이들이 처한 사회적 환경, 범죄기록, 과거의 재소경험 따위에 따른 분류작업 역시 능률성에 긍정적인 영향을 미쳤다.

스웨덴은 행정구역상 전국을 13개 지역으로 분리하여 통치하고 있는데, 각 지역에서는 자체적으로 교도소나 보호관찰소와 같은 교정 및 보호 기관을 운영하고 있다. 즉, 교정의 지방자치제가 철저하게 지켜지고 있는 것이다. 교정시설의 유형도 다양해서 우리나라의 경찰서 유치장과 같은 재판 전 수용시설도 교도소 체제와 동등하게 운영하고 있다. 특히, 보호관찰과 사후보호제도는 스웨덴 보호 교정제도의 핵심이다. 그만큼 앞에서도 언급한 바와 같이 비행청소년과 범죄인의 처우와 보호 교정작업을 철저히 비구금제도 원칙 아래 실시하고 있다.

교도소의 분류는 구치소를 제외하면 근린지역 교도소와 국립교도소로 구분한다. 이 두 교도소의 차이점은 국립교도소는 '교도소와 보호관찰 감독청'에서 그 업무를 관장하고 근린지역 교도소는 지역별 해당지역의 책임자가 운영한다는 점이다.

교정시설에 수감된 수용자의 수는 영국이나 미국 등에 비하여 현저하게 낮은데, 이는 스웨덴 정부와 국민이 함께 노력하여 이루어 낸 결심이라고 할 수 있다. 넬슨(Alvar Nelson)은 교정 당국이 교도소를 범죄인을 사회로부터 격리시키는 최후의 장으로 간주하여 시설수용의 남용을 최대로 억제하고 있다고 강조하였다. 즉, 교도소 수용을 범죄인에게 주어질 수 있는 최후의 처벌이 되도록 함으로써 1984년에는 교정시설에 수감되어 있는 범죄인보다 약 4배나 되는 범죄인들이 비구금제도의 프로그램을 접하게 되었다.

스웨덴의 교정 당국은 충분한 수의 교정 공무원을 고용하고 있기도 한데, 이는 수용과 수에 대한 교도관의 업무가 적당한 수준에서 이루어진다고 볼 수 있다. 예컨대 그린지역 교도소로서 폐쇄시설인 니코핑(Nykoping)교도소는 1989년에 31명의 수용자에 35명의 교도관이 근무한 것으로 나타났다.

스웨덴의 교정실무에서 볼 수 있는 특이한 사항은 수용자의 문제해결에 교도관의 역할을 매우 강조하고 있는 점을 들 수 있다. 예를 들면, 교도관이 약물중독수용자의 문제를 해결하는 데 도움을 주기 위해 적극적으로 개입하여 다양한 프로그램에 참여한다. 따라서 교도관은 교정 당국으로부터 특수기술 훈련에 따르는 명확한 권한과 책임을 부여받고 있다.

교정에 관한 문헌과 방문자들의 경험에 따르면 스웨덴의 교도관들이 수용자들과 맺는 관계는 다른 나라의 경우와 비교해 볼 때 비교적 긍정적인 것으로 보고되고 있다. 빈슨(Anthony Vinson)교수는 스웨덴 교도관의 임무가 수용자를 통제하는 것뿐 아니라 수용자의 긍정적인 변화와 발전을 독려하는 것이라고 했다. 이러한 업무가 가능할 수 있었던 주된 방법은 교도관과 수용자 간에 긴밀한 인간적 접촉과 수용자의 행동수정을 위한 교도관의 의식적인 규범화와 같은 노력이라고 할 수 있다.

4) 일본

일본의 범죄인 재활은 우리나라에 많은 영향을 미친 것이 사실이다. 특히, 일본의 교정은 낮은 수용률과 시민의 높은 관심 등이 자랑거리로 세계에 소개되고 있다.

일본의 교도소 운영은 긴 역사를 갖고 있다. 근대화한 교정 체계를 갖춘 것은 1868년의 메이지유신 직후로 거슬러 올라간다. 이 시기는 과거 도쿠가와 무신정권으로부터 천황 시대로 넘어오는 시기다. 메이지 정부는 1870년에 만들어진 형법에 따라 범죄인을 구금하기 시작했으며, 1872년에는 그 이전부터 내려오던 체형을 완전히 금지하였다. 이러한 추세에 힘입어 일본 국민들의 전통적인 사고와 실제는 오늘날의 교정제도에 많은 영향을 주었다.

일본의 과거에 실시해 왔던 여러 봉건적인 처벌 방법들을 점진적으로 개선하거나 아예 폐지하였다. 그 예로 1880년의 형법은 1810년에 만들어진 프랑스의 형법을 전적으로 모방하여 사형, 구금, 벌금형과 같은 종합적인 형법체제를 갖추었다.

1934년에 '수용자처우개선법'을 시행하였는데, 이 법은 과거의 수용자 처우 방법들을 표준화시키는 데 역점을 두었다. 특히, 이 법의 적용은 지방법정에서 다루어지는 사건들의 중점을 두었다. 이 제도는 일본 행형제도의 전반에 걸쳐 적용되면서 보호관찰부 가석방으로 나가는 수용자의 수가 늘어나 매우 고무적으로 받아들여졌다.

제2차 세계대전 이후인 1948년에 일본 교정 당국은 수용자 분류 규정을 도입하였다. 이 제도는 수용자를 과학적인 방법으로 처우하는 데 그 목적이 있었다. 이 규정은 대체로 미국의 교정제도의 영향을 받은 것이다. 1980년대에 강조했던 교정시설의 개방화가 경구금 시설에서 강조되면서 이 작업은 더욱 활발하게 이루어졌다.

1888년 일찍이 일본에서는 교정사업에 대한 시민의 자발적인 참여의 일환으로 '교정협회'가 창설되었다. 이 협회가 주된 관심을 갖고 활동하는 부분은 범죄 예방과 교정 분야의 조사와 연구 작업들이다. 1972년에는 또 하나의 민간단체인 '교정복지회'가 설립되었다. 이 모임은 교정 분야 사원봉사사들의 도움으로 이루어졌는데, 범죄 비행의 예방과 범죄인의 교정, 나아가 청소년들의 복지증진을 주요 목적으로 하고 있다. 1980년대 초반에 획기적으로 '일본 수용자 조합'이 결성되었는데 수용자들의 복지와 제반 권익 향상에 지대한 영향을 미쳤다.

대부분의 일본 지역사회에서는 지역공동체가 관심을 가지고 주위에서 어떠한 비행이나 범죄행위가 발생하기 전에 서로 감시하고 이를 예방할 수 있도록 협력하고 있다. 지역공동체 조직의 대표자들은 정기적인 모임을 통해 지역사회 내에서 문제를 가진 자들과 서로 건설적인 관계형성을 위해 노력하고, 나아가 이들이 직면하고 있는 문제를 해결하기 위한 도움과 조사연구도 함께 하고 있다.

1984년 수용자들의 교정을 위해 '목회자 연합회'가 전국 1,500여 명의 자원 목회자들로 결성되었다. 이 자원봉사자 조직은 각지에 있는 교정시설의 수용자들에게 종교적인 전도 사업뿐 아니라 교육적인 서비스도 제공해 주고, 나아가 이들이 출소하여 생활하는 데 도움이 되도록 여러 가지를 지원하고 있다. 이들의 프로그램은 주로 범죄인들의 재범을 방지하는 데 주력하고 있다.

기본적으로 일본의 교정 당국은 이 분야에 관한 국민의 이해와 공동참여의 중요성을 항상 인식하고 있을 뿐 아니라 일반 국민들과도 매우 밀접한 관계를 형성하고 있다. 수만 명이 넘는 자원봉사자들이 교정사업에 참여하고 있으며, 실질적으로 교정사업에 지대한 도움을 주고 있다. 이러한 국민들의 정서를 감안할 때 일본의 교정사업은 전반적으로 지역사회의 협력을 많이 받고 있음을 알 수 있다.

한편 일본의 전 수용자는 성별, 나이, 수용기간과 같은 기준에 따라 열 가지로 분류되어 교도소에 수용된다. 그리고 교정프로그램은 수용자의 교육수준, 사회에서의 경험과 같은 수용자 자신의 처지에 따라 일곱 가지로 나누어 실시하고 있다(최옥채, 2006:37).

2. 한국의 역사

우리나라의 교정 복지 역사는 교정사업과 밀접한 관계를 가지고 있다. 그러므로 먼저 보호 및 교정 당국이 수행하고 있는 교정사업의 최근 동향을 알아본 후 우리나라 교정복지의 전개와 특성을 살펴보도록 하겠다.

1) 교정사업의 변화

우리나라의 교정사업이 활기를 띤 것은 정부가 이 분야에 특별한 관심을 갖기 시작한 1980년대 초반이라 할 수 있다(최옥채, 1986). 실례로 교정시설에 근무하는 교정직 공무원의 열악한 근무 여건을 개선하기 위해 1981년에 경비교도대를 창설했고, 1987년에는 범법정신장애인과 범법약물중독자를 위한 공주치료감호소를 신설하였으며, 1988년에 수용자에게 개방처우 서비스를 실현하려고 천안개방교노소를 운영하기 시작하였다(법무연수원, 1989). 이뿐만 아니라 1989년부터 비행청소년을 상대로 비구금 형사제노이자 교정 복시의 주요 지역사회 중심 프로그램인 보호관찰제도를 실시하였다(이무웅, 1992).

이후 법무부에서 비행청소년을 위한 교육, 치료적인 접근을 위해 꾸준히 노력한 결과 대전의료소년원, 대덕체육소년원, 안산예능소년원이 운영되고 있으며, 3개 소년분류심사원도 운영되고 있다. 이뿐만 아니라 법무부는 교육부 및 노동부와 협력하여 이들 기관을 중, 고등학교나 직업 전문학교로 발전시켜 비행청소년들에게 학교교육과 직업훈련을 강화하고 있다.

한편 교정사업에 민간단체의 참여도 활발하게 이루어지고 있다. 한국형사정책연구원은 비행과 범죄에 관하여 집중 연구하고 있으며, 한국교정교화사업연구원과 한국범죄방지재단은 주로 실천 활동에 참여하고 있다. 또 학술단체로는 한국형사정책학회, 한국교정학회, 한국교정복지학회, 한국소년보호학회, 한국보호관찰학회가 운영되고 있다.

이와 같은 교정사업에 종교단체가 참여하는 것도 높이 평가되어야 한다. 예컨대 비행청소년을 비롯한 수용자와 출소자의 재활을 위해 기독교세진회, 한국기독교교정복지선교회, 한국불교교정복지선도회, 빠스카교화복지회, 담안선교회들이 법무부로부터 사단법인을 허가받아 활동하고 있고(교정국, 1997), 최근에 설립된 천주교 소속의 사단법인 양지뜸은 소년원에서 나와 보호관찰을 받고 있는 남자 청소년을 위해 전주에 '천사의집'을 운영하고 있다.

2) 교정복지의 전개

사회복지실천기술을 익힌 사회복지사가 비행청소년이나 범죄인의 재활에 개입한 최초의 시기는 분명하지 않다. 다만 1970년대에 미국에서 사회사업학을 전공한 박종삼 교수가 광주(光州)에 미인가 시설인 보이스타운을 설립하여 주로 보호자가 없는 비행청소년을 위해 운영했음을 확인할 수 있을 뿐이다. 보이스타운은 주로 미국의 후원자들이 운영하였으며, 1980년대 말에 문을 닫았다. 이 시기를 전후로 교정복지의 필요성과 전문성을 강조한 문선화 교수가 1977년부터 법무부와 협력하여 보호관찰제도 도입에 크게 기여하였다(법무부, 1999).

1984년에는 가정에 적응하지 못하는 청소년과 법원으로부터 보호처분을 받은 비행청소년을 위해 대전에 효광교호직업보도원이 설립되었고, 이후 전국에 5개 시설이 추가로 세워졌다. 특히, 이들 시설은 보건복지부 산하 아동보호치료시설로서 사회복지사들이 이들 청소년의 재활을 위해 개입하였다.

1986년에는 정우식 교수가 주도하여 한국교정교화사업연구소(현 한국교정교화연구원)를 설립하였는데(한국교정교화사업연구소, 1988), 이 연구소는 우리나라 교정복지의 실제와 연구에 크게 기여하였다. 특히, 한국교정교화사업연구소의 초기 활동은 교정상업 중에서도 사회복지 실천적 개입에 초점을 맞추고 의욕적으로 이루어졌다.

1987년부터는 정부에서 사회사업학과나 사회복지학과 전공자를 특별히 채용하여 교정시설에 근무하도록 하였다. 그러나 이들은 교정시설에서 사회사업의 전문성을 살려 활동하지는 않았고, 이 특별 채용은 약 5년간 지속된 후 중단되었다. 현재 사회복지학을 전공하고 교정 관련 시설이나 기관에 근무하기 위해서는 교정직, 소년보호직, 보호관찰직 시험에 합격해야 한다.

한편 1990년대 초부터 지역사회의 사회복지관을 중심으로 부적응 아동과 비행청소년을 위한 치료 프로그램을 사회복지사가 시작하였다. 현재 이런 프로그램은 기업이 사회공헌을 중시하면서 기업의 복지재단이 적극적으로 참여하고 있으며, 사회복지공동모금회에서도 기획 사업으로 지원함으로써 지역사회에서 자리를 잡아 가고 있다. 이와 같은 프로그램을 위해 고용된 사회복지사는 비행청소년을 위한 미국의 다양한 프로그램(Zastrow, 2004:342)에서도 찾아볼 수 있다.

1994년에는 최옥채 교수가 교도소와 보호관찰소의 실무자 및 사회복지관의 사회복지사들과 교정사회사업연구회를 조직하여 광주(光州)지역의 교정현장을 중심으로 연구와 활동을 했다(교정사회사업연구회, 1994). 특히, 이 연구회는 보호 및 교정시설과 지역사회의 교류를 꾀하였고, 나아가 소년원이나 교도소 및 민간시설에 사회복지실천 기술을 바탕으로 한 프로그램을 제공하는 데 주력하였다.

2000년대에 접어들면서 교정복지는 다소 활성화 국면을 보이고 있다고 할 수 있다. 이런 실상은 교정복지 관련 연구가 꾸준히 진행되고 있고, 사회복지 관련 기관과 단체가 보호 및 교정시설(기관)과 연계하여 실시하는 프로그램이 증가하고 있으며, '교정 복지론' 교과목을 개설한 대학의 수가 늘고 있다는 면에서 확인할 수 있다.

3) 교정복지의 특성

우리나라 교정복지의 특성은 다음과 같이 몇 가지로 요약할 수 있다.

첫째, 비행청소년과 범죄인의 재활을 위한 현장에 사회복지 실천적 개입이 부족한 상태다. 이는 이들 현장에 교정복지가 제도화되어 있지 않아 사회복지사가 공식적으로 개입할 수 없기 때문이다. 따라서 보호관찰직을 포함하여 현장의 교정직과 소년보호직 공무원이 활동하는 교정 복지의 전문분야가 있음에도 불구하고 여기에 사회복지사가 참여하기에는 매우 어려운 실정이다.

둘째, 현재 우리나라의 교정 복지실천은 아동보호치료시설과 사회복지관에서 가장 활발하게 이루어지고 있다. 아동보호치료시설에서는 부적응하거나 비행에 빠진 청소년을 위해 사회복지사가 개입하고 있으며, 사회복지관은 보호관찰소나 소년원과 협력하여 프로그램을 운영하고 있다.

셋째, 사회복지 기관과 시설이 교정 복지실천을 단독으로 수행하지 못하고 소년원, 보호관찰소, 각 급 학교들과 공동으로 실시하고 있다. 이 같은 프로그램은 기업의 복지재단이나 사회복지공동모금회를 비롯한 사회복지 관련 단체로부터 재정을 지원받아 운영되고 있다(최옥채, 2006:68).

3. 교정복지의 주요 내용

1) 비행청소년과 범죄인의 적응을 위한 도움

비행청소년과 범죄인의 재활은 먼저 수용시설이나 지역사회 내에서 이들이 안정된 생활을 하는데 중점을 두어야 한다. 범죄인의 재활을 위한 초점은 범죄의 유형과 그들의 형편에 따라 달라질 수 있다. 그러나 비행청소년과 범죄인은 언제든지 변화가 가능하다는 점을 인정하고 이들의 현재의 생활 안정과 사회 적응에 치중해야 한다.

특별히 수용시설에 잇는 소년원생과 수용자의 적응은 크게 다음 세 가지 차원에서 볼 수 있다. 다음에 세 가지 내용은 상호 보완적이므로 순환적으로 잘 이루어져야 수용자의 생활이 안정될 수 있다.

(1) 시설 내 직업과 기타 활동

교정시설에 수용된 범죄인은 특별한 경우를 제외하고는 모두 규정된 작업을 해야 한다. 수용자를 각 작업장에 배치하는 기준은 그들의 특성에 따라 알맞게 이루어져야 하는데, 이 일을 분류심사과에서 주로 하고 있으므로 이에 교정사회복지사는 외부에서 수용자가 자신에게 적합한 작업을 선택할 수 있도록 협력해야 한다. 나아가 이들이 각 작업장에서의 작업 활동에 생산적으로 임할 수 있도록 도와야 한다.

(2) 동료 간 관계

수용자가 교정시설에서 늘 관계하는 상대는 동료 수용자와 교도관이다. 이들과의 관계가 긍정적이고 건설적으로 형성되지 않으면 수용자의 재활에 장애가 된다. 특히, 동료 수용자와의 관계는 서로를 이해할 수 있는 가장 가까운 상대라고 할 수 있기 때문에 이 점을 자신들의 재활에 최대로 활용할 수 있어야 한다. 예컨대 수용자들 간 대립이나 새로운 범죄기술을 주고받는 것보다는 서로 협력하며 어려움을 함께 나눌 수 있는 관계를 형성하여 이들의 생활이 재활의 길이 될 수 있도록 유도해야 한다. 이렇게 수용자들이 생산적인 상호 인간관계를 유지할 수 있도록 교정사회복지사는 전문 프로그램을 통해 도울 수 있다. 이와 같은 상황은 소년원에 잇는 비행청소년들에게도 적용된다.

(3) 실무자와 관계

교정복지실천 현장의 실무자와 수용자가 '지배자와 지배받는 자' '있는 자와 없는 자' '아는 자와 모르는 자'와 같은 관계를 벗어나 상호 협력자나 동반자와 같이 더불어 사는 관계를 유지해야 수용자의 재활에 유익하다. 이러한 관계 형성은 양자가 공동으로 노력해야 가능한 것이며 교정사회복지사는 바로 이들이 긍정적이고 생산적인 관계를 위해 개입해야 한다.

선행 연구(최옥채, 1994)에서 이미 나타난 것처럼 교도관과 좋은 관계를 맺을 수 있는 수용자는 동료 수용자와도 좋은 관계를 유지할 수 있다. 이러한 결과를 볼 때 수용자가 상대와 바람직한 인간관계를 만드는 것은 하나의 기술이라고 간주할 수 있다. 수용자에게 이러한 기술을 익힐 수 있는 기회가 교정시설 내에 있는 동안 주어져야 한다. 소년원에서도 비행청소년과 실무자 관계를 이들 청소년이 변화를 시도할 수 있는 계기를 마련하는 토대가 된다는 맥락에서 중요하게 다루어져야 한다.

2) 범죄인의 특정 질병 치료에 개입

비행청소년과 범죄인의 특성이 날로 다양해지면서 알코올중독, 약물중독, 후천성

면역결핍증(AIDS), 기타 정신질환 따위의 치료가 중요한 과제로 등장하고 있다. 이런 문제로 어려움을 겪고 있는 비행청소년과 범죄인의 재활에 교정사회복지사가 팀을 이루어서나 단독으로 개입해야 한다. 특히, 알코올중독이나 약물중독은 정신질환의 일종으로 간주하여 치료하고 있는 설정이므로 이들을 비행청소년이나 범죄인으로서 교정할 것이 아니라 정신질환자로서 접근해야 하는 과제도 중요하게 대두하고 있다. 나아가 우리나라에도 앞으로는 교정시설에서 에이즈를 앓는 수용자가 예상되므로, 이들을 대할 수 있는 전문 인력이 요구된다. 또 난치병에 걸려 있는 수용자들이 스스로 대처할 수 있는 능력을 키울 수 있도록 교정사회복지사가 개입해야 한다.

3) 비행과 범죄 예방

교정복지에서 비행청소년이나 범죄인을 재활하는 것도 중요하지만 비행과 범죄를 예방하는 데도 적극적으로 개입해야 한다. 비행이나 범죄에 빠진 이를 재활시키는 것보다 예방하는 것이 재정적인 면뿐만 아니라 비행청소년이나 범죄인 당사자와 이들의 가족과 사회에도 크게 유익하다는 점은 잘 알려진 사실이다. 특히, 비행과 범죄의 예방은 비행 및 범죄에 따른 피해를 막을 수 있다는 점에 중요성을 두어야 한다. 이를 위해 교정사회복지사는 비행과 범죄를 예방하기 위한 개입방법이나 구체적인 프로그램을 개발, 적용하는데 주력해야 한다.

4) 비행청소년과 범죄인 가족에 대한 조력

교정 현장의 실상을 볼 때 수용시설에 잇는 대부분의 비행청소년과 수용자와 이들의 가족 간 관계는 갈등상태에 있다. 나아가 특별한 비행청소년이나 범죄인을 제외하면 대부분 가난으로 가정형편이 매우 어렵다는 점이 드러나고 있다. 덧붙여 이들 가정의 가족은 친인척을 포함하여 지역사회의 주변인들로부터 범죄인 가족이라는 낙인을 받고 있는 실정이다. 이러한 비행청소년 및 범죄인 가정과 주변인의 실상을 고려하면 이들 가족이나 주변인이 비행청소년이나 범죄인을 올바르게 이해하고 나아가 포용할 수 있는 환경이 조성되어야 할 것이다. 특히, 범죄인 가족들 간

유대관계와 사후관리가 강조되어야 하므로 이를 위해 교정사회복지사가 적극 개입해야 한다.

5) 보호관찰업무에 대한 협력

보호관찰제도의 역사가 오래되고 비구금제도가 발달한 나라에서는 사회복지사가 전문가로 개입하고 있다. 특히, 서구의 보호관찰제도에서는 사회복지학을 전공한 자가 거의 보호관찰관으로 활동하고, 보호관찰은 '교정복지의 꽃'이라 할 수 있을 정도로 어느 부분보다 사회복지학과 밀접한 관계를 맺고 있다.

교정사회복지사는 효과적인 보호관찰 운용을 위하여 시설 내 비행청소년이나 범죄인을 충분히 파악해야 한다. 나아가 지역사회로 나와 보호관찰을 받고 있는 비행청소년과 범죄인의 원활한 적응을 위해 개입해야 하고, 지역사회의 사회복지 관련 기관에 근무하는 사회복지사는 이들 기관과 보호관찰소가 협력적인 관계를 바탕으로 공동프로그램을 실시할 수 있도록 양자의 교류를 주도해야 한다.

6) 교정자원봉사자 관리

지방자치제가 전면 실시되고 있으므로 교정 복지에도 변화가 있어야 한다. 특히, 지방화 시대를 맞이하여 비행이나 범죄 문제 역시 지방별 책임을 강화하지 않을 수 없다. 아울러 중앙정부는 '작은 정부'를 지향하면서 '재정의 축소화'와 '재정의 지방이 양화'를 강조하고 있다. 이런 상황에서 정부는 보호 및 교정 당국에 효율적인 재정 운영을 요구하고, 보호 및 교정 당국은 교정 현장의 자원봉사 인력을 대폭적으로 확대할 수밖에 없다. 이뿐만 아니라 지방정부의 책임이 커질 것이다.

보호 및 교정 당국이 비행청소년과 범죄인의 재활을 위해 자원봉사자를 대거 참여시킬 것이라고 전망하는 이유로 크게 두 가지를 꼽을 수 있다. 첫째는 부족한 자원을 지역사회로부터 제공받는다는 점이며, 둘째는 지역사회의 인력이 교정 현장에 참여함으로써 지역사회가 비행청소년과 범죄인을 이해하고 함께 할 수 있는 기회가 주어진다는 점이다. 이 분야의 자원봉사자는 전문 교육을 받아 성실히 과업을 수행할 수 있도록 노력해야 한다. 이 인력을 조신하고 교육하여 활용하는 일은 곧 교정사회복지사의 몫이다.

7) 교정제도의 개선

교정사회복지사는 자신이 맡은 클라이언트의 재활에 일차적으로 관심을 쏟아야 하겠으나 이 일 역시 교정제도라는 틀에 따라 좌우될 수밖에 없다. 그러므로 교정사회복지사는 교정제도라 적법하게 만들어져 운용될 수 있도록 이의 개선에 기여해야 한다. 이를 위해 교정사회복지사는 시민운동 차원에서 모든 시민이 교정 복지를 이해하고 교정활동에 참여할 수 있도록 유도하는 과업을 수행해야 한다.

4. 교정복지의 과제

비행청소년과 범죄인의 재활을 위한 한 분야로서 교정 복지를 알아보았다. 앞으로 교정 복지를 우리나라 교정사업의 중요한 한 영역으로 간주하고, 이를 보장하는 제도가 마련되어야 한다. 이런 맥락에서 교정 복지에 관련하는 학계와 실천 현장은 다음과 같은 과제를 수행하는 데 주력해야 한다.

1) 교정복지의 제도화

사회복지학을 전공한 전문 인력이 교정 현장에 근무할 수 있도록 제도를 마련해야 한다. 제도의 개선이나 새로운 제도의 주비는 국가 차원에서 결코 쉬운 일이 아니다. 그러므로 현장을 이해하지 못하고 함부로 제도 개선을 운운하는 것은 공염불에 그칠 수 있다. 지금의 실상을 고려할 때 우리나라는 전략상 법무부의 교정직, 소년보호직, 보호관찰직 공무원과 협력하면서 사회복지학 전공자를 투입할 수 있으며, 이들 공무원에게 사회복지학을 교육시켜 활동하도록 할 수도 있다. 이러한 작업이 순조롭게 이루어질 수 있도록 관련 전문 분야에서는 연구와 활동을 통해 교정 복지의 중요성은 물론 실천 기술을 익히고 경험을 쌓아야 한다.

2) 교정복지교육과 연구의 활성화

교정 복지의 제도화를 위해서는 대학의 사회복지학을 포함한 사회복지학 관련인들이 중추적으로 나서야 한다. 전국에서 사회복지학과나 사회사업학과를 설치한 대학이 교정 복지론 교과목을 개설하여 교정 복지의 확산을 독려해야 한다. 교정 복지가 사회복지의 다른 분야와 달리 대학에서 연구하는 연구자에게 큰 매력을 주지 못하고 있는 점을 극복해야 한다. 설상가상으로 교정 복지실천 현장이 지극히 폐쇄적이거나 방만하여 연구자들의 활동을 더욱 제한하고 있다. 그럼에도 이런 난관을 극복하고 성실한 연구와 교육이 대학과 교정복지실천 현장의 협력으로 이루어져야 한다.

아울러 '교정의 사회화'가 실천으로 옮겨질 수 있도록 일반 시민에게 폭넓은 교육을 실시할 필요가 있다. 이를 위한 구체적인 방안으로 교정사업에 관한 시민강좌, 교정시설 참관 따위를 강조할 수 있다. 이들 프로그램에 비행청소년과 범죄인의 가족과 함께 참여시켜 이들의 사기를 높이고, 나아가 함께 활동할 수 있도록 유도해야 한다. 이러한 일은 교정 현장의 실무자, 관련 연구기관과 대학의 전문가, 과거에 수용자였던 재활 인사들이 이끌어 갈 수 있다.

3) 교정복지 관련 전문 기술과 프로그램 개발

비행청소년과 범죄인의 개인적 특성을 비롯하여 이들의 비행과 범죄가 날로 복잡하게 변화하고 있다. 이런 현상은 이들의 재활을 위한 한층 전문적인 기술과 프로그램의 필요성을 불러일으키고 있다. 그러므로 이 분야에 관심을 두고 있는 실무자나 지역사회 내 전문가들은 현장에서 적용이 가능한 전문적인 기술과 구체적인 프로그램을 개발하여 제공해야 한다. 특히, 이들 프로그램은 비행청소년과 범죄인의 욕구 역시 다양해지고 있는 상황에서 이들의 욕구를 중심으로 개발되어야 한다.

5. 교훈

영국, 미국, 스웨덴, 일본의 범죄인 재활에 관한 역사적 흐름을 통해 다음과 같은 몇 가지 중요한 교훈을 발견할 수 있다. 이러한 교훈을 타산지석(他山之石)으로 삼아 앞으로 우리나라 범죄인 재활의 발전에 참고해야 할 것이다.

첫째, 열악했던 비행청소년 및 범죄인 재활 현장은 개혁을 통해 발전하고 있음을 알 수 있다. 여러 나라의 비행청소년 및 범죄인 생활 현장은 공통적으로 구태를 벗어나 타의나 자의로 개혁함으로써 합당한 체제를 갖추고 있다.

둘째, 종교단체가 범죄인의 재활에 중요한 역할을 수행했다는 점을 알 수 있다. 특히, 종교단체는 범죄인을 위한 인간적인 처우, 합리적인 재활 방법, 필요 자원의 제공과 같은 협력에 적극적이었다.

셋째, 범죄인에 대한 처분 및 처벌에서 특히 비행청소년과 여성범죄인들의 재활에 중점을 두었다. 비행청소년과 범죄인 재활을 위한 제도들은 공통적으로 재활 현장의 청소년과 여성의 재활에 더욱 중점을 두고 성립 발전되었다. 이는 비행청소년과 범죄인의 재활 현장에서 비행청소년과 여성범죄인을 특별 영역으로 다룰 필요가 있음을 의미하는 것으로 보아야 한다.

넷째, 범죄인 재활의 발전은 정부, 교정 당국, 관련 공무원, 범죄인, 시민이 협력하여 이루어 왔음을 알 수 있다. 특히, 교도관과 수용자의 관계가 수용자의 재활에 크게 영향을 미쳤다는 점을 상기할 때 교도관과 수용자의 관계에 중점을 둘 필요가 있다.

다섯째, 우리나라의 교정을 세계와 상호 교류하는 데 적극적이어야 할 것이다. 그럼으로써 여러 나라와 비교하여 우리의 장점은 더욱 강화하고, 부족한 점을 보완할 수 있을 것이다.

여섯째, 교정시설의 민영화를 위해 교정 당국과 관련 민간단체가 적극적으로 나서야 함을 알 수 있다. 민영교도소의 운영에 대한 평가가 긍정적으로 나타나고 있는 만큼 우리나라도 민영교도소의 설립과 운영에 적극적이어야 한다. 특히, 민영교도소를 발판으로 교정기관에 전문 인력을 투입할 수 있는 제도를 마련해야 할 것이다.

일곱째, 교정의 지방화가 범죄인의 재활에 적용되고 있음이 드러났다. 이는 지방정부가 비행과 범죄에 더욱 관심을 쏟게 할 수 있을 뿐만 아니라 주민을 적극적으로 참여토록 할 수 있다는 맥락에서 교훈으로 받아들여야 한다.

제 3 장

범죄 이론 및 범죄 원인론

1. 범죄 이론1)

1) 현대적 범죄이론

(1) 이탈리아 학파(범죄인류학파)

19세기 자연과학의 발달로 과학적 연구방법을 범죄학에 도입한 최초의 실증주의 학파로 현대 형벌에 있어 범죄인의 교화 개선철학의 기초를 마련했으므로 이탈리아 학파는 특별예방이론의 발전의 기초를 제공했고 "범죄행위"로부터 "범죄인"에게로 연구의 중심을 전환시켰으며 범죄원인으로 소질면을 강조하는 등 신파이론의 실증적 기초를 마련했다.

① Lombroso

근대적 과학적 형사정책의 선구자인 그는 연구 초기에는 『범죄인론』에서 소질을 중시해 생래적 범죄인설과 격세유전설, 범죄인 정형설을 주장하면서 전체 범죄인 중

1) 천정환(2006), 『신범죄학』, 백산, 377-398면에서 발췌 정리

65%가 생래적 범죄인이라고 주장했으나, 후기에 와서는 『범죄의 원인과 대책』에서 환경의 영향도 중시해 생래적 범죄인은 전체 범죄인의 35% 정도라고 수정했다.

그는 범죄인을 생래적 범죄인, 격정적 범죄인, 정신병적 범죄인, 준범죄인, 사이비범죄인, 정신병질이 없는 상습범으로 분류하고(그는 범죄인 분류의 시조이며 그는 생래적 범죄인을 진정한 범죄인으로 보았다), 이런 분류를 기초로 형벌을 개별화해야 한다고 주장했는데, 예를 들어 생래적 범죄인은 개선이 불가능하다고 보아 초범에게는 무기형, 누범인 잔혹한 범죄인에게는 사형도 인정하며, 격정범과 우발범에게는 단기자유형을 반대하고 벌금형을 주장하고, 노인과 소년범죄인은 감옥대신에 농원이나 감화학교에 수용시키고, 상습범에 대해서는 유형을 주장했다. 한편, 그는 여성범죄론에서 매춘의 범죄성을 긍정했는데 매춘을 범죄대상(代償)이라고 했다(그는 여성은 대부분이 기회범이며 매춘부들은 태어날 때부터 모성이 결여되어 생래적 범죄성이 있다고 한다).

한편, 롬브로조에게 영향을 준 이론에는 모렐의 변질이론, 골의 골상학, 다윈의 진화론, 프리차드의 패덕광이론, 톰슨의 수형자에 대한 유전학적 조사이론 등이 있고, 롬브로조에 대한 비판은 독일의 좀멜과 베어, 프랑스의 리용학파, 영국의 Goring 등이 있다. 고링은 영국의 죄수들을 연구한 결과 범죄인과 비범죄인 간에는 아무런 신체적 특징의 차이가 없다고 해 범죄인 정형설을 비판했는데 이런 고링의 주장에 대해 Hooton은 「범죄와 인간」에서 죄수들의 신체적 열등성을 제시해 롬브로조의 이론에 동의를 하였으며 그 외에 Kurella와 Sellin도 롬브로조 이론에 동의를 했다. 이런 롬브로조의 이론은 독일과 오스트리아에서는 신롬브로조(범죄생물학파)학파(렌츠, Seeling, 크레츠머, 후튼)로 발전했고 미국에서는 롬브로조의 신체적 유형을 정신의학적 유형으로 대체해 연구하는 경향이 나타났다.

② Ferri

「범죄사회학 - 형법학에 있어서 새로운 지평선」을 지은 페리는 범죄의 원인으로 생래적 요인인 인류학적 요소(∴롬브로조의 범죄인론의 영향을 받았다), 물리적 요소(자연환경적 요인), 사회적 요소(∴라까사뉴의 범죄사회학의 영향을 받았다)를 들고 이 중 사회적 요소를 가장 중시했다(∴범죄는 소질과 환경에 그 영향이 있다). 그는 자유의사에 의한 도덕적 책임을 부정하고(자유의사론×) 범죄는 사회가 잉태한 산물, 즉 인간의 범죄행위는 외부의 사회적 환경요인에 의해 결정된다는 의사결정론적 입장에 서서 범죄에 있어 사회적 책임 개념을 강조하였으며, 범죄에 대한 사회방위는 형벌에 의지하지 말고 형벌의 등가물로서의(형벌대용물 사상) 사회개혁조치, 즉 각종 사회제도의 개혁이(∴범죄는 개인적 원인보다는 사회제도의 결함에 따른 사회병리적 현상이므로) 범죄를 제거하는 근본적 대책이라고 보았다. 형벌대용물로서는 범죄의 사회적 원인인 지나친 궁핍을 없애기 위해 생산과 노동수단의 집단소유제(∴막스 이론의 영향을 받았다)의 인정, 범죄의 사회적 원인인 실업에 기인한 궁핍범죄에는 이민의 자유 인정, 정치범에 대한 대책으로는 사상의 자유확대 등이 있는데, 형벌대용물 사상의 근본은 범죄의 사회적 요인이 가장 중요시되므로 범죄의 사회적 원인이 될 수 있는 각종 사회내의 범죄요인을 제거해 범죄충동을 억제시켜야만 범죄가 감소된다고 한다.

한편, 페리는 범죄는 사회현상이라고 했기 때문에 일정한 사회에는 반드시 일정량의 범죄가 있다는 "범죄포화의 법칙"과, 기본적 · 전형적 범죄가 있을 때 부수적 범죄가 동시에 발생한다는 "범죄과포화 법칙"(절도에 따르는 장물범죄)을 주장했으며 범죄인을 생래적 범죄인, 관습범죄인, 정신병 범죄인, 기회범, 우발범, 격정범(재산범×)으로 분류하고 생래적 범죄인은 무기격리나 유형으로 대처(사형 부정)할 것, 관습범죄인은 개선이 가능한 자는 우발범과 같은 처우를 하고 개선이 불가능한 자는 무기한 격리시킬 것, 정신병 범죄인은 정신병원에 수용할 것, 격정범은 손해배상 또는 강제 이주시킬 것, 기회범과 우발범은 경한 자는 격정범과 같은 처우를 하고, 중한 자는 농장교도소에서 훈련치료할 것을 주장했다.

③ Garofalo

『범죄학』을 저술해 범죄학이란 용어를 처음 사용한 그는 범죄원인으로서 심리학적 면을 중시(이점에서 롬브로조가 범죄원인으로 생물학적 측면을 중시한 것과 차이가 난다)했다. 『범죄학』에서는 시간과 장소를 초월한 독자적인 범죄개념을 제시하며 범죄인을 자연범과 법정법으로 나누고(나중에 과실범을 추가) 범죄의 본질은 자연범에 있다고 하였으며, 자연범은 성실과 연민이 결핍된 자로 생래적 범죄인이므로(이 점에서 그의 사상은 롬브로조의 사상에 기초한 것을 알 수 있다) 어떤 제도나 정책도 효과가 없어 유형이나 사형에 처할 것을 주장했다(자연범으로 모살범죄인, 폭력범죄인, 풍속범죄인, 재산범죄인으로 구분하고, 본능적 폭력범과 본능적·상습적 재산범은 무기형에, 모살범죄인으로 개선이 불가능한 자는 사형에, 기타의 폭력범과 풍속범은 부정기유형에 처할 것을 주장했다). 그리고 법정범은 법률이 규정한 범죄로(간통죄) 법정범에 대해서는 정기구금하고 과실범은 불처벌할 것을 주장했다(즉 그는 자연범, 과실범, 법정범에 대해 처벌을 다르게 해야 한다고 주장). 또 그는 자연범 중에서 살인범은 성실과 연민이 모두 결여된 자로, 폭력범은 연민이 결여된 경우로, 절도범은 성실이 결여된 경우로, 성범죄인은 도덕적 감수성이 결여된 자로 보았다.

(2) 프랑스학파(리용학파, 환경학파)

범죄의 생물학적 요인보다는 사회적 요인에 중점을 둔 케틀레는 범죄는 개인적 소질에 관계없이 사회에는 대량적으로 발생된다는 결정론적 사고를 가졌다. 이렇게 범죄를 사회환경의 부산물로 보는 케틀레의 견해는 프랑스학파의 라까사뉴와 살레이유에 계승되어 소질중심의 인류학적 범죄원인론을 비판하고 사회적 환경을 중심으로 한 범인성 연구에 중점을 두게 되었다. 이런 프랑스학파는 리용학파(라까사뉴)와 가설설정방법을 주된 방법론으로 하는 사회학적 범죄이론(따르드, 뒤르껭)으로 나뉘어 전개되었고 나중에 사회학적 방법론은 미국의 사회학파에 의해 개화되었다.

① Lacassagne

프랑스의 범죄사회학을 주도한 그는 "사회는 범죄의 배양기이고, 범죄자는 미생물에 해당되므로 벌해야 할 것은 사회이지 범죄자가 아니다"라고 하여 범죄의 사회적 원인을 중요시했고, 사회환경 중에서도 특히 경제적 환경을 중시해 실업과 범죄의 상관성을 주장했다(곡물가격과 재산범죄의 관계에 대해 연구를 하고 범죄는 불황의 산물이라고 함).

② Durkheim

그는 범죄의 원인을 사회의 성격 그 자체에서 구했기 때문에 범죄는 병리현상이 아니라 모든 사회에서 반드시 나타나는 정상적 현상이라는 범죄 정상설(이 점에서 그는 사실주의와 실증주의를 발전시켰다)과 사회에 범죄가 없다면 그 자체가 병리적 현상으로 사회가 정체되어 발전되지 못한다는 관점에서 사회의 진보를 위해서는 일정량의 범죄가 필요하다는 범죄필요설을 주장하고(∴범죄의 순기능을 인정) 또한 사회의 성격 그 자체에서 범죄가 발생된다고 보았듯이 사회구조상의 모순적 성격 때문에 자살이 발생(개인적 원인이 자살의 원인이 아님)된다고 보았으며, 그 유형에는 사회가 급변할 때 생기는 규범력의 약화로 인한 아노미적 자살(세상사 허무), 사회 유대가 약화될 때 생기는 이기적 자살(입시실패), 집단을 위해 자신을 희생하는 이타주의적 자살(자살특공대), 사회의 과도한 규제력 때문에 발생하는 숙명적 자살(순장)을 들고 있다(여기서 그는 사회연대의 약화로 이기적 자살이 생긴다고 보아 이기주의적 자살은 Hirschi의 사회연대이론에 연결됨을 알 수 있다). 또한 그는 전통사회(기계적 유대)에서 산업사회(유기적 유대)로 전환되면서 규범이 해체되고 사회통합이 약화되어 무규범상태인 아노미를 초래해 이로 인해 범죄가 증가한다고 하여(아노미란 용어를 최초로 사용) 나중에 머튼의 아노미이론과 사회해체이론과 사회통제이론에 영향을 주었다.

③ Tarde

그는 막스이론에 근거해 범죄원인으로 자본주의 경제구조를 다루어 범죄인을 자본주의 희생자로 보았고, 그런 맥락에서 범죄를 사회적 산물로 보아 범죄인을 제외한 모든 이에게 죄가 있다고 하여 극단적인 환경일원론을 주장했다. 또한 그는 모든 사회현상은 모방의 결과라고 전제하여 모방의 법칙이란 가설을 세우고 사회심리학적 연구를 통해 범죄현상을 해명하고자 했는데, 모방의 법칙은 거리의 법칙과 방향의 법칙, 삽입의 법칙으로 되어 있다.

거리의 법칙은 모방은 사람간의 거리가(이 때 거리는 심리적 거리와 물리적 거리를 포함) 가까울수록 모방이 잘 일어난다는 것으로 모방은 사람간의 거리에 반비례하고 접촉의 강도에 비례하므로 사회집단간의 범죄경향의 차이나 강약이 생기는 이유도 설명해 준다(따라서 여기서 집단책임의 개념이 제시된 것을 알 수 있다. 소도시보다 대도시가 모방이 빈번하고 빠르게 진행되고 또한 도시에는 재산범죄, 농촌에는 대인범죄가 많이 모방됨을 알 수 있다).

방향의 법칙은 모방은 사회적 지위가 우월한 자를 중심으로 이루어져 우위자로부터 열세자로 모방이 확대된다는 것이다(열세자가 우위자를 모방한다는 뜻으로 과거에는 상류층에나 존재한 아내 바꾸기란 의미의 스와핑이 이제는 사회의 모든 계층에서 발생되고, 과거 도시에 발생한 금융사기가 이제는 농촌에도 발생하는 것이 그 예이다).

삽입의 법칙은 모방은 "모방→유행→관습"의 형태로 발전되어 가면서 상호 배타적인 유행은 낡은 것이 변하고 새로운 것이 증가한다는 뜻으로, 과거에는 사채업자가 지하시장에서 불법으로 활동했으나 여러 통제가 있자 이제는 공식적으로 금융유사업 또는 금융 파이낸스란 이름으로 등장해 활동하는 현상을 들 수가 있다.

(3) 독일의 사회학파

이것은 리스트를 중심으로 형성된 학파인데 범죄원인에 대해 소질과 환경을 둘 다 중시하였다(범죄원인의 이원론).

① 리스트

그는 형벌은 맹목적인 것이 아니라 어떤 합목적성이(형벌을 수단으로 범죄인을 개선하려는) 있어야 한다는 목적형주의를 주장(∴형벌의 대상은 행위가 아니라 범죄인이어야 하므로 행위자 형법과 특별예방주의, 주관주의와 관계)하고 또 범죄인의 개선과 재사회화를 중요시했으므로 개선과 관계되는 부정기형의 채택, 단기자유형의 배제, 소년범에 대한 특별대우, 집행유예, 벌금형, 누진제의 합리화를 요구했다. 또 범죄는 자유의지로 발생하는 것이 아니라 주위 환경에 적응 못하는 성격(반사회성; 사회적 위험성)때문이라고 보았기 때문에 행위자의 반사회성을 중심으로(∴주관주의과 관계) 범죄인을 개별적으로 처우할 것을 주장해(∴형벌의 개별화와 관계), 개선이 가능하고 필요한 자에게는 개선을, 개선이 불가능한 자에게는 무해화(영구격리, 사형)할 것을 주장했다.

사시 말해 상태범 중 개선이 불가능한 자에 대한 형사정책은 사회방위가 더 중요하다고 보아 영구격리(종신형)할 것을 주장하였는데, 이런 그의 사상은 유럽에서 범죄인의 위험성에 기초한 보안처분제도가 태어난 배경이 되었다. 또한 그는 소질과 환경을 모두 고려하면서도(범죄원인의 2원론을 주장) 사회적 원인을 중시했으므로 최선의 사회정책이 최상의 형사정책이라고 표현했고, 이런 그의 사상을 관철하기 위해 하멜, 프린스와 함께 1888년 국제형사학협회(I.K.V)를 창설했다. 한편, 그는 Marburg강령에서 전형법학 사상(범죄학에 형법학을 포함시키는)을 발표하고 여기서는 형법이 주도적 지위를 갖는다고 주장했다.

② Aschaffenburg

『범죄와 그 대책』을 지은 그는 범죄의 환경적 요소와 개인적 요소를 결합하여(이 점에서 리스트의 사상을 발전시킨 것을 아 수 있다) 이들 요소와 범죄와의 관계를 풍부한 통계자료를 사용해 범죄인을 7종으로(우발범죄인, 기회범죄인, 격리범죄인, 예모범죄인, 누범범죄인, 직업범죄인, 관습범죄인) 나누었는데, 이는 가장 전통적인 범죄인 분류기준표의 기초가 되었다. 우발범죄인은 주로 과실범의 형태로 나타나고, 기회범죄인은 격정범과 유사하나 감정적 흥분이 아닌 우연한 기회가 원인이 되어 범행하는 자이고 격정범은 순간적인 감정적 흥분으로 범행하는 자이고 예모범은 범행을 미리 계획하는 자이고 누범범죄인은 범죄를 반복하는 자이며(상습범도 포함), 관습범죄인은 심리적 변질 때문에 범행을 하는 자로 소극적 성격을 가지고, 직업범죄인은 뛰어난 지능과 적극적 범죄의지를 가진 자로 개선이 곤란한 자이다.

(4) 오스트리아학파

리스트에 영향을 받은 오스트리아 학파는 특히 효과적인 예방적 형사정책과 범죄인에 대한 심리학적 연구방법을 중시했다.

① Gross

『범죄심리학』과 『예심판사 필휴』를 지은 그는, 리스트의 사상을(리스트는 범죄사회학과 범죄물리학을 통해 범죄학이라고 하고, 범죄학에 관한 많은 여구를 했음) 발전시켜 범죄수사에 필요한 모든 지식을 연구 대상으로 하는 학문을 범죄과학(범죄수사학)이라고 명명하고(그가 제시한 수사에 있어 수법수사는 현재 강력범 수사에서 많이 활용), 1912년에는 그라츠 대학내에 범죄과학연구소를 설립했다.

② Lenz

『범죄생물학원론』을 지은 그는 그로스가 주장한 범죄과학의 체계화를 위해(이 점에서 그는 그로스의 영향을 받은 것을 알 수 있다) 범죄생물학의 범위에 심리각, 정신분석이론 등을 포함시키고 소질과 환경을 종합적 동태적으로 고찰해 메츠거의 동태적 범죄원인론에 결정적 영향을 주었다. 다시 말해 그는 롬브로조의 소질설과 크레츠머의 체형론, 융의 생물학적 반응설, 프로이트의 이론을 발전적으로 통합해 범죄를 설명한 『범죄생물학원론』을 지어 (그는 범죄는 환경의 영향하에 모든 인격이 발로된 것이며, 선천적 · 후천적 · 신체적 · 정시적 잠재 원인이 현실화된 것이라고 표현함) 나중에 동태적 · 목적론적 범죄연구의 계기가 되었다.

③ Seelig

『범죄학교과서』를 지은 그는 렌트가 체계화시킨 범죄학의 이론을 발전시키고, 나아가 범죄학의 인접분야에 대한 다양한 지식을 토대로 범죄와 형벌의 현상을 철저히 규명하였고, 여기서 그는 범죄방지대책을 진압을 통한 예방과 누구의 희생도 없는 진압 없는 순예방으로 구분했다.

(5) 사회주의학파

맑스이론에 기초해(경제적 생산양식이 그 나라의 정치, 사회, 정신적 생활양식을 결정한다는 경제적 결정론과 유물론) 범죄의 원인을 자본주의 사회 그 자체의 폐단에서 찾는 학파로(∴범죄의 사회성보다는 사회 그 자체의 범죄성을 강조) 범죄는 자본주의 산물이라고 한 Bonger(경제적 조건과 범죄성의 관계에 중점), 범죄원인은 빈곤이라고 한 Van Kan 등이 있다.

2) 미국의 범죄사회학파 이론

(1) 문화전달 중심이론

① 사회해체이론

사회해체란 산업화로 인하여 인구이동, 사회이동의 증대, 문화변동, 윤리의식의 와해로 공식적 또는 비공식적 사회통제가 붕괴되는 현상을 말하는데, 이런 사회해체는 범죄의 원인이 되며 범죄 하위문화를 형성시키게 되고 범죄 다발지역이 형성된다고 한다. 이런 사회해체이론은 Cooley와 Thomas가 대표자이고 이 이론의 기초는 시카고학파(파크, 버제스, 위스)의 인간생태학 이론이며(인간생태학은 생태계에서 일어나는 지배, 침입, 계승의 과정이 사회내에서도 그대로 일어나고 그 과정에서 범죄는 발생한다는 것으로 이는 범죄원인은 개인적 원인보다는 사회적 원인에 의해 결정된다는 의미이다).

또한 버제스의 도심원이론(동심원이론은 통제력이 약화된 지역의 도심에 가까울수록 비행이 많이 발생하고 도시에서 멀어질수록 적어진다고 하여 지역특성인 환경과 범죄와는 연관성이 있다는 이론임)도 관계된다고 볼 수 있다. 그러나 이미 도시화가 된 사회에는 이 이론을 적용하기가 곤란하고 Mills는 해체라는 개념이 중산층의 시각에서 본, 중산층의 편견이 내재된 개념이라고 비판했다.

② 문화전달이론

Shaw와 Mckay가 제기한 것으로 그들은 시카고 지역에서 비행자들의 거주지역을 조사해 범죄에 대한 생태학적 이론을 발전시켜(이 점에서 사회 해체론을 계승한 것을 알 수 있다) 시카고의 범죄지도를 작성했는데, 범죄지도는 비행률이 높은 곳은 해체된 도시의 주임주이고 중심에서의 거리에 반비례하여 범죄는 감소(이 점에서 그들의 이론은 따르드이 모방의 법칙에서 영향을 받은 것을 알 수 있다)한다는 내용을 포함하고 있다.

한편, 문화전달이론은 사회해체론을 계승한 것이라고 했는데, 쉽게 표현하면 사회해체로 인해 사회통제가 약화되면 범죄가 발생되며(여기까지가 사회해체론으로 범죄발생과정을 알 수 있게 한다), 그리고 계속 범죄가 발생하게 되면 해체된 지역에는 범죄 하위문화가 형성되고, 이 하위문화는 그 지역에 새로 들어오는 사람들에게 계속 전달되어 지속적인 범죄 다발지역이 형성된다는 것이 문화전달이론이다(즉, 사회해체로 생긴 범죄 하위문화의 전달과정에 중점을 둔 이론이다). 이렇게 접촉을 통해 범죄문화가 학습된다는 점에서 이 이론은 나중에 서덜랜드의 분화적 접촉이론에 큰 영향을 주었다.

③ 분화적(차별적) 접촉이론

문화전달이론, 사회해체론, 문화갈등이론, 문화변천이론의 영향을 받은 이 이론은 미국범죄학의 아버지인 Sutherland가 주장한 것으로 이 이론에서는 범죄가 개인적 병리의 산물이 아니라 접촉을 통해 학습된 것으로 본다(그는 범죄적 성향을 후천적 학습에서 찾으려 했으며 범죄인 가계를 따로 긍정하지 않았다). 범죄는 타인을 접촉하는 과정에서 그 법 위반을 긍정하는 관념이 부정하는 관념보다 우세할 때 나타나며 접촉의 빈도가 많고, 접촉의 기간이 길고, 접촉의 시기가 빠를수록, 접촉의 강도가 더 클수록 더 강하게 학습된다고 한다(A는 자기의 주위에(생태계에), 착한 친구집단 또는 깡패집단 등 다양한 친구(집단)가 있는데 A는 착한 친구보다 깡패집단과의 접촉(차별적 접촉)을 통해서 이 법 위반을 긍정하는 관념이 법의 위반을 부정하는 관념보다 우세하게 되어 범죄적 행동을 학습해 범죄를 하게 된다고 하는데, 여기서 서덜랜드는 범죄의 동기를 사회적 동기보다는 관념에서 찾고 있는 것을 알 수 있고 이것은 하위문화이론, 문화갈등이론도 마찬가지이다).

준법행위와 똑같은 방식으로 학습을 통해 습득되고 그 내용은 범죄의 동기, 범죄기술, 태도 등이며 이런 학습과정은 타인과의 친밀한 교제에서 일어난다고 하는데, 이런 논리에 따르면 범죄지역은 사회해체론이 주장하는 것처럼 해체된 것이 아니고 차별적 사회조직화되어 있다는 것을 알 수 있다. 서덜랜드는 초기에는 계획적 범행에 대해서만 적용했으나, 그 뒤에 그의 이론이 일반이론이라는 것을 강조하기 위해 격정범과 과실범에도 적용 된다고 주장했다. 그의 이론은 범죄가 학습되는 과정(불충분하지만)과 학습내용을 구체적으로 언급한 점은 의의가 있고, 집단적이고 모방성이 강한 청소년의 범죄의 설명에 유용하며(∴A가 주위에 깡패집단을 통해 범죄화되므로 서덜랜드는 범죄예방으로 A의 주위에 있는 깡패집단 등 나쁜 생태계를 반범죄적인으로 개선해야 한다고 하는데, 이것을 집단관계치료법이라고 함), 전통적 범죄만 아니라 화이트칼라범죄 등 새로운 범죄현상도 설명할 수 있다(A는 화이트칼라범죄를 긍정하는 기업인들과의 차별적 접촉을 통해 화이트 칼라범죄를 학습한다). 그러나 이 이론은 학습측면만 강조하고 범죄적 성향을 후천적인 것에만 찾으려 했기 때문에 학습과는 관계없이 순간적으로 발생하는 정신 이상에 의한 범죄나 과실범과 충동범을 설명할 수가 없다. 또한 학습과정이 명확치 않은데, 즉 범죄집단과의 접촉 뒤에 그것을 범행으로 옮기는데 필요한 무엇이 빠져 있다(바로 이 문제점을 보완한 것이 Burgess와 Akers의 차별적 접촉강화이론이다. 즉 차별적 접촉이론이 차별적 접촉 → 범죄행위라는 도식이라면, 차별적 접촉강화이론은 비행집단과의 차별적 접촉 → 차별적 강화과정 → 범죄라는 도식을 갖는다).

먼저 아이가 착한 일을 하면 어머니는 과자나 칭찬을 하는데 이를 보상 또는 긍정적 강화라 하고 나쁜 일을 하면 때리거나 꾸중을 하는데 이를 처벌 또는 부정적 강화라고 하며 어머니가 칭찬을 할수록 아이는 착한 일을 계속하게 된다. A가 주위의 깡패집단과 접촉해서 일단은 범죄행위를 모방하여 비행행위를 하게 될 때 깡패집단의 보스가 그 행동을 칭찬 또는 보상을 하게 되면 보상받은 그 행위는 더욱 더 강화되어 범행을 계속하게 된다고 하여, 접촉과 범행 사이에 차별적 강화 개념을 개입시켜 명확하게 학습과정을 해명했다. 만일에 A가 최초의 범행은 접촉을 통해 모방에 기인하지만, 차별적 강화과정이 없다면(칭찬이 없다면) 모방의 영향력은 감소되어 버린다는 뜻이다).

차별적 접촉이론은 접촉에 따른 반응에 있어 개인적 차이를 무시한다(A와 A' 두 명이 있는데 둘 다 주위에 깡패집단이 있고 접촉 횟수나 강도도 둘 다 비슷하다고 해도 A는 범죄를 학습하게 되지만 A'는 범죄를 학습하지 않을 수 있으나 이런 차별적 반응을 무시하고 있는데 바로 이 점을 보완한 이론이 자기관념이론, 견제이론, 중화기술이론이다).

서덜랜드의 이론은 Short가 검증을 통해 비판했듯이 접촉의 비율이나 강도 등을 정확히 측정하기 어렵다는 비판이 있는데 바로 이점을 보완한 이론이 Quinney의 기호이론이다. 또한 그의 이론은 사회구조적 측면을 간과했고 개인의 태도나 신념, 관념을 지나치게 강조하고 있다는데 비판이 제기되고 있기도 하다.

④ 분화적 동일화이론

Glaser의 이 이론은 사람은 누군가와 동일화시키려는 경향이 있고(자신의 범죄행동을 수용할 수 있다고 생각되는 실제적·관념적 인간에게 자신을 동일화시키려 함), 이런 동일화의 과정에서 자신의 태도를 합리화함으로써 범죄가 발생한다고 하는 것인데, 자세한 내용은 바로 앞에서 설명했다. 단, 이 이론은 격정범이나 성도착범에게는 적용이 곤란하다. 이 이론은 범죄를 학습의 결과로 보는 점은 서덜랜드와 의견을 같이하나, 차별적 반응의 문제를 해결하지 못하고 직접 접촉을 통하지 않고는 범죄가 학습되지 않는다는 서덜랜드의 이론의 한계에 대한 비판으로 나온 것으로 접촉이란 말 대신에 동일시라는 말을 사용해 직접 접촉을 하지 않고도 TV속의 인물이나 자기가 머릿속에서 만든 관념적 인물에 자신을 동일시해 범죄가 일어날 수 있다고 함으로써 각 개인들의 차별적 반응을 설명했다.

(2) 문화갈등 중심이론

① 문화갈등이론

『문화갈등과 범죄』를 지은 Sellin은 1940년대에 미국에 각국으로부터 이민이 증가하고 그 과정에서 규범간의 갈등이 야기된 것을 보고 이민과 범죄와의 관계를 설명하면서 문화갈등이론을 내놓았는데, 그에 따르면 문화갈등을 1차적 문화갈등(이민과 식민으로 인한 전통문화와 외래문화간의 갈등, 즉 이질적 문화간의 갈등을 의미)과 2차적 문화갈등(도시와 농촌, 세대간의 경우와 같이 동질적 문화간 갈등)으로 나누고, 이렇게 문화갈등이 개인에 내면화되고 규범갈등이 증대되면 인격해체를 가져와 결국 범죄를 유발한다고 한다. 한편, 서덜랜드도 문화갈등의 유형을 논한 바가 있다.

② 하층계급문화이론

Miller는 하위층계급은 그들의 관심의 초점(관심의 초점에는 자율, 숙명, 말썽, 강인, 교활, 흥분)이 중산층과 다르기 때문에 하층계급에는 독특한 문화가 형성되고 이 독특한 문화규범이 중산층문화의 법규범에 위반하면서(그러나 하층의 문화규범은 중산층의 문화규범에 대한 적대감을 표시하는 것은 아니다. 즉 밀러의 하층계급문화이론은 하층문화를 중산층문화에 대한 대항문화로 보지 않고 그 자체의 고유한 문화로 보는 점에서 중산층 문화에 대한 대항문화로서의 비행하위문화를 주장하는 Cohen의 비행하위 문화이론과 차이가 나고, 하층 청소년문화를 중산층문화의 연장으로 보고 대항문화로 보지 않는 Matza의 중화이론과 비교된다) 범죄가 발생한다고 보며, 특히 하층계급의 목적달성수단이 일반적·합법적 수단보다 손쉬워 쉽게 범죄가 발생한다고 한다. 따라서 하층계급의 문화와 지배층 문화 사이의 갈등이 범죄를 유발한다는 점에서 Sellin의 이차적 갈등과 유사하다. 또한 밀러는 하류계층의 가정의 주요한 형태는 여성가장가구라고 하고 이런 모자가정의 소년은 바람직한 남성모델을 가정 밖에서 찾게 되며, 또한 그들 고유의 관심의 초점에 부응하는 행동을 하다가 결국 범죄를 하게 된다고 한다.

(3) 사회구조 중심이론

① 아노미이론

머튼은 사회문화적 구조는 문화적 목표와 이를 달성하는 수단인 규범의 두 요소로 되어 있는데, 이런 목표와 수단간의 불일치 때문에 범죄가 발생한다고 한다(문화적 목표는 출세하는 것인데 A는 불법을 통해 무슨 수단을 통해서라도 성공하려하다가 범죄를 하게 된다). 즉, 문화적 목표를 강조하면서도 그를 달성하기 위한 합리적 수단에의 저근성이 낮은 계층에게는 좌절이라는 긴장이 발생하고 마침내 수단의 합법성을 무시하게 되면서 범죄를 하게 된다고 한다(∴하류층의 높은 범죄율의 설명에는 유용하다). 특히 아노미란 무규범상태를 의미하는데 이것은 문화적 목표를 추구할 때 수단과 방법을 가리지 않는 충동의 심리로 이런 아노미의 심리상태가 확대될 때 그 사회는 각종 범죄가 발생한다고 보고 결국 범죄는 사회적 모순으로 생긴 악이라고 봄으로써 뒤르껭의 범죄정상설의 영향을 받았다(즉 머튼은 사회구조에 범죄원인이 있다고 보며, 부의 성취는 모두의 목표이나 하층계급은 이의 달성을 위한 합법수단이 구조적으로 제한되어 있어 불법으로 돈을 벌려 해 범죄가 생김). 그리고 머튼은 문화적 목표와 수단에 대한 개인적 적응유형을 다음과 같이 구분했다. 아래에서 범죄와 관련되는 것은 도피형, 개혁형, 반항형이고 그 중에서 개혁형이 가장 문제된다.

이런 아노미이론은 머튼, 뒤르껭, 코헨, 올린과 클로워드 등이 있으나, 아노미이론을 체계화시킨 자는 머튼이다. 머튼의 이론은 범죄를 개인적 차원이 아닌 사회구조적 측면에서 파악했고 사회구조 갈등의 원인을 제시하고 문화적 목표와 수단간의 통합을 장려하는 정책을 범죄예방 대책으로 제시한 점은 의의가 있다(재산범죄의 근본대책으로 재화의 재분배 정책과 사회복지의 기반을 강화시키는 정책). 그러나 머튼의 이론이 전제한 부(Wealth)의 성취가 모든 계층에서 추구하는 목표라는 공통가치설은 사회내의 가치의 다원화 현상을 무시한 비현실적 견해이며(A는 돈보다는 교육에 최고 목표) 따라서 그의 이론은 재산범죄는 설명이 되나 재산과 관련없는 비공리적인 범죄(청소년의 강간 등 쾌락을 위한 범죄)나 중류층 범죄를 설명할 수 없고, 또한 머튼의 이론은 부의 성취를 위한 합법적 수단이 하층민에게는 제한되어(긴장 상태) 있기 때문에 범죄를 한다고 전제했지만 처음부터 합법적 수단으로 달성이 가능한 범죄(경미한 재산범죄)가 일어나는 이유를 설명하지 못한다.

② 비행적 하위문화이론

Cohen은 『비행소년들』에서 중산층의 문화와 하류층의 문화간에는 갈등이 있으며, 중산층들이 그들의 편견에 의해 하류계층의 소년들을 부정적으로 평가할 때 좌절감을 느낀 하류층이 비행하위문화를 형성(∴하층문화의 성격을 중산층의 지배문화에 대한 반항으로 봄)하게 된다고 하는데, 비행적 하위문화란 비행집단에 공통된 가치관을 포함하는 사고나 행동양식을 의미하며 이런 비행하위문화의 특징으로 비공리성(이익을 추구하지 않는 행위로 A가 자기친구에게 지하철 내에서 자신의 뛰어난 소매치기 솜씨를 보여 부러움을 사기 위해 소매치기를 해 보이는 것), 악의성(A가 친구의 도시락을 몰래 숨겨 친구가 당황하는 모습을 보일 때 재미를 느끼는 것), 반항성(하류층의 소년들은 중산층의 지배문화를 거부), 집단자율성(내적으로 굳게 뭉치고 외부에 대해 적개심을 나타냄), 변덕성, 단기쾌락성(Versatility)을 들고 있다.

그의 이론은 하류층의 소년들이 자기들만의 갱집단을 형성하는 이유를 설명해 주며 청소년 범죄의 대책도 개인적 차원보다 구조적 차원에서 접근한 점은 의의가 있으나, 코헨의 이론은 사회계층적 편견이 전제되어 있다(오늘날 상류층 청소년의 비행도 많은데 청소년의 비행은 무조건 하위층의 소년에서만 발생한다고 봄). 청소년의 비행문화를 비공리적이라고 본 것도 현실성이 없고(청소년들은 돈이나 이익을 위해서 범죄도 많이 한다). 중산층의 가치관을 갖지 않는 하류계층의 청소년을 간과했다(그는 하류계층의 소년들이 중산층이 가진 가치관을 갖고 있다고 전제했지만, 이 또한 검증되지 않는 이야기이다).

③ 분화적 기회구조이론(차별적 기회이론)

Cloward와 Ohlin이 대표자로 문화전달이론과 분화적 접촉이론, 아노미 이론에 기회구조개념을 도입한 이론이다. 먼저 그는 하류층 소년들은 목표를 달성하기 우해 합법 또는 비합법적인 두 가지의 기회구조를 사용할 수 있다고 보는데, 머튼의 이론에서는 문화적 목표를 달성할 수 있는 합법적 수단 또는 합법적 기회구조에 접근할 수 있는 기회가 제한되면, 긴장이 오고 바로 범죄가 발생된다고 했지만 여기서는 합법적 기회구조에 접근할 수 있는 기회가 제한된다고 해서 바로 범죄가 생기는 것이 아니라 비합법적인 가치와 수단에 접근할 수 있는 기회가 있어야 범죄가 생긴다고 한다(즉, 부의 성취라는 목표를 달성할 합법적 기회구조에 접근할 기회가 제한되었다고 해서, 즉 아무리 노력해도 돈을 벌 합법적 방법이 없다고 해서 바로 소매치기를 하는 것이 아니고 소매치기 기술 등과 같은 불법적인 수단을 익힐 수 있는 기회가 주어져야 그 수법을 배워 소매치기를 한다는 뜻이다). 머튼은 문화적 목표를 달성하는데 하나의 합법적 기회구조만 가정했지만 올린은 그것 외에 불법적 기회구조도 사회에 있다고 전제하고 또한 이런 합법적 또는 불법적인 기회구조를 갖지 못한 하류층민 모두가 소매치기 기술은 가진 것이 아니고 그런 소매치기수법도 일부만 차별적으로 갖고 있으므로 나머지도 그 기법을 배워야 소매치기라는 범죄를 할 수 있다).

클로워드와 올린은 비행적 하위문화를 범죄적·갈등적·도피적 하위문화로 구분했는데, 범죄적 하위문화는 범죄수법이 잘 전승되어 청소년 범죄자와 성인범죄자가 강한 통합을 보이는 지역에서 나타나고(주로 재산 범죄와 연결), 갈등적 하위문화는 청소년에게 모범이 될 만한 성이역할 모형이 없는 지역에서 나타나는데 주로 공격적 범죄가 일어나며(불안을 폭력에 의존), 도피적 문화는 마약중독자처럼 관습적 또는 범죄적 세계 어디에도 소속될 수 없어 도피해 버리는 형태의 문화이다(자포자기). 클로워드는 미튼의 적응모형을 수정해 개인적 적응유형을 제시했다.

한편, 이 이론은 1960년대 미국의 범죄방지대책(존슨 정부하에서 빈곤을 타파해 범죄를 근본적으로 해결하려고 하는)에 근본적인 해결책을 제시했고 범죄를 유발하는 합법적·비합법적 기회구조를 제시한 점은 의의가 있으나, 동일한 기회구조하에서도 왜 하류층의 청소년들이 다른 반응을 나타내는지를 해명하지 못한다(합법적 기회구조에 접근을 제한 당한 소년 A와 A'가 둘 다 소매치기 기법을 알고 있어 불법적 기회구조에 접근했다 해도 A는 소매치기하고 A'는 범죄를 하지 않는 이유를 설명하지 못한다. 즉 이 이론은 목표추구라는 사회적 상황변수만 중시했지 A와 A'의 각 소년들이 가지는 개인적 성격 변수를 고려하지 않는다). 또한 이 이론은 범죄가 하류층에만 존재한다는 전제에서 나왔으므로 중산층의 범죄는 설명하기 어렵고, 중산층의 편견이 내재된 이론이며(중산층은 하류층의 비행을 그들에 대한 반발로 보므로), 하위문화를 3가지로 분류했지만 분류자체가 명확치 못하다는 비판도 있다. 게다가 청소년 범죄율이 높은 특정 지역사회 내에서도 다양한 하위문화가 존재하는 이유를 설명할 수 없다.

(4) 사회심리 중심이론

① 중화기술이론(Matza, Sykes)

Cohen은 하류층 문화에서 자란 소년들은 범죄적 행동방식을 가질 수밖에 없고(결정론적 관점) 그들은 중류층 사람들과는 확실히 틀린 특성을 지녔다는(이분법적 사고) 주장과 함께 하류층 소년들은 중산층의 문화에 대항해 대항규범을 만들어 냄으로써 범죄가 발생한다고 주장했지만 맛차는 그런 논리를 반대하는데, 그에 따르면 비행자들은 중산층의 규범체계를 부정하지 않고 비행자들의 내면에는 보편적 규범체계가 있으며(사람을 폭행하면 안 된다는 등의 규범이 내면화되어 있음) 비행시에도 이런 보편적 규범은 유지하고 있으나 외부환경으로부터 중화기술(합리화, 변명)을 학습해서(∴학습이론과 관계된다) 상황에 따라 이런 중화기술을 쓰게 되면(∴사회심리론과 관계된다) 범죄자에게 이미 내면화되어 있는 보편적 규범이 마비되면서 범죄가 발생한다고 qs다(A여자는 타인을 상해하면 안 된다는 보편적 규범은 내면화되어 있으나 수많은 여성을 강간한 B가 증거불충분으로 풀려나오자 자신이 B를 때려 상처를 내는 것은 규범에 어긋난다는 것은 알지만 자신의 폭행은 일종의 정의로운 응징이라고 자신을 합리화시켜 내면화된 규범의식이 마비되면서 폭행을 하게 된다는 것이다).

즉 중화기술이론은 비행자들은 관습적(규범적)인 도덕성을 내면화하고 있지만, 상황에 따라 관습적인 규범에 적응할 수도 있고 또는 중화기술을 배워 비합법적인 범죄행위도 할 수 있다는 의미, 다시 말하면 관습적 행위와 비합법적 행위의 생활방식을 교차적으로 행할 수 있는 표류적 존재(즉, 비결정론 관점이다)라는 것이다. 이런 중화기술이론은 잠재가치론과 표류이론에 영향을 주었다.

중화기술의 유형에는 책임의 부정(비행을 환경의 탓으로 돌리고 자신을 사회상황의 희생물로 여긴다. 학생이 담임선생의 일관성 없는 태도 때문에 비행했다고 하여 자신의 비행을 정당화하는 것), 가해의 부정(자신의 행위로 아무도 침해를 받지 않았다고 자신과 타인에게 강조하는 중화기술이다. 차를 훔치고도 잠시 빌렸다고 생각하는 것, 여자를 강간하면서 화간이라고 정당화하는 것), 피해자의 부정(자신의 행위가 유해한 것은 인정하나 자신의 가해행위는 피해자의 특수성 때문이라고 강변해 자신을 도덕적 복수자로 생각한다. 매국노를 죽이는 행위), 비난하는 자에 대한 비난(경찰 등 자신을 비난하는 자들이 더 나쁜 자이면서도 자신의 작은 잘못을 비난하는 것은 모순이라고 자신의 행위를 합리화하는 것, 절도범이 그동안 경찰관에게 상담을 해왔다고 말하는 경우), 고도의 충성심에의 호소(부모의 권위를 부정하고 친밀집단에 대한 충성심의 발로에서 행위한 것으로 중화하는 것인데, 친한 친구의 등록금을 위해 어쩔 수 없이 돈을 횡령한 경우) 등이 있는데 규범의 부정은 중화의 종류가 아니다.

이 이론은 사회심리학적 측면에서 범죄를 설명한 점에서 의의가 있고, 범죄는 그릇된 가치의 학습이 아니라 중화기술의 학습에서 비롯되었다는 점을 지적했으며, 성장효과의 설명(비행소년이 나이를 먹음에 따라 범죄를 중단하는 것은 소년이 비행시에도 보편적 규범이 내면화되어 있었기 때문)이 쉽다는 점에서 의의가 있으나, 범죄자가 범죄 전에 중화 기술을 쓰는가 또는 범행 뒤에 중화기술을 쓰는가를 잘 알 수 없고, 개인적 차이점을(누구는 비행에 표류하고 누구는 비행에 표류되지 않는) 설명하지 못한다.

② 자기관념이론

Reckless, Dinitz, Murray 등의 이론으로, 이 이론은 앞의 차별적 접촉이론의 문제점인 차별적 반응(왜 똑같이 범죄집단에 접촉했는데도 A는 범죄를 하게 되고 B는 범죄를 하지 않는가)의 문제를 해명했는데, 기존의 연구가 범죄문화에 접촉한 사람이 왜 범죄에 빠지는가를 연구한 반면에, 여기서는 왜 어떤 사람은 범죄에 빠지지 않는가에 중점을 두었다. 즉, 똑같이 범죄문화에 접촉해도 비행과 무비행은 좋거나 나쁜 관념 중 어떤 자기 관념을 갖느냐에 따라 결정된다고 한다(좋은 자기관념을 가지면 비행을 하지 않고 나쁜 자기관념을 가지면 비행을 하게 된다). 사회적으로 용인된 적정한 자기 관념의 획득과 유지가 범죄로부터 멀어지게 되는 요인이라고 본다.

그러나 자기관념이론은 나쁜 자기관념을 가진 자라도 범죄인이 되지 않을 수 있는데 그 이유를 설명하지 못한다(자기관념이 형성되는 과정도 설명하지 못한다). 한편, 자기관념이론은 강력한 내부적 통제와 이를 보강하는 외부적 통제가 규범위반에 대한 하나의 절연체를 구성한다는 레클리스의 견제이론으로 발전했는데, 내부적 견제요소에는 좋은 자아관념, 좌절감에 대한 인애(보통은 좌절감이 생기면 공격성, 즉 범죄가 발생하기 쉬우나 좌절감이 생겨도 이를 인애하고자 하는 마음이 범죄에 대한 절연체가 되어 범죄가 생기기 않는다)가 있고 외부적 견제요소에는 사회에서의 기대감(범죄를 하고 싶어도 주위에서 자신을 긍정적으로 많이 기대할 때 이런 기대감이 그가 범죄를 하지 못하게 한다), 가족에 대한 소속감 등이 있다.

(5) 사회통제 중심이론

사회통제이론에는 개인적 통제를 중심으로 한 이론(레클리스의 견제이론, Briar와 Piliavin의 동조성전념이론), 사회적 통제를 중심으로 한 이론(Hirschi의 사회결속이론) 법률적 통제를 중심으로 한 이론(억제이론) 등이 있다.

레클리스의 견제이론은 앞에서 살펴보았지만 그는 범죄조장요소로 외부압력(빈곤, 실업), 외적요인(주위의 깡패집단), 내적강요(좌절감, 긴장, 공격성)를 들고 범죄억제요소로 외적억제요소(가족과 사회에 대한 소속감), 내적억제요소(목표지향성, 좋은 자아관념)를 들며 범죄조장적 상황에 있어 범죄적 경향이 있어도 범죄억제요소가 강하게 작용하면 범죄가 되지 않는다는 이론을 제시했다.

Briar의 동조성전념이론은 사람들은 다양한 정도의 동조성에 대한 집착을 가지고 있다고 가정하고 사람이 범죄조장적 상황에 놓여졌더라도 부모와 선생님, 자기가 존경하는 동료에 강한 집착을 가진 사람은 집착이 약한 사람에 비해 범죄를 행할 정도가 낮다는 것이다(즉 범죄적 상황에 놓여진 자라도 규범을 지키는 부모나 선생님의 행동에 동조하려는 마음이 강할수록 범죄적 행동은 통제되어진다는 뜻이다).

사회적 결속이론 또는 사회통제이론은 모든 사람은 범죄적 성향이 있는데도 대부분의 사람이 범죄를 하지 않는데 관심을 가지고 이렇게 범죄를 억제시키는 sghksrud적 요인을 규명하려고 한 이론인데, 허쉬는 그런 범죄성향의 기본적 통제요인을 개인과 사회간의 유대, 특히 가족간의 유대로 보았고, Gottfredson과 허쉬는 범죄행위의 통제요인으로 attachment(타인에 대한 정서적 애착으로 범죄를 하고 싫어도 자기가 애착을 느끼는 스승의 기대를 저버릴 수가 없어서 범죄를 하지 않는다). Commitment(규범을 준수하면 앞으로 주어질 사회적 보상에 관심을 갖는 정도에 의해 맺어지는 유대로 장래의 목표성취에 대한 열망이 클수록 비행이 억제된다), involvement(전념의 결과로서 실제로 규범적인 일에 참여하는 행위에 의해 맺어지는 유대로 미래에 성공하기 위해 현재 열심히 노력하다 보면 비행할 시간과 기회가 줄어든다), belief(규범을 준수해야 한다는 믿음이 강한 자는 비행을 덜 저지른다)를 들고 있다. 그런데 허쉬의 사회결속이론은 경미한 범죄(소년비행)에는 잘 적용되나 중요범죄(강력범)의 설명에는 곤란하다는 비판이 있다.

한편, 억제이론 또는 법률적 통제이론은 인간을 원래 이기적이고 아주 계산을 잘 하는 합리적 존재로 봄으로써 인간은 자기가 범죄를 했을 때 얻을 수 있는 이익과 체포되었을 때 예상되는 처벌의 크기를 비교 계산해 처벌이 이익보다 크다고 생각하면 범죄는 억제된다고 보므로 처벌을 통한 일반예방효과를 강조한다(이 점에서 형사사법기관에 의한 통제를 긍정적으로 보고 있는데, 형사사법기관에 의한 통제를 부정적으로 보는 낙인이론과 차이가 있다). 그리고 억제의 유형으로는 대상을 기준으로 일반억제와 특별억제로 나눌 수 있고 억제정도의 기준으로 절대적 억제, 제한적 억제, 주변적 억제로 나눌 수 있다. 한편, 억제이론의 3대 억제요소에는 처벌의 신속성, 처벌의 엄중성, 처벌의 확실성이 있는데, 3요소가 각기 독립적으로 작용할 때는 확실성이 가장 억제효과가 높다고 한다. 이 억제이론은 범죄를 할 때 얻어지는 이익과 체포될 때 예상되는 처벌(손실)의 크기가 잘 계산이 되는 도구적 범죄(재산범죄)에는 잘 적용이 되나 손익을 계산할 시간도 없이 순간적으로 발생되는 격정범죄와 같은 표출적 범죄를 설명할 수 없고 사람과 범죄유형에 따라 이익과 처벌에 대한 인식이 다 다르다는 문제점이 있다.

(6) 현대적 범죄론

이 이론의 학자로는 『소년비행』을 지은 Tappan, 『사회병리학』을 지은 Lemert, 『범죄와 지역사회』를 지은 Tannenbaum, 그 외에 Becker, Gibbs, Goffman, Erickson, Scheff 등이 있다. 전통적 범죄학은 범죄인과 비범죄인 사이에는 구분 차이가 있다는 가정하에 연구중심을 개인으로 제한시키고 범죄원인을 소질이나 환경에서 찾는 실증주의적 방법(즉, 전통적 범죄학은 범죄행위 자체에 초점을 두고 특정행위를 범죄화하는 규범적 성격임)이지만, 낙인이론은 범죄행위 자체에 초점을 두지 않고 왜 어떤 행위자가 일탈자로 낙인되는지에 대한 규명에 초점을 맞춘다. 만일 어떤 소년이 부모에게 큰소리로 대들어 경찰(비범죄자)로 연행되어 갔을 때 경찰이 그 소년에게 패륜아라고 낙인을 찍으면(비범죄자가 소년의 행위에 대해 의미 부여의 해석을 시도하고 상호작용이 이루어짐) 낙인이 된 그 소년은 자아정체감을(스스로 자기 자신을 어떤 사람으로 생각하는 것) 나쁜 쪽으로 형성하게 되고(자신을 패륜아라고 자아정체를 함), 그 뒤에는 그런 부정적인 자아정체감에 따라 나쁜 행동인 일탈을 하게 된다(∴자아정체감은 주위사라들과의 사회적 상호작용과정에서 형성됨). 따라서 일탈행위를 소년 1명의 고립적인 정적 행위로 보지 않고 범죄자와 비범죄자의 사회적 상호작용의 결과로(∴낙인이론은 사회적 상호작용에 중점을 두고 범죄를 사회규정의 산물로 본다) 보므로, 낙인이론은 일탈행위(소년이 부모에게 대드는 것)와 사회적 낙인화의 동적관계를 사회적 상호작용의 관점에서 보는 이론이다(일탈을 행위의 차원이 아닌 사회와 일탈자간의 상호작용의 차원으로 파악). 그리하여 낙인이론은 일탈이 사회에 의해 생겨난다는 전제 위에서 소년의 부정적 행동(작용)에 대한 경찰 등 사회의 낙인(반작용)이 행위자(소년)의 주관에 미치는 영향을 연구대상으로 하므로 종래의 실증적, 전통적, 심리학적, 다원적 범죄원인론을 거부하고 기존의 범죄이론이 경시한 낙인의 주체인 법집행기관(입법기관 ×)을 주요 연구대상으로 한다(낙인이론은 실증주의 범죄학에 대한 코페르니쿠스적 전환을 가져온 이론이라고 함).

2. 범죄 원인론[2]

1) 범죄원인에 관한 연구

범죄원인에 관한 연구는 일원론 → 다원론 → 일반화이론 →유형론으로 발전해 왔는데, 일원론은 범죄의 원인이 되는 여러 요인에서 가장 결정적 요인 한 가지를 찾아 그 한 요인에 중점을 두고 설명하는 입장이다. 이 일원론은 범죄를 일으킨 요인 중 어느 한 인자로 모든 범죄행위를 설명하므로 범죄대책도 추상적이라는 비판을 받는다.

이에 비해 Healy에 의해 완성되었고, Glueck부부에 의해 응용된 방법이 다원주의는 범죄를 일으킨 여러 인자가 있다면, 여러 인자들을 동가치적으로서 여러 병렬적인 인자의 결정과 이에 대한 대책에 중점을 두어, 유사한 행동에서 생기는 다수의 여러 인자를 발견해 사실적 자료를 모으고 이에 대한 대책을 세우자는 입장이므로 일원론보다 구체적인 특징은 있으나 범죄를 일으킨 여러 인자를 찾아내어 이들 인자들은 제거함으로써 현존질서를 유지시키려는 보수적 시고라는 비판을 받는다.

일반화이론을 주장한 서덜랜드는 범죄행위는 환경에서 학습된다고 보아 모든 범죄행위에 공통된 일반이론을 만들어 범죄원인을 설명하려는 입장이다. 즉, 범죄를 일으킨 다수요인을 만들어 범죄원인을 설명하려는 입장이다. 즉, 범죄를 일으킨 다수요인의 복합관계 곳에서 일반원리를 제시하려는 입장으로 범죄가 개별적으로 실행되어 가는 과정을 일반원리로 설명한다. 또 그는 인자와 원인을 구별해 인자는 원인을 형성하는 조건이며 범죄발생의 원인은 아니라고 한다(정신병과 빈곤 등은 인자이고 원인은 아니다. 그것은 정신병자와 빈곤한 자 중에서 범행을 한 사람보다 범행을 하지 않은 사람이 많기 때문에 빈곤 등이 범죄발생의 원인이 아니라고 한다).

2) 천정환(2006), 『신범죄학』, 백산, 411-423면에서 발췌 정리

2) 소질과 환경

범죄원인으로의 소질은 유전생물학적 입장에서 의미하는 소질인 유전소질(부모가 자녀들에게 전해 주는 것)과 같은 선천적 요인에 한하지 않고 일정한 행동을 할 가능성을 나타내는 후천적 발전요인도 포함된다. 다시 말해 이간은 태어날 때부터 계속 외부의 환경에 의해 영향을 받으므로, 여기서의 소질은 유전자에 의해 반드시 결정되는 것만은 아니고 출산 전후의 여러 외부적 조건(잉태시 어머니의 음주, 태아손상)과 성장기에 있어서의 외부적 조건에 의해서도 형성되는데, 이런 범인성 소질과 관련해 연구의 대상이 되는 것은 성차, 지능, 나이, 유전적 결함, 체질과 성격의 이상 등이 있으며 이런 소질설에 입각한 학파는 범죄인류학파이다.

환경은 개체에 대하여 직·간접적으로 영향을 미치는 물질적·정신적 세계를 총칭하는 것으로, 현실적으로 영향을 준 경험적 외계뿐만 아니라 영향을 줄 수 있는 외적 사상(事象)도 포함하는 것이다. 이와 관련해 연구의 대상이 되는 것은 개인적 환경(가정, 결혼, 알코올중독)과 사회적 환경(재해, 사회적 조건)이 있으며 환경설에 입각한 학자에는 콜라자니, 로리아, 튜라티, 봉거, 라까사뉴가 있다.

그런데 최근에는 환경과 소질, 인격의 상호 관련성을 중시는 다원론적 관점이 범죄원인론에 있어서 다수설을 이루는데, 그 예로 레빈은 행동을 성격과 환경과의 함수로 설명하고 룩셈버거는 범죄원인을 내인성 범죄(주로 소질에 의해 나타나는 범죄)와 외인성 범죄(주로 환경적 요인에 의해 나타나는 범죄)로 나누며, 아므라함젠은 모든 사람은 범죄를 범하는 경향을 가졌다는 전제하에(범죄심리학의 입장) "범죄=범죄경향+환경상황/내심의 저항력"이라는 공식을 만들었다. 또한 Healy와 Bronner는 정서장애와 비행사이의 관계를 밝혔고, Exner는 범죄는 범죄적 인격과 범죄적 환경과의 상호작용을 산물로 보며, 아샤펜부르크는 범죄의 원인은 일반적 원인과 개인적 원인으로 분류하고, 렌츠는 범죄는 환경의 영향하에서 소질(인격)의 발로라고 표현했고, 동태론적 범조원인론을 주장한 Mezger는 내재적 범죄원인론과 외재적 범죄원인론을 종합해 범죄를 "V=A·E·P+pU·tU"로 표현했다(V는 범죄, A는 소질, E는 환경, P는 인격, pU는 개인적 환경, tU는 행위환경). 그 외에도 다원론적 관점에 선 학자는 Glueck부부, 봉거, 리스트 등이 있다.

한편, 범죄에 이르는 인격의 형성과정에는 인격규정인자(이것은 조기에 있어서의 획득성의 소질적 변화를 가리키며, 이들은 환경과의 상호작용을 통하여 발전된다)와 인격형성인자(소질에 의해 규정된 인격은 기타 여러 환경에 의하여 형성)와 인격전개인자(한번 형성된 인격도 사춘기, 전생, 억압적인 환경이 나타나는 경우에 다시 동태적으로 변화)와 환경감수성(이것은 개체가 환경에 쉽게 친화하는 정도) 및 환경선택(이것은 개체는 환경중 일정한 것을 주체적으로 선택하게 된다는 의미) 등이 있다. 한편, 범죄 실행의 요소에는 범행의 동기, 사회적 제재로부터의 해방(사회적 제재에는 가족의 기대감을 포함하는 외적 제재와 양심을 지키려고 하는 내적 제재가 있다), 범행의 기술, 범행의 기회가 있고, 범죄 유발력을 구성하는 요소에는 개인의 욕구상태와 유혹사물의 가치크기 등이 있으며, 범죄 제어력을 구성하는 요소에는 내심의 법도의식, 외부의 제어환경(피해자의 방어력, 국가기관의 법적 통제작용)이 있다.

3) 개별적 범죄원인론

(1) 유전과 범죄

서덜랜드 등의 사회학파는 유전소질과 범죄는 상관성이 있다고 하고, 룩셈버거와 Stumpfl은 상관성을 부정했으나, 오늘날은 범죄인으로 될 수밖에 없는 유전적 소질은 부인되고, 다만 간접적인 영향만 있다고 본다. 이런 범죄와 유전의 상관성을 규명하기 위한 방법들에는 유전부인(유전적 결함)연구, 범죄인가계 연구, 쌍생아 연구와 양자 연구, 성염색체 연구 등이 있다.

① 유전부인(負因) 연구

유전부인은 범죄인의 혈연 중에 범죄성을 유발하기 쉬운 나쁜 조건을 말하며, 유전부인의 연구란 조상의 나쁜 유전적 결함이 자손의 범죄에 어떻게 영향을 주는 요인으로 작용하는가를 범죄인의 선조를 조사해 유전적 결함을 물려받은 자와 범죄와의 상관성을 연구하는 것이다. 이런 유전부인과 관계되는 것은 내인성 정신병, 정신병질, 정신박약, 음주병, 범죄상습성이 있고 이런 유전부인에 대한 연구자들로는 Riedl, 룩셈버거, Stumpfl, Glueck부부 등이 있으며 유전부인의 종류에는 직접부인(유전적 결함이 부모에게 있는 때), 간접부인(유전적 결함이 조부모에게 있는 때), 방계부인(유전적 결함이 부모의 형제 중에 있는 때)이 있다. 결론적으로는 유전부인의 연구만으로 범죄성이 유전된다고 할 수는 없고, 다만 유전적 소질이 범죄에 영향을 줄 수 있는 한 요인이 된다고 추론할 수 있다.

② 범죄인 가계의 연구

이것은 범죄인의 가계를 소급조사해 봄죄성의 유전여부를 분석하는 것으로, 이에 관한 연구로는 Goddard의 칼리카크가 연구, 글륙부부의 연구, Dugdale과 Estabrook의 the Tukes 연구, Goring의 연구, Rath의 연구, 그 외에 빅토리아가 연구, 남가(the Nam) 연구, 제로가(the Zero) 연구, 힐포크가(the Hill Falk) 연구 등이 있는데, 이들 연구의 결과들은 대체로 범죄 소질은 유전되었다고 결론지었다. 이에 대해 서덜랜드는 에드워드가에 대한 연구를 기초로 위의 연구결과들에 반대되는 결론을 도출했다. 한편, 이 비범죄자가 다수 있다는 점을 설명할 수 없다는 점과, 특정가계에 대한 조사를 가지고 일반화시키기에는 무리가 있어 과학적 기초가 부족하다는 점, 배우자의 영향과 같은 환경의 영향을 고려하지 못했다는 비판이 있다.

③ 쌍생아 연구

이것은 완전히 공통으로 유전인자를 가진 일란성 쌍둥이와 그렇지 않은 이란성 쌍둥이의 범죄 일치율을 비교해 쌍둥이의 범죄 일치율이 이란성 쌍둥이의 그것보다 높게 나타나면 범죄성은 환경보다는 소질이 더 크게 영향을 준다고 추론하자는 것이다. 이에 대한 연구로는 쌍생아 연구를 최초로 한 Galton, 그리고 갈튼의 연구를 범죄연구에 도입한 Lange는 『운명으로서의 범죄』에서 일란성 쌍둥이의 범죄 일치율이 높다고 하여 범죄에 있어 소질의 중요성을 강조했고, 랑게의 불일치율을 해명한 Eysenck는 랑게의 연구결과를 더 높이 평가하고 유전소질의 역할을 더욱 중시했으며, Langr의 연구는 Newmann의 연구에서도 입증되었다. 한편, Stumpfl은 기존의 범죄 일치율의 개념에는 소질측면이 약한 교통사범, 과실범 등을 모두 포함시켜 신뢰성이 약하다고 비판하고, 범죄 일치율의 개념을 구체화하고(일치의 개념을 처벌여부, 범죄의 중대성, 범행수법, 사회적 행상, 성격구조로 5단계로 구체화) 일란성 쌍둥이는 조발성의 누범인 경우에는 거의 일치한다고 했다. 그리고 사회학적 방법을 쌍둥이 연구에 도입해 가장 광범위하게 쌍둥이 연구를 행한 Chrisiansen은 쌍생아 계수(쌍생아 계수는 범죄의 종류, 출신지역, 사회계층, 범죄에 대한 집단저항의 정도와 같은 사회적 변수이다)를 사용해 연구성과의 정확성을 기했는데, 그 연구의 결과에 의하면 쌍생아의 범죄 일치율은 출생지역, 범죄의 종류, 사회계층, 범죄에 대한 집단저항의 정도에 따라 차이가 난다고 하여 범죄 원인은 유전적 요인이 중요하지만 사회적 변수에 따라 많은 영향을 받게 된다는 것을 알 수 있다. 그러나 Dargard와 Cringlen은 범죄에 있어 소질의 중요성은 존재하지 않는다는 연구결과를 내놓아 기존의 쌍둥이 연구와는 반대의 입장을 나타내었다.

④ 양자연구

이것은 친생부모가 범죄성이 있었던 경우에 입양아의 범죄발생 정도가 양부모의 경우보다 훨씬 높다면 범죄원인에 대한 유전소질의 영향을 크게 인정하자는 취지이다. 이에 대한 최초의 연구는 Schulsinger이며 그 뒤 크로우의 연구와 Mednick과 Hutchings의 연구가 있다. 허칭스의 연구에 의하면 가정적 결점이라는 환경적 요인이 범죄에 상당한 영향을 미친다고 하여 유전소질의 범죄에 대한 중요성과 환경요인의 중요성도 동시에 나타난 것을 알 수 있다(허칭스와 메드닉은 父의 범죄성과의 관계에서 "실부, 양실부와 양부가 모두 범죄인일 때 양자가 범죄인이 될 확률이 가장 높다고 보았다).

⑤ 성염색체이상 연구

이것은 성염색체 이상이 생기면 이로 인해 성격적 결함이 생길 수 있다는 보고에 따라 이상염색체와 범죄와의 상관성을 연구하려는 시도였다. 성염색체의 이상 형태로는 클라인펠터 증후군과 XYY형이 있는데, 전자는 정상적인 경우보다 여성적 특징을 나타내는 X염색체가 증가된 경우를 말하며 XXX, XXXY 등의 여러 유형이 있으나, 특히 XXY(여성형 남성)가 문제시된다. 이 형태의 특징은 고환의 왜소, 여성형 유방, 정신적 미성숙, 낮은 지능과 반사회성이 있고 범죄성은 성범죄나 동성애, 절도 등을 범하는 경향이 있다.

XYY형(초남성형)은 샌드버그가 발견한 유형으로 특징은 저지능, 장신, 성적인 조숙, 비유전성이 특징이며 조범연령이 13세로 정상인보다 빠른 조발성을 보이고 강한 공격성으로 인해 강력범죄를 범하기 쉽다는 연구가 있다. 그러나 Taylor의 연구는 XYY형이 특히 범죄성이 높다고 할 수 없으며, 또 연구 방법론의 문제점 등 여러 비판이 있어 XYY형 이상 염색체가 있다는 사실만으로 소질의 우위성을 말하기는 무리가 있다.

(2) 정신결함과 범죄

① 정신병질과 범죄

슈나이더(schneider)는 정신병질이란 성격상의 지나친 편기성으로 인해 자신이 고통받거나 사회에 해를 끼치는 성격이라고 하고 이들은 사회적응력이 부족해 반사회적 행동의 가능성이 높다고 하였다. 그는 정신병질자를 10가지로 분류했는데, 이 분류는 오늘날 가장 많이 사용하는 분류이다. 그는 발양형(상습범이 많고 사기죄, 모욕죄에 관련되며 낙천적이나 경솔·무책임하다), 무력형(성격상 이유로 신체 고장을 일으키거나 또는 심적 능력에 부족을 느끼는 자), 열광형(소신이 강하고 투쟁적이며 소송을 즐긴다), 우울형(범죄와 관련은 적으나 비관적 세계관으로 인해 자살유혹이 강하며, 강박장애로 인한 성범죄나 살상이 가능하다), 무정형(냉담, 잔혹한 성격을 가지며 생래적 범죄인으로 흉악범에 많다. 도덕적 백치로 불리운다), 의지 박약형(인내심이 적고 쉽게 유혹에 빠지며 각종 중독자, 상습 누범자에 많다), 폭발형(평상시는 조용하나 사소한 일로 잘 흥분하며 충동범죄와 관련), 기분이변형(기분의 변화가 심해 기분 변조시에는 절도, 방화, 폭음 등의 행위가 나타난다), 과장형(자기현시욕이 강하고 기망적 성격으로 고등 사기범이 많다), 자신결여형(범죄와 관련이 적으나 예민한 감정의 소유라는 강박장애로 인한 범죄가 가능)으로 나누었는데, 자신결여형, 우울형, 무력형은 범죄와 관련이 적고 그 나머지는 범죄와 적극 관련된다. 한편, 정신병질은 Kreapelin이 분류한 이래(흥분인, 욕동인, 의지부족인, 허언기만인, 반사회인, 호쟁인, 기교인) 서덜랜드, 젤리히, 슈나이더, 로덴 등도 이와 관계되는 연구를 했다.

② 정신적 박약과 범죄

정신박약은 지능에 결함이 있는 경우로 지능저하에 기인하거나 적응행동에 장애가 있다. 보통 18세 이전에 나타나며 이 정신박약에 정신병질과 결합시 사회적 위험성이 증가하며 Goddard는 범죄자 중 64%가 저지증자라는 연구를 발표하고 정신박약자는 특별한 통제조건이 없는 한 범죄자로 된다고 주장하였으나, 오늘날 정신박약과 범죄의 관련성에 대해서는 부정적인 것이 다수설이다(∴사기 등 경제범죄는 지능이 높은 자가 저지르는 경우도 많이 설명이 곤란하다). 한편, 정신박약의 종류에는 내인성 정신박약(유전)과 외인성 정신박약(배종손상, 태아손상, 출생시의 뇌손상, 유년기의 뇌손상)으로 나눌 수 있는데, 유전은 가장 중요한 정신박약의 원인이며 정신박약자를 2/3를 차지한다.

③ 정신병과 범죄

정신병은 협의로는 정신기능에 이상이 있어(환청, 환각, 환상) 정상적인 사회생활을 하기 어려운 것으로 현실적 개념을 상실한 상태이고 광의의 정신병은 정신병질, 정신박약도 포함한다. 정신병은 뇌기관의 손상으로 일어나는 외인성 정신병(치매, 간질)과 뇌기관의 장애 없이 일어나는 내인성 정신병(조울증, 망상증, 정신분열증)으로 나누기도 하며, 3대 정신병으로는 정신분열증, 조울증 간질이 있다. 정신분열증은 정신병 중 가장 높은 비율과 높은 범죄율을 나타내는데, 자폐증은 정신분열증의 주증세의 하나이다. 발병연령이 20세 전후가 많기 때문에 조발성 정신병이라고도 불리우며 세장형〉투사형〉내향적 성격자의 순으로 발생한다. 조울증은 조상태와 울상태가 주기적으로 반복되는 정신병으로 조상태에서는 자극이 민감하고 대인범죄를 주로 범하게 되고 울상태에서는 주의산만 등의 특징이 있으며, 망상에 빠져 자살을 하거나 살인을 하기도 한다. 간질은 보통의 경우 뇌의 기질적인 문제로 인하여 발병하는 병으로 선천적 요인에 의한 진성간질과 후천적 요인에 의한 증후성간질이 있다.

(3) 신체적 특징과 범죄

이에 관한 연구로 Sheldon은 사람의 체격형을 구성하는 기본요소로 내배엽(상대적으로 내장이 발달하고, 비만), 중배엽(상대적으로 뼈와 근육이 발달하고 키가

큼), 외배엽(상대적으로 피부와 신경 등 부속기관이 발달하고, 세장형)으로 구분했고 Kretschmer는 『신체구조와 성격』에서 체격형을 비만형, 투사형, 세장형으로 구분하고 혼합형과 발육이상형을 인정했다. 한편, 글룩(Glueck)의 연구에서는 비행소년에 중배엽 우월형이 많다고 하였으며(중배엽>혼합형>내배엽>외배엽 순) 리들(Riedl)의 연구에 따르면 투사형은 상해죄가 가장 많고, 세장형은 사기죄가 가장 많으며, 비만형은 절도가 가장 많은 순으로 나타난다고 한다(투사형은 조발범죄인이나 수형자중에 가장 많다).

(4) 연령과 범죄

Hoche와 Hoffmann은 범죄성을 나타낸 연령부터 소멸될 때의 연령까지의 과정을 그린 범죄생활곡선을 만들었고 Schwab는 누범자의 범죄 초발 연령과 체격형의 관계를 나타낸 일반적 범죄생활곡선을 만들었다. 한편, Glueck부부는 25세부터 30세까지는 범죄를 많이 하다가 그 연령기가 지나면 범죄가 감소한다는 성숙이론(나이가 들수록 범죄가 감소한다는 이론)을 발표했다. 연령대별 범죄의 특징을 보면 19세까지는 재산범죄의 60%이상을 차지하며 범죄원인은 사회적 부적응이고, 20세에서 25세까지는 특히 강력범죄와 과실범죄의 비율이 높다. 26세부터 40세까지는 사기, 횡령 등이 높은 증가율을 보이고 30대 중반과 후반에는 풍속범죄가 가장 많으며 41세에서 50세까지는 여성범죄, 공무원범죄, 위조범죄의 증가로 전체 범죄량이 증가하는 추세이다. 50대에는 재산범죄의 비율이 높고 60대에는 위조범죄가 많다(50~60세는 범죄량이 적어지는데 Exner의 "약함에서의 범죄"를 특징으로 한다).

4) 개인관경적 범죄원인론

(1) 약물중독과 범죄

약물이란 마약, 대마 및 향정신성의약품을 비롯하여 환각, 각성, 마비 등 신체적·정신적 폐해를 가져오는 유해화학물질을 말하는데, 특히 마약은 한번 빠지면 금단현상으로 끊기가 어려워 중독자들이 마약을 얻기 위해 범죄를 범하게 되며, 중독자들은 인격에 변화를 일으켜 가정파탄을 가져오기도 한다. 약물중독자의 치료는 신체적 의존에 대한 치료만 아니라 정신적 의존이 해소되어야 하므로 교정시설 내에서 재활프로그램이 운영되어야 하고 재범의 위험이 있으므로 치료가호제도와 연계시킨다. 마산에 1992년 마약중독자 치료센터가 설치되었다.

(2) 알코올과 범죄

술에 취한 상태(명정상태)에서는 보통 판단력이 흐려지고 흥분이 고조되며 망강증상이 생겨 순간적으로 범죄가 발생할 수 있는데, 주로 충동범죄, 격정범죄, 과실범죄가 많이 발생한다. 한편, 술의 간접적 범죄촉진작용도 무시할 수 없는데, 이것은 가장의 지나친 음주로 인해 본인의 노동력상실과 가정의 불화(곤궁, 소년범죄의 원인)를 초래해 간접적으로 범죄를 촉진시키는 것 등을 그 예로 들 수 있다.

(3) 학교교육의 범죄

학교교육이 범죄억제작용을 한다는 낙관론에는 글륙(Glueck) 부부와 Healy, Bronner 등이 있으며, 반면 따르드(Tarde), 롬브로조(Lombroso) 등은 근대교육의 기술적 편향성을 강조해 학교교육이 범죄촉진작용을 한다고 보았다. 우리나라의 학생범죄는 꾸준히 증가(양적 증가와 질적으로도 조폭화)하고 있는데 죄명별은 폭력>절도>강력범 순서이다.

(4) 화이트 칼라범죄(직업과 범죄)

이것은 전문직업을 지닌 사람들이 직무와 관련해서 행하는 변태적 행위(범죄)로(∴전문직업인이 직무와 무관하게 저지른 강간, 살인 등의 일반형 사범은 제외됨) 서덜랜드가 최초로 쓴 용어이다(그는 처음에는 경영인에 의한 범죄에 한정했으나 오늘날에는 그 의미가 확대됨). 화이트칼라범죄의 발생원인에 대해 서덜랜드는 화이트칼라범죄는 부정직한 기업인과의 차별적 접촉을 통한 범죄의 학습으로 생긴다고 하며, 중화이론에서는 화이트칼라범죄인이 자신의 범죄를 합리화해 나감으로써 자신의 행위는 정당하다는 태도를 취한다고 한다. 화이트칼라범죄인들은 수치심이나 죄의식이 없고 그 수법이 지능적, 계획적, 조직적, 은혜적이며 피해자가 명확치 않아 사회가 무관심하며 범죄인은 자신에 대해 비범죄적 사기 인상을 가져 자신들을 존경의 대상으로 합리화한다. 또 화이트칼라범죄는 사회의 비난강도가 약하고 범죄수법의 전문성으로 인해 발각되기도 어려우며(회계공무원이 서류를 조작해도 회계서류는 복잡해 일반인은 모른다) 체포되어도 증거수집이 곤란해 유죄판결이 곤란하다.

(5) 가정환경과 범죄

결손가정에는 형태적 결손가정(부모 중 어느 일방 이상이 없는 가정), 기능적 결손가정(부모는 있으나 가정의 기능이 결여된 가정)이 있는데 후자가 범죄학상으로 문제가 된다. 한편, Glueck부부는 빈곤가정과 범죄의 상관성을 인정하였으며, 상관성을 부정한 Healy는 부도덕가정(가족 구성원 중에 사회적 부적응자가 있는 가정)과 소년범죄의 상관성은 범죄성의 유전에 대한 문제와 밀접한 관련이 있다고 하였다. Neumeyer는 갈등가정(가족간에 심리적 갈등과 긴장관계가 있는 가정)이 비행의 원인이 된다고 한다. 한편, 고아원과 같은 사회복지시설이 가정의 역할을 대신하는 경우를 시설가정이라고 하는데 시설아동은 반사회적 행위에 빠지기 쉽다.

(6) 결혼과 범죄

보통 남자는 결혼을 하면 도덕성회복의 계기가 되어 범죄를 억제한다고 하는데 반해, 여자의 경우 사회적 접촉이 많아지기 때문에 범죄의 요소가 많다고 하며 통계상 80% 이상이 기혼녀에 의해 발생한다고 한다. 조혼과 범죄에 대하여 엑스터(Exner)는 "경제적 기초 없는 혼인은 쌍방 모두 범죄율을 높인다"고 하였다. 이혼에 대해서는 Prinzing은 이혼과 범죄의 상관성을 인정하나 Hacker, Exner는 상관성을 부정한다.

5) 범죄의 사회환경적 요인

(1) 자연환경과 범죄

여름에는 폭행, 상해 등 대인범죄가 많고 겨울에는 재산범죄와 대물범죄가 많으며 봄과 여름에는 성범죄가 많다. 더운 지역에는 인식범죄가 많고, 추운 지역에는 재산범죄가 많다. 시각과 범죄의 관계는 Smith의 연구(강도는 오후 8시부터 새벽 2

시까지에 약 과반수 가까이 발생)가 있고 유럽에는 토, 일, 월요일 3일간에 음주로 인한 범죄가 가장 많이 발생한다.

(2) 지역사회와 범죄

범죄에 관련된 지역사회는 익명성, 비인격성, 무관심, 인구의 이동으로 인한 유대감의 약화, 사회적 마찰의 증대, 가정기능의 약화의 특징이 있는데 범죄에 관련된 지역사회의 연구에는 특히 근린지역이 초점이 된다. 근린지역관계 연구란 비행소년들이 밀집해 상호영향을 주는 비행다발지역에 대해 연구하는 것인데, Shaw에 의해 처음으로 사용되었고 Shaw와 Mckay는 시카고 범죄지도를 작성했다.

Shaw와 Mckay의 연구결과에 따르면 비행률이 높은 지역은 그 지역주민의 인종, 민족의 구성상태가 크게 변화된 뒤에는 계속 높은 비율을 나타내었고, 비행비율은 시의 중심부에서 멀어질수록 감소하고 퇴학률이 높은 지역에서는 소년법원의 수리사건의 비율도 높았고, 성인의 수감률도 높았다.

도시와 농촌의 범죄를 보면 폭력범죄는 농촌의 범죄이고(또, 본능적, 충동적 범죄도 많다) 지능범죄와 풍속범죄와 재산범죄는 도시의 범죄이나 교통기관의 발달로 범죄성의 차이가 희박해지고 있다. 한편, 도시화와 범죄에 관련해서, 지역의 도시화는 도시가 지역적으로 확대되어 주변지역을 그 권내로 흡수하는 과정을 말하며(소도시 → 중도시 → 거대도시 → 대도시로의 발전과정도 포함) 개인의 도시화는 개인이 어디에 살든 생활자체가 도시적으로 되는 것(∴농촌에 사는 개인의 범죄 수행방법이 도시에서 범죄와 유사성을 띤다)을 말한다.

그리고 Burgess는 시카고시의 구조를 가지고 5개의 성층으로 구분해 동심원이론을 전개했는데 5개의 성층은 중심업무지대(도시의 중심에 위치), 퇴화 전이지대(도시의 발달로 사람들이 교외지역으로 이주함에 따라 퇴보된 지역으로 빈민가를 형성해 범죄학적으로 가장 문제되는 지역이다), 노동자계층지대(저소득의 노동자가 거주하는 지역이다), 중간계급지대(중간계급 이상의 고소득층이 거주하는 지역이다), 교회주변지역(도시주변지역으로 정기통근권 지역이다)으로 되어 있다. 또한 Taft는 비행지역을 단순빈곤지구(가난 이외는 정상적이며, 소규모의 절도 범죄가 나타남), 슬럼지구(빈곤, 아노미, 이민 등에 따라 범죄성이 배양되는 곳), 간극지구(하천변처럼 일정한 사회적·물리적 장벽으로 인해 전통사회와 차단된 지역), 셋방살이지구(슬럼가와 중복되나 무관심, 비인격적 관계가 강함), 고립지구(소수민족이 사는 지역으로 주민간의 동질성은 있으나 슬럼가와 같은 범죄), 환락지구(도박과 매음이 성함), 도시황폐지구(낙오자나 범죄인이 숨어 지내는데 이용)로 나누었다.

(3) 매스컴과 범죄

Lewin, Thrasher, Klapper, Ricutti 등은 매스컴은 사회환경의 일부에 불과하고, 범죄는 개인의 인격, 가정, 집단관계, 환경 등 복합요소에 의해 일어나므로 매스컴과 범죄의 증가는 무관하다고 하고, Katz, Wilson, Berkowitz 등은 매스컴은 시민에게 범죄수법을 가르쳐 주고 폭력을 미화시키므로 이것이 직접 범죄를 유발한다고 하는데 이를 단고효과이론이라 한다. 한편, Schramm은 장기효과이론을 주장했는데, 매스컴은 무비판적 성향을 갖게 하고 정신발달을 저해하며, 범죄를 미화하여 범죄를 동경하도록 유도해 가치관을 변화시킨다고 한다. 한편, 매스컴의 범죄효과에 대해 정화이론(Feshbach의 주장)은 TV의 폭력물이 시청자로 하여금 카타르시스를 경험케 해(TV속의 주인공에 동일시해 주인공이 악한을 때려부술 때 시원한 카타르시스를 경험) 대리만족을 얻으므로 공격성향이 줄어들어 범죄를 억제한다고 한다. 한편, Bandura는 모방을 통해 TV는 범죄를 유발시킨다고 하였다(TV의 범죄수법을 배우므로).

또한 매스컴은 공식적으로 범죄발생에 기여하기도 하나 사실은 범죄가 일어나기를 바라는 은밀한 범죄수요자인데, 그것은 매스컴의 주요생산물의 원료가 범죄이기 때문이다.

(4) 경제상태와 범죄

Van Kan은 자본체제를 범죄의 온상으로 보고 빈곤의 번죄결정력에 관심을 나타내었고, Bonger는 『경제적조건과 범죄성』에서 경제적 결정설을 취해 사회주의적 범죄관인 환경설을 최초로 주장했다. Exner는 범죄통계를 기초로 경제발전과 범죄와의 관계를 연구했고, Mayer는 곡가변동과 절도범의 관계를 최초로 연구했으며(곡가변동이 재산범죄에 정비례적 영향을 준다), Exner와 Renger는 임금과 재산범은 반비례경향이 있다고 보았다.

한편, 호황기에는 사치성범죄와 젊은층의 범죄가 증가하며 불황기에는 여성보다 남자의 범죄가 많고 이혼자보다 기혼자의 범죄가 많으며 절도 등 일반범죄가 증가한다. 인플레이션에서는 돈에 대한 범죄가 증가한다. 한편, Miller는 빈민을 안정된 빈민과 노력하는 빈민(경제적으로 불안하나 건전한 가족관계), 긴장된 빈민(경제적 안정은 있으나 가정적으로 불안), 불안정한 빈민(가족관계와 경제면에서 불안정해 가장 문제가 되는 형)으로 나누었으며, Toby는 상대적 박탈감(기대수준의 차이에 따라 발생하는 심리적 빈곤)이 범죄와 관련된다고 했으며, 보통 빈곤은 그 자체보다 빈곤에 수반되는 문제점(소외감, 좌절감)이 더 큰 문제이므로 범죄와의 상관성이 크다고 할 수는 없다.

(5) 전쟁과 범죄

전쟁이 있으면 공식적 통제조직과 비공식적 통제조직이 약화되고, 내일을 알 수 없는 긴박감의 팽배, 국민경제의 파괴로 인한 빈곤 등으로 인해 범죄가 증대되며(범죄유발적기능), 한편으로는 청년의 전쟁참가, 전쟁시 발생되는 애국심, 희생심, 적국에 대한 공격성의 발산, 술과 마약생산의 감소 등으로 범죄가 감소된다(범죄억제기능). 한편, Exner는(제1차세계대전 전후의 독일의 예) 전쟁상황을 4단계로 구분했는데, 감격기(전쟁발발에 의해 국민적 감격이 고조됨으로써 전쟁 전보다 범죄율이 감소), 의무이행기(국민들이 승전을 다짐하고 의무의 이행을 재촉함으로써 범죄발생량이 감소), 피로이완기(전쟁의 장기화에 따라 인내심도 약화되어 여성범죄, 소년범죄가 증가), 붕괴기(물자의 궁핍화가 초래되어 범죄가 급격하게 증가)로 나누었다.

(6) 교통과 범죄

Exner는 자동차 등록수와 과실치사상은 정비례관계에 있다고 하였다. 우리나라는 교통범죄의 90% 이상이 운전자의 법규위반이고 도주 차량의 발생건수는 계속 증가하나 검거율은 50% 이하라고 한다. 그리고 자동차와 관련된 범죄에는 범죄대상인 자동차(절취), 범죄수단인 자동차(은행강도), 범죄자체인 자동차(교통사고로 인한 범죄)가 있으며, 교통범죄대책에는 도로의 개선, 운전면허제도의 개선, 교통사고와 관련된 점수제의 개선, 교통범죄의 신속한 처리, 적정한 처벌, 교통사고처리특례법의 개정이 필요하다.

(7) 군중심리와 범죄

군중심리는 피암시성(타인의 지시에 민감하게 반응하는 것으로 성인보다는 청소년이, 남자보다는 여자가, 지능우수자보다는 지능저능자들이 더 강한 피암시성), 단일성, 비합리성, 감정성, 충동성, 저능성, 무절제성, 무책임성이 있다. 『군중심리학』을 지은 Le Bon은 군중은 처음에는 개별의사로 보이나, 나중에는 상호간의 심리작용으로 지도자의 주도에 따라 일정한 단일정신으로 집합하는 경향을 보인다고 했다(정신적 단일성의 법칙).

제 4 장

교정복지관련 사법제도

교정복지 서비스는 공적 부문에서는 경찰 · 법원 · 교정기관 · 보호기관(보호관찰소 · 소년원) 등이 있고, 민간영역에서는 민영교도소 · 종교복지단체 · 자원봉사단체 · 자원봉사자 · 지역복지관 · 갱생보호단체 등이 있다.

1. 경 찰

경찰의 전통적 기능은 범죄예방과 진압 · 수사 등과 같은 치안공공재의 생산에 있으며, 과거에는 이러한 치안공공재를 단독으로 또는 주도적으로 생산 · 공급한다고 보았으나, 오늘날에는 민간경비회사 등 사적 영역에서도 치안 공공재가 생산되고, 또한 경찰기관은 시민 또는 지역사회와 협력하여 치안공공재를 공동생산하여 과거와 같이 치안공공재 생산의 주체는 경찰이고 시민은 치안공공재의 수요자라는 이분법적 구별은 지양하고 치안공공재의 수요자인 시민을 새로운 치안공공재의 생산주체로 인식하고 있다.

이러한 치안공공재의 공동생산모형은 경찰과 시민의 공동협력을 통한 공동생산, 경찰과 민간경비회사와의 공동생산, 민간경비회사와 시민간의 공동생산, 경찰과 민간경비회사 · 시민 · 지역사회간의 협력을 통한 다자(多紫)공동생산모형 등으로 나눌 수가 있다.

이러한 각각의 공동생산모형에 교정복지사는 청소년선도위원과 명예경찰 등으로 개입함으로써 교정복지 서비스의 생산도 이루어지는데, 이 때 치안공공재의 영역 안에 교정복지 서비스가 내포된다고 할 수 있다.

1) 수사과정

범죄수사란 범죄사실을 조사하고 범인 및 증거를 발견 · 수집 · 보전하는 수사기관의 일련의 활동(형사소송법 제195조 · 제196조)을 의미한다. 그런데 교정복지사는 비행의 예방과 피의자에 대한 적절한 원조를 행하고, 상황에 따라 효과적으로 개입하기 위해서는 수사과정에 대한 기본지식이 있어야 하므로 여기에서는 수사과정의 기본흐름을 적고자 한다.

먼저 수사와 관련된 경찰의 업무를 보면, 수사과에는 수사1계(유치장관리, 사건송치, 피의자호송, 컴퓨터 터미널 운영)와 수사2계(시위, 고발사건)가 있고, 형사과에는 관리계(변사사건, 진정 · 탄원사건)와 형사계(강력범, 폭력범, 지능범, 마약범)가 있다.

범죄가 발생하면 친고죄 등 특별한 경우를 제외하고는 반드시 수사권을 발동하여야 하는 기속행위이다.[1]

그리고 형사소송법 제196조는 사법경찰관(수사관 · 경무관 · 총경 · 경정 · 경감 · 경위)은 검사의 지휘를 받아 수사를 해야 하고, 사법경찰관리(경사 · 경장 · 순경)는 검사 또는 사법경찰관의 지휘를 받아 수사의 보조를 해야 한다고 규정하고 있다.

수사의 가장 첫 번째 단계는 내사로, 이는 수사의 전단계로 신문기사나 신고 등에 의해 범죄혐의 유무를 조사할 가치가 있는 내용이 있을 때 하는 것으로, 아직 입건하지 않고 조사하는 단계를 말하는데, 내사결과 범죄혐의가 없으면 내사를 종결한다.

---

1) 경찰의 발동과 달리 범죄수사와 진압은 경찰편의주의에 따라 할 것인가, 말 것인가의 결정재량이 인정되지 않는 기속행위이다. 이것은 경찰법 제3조, 경찰관직무집행법 제2조에 근거하고 있다. 즉 경찰의 사물관할을 규정하고 있다.

그 다음 단계는 입건으로, 이는 내사를 통해 범죄의 인지 또는 불심검문, 고소와 고발의 접수, 자수, 자복, 변사체검시, 검사의 수사지휘, 이송사건의뢰가 있을 때 사건을 수리하여 수사를 개시하는 것을 말한다. 인지하여 사건보호를 부여하게 되며, 이 때부터 범죄혐의자는 형사피의자로 신분이 바뀐다.[2)]

입건 뒤 사법경찰관은 관계법령을 준수하면서 수사를 실행하게 된다.[3)] 그 뒤 사법경찰관은 적응할 법령·처리의견 등을 적어 검찰청에 송치하면 경찰의 수사행위는 종결된다.[4)]

이러한 수사활동을 지배하는 수사의 기본원칙은 다음과 같다.

① **임의수사의 원칙**: 수사의 방법은 임의수사를 원칙으로 하고, 강제수사는 행사소송법에 특별한 규정이 있는 경우에 한하여 예외적으로 허용된다(형사소송법 제199조 1항).

② **수사비례의 원칙**: 수사의 결과에 따른 이익과 수사로 인한 법익침해가 부당하게 균형을 잃어서는 안 된다는 원칙이다.

③ **수사비공개의 원칙**: 수사의 개시와 실행은 공개하지 않는다. 이 원칙은 범인의 발견·검거 또는 증거의 발견·수집·보존을 위하여 요구되며, 관계자(피해자·잠고인·피의자 등)의 개인적인 비밀·사생활·명예 등 인권의 보호를 위하어서도 요청된다.

④ **자기부죄강요금지의 원칙**: 헌법이 자기부죄거부의 특권을 명시하고 있고(헌법 제12조 2항), 형사소송법이 피의자의 진술거부권을 보장하고 있으므로 이 원칙은 수사의 기본원칙으로 확립되어 있다.

⑤ **강제수사법정주의**: 수사기관의 강제처분은 형사소송법에 특별한 규정이 있는 경우에 한하여 허용된다.

---

2) 고소·고발·자수가 있는 때에는 즉시 수사가 개시되고, 피고소인 등은 피의자의 지위를 가지게 되며, 그 이외의 수사의 단서가 있는 때에는 즉시 수사가 개시되는 것은 아니다. 범죄인지란 고소·고발·자수 이외의 수사단서가 있는 경우에 범죄의 혐의가 있다고 판단해 수사를 개시하는 것을 말한다.

3) 실행방법에는 범인의 행적수사, 유류품수사, 범인이 피해자 또는 범행현장을 잘 아는 자인가를 밝히는 감수사, 수법수사, 감식수사 등이 있다.

4) 검찰청에 송치하는 기소 전의 수사는 범죄혐의의 유무를 밝혀 기소 여부를 결정함을 목적으로 한다. 그러나 경찰은 검찰에 기소한 뒤에도 공소유지를 목적으로 검찰의 보강수사지시가 있을 때에는 추가적인 수사활동이 전개된다.

⑥ **영장주의**: 수사기관의 강제처분에 관하여는 영장주의의 원칙이 적용되며, 다만 엄격한 요건하에 영장주의의 예외가 허용된다.

한편 수사활동을 지배하는 기본이념에는 실체적 진실주의와 국민의 기본권 보장이 있다.5)

따라서 기본권 보장을 위해서 수사방법은 임의수사를 원칙으로 하고, 예외적으로 강제수사(형사소송법 제199조 1항)를 하게 된다. 임의수사란 당사자의 동의를 얻고 행하는 수사방법으로 출석요구·피의자신문·감정·통역·번역·실황조사·사실조회·촉탁수사·참고인조사 등이 있다. 참고인이란 피의자가 아닌 제3자를 말하는데, 이런 참고인 조사 때 교정복지사가 개입할 수 있다. 또한 출석요구란 수사기관이 피의자나 참고인에 대해 진술을 듣기 위해 출석을 요구할 수 있는데, 이 때도 교정복지사는 개입할 수 있다.

한편 강제수사란 상대의 의사와 관계없이 강제로 수사하는 것으로 긴급체포, 현행범의 체포, 체포영장에 의한 체포, 구속, 압수와 수색, 검증, 증거보전, 증인신문의 청구, 감정에 필요한 처분 등이 있다.

체포영장에 의한 체포의 요건은 피의자가 죄를 범하였다고 의심할 만한 상당한 이유가 있고 정당한 이유없이 출석요구에 불응하거나 불응할 우려가 있는 경우로 검사의 청구로 판사가 발부한 영장에 의하여 체포할 수 있고, 체포한 피의자를 구속하고자 할 때에는 체포한 때부터 48시간 이내에 구속영장을 청구하여야 하며, 영장을 청구하지 아니할 경우에는 검사의 지휘를 받아 즉시 석방하여야 한다. 그리고 체포한 피의자도 그 적부의 심사를 법원에 청구할 수 있다.

또 긴급체포의 요건은 피의자가 사형, 무기 또는 장기 3년 이상의 징역이나 금고에 해당하는 죄를 범하였다고 의심할 만한 상당한 이유가 있고, 증거인멸 또는 도주의 우려가 있으며, 피의자를 우연히 발견한 경우 등과 같이 긴급을 요하여 판사의 체포영장을 받을 수 없을 때이다. 사법경찰관이 긴급체포를 하였을 때에는 즉시 긴급체포서를 작성하고 12시간 이내에 검사에게 긴급체포한 사유와 체포를 계속하여야 할 사유 등을 기재한 긴급체포승인건의서를 작성하여 긴급체포승인건의를 하

---

5) 시체적 진실주의란 당사자의 주장과 관계없이 객관적인 사실의 진실을 밝히는 것으로 형사소송절차를 일관하는 기본이념이며, 기본권 보장을 위해 임의수사가 원칙이다.

여야 한다.

긴급체포한 피의자에 대해서는 48시간 이내에 구속영장을 청구하여야 하며, 이 시간 내에 구속영장을 청구하지 아니하거나 구속영장을 발부받지 못한 때에는 피의자를 즉시 석방하여야 한다.

현행범인의 체포절차요건에서 현행범인이란 범죄의 실행 중이거나 실행의 직후인 자를 말하며, 준현행범인이란 범인으로 호창되어 추적되고 있는 자, 장물이나 범죄에 사용되었다고 인정함에 충분한 흉기 기타의 물건을 소지하고 있는 자, 누구임을 물음에 대하여 도망하려 하는 자를 말한다. 검사 또는 사법경찰관이 피의자를 현행범인으로 체포한 때에는 48시간 이내에 구속영장을 청구하여야 하며, 이 시간 내에 구속영장을 청구하지 아니하거나 구속영장을 발부받지 못하였을 때에는 피의자를 즉시 석방하여야 한다.

구속은 피의자가 죄를 범한 상당한 이유가 있고 주거부정 또는 증거인멸 염려 또는 도주우려가 있을 때 검사의 청구에 의해 판사가 발부한 구속영장에 의해 행해지는 강제처분으로,[6] 체포뒤 48시간 내에 구속영장을 청구하여야 한다.

체포와 구속 때는 범죄사실의 요지와 구속이유·변명기회 및 변호인선임권 고지등의 미란다 원칙을 당사사에세 미리 고지해야 한다.

그리고 검사 또는 사법경찰관은 피의자에게 지방법원 판사가 구속영장을 발부하기 전에 구속전 피의지심문, 소위 영장실질심사를 신청할 수 있음을 밝혀야 한다.[7]

---

6) 50만원 이하의 벌금·구류 또는 과료에 해당되는 사건은 주거부정 때만 구속이 가능하다.

7) 영장실질검사제도는 사법경찰관이 작성한 피의자신문조서는 피의자가 그 내용을 인정해야 증거로 할 수 있음에도 그 조서의 기재내용을 근거로 구속영장을 발부하는 것은 구속영장제도의 취지와 불일치하므로 이 제도가 도입되었는데, 형사소송법의 관련조항은 다음과 같다.

제201조의 2(구속영장청구와 피의자심문) ① 제200조의 2, 제200조의 3 또는 제212조의 규정에 의하여 체포된 피의자에 대하여 구속영장을 청구받은 지방법원판사는 피의자 또는 그 변호인, 법정대리인, 배우자, 직계친족, 형제자매, 호주, 가족이나 동거인 또는 고용주의 신청이 있을 때에는 피의자를 심문할 수 있다. 이 경우 피의자 이외의 자는 피의자의 명시한 의사에 반하여서도 그 심문을 신청할 수 있다.

② 검사 또는 사법경찰관은 피의자에 대하여 제1항의 심문을 신청할 수 있음을 말하고, 피의자 신문조서에 판사의 심문을 신청하는지 여부를 기재하여야 한다. 다만 피의자신문조서에 그 내용을 기재할 수 없는 특별한 사정이 있는 경우에는 피의자 작성의 확인서 기타 피의자의 의사를 표시한 서면으로 이를 갈음할 수 있다.

③ 제1항 외의 피의자에 대하여 구속영장을 청구받은 지방법원 판사는 피의자가 죄를 범하였다고 의심할 만한 이유가 있는 경우에 구속의 사유를 판단하기 위하여 필요하다고

2) 교정복지사의 개입

피의자 등에 대한 법률적 조언은 변호사의 영역이나 비법률적 측면에서의 각종 원조 등은 앞으로 교정복지사가 담당해야 한다는 규범적 측면에서 교정복지사가 앞으로 개입가능한 영역을 추론한다.

현재 경찰단계에서 교정복지사의 개입은 공식화되어 있지 않지만, 사실상 교정복지사가 개입할 수 있는 영역에는 앞에서 언급한 임의수사방법인 출석요구와 참고인 조사에 있어 교정복지사는 수사기관에 출석해 클라이언트인 피의자의 상황을 수사기관에 진정하여 시체적 진실의 발견에 노력해야 하며, 또한 교정복지사는 해당 클라이언트에 대해 비법률적 부분에서의 모든 원조와 상담 및 정서적 지지를 통해 피의자의 심리적 충격을 줄여 나가야 한다. 또한 교정복지사는 해당피의자와 개별 인터뷰와 그에 관한 환경조사를 통해 피의자에게 유리한 자원을 획득하여 이를 수사기관에 제시할 수 있어야 하고, 필요한 때는 관련사법기관(법률구조공단 등)과 연계망을 형성해야 한다.

그리고 지역사회의 범죄예방도 교정사회복지사의 중요한 영역이므로 교정복지사는 재범 또는 범죄우려가 있는 우범자의 관찰보호에 경찰과 협동하여 치안공공재를 공동생산하여야 한다. 이러한 우범자관찰보호의 법적 근거는 경찰청예규 제17호인 우범자관찰보호규칙에 나와 있다.[8)]

그리고 교정복지사는 피의자에 대한 수사과정에서 피의자의 인권보다 수사실적을 중시하는 관료적 경찰집단과 상업주의적 매스컴으로부터 1차 피해자인 범죄피해

인정하는 때에는 구인을 위한 구속영장을 발부하여 피의자를 구인한 후 심문할 수 있다.

④ 지방법원판사는 제1항의 경우에는 즉시, 제3항의 경우에는 피의자를 인치한 후 즉시 심문기일과 장소를 검사·피의자 및 변호인에게 통지하여야 하고, 검사는 피의자가 체포되어 있는 때에는 그 기일에 피의자를 출석시켜야 한다.

⑤ 검사와 변호인은 제4항의 심문기일에 출석하여 의견을 진술할 수 있다.

⑥ 제1항 및 제3항의 심문을 함에 있어 지방법원 판사는 공범의 분리심문 기타 수사상의 비밀보호를 위하여 필요한 조치를 하여야 한다.

8) 우범자관찰보호란 전과자 또는 불량배로서 특이한 사유가 있어 그 성벽 또는 환경에 비추어 범죄우려자의 동정을 관찰하고 보호함을 목적으로 하는 제도로 우범자관찰호보의 종류는 〈표 4-1〉과 같다.

자가 2차 피해자화 또는 3차 피해자화되는 것을 최소화해야 한다. 피해자화이론은 일본의 미야자자와 고이치가 3단계로 구분했는데, 1차 피해자화란 강간당한 여인처럼 개인적 법익을 침해당해 피해를 입는 경우인데, 그 대책으로는 범죄에 대한 예방지침을 만들어 시민들에게 주는 것이 필요하다. 2차 피해자화란 형사사법기관(수사기관 · 재판기관)을 통해 받게 되는 정신적 피해를 말하는데, 강간당한 여인이 수사기관에서 강간사실을 진술할 때 느끼는 프라이버시의 침해를 말한다. 3차 피해자화란 1차 · 2차 피해자화로 고통을 두려워하며 고소 등을 포기하여 그로 인해 구제받지 못함으로써 반사회적 행동을 보이는 피해과정을 말한다.

따라서 특히 성폭력을 당한 여성은 이미 범죄로 인해 차 피해를 당한 자로, 강간죄는 명예훼손죄와 같이 고소가 소송의 조건이 되는 친고죄이다. 그럼에도 피해를 당한 여성이 용기를 내어 상대남성을 경찰에 고소했을 때, 특히 성적 피해자가 사회적 지위가 열악하고 피고소인이 사회적 강장의 지위에 있게 되면 종종 경찰기관의 편파적 대응에 의해 성범죄피해자는 본래의 범죄피해에 더해서 심리적으로 더욱더 상처받는 2차 피해자화의 우려가 더욱더 많이 있어 왔다.

또한 그렇지 않다고 해도 남성경찰관에 의한 피해자진술, 특히 강간당한 상황의 자세한 진술을 강요받는 것 자체가 성범죄피해자에는 이미 수치심을 느끼게 하는 2차 피해자화를 가져온다. 특히 2004년에 있는 밀양에서의 집단성범죄사건의 경우는 성범죄피헤자가 가해자부모들의 욕설을 들어가면서 피해자진술을 했다고 보도된 적이 있는데, 이런 경우는 보다 깊은 2차 피해자화과정을 거쳐 치유하기에 상당한 시간을 요한다.

따라서 교정복지사는 성범죄 등의 피해자가 수사기관에서 피해자진술을 할 때 2차 피해자가 되지 않도록 피해자에 대한 충분한 정서적 지지와 원조활동을 함은 물론, 경찰기관에 대해서도 수사와 조사단계에서 여성경찰의 배치와 비밀이 보장되는 조사실의 배치를 요구할 수 있어야 한다. 또한 교정복지사는 성범죄피해자가 그의 가족으로부터 심리적 손상을 입지 않도록 피해자가족에 대한 상담활동과 원조활동을 강화해 피해자의 피해회복이 빨라지도록 해야 한다.[9]

9) 1993년 스위스는 피해자원조법을 재정해 성범죄에서는 수사 · 예심 · 재판절차에 있어 동성인 조사관에 의한 조사, 동성인 법관의 참여, 합의체인 재판에 있어서는 적어도 한명의 동성의 재판관의 참여를 규정하여, 사생활에 관한 질문에 대한 증언거부권을 인정하고 있

〈표 4-1〉 우범자관찰보호의 종류

종 별	갑(甲)종	을(乙)종
대 상	• 강도 · 강간 · 절도 · 폭력행위 · 약취행위 · 도박 · 사기 · 각종 위조변조 · 밀수 · 마약사범 등의 범죄로 2회 이상 금고 이상의 실형을 받고 출소한 후 3년이 경과하지 아니한 자 • 범죄단체 · 조직원 · 기타 성벽 또는 환경으로 보아 죄를 범할 우려가 있는 자로서 인지된 후 3년이 경과하지 아니한 자	• 심신장애자 · 마약류중독자 및 알코올중독자 · 기타 특정한 사유가 있어 그 성벽 또는 환경에 비추어 죄를 범할 우려가 있는 자로서 인지된 후 2년이 경과되지 아니한 자 • 갑종기간의 경과후 계속관찰을 요하는 자로서 2년이 경과하지 아니한 자 • 기타 전과자 및 출소후 행방물명 또는 조사누락 등으로 관찰보호를 받지 아니한 자로서 인지된 후 2년이 경과하지 아니한 자
관찰보호 횟수	1월에 1회 이상	3월에 1회 이상

또한 교정복지사는 이미 2차 피해자화로 고통을 느끼는 피해자가 적절한 대책이 없어 심리적 · 육체적으로 고통을 느껴 반사회적 행동을 보이는 3차 피해자화의 과정을 보일 때에는 교정복지사는 해당피해자에게 정서적 원조와 신뢰감 있는 지지활동 및 재 개념화를 통해 빨리 원상회복이 되도록 해야 한다. 특히 3차 피해자화를 겪은 사람은 자살행위 등 극단적인 반사회적 행위를 할 가능성이 있는데, 비록 자살행위는 범죄행위는 아니나 범죄행위에 준하는 행위로 간주하여 3차 피해자화를 겪은 사람의 부정적 · 반사회적 성격을 교정하도록 해야 한다.

그리고 비행소년이 경찰에서 훈방되는 경우가 있다. 즉 촉법소년과 우범소년을 발견한 경찰은 훈계하여 방면하는 경우가 있는데, 이 과정에서 경찰이 부정적 낙인을 내리면 그 비행소년은 다시 재범할 가능성이 있으므로 이 과정에 교정복지사가 개입하여 소년의 부정적 자아정체감을 긍정적 자아정체감으로 바뀔 수 있도록 정서적 지지와 원조활동을 해야 한다.

다시 말해서 낙인이론에 따르면 비행소년에 대해 사법기관이 부정적 낙인을 내리면 낙인이 된 그 소년은 부정적 자아정체감을 형성하게 되고, 그에 의해 부정적 일탈행위를 하게 된 소년은 다시 재범을 하게 되므로, 교정복지사는 우범소년과 촉법

다(장규원 역, 『피해자학입문』, 길안사, 1999, 74면).

소년에 대한 경찰의 훈방과정에서 부정적 낙인이 생기지 않도록 경찰과 협력하고, 소년에 대해서도 긍정적 자아정체감을 갖도록 정서적 원조를 행하도록 해야 한다.

교정복지사는 청소년지도위원과 명예경찰로 활동하게 되면 범죄예방활동에 참여할 수 있는데, 교정복지사는 이 과정에서 방범경찰과 밀접한 관계를 유지하면서 치안공공재의 공동생산을 도모할 수가 있다.

특히 외근경찰이 지역사회 내의 각 가정과 시설을 방문하여 범죄예방·청소년선도 등의 계몽과 민원사항을 청취해 주민의 협력을 얻어 예방경찰상의 기초 자료를 수집하는 활동인 방범심방제도[10)]에 교정복지사는 개입하여 조력가 또는 중재자로의 역할을 할 수가 있다.

그리고 경찰의 수사를 받는 피의자는, 특히 열등한 피의자는 심리적으로 위축되기 쉽고, 그 결과 충분한 방어권을 행사하지 못해 무기대등의 원칙에도 반할 수 있으므로, 교정복지사는 특히 사회적·경제적으로 열등한 위치에 있는 피의자의 대변자나 변호자 또는 조력가가 될 수 있으므로 수사기관이 미처 알지 못하는 피의자에게 유리한 사정을 알려줄 수 있다.

또한 이 과정에서 교정복지사는 열등한 위치에 있는 피의자의 정서적 안정을 위해 적절한 상담을 해야 하며, 또한 피의자의 범죄유형에 따라 적절한 심리치료에 개입할 수 있어야 한다.

그리고 교정복지사는 유치장에 수용된 유치인[11)]이 유치장생활에 적응할 수 있도록 원조하고, 동료유치인과의 긍정적 관계형성, 담당 간수자와 유치인과의 좋은 관계형성을 맺는 데 원조해야 한다.

또한 피의자 유치 및 호송규칙 제21조에 의해 유치인이 합리적인 요구나 처우에 관한 요청 및 가족 등에의 통지를 요청할 때 경찰과 협력하여 대응할 수 있고, 환형 유치된 자의 가족의 상담에도 응하여 유치인과 그 가족의 긴장을 완화시켜 재

---

10) 이것은 미국에서는 Door to Door Survey 또는 Community Survey의 명칭을 사용하면서 중요성이 강조되며, 일본의 순회연락제도와 유사한 제도이다.

11) 유치란 피의자·피고인·구류인·의뢰입감자 등의 도주·증거인멸·자해행위·통모행위·도주원조 등을 미연에 방지하고 건강보호를 위해 신체의 자유를 구속하는 것으로, 행형법, 경찰관직 무집행법, 피의자 유치 및 호송규칙, 유치장 설계표준요령, 호송경찰관 출장소근무규칙에 유치의 법적 근거가 있으며, 유치장관리의 전반적인 지휘·감독책임자는 경찰서장이다.

적응을 도울 수 있다.

그리고 교정복지사는 여성 및 아동복지에도 관심을 가져 유아를 대동한 여성유치인[12]의 복지와 정서적 지지에도 개입할 수 있고, 유치장에서 출생한 유아의 적절한 보호를 위하여 관련기관의 협조를 중개할 수 있다. 또한 유치인이 장애인인 경우에는 현실적으로 유치장 내의 시설이 장애인이 생활하기에 불편하므로 장애인복지에도 관심을 가지고 개입할 수 있다.

따라서 교정복지사가 위에서 제시한 여러 영역의 일을 할 수 있는 제도적·법적 근거가 있어야 하고, 경찰기관은 형사피의자나 피해자에게 수사초기부터 비법률적 측면에서 교정복지사나 관련 상담소의 도움을 받을 수 있다는 것을 통지할 의무를 지우게 하는 것을 법적으로 의무화할 필요가 있으며, 이 경우 교정복지사는 개업교정복지사의 형태로도 일할 수 있고, 또한 경제력이 약한 피의자나 피해자에게는 무료로 교정복지사의 도움을 받을 수 있는 국선교정복지사제도를 도입할 필요가 있다. 또는 각 경찰서나 검찰·법원·교정기관·보호기관은 각각 몇 명씩의 교정복지사의 배치를 법적으로 의무화할 필요가 있으며, 이 때 관료제의

폐해를 막기 위해 이들을 계약직 공무원으로 활용해 1년마다 고객들의 재평가에 의해 진퇴를 결정하게 하여야 한다.

2. 검 찰

검찰청은 단독제의 관청인 검사의 검찰사무를 통합하는 기관으로서 그 자체로는 아무런 권한도 가지지 않은 관서(官署)에 불과할 뿐이다. 그 종류를 보면 검찰청에는 대검찰청·고등검찰청·지방검찰청이 있으며, 각 대법원·고등법원·지방법원에

12) 여자를 유치함에 있어 친권이 있는 유아의 대동을 신청할 때에는 상당한 이유가 있는 경우에 한하여 생후 18개월 이내의 유아에 대해 경찰서장이 이를 허가할 수 있으며, 경찰서장은 유아의 대동을 허가하지 아니하는 경우에 그 자녀의 상당한 인수인이 없을 때에는 행형법 시행령 제12조에 의해 관할시장 1) 군수 2) 구청장에게 인도하여 보호하게 하여야 한다.

대응하여 설치한다(검찰청법 제3조 항). 다만 지방법원지원 설치구역에는 이에 대응하는 지방검찰청 지청을 둘 수 있다(검찰청법 제3조 2항).

관할구역을 살펴보면, 각급 검찰청 및 지청의 관할구역은 각급 법원과 지방법원지원의 관할구역에 의한다(검찰청법 제3조 4항). 다만 검사가 수사상 필요한 때에는 관할구역 외에서 직무를 행할 수 있다(검찰청법 제5조).

한편 검사는 준사법기관의 성격을 가지는데, 검사가 행사하는 검찰권은 행정권에 속하고, 검사도 법무부에 소속된 행정기관으로 국가의 행정목적을 위하여 활동을 한다. 그러나 검찰권은 그 내용에 있어서 사법권과 밀접한 관련을 맺고 있다. 따라서 검사는 사법기관은 아니지만, 오로지 진실과 정의에 따라야 할 의무를 가지고 있는 준사법기관 내지 법조기관으로서의 성격을 갖는다. 또한 검사는 단독제의 관청을 그 성격으로 갖는데, 검사는 검찰사무를 처리하는 단독제의 관청이다. 검찰사무는 모든 검사가 단독으로 처리하는 것이며, 검찰총장이나 검사장의 보조기관으로서 처리하는 것은 아니다.

한편 검사의 자격과 관련해 검사는 준사법기관이다. 그러므로 검사의 임명자격도 판사의 자격과 동일하다(검찰청법 제29조). 그리고 검사가 정치적 압력을 받지 않고 검찰권을 공정하게 행사하도록 하기 위하여 검사에 대하여도 법관과 같은 신분보장을 인정하고 있다. 즉 검사는 탄핵 또는 금고 이상의 형을 받거나 징계처분에 의하지 아니하고는 파면·정직 또는 감봉의 처분을 받지 아니한다(검차청법 제37조).

그리고 검찰의 구조와 관련해 검사는 검사동일체의 원칙을 따르는데, 검사동일체의 원칙이란 모든 검사는 검찰총장을 정점으로 한 피라미드형의 계층적 조직체를 형성하고, 일체불가분의 유기적 통일체로서 활동함을 의미한다. 이는 검사에게 주어진 기소독점주의와 기소편의주의에 대한 통제장치로서의 의미(검사의 독선방지)도 있으며, 검찰권 행사의 공정을 도모하고 전국적으로 통일된 수사망을 확보하고자 함에 의의가 있다. 그 내용에는 상명하복과 직무승계권·직무이전권·직무대리권이 있다.

검사의 소송법상 지위와 관련해 검사는 수사의 주체, 공소권의 주체, 소송당사자로의 지위, 재판의 집행기관으로의 지위, 공익의 대표자로서 지위가 있다.

수사주체권을 보면 검사는 임의·강제수사를 할 수 있고, 특히 각종 영장의 청구권과 증인신문 및 증거보전청구권은 검사에게만 인정된다. 검사는 범죄의 혐의가 있다고 사려하는 때에는 범인·범죄사실과 증거를 수사하여야 한다(제 195조). 따라서 검사는 임의수사 및 강제수사를 할 수 있고, 검사에게 증인신문청구권(제211조의 2)등이 인정되고 있다. 또 사법경찰관리는 검사의 보조기관으로서 검사의 지휘하에 수사한다. 검사는 범죄수사에 관하여 사법경찰관리를 지휘·감독한다. 사법경찰관리는 검사의 지휘를 받아 수사를 행하는 검사의 보조기관이다(제196조). 사법경찰관리는 범죄수사에 있어서 소관검사의 직무상 명령에 복종하여야 한다(검찰청법 제53조). 이를 보장하기 위하여 지방검찰청 검사장에게 수사중지명령권과 교체임용요구권이 인정된다(동법 제54조). 그리고 공소제기 여부를 결정하는 수사종결권은 검사만이 갖는다(제246조 제247조). 사법경찰관이 고소 또는 고발을 받은 때에는 조사한 사건의 관계서류와 증거물을 신속히 검사에게 송부하여야 한다(제238조). 그리고 사법경찰관리와 검사와의 관계는 상명하복관계이며, 사법경찰관리는 검사의 수사상 보조자로서 범죄수사에 있어서 소관검사의 직무상 명령에 복종하여야 한다(검찰청법 제53조). 이를 보장하기 위하여 지방검찰청 검사자에게 수사중지명령권과 교체임용요구권이 인정된다(동법 제54조).

공소권의 주체를 보면, 법원에의 시판청구(공소의 제기)는 검사가 수행하고(기소독점주의)(제246조), 공소제기 여부에 관한 검사의 재량권이 인정되며(기소편의주의)(제247조), 공소취소의 권한(기소변경주의)(제255조) 역시 보유한다. 따라서 검사는 공소제기 및 그 수행의 독점자이며, 또한 공소수행의 담당자로서, 공판절차에서 공익의 대표자로서 공소사실을 입증하고 공소를 유지해야 한다.

1) 검찰활동과정

검찰에서 범죄인처리절차의 핵심은 검사의 공소제기인데, 공소란 법원에 대해 특정한 형사사건의 심판을 요구하는 검사의 법률행위적 소송행위를 말한다. 여기서는 공소제기의 기본원칙을 보기로 한다. 우리나라는 이와 관련하여 국가소추주의·기소독점주의·기소편의주의를 취하고 있다.

먼저 공소제기의 주체가 사인(私人)이 아닌 국가기관에서 전담케 하는 것을 국가소추주의라고 하며, 사인소추주의에 대립한다. 형사소송법은 공소는 검사가 제기하여 수행한다고 규정하여(제246조) 국가소추주의를 규정하고 있다.

또 국가기관 가운데 검사만이 공소를 제기·수행할 권한을 갖는 것을 기소독점주의라고 하며, 국가소추주의와 표리일체의 관계에 있다. 기소독점주의는 공소권 행사의 공정을 도모하고, 국가적 입장에서 공평하고 획일적인 소추를 가능하게 하며, 검사의 사사로운 감정이나 지역적인 특수사정 또는 순간적인 흥분에 좌우되지 않는 장점이 있으나, 검사의 독선과 파쇼(독재)를 초래하여 정치권력에 의한 영향을 받는 단점이 있다.

한편 수사결과 공소를 제기함에 충분한 혐의가 인정되고 소송조건을 구비하였더라도 재량에 의한 불기소처분(기소유예)을 인정하는 기소편의주의는 우리 형사소송법이 채택하고 있는 원칙이다(제247조 1항).[13]

기소편의주의는 형사사법의 탄력적 운용을 통하여 구체적 정의를 실현할 수 있으며, 개선가능성이 큰 범죄인에게 조기개선의 기회를 제공함으로써 특별예방의 목적을 달성할 수 있는 장점이 있으나, 정치적 역량과 검사의 소추재량권의 부적정한 행사로 인하여 법적 안정성이 흔들릴 경우 형사사법에 대한 국민의 신뢰가 실추될 염려와 법원의 범죄자에 대한 형벌부과권한을 침해함으로써 권력분립의 원칙을 위태롭게 한다는 단점이 있다.

기소편의주의의 내용에는 기소유예제도와 기소변경주의가 있다. 기소유예제도란 범죄의 혐의가 인정되고 소송조건이 구비되었음에도 형법 제51조의 사항을 참작하여 공소제기를 하지 않는 검사의 처분을 말한다(제247조 1항). 기소유예의 기준에서 검사는 범인의 연령·성행·지능·환경 그리고 피해자에 대한 관계, 범행의 동기·수단·결과, 범행 후의 정황을 고려하여 기소유예를 할 수 있다(제247조 1항, 형법 제51조).

이 때 여기에 규정된 사유는 예시에 지나지 아니하므로 범행에 대한 사회적 평가, 범행 후의 시간적 경과, 법령의 개폐 등이 고려사유가 될 수 있다. 기소유예의 효과로는 기소유예처분은 확정력이 없으므로 이후에도 수사의 재개나 공소제기가

---

13) 기소편의주의에 대항개념이 기소법정주의로, 이는 범죄혐의가 인정되고 소송조건이 구비되면 반드시 공소제기해야 하는 것을 말한다.

가능하고, 기소유예 후의 공소제기에 대해 법원이 유죄판결을 선고해도 일사부재리의 원칙에 반하지 않는다(대판).

기소변경주의란 검사가 일단 공소를 제기한 후에 공소를 취소하는 것을 말한다(제255조). 기소편의주의의 내용으로 볼 수 있는가와 관련하여 다수설은 기소편의주의를 일관하면 공소의 취소도 인정해야 하며, 따라서 기소편의주의의 내용이 된다고 한다.

기소편의주의에 대한 규제에는 검찰항고, 준기소절차, 불기소처분의 취지통지, 이유고지제도, 헌법소원 등이 있다.

이렇게 기소가 되면 수사절차는 종결되고, 법원의 공판절차가 개시(소송계속)되며, 또한 공소시효의 진행이 정지되고, 법원의 심판범위는 공소장의 공소사실에 제한된다.

한편 교정복지와 밀접한 관련이 있는 선도조건부 기소유예제도를 보면, 이 제도는 범죄소년에 대해 검사가 기소하지 않고 선도를 조건으로 기소유예처분을 하는 제도로, 이 때 범죄소년은 일정기간동안 준수사항을 이행하고 범죄예방자원봉사위원의 선도를 받아야 하는데, 범죄소년이 준수사항을 위반하지 않고 선도기간이 경과되면 기소를 하지 않는 제도이다.

이러한 선도조건부 기소유예제도는 1981년 법무부가 훈령 제88호 소년선도보호지침을 제정하여 시행함으로써 그간 광주지방검찰청에서 1978년 광주지방검찰청에서 작성한 '소년범처리지침'에서는 소년선도에 관심과 능력이 있는 민간인을 선도위원으로 위촉하고, 선도위원의 선도를 조건으로 범죄소년에게 기소유예처분을 할 수 있도록 규정하기에 이르렀으며, 여기에서 선도조건부 기소유예제도가 처음 등장하게 된 것이다.[14]

1981년 제정되고 1996년에 개정되어 시행되는 소년선도보호지침의 내용은 다음과 같다.[15]

대상자는 재범가능성이 희박한 18세 미만의 범죄소년을 대상으로 하되, 이 때 적절한 소년을 선별할 때 참작하는 자료는 '비행성 예측자료표'와 '소년범 환경조사서',

14) 김준호 외, 『청소년비행론』, 청목출판사, 2003, 424면.
15) 상게서, 425~426면.

'소년의 보호자, 교사, 상사의 의견', '피해보상 여부와 피해자 감정', '유치장 행장기록'이다. 검사는 같은 거주지역 내의 범죄예방위원에게 선도보호를 위탁하는데, 그 기간은 1년 또는 6개월로 하고, 재범가능성이 높은 소년에게는 1년, 그렇지 않은 2급 유예소년에게는 6개월로 하되, 경우에 따라서 3개월씩 2차에 걸쳐 연장이 가능하다.

범죄예방자원봉사위원의 선도보호활동은 '접촉선도'와 '원호선도'로 나뉘는데, 접촉선도는 거주처가 있는 유예소년과 접촉을 갖고 상담·지도 등을 통하여 소년의 반사회성을 교정하고, 지식과 기술을 습득시키며, 정서를 순화하여 건전한 사회인으로 복귀시키는 선도방법을 말한다. 범죄예방자원봉사위원은 접촉선도활동을 함에 있어서 상담 등 직접접촉과 서신·전화 등 간접접촉의 방법에 의하여 소년과 월 1회 이상 접촉을 가져야 한다. 필요할 경우 소년의 가족·친지·이웃 등과 접촉할 수 있다. 상담·지도·대화 등 방법에 제한이 없으며, 필요시 학비보조·취학알선·취업알선 및 기타 경제적 지원활동을 할 수 있다(제2조 제18조). 원호선도는 거주처가 없거나 있더라도 부적당한 소년에 대해서 범죄예방자원봉사위원이 주거나 복지시설에 기거하게 하고 의식주를 제공하면서 접촉선도하는 것을 말한다.

선도기간동안 소년이 준수해야 할 사항은 ① 검찰로부터 선도유예처분을 받고 석방후 3일 이내에 선도위원을 만날 것, ② 임의로 주거지를 이동·이탈하지 아니하고 주거지를 이동하거나 장기출타시는 범죄예방자원봉사위원에게 신고할 것, ③ 선도기간 중 범죄예방자원봉사위원과 수시접촉을 갖고 선도상의 지시에 순응할 것, ④ 일정한 직업에 종사하며 맡은 일을 태만히 하지 아니할 것, ⑤ 과거의 잘못을 반성하고 각오를 새롭게 할 것, ⑥ 피해자의 손해를 보상하는데 전력을 다하고, 항상 사죄하는 마음을 가질 것, ⑦ 이사의 사항을 위반하였을 때 유예사건의 재기 등 여하한 불이익한 처분을 받더라도 이의 없이 이를 감수할 것 등이다(제10조). 따라서 범죄예방자원봉사위원은 소년에 대하여 일정주거 여부, 접촉지속 여부, 정직한 생활여부, 불량교우접촉 여부, 반성 여부, 피해보상 여부 등을 점검하여야 한다(제14조). 또한 범죄예방자원봉사위원은 재범, 소재불명, 이주, 사망, 준수사항의 현저한 위배, 기타 선도보호를 계속할 수 없는 사유가 발생한 경우에는 검사에게 통보하여야 한다(제24조). 검사는 재범 및 준수사항의 현저한 위배나 소재불명이 발생한 경우에는 선도유예조치를 취소하고 사건을 재수사한다.

한편 범죄예방자원봉사위원은 범죄자에 대한 상담지도·취업알선·재정지원 등을 그 직무로 하고, 법무부장관이 위촉 및 해촉하는 범죄예방활동분야의 민간자원봉사자로서 무보수 명예직이다. 자격은 인격 및 행동에 있어서 사회적으로 신망을 받는 자, 사회봉사에 대한 열의를 가진 자, 건강하고 활동력이 있는 자, 국가공무원법 제33조 각 호의 결격사유에 해당되지 않아야 한다.

2) 교정복지사의 개입

검찰에서 교정사회복지사는 피의자를 위해 검찰에 대변자나 변호자가 될 수 있어 그의 환경이나 개인적 사정을 검사에게 알려 줄 수 있고, 범죄예방위원으로 활동한다면 비행소년의 감독·지도를 통해 상담자나 예방자의 역할을 할 수 있으며, 선도조건부 기소유예 선도보호위원으로 활동할 수 있다고 한다.[16]

위와 같이 최옥채의 주장은 주로 검사가 미처 알지 못하는 것을 교정복지사가 알려 주는 등 검사의 기능을 보완하는 측면에서 교정복지사의 존재의의를 찾는데, 필자는 그런 소극적 의미 외에 검사와 대립적 측면에서 교정복지사가 기능할 수도 있다고 생각한다.

즉 형사소송법에서 말하는 무기대등의 원칙은 주로 법률적 측면에서 접근한 것이어서 법률적 지식이 막강한 검사의 무기에 대항하기 위해 법률지식이 약한 형사피의자도 변호사를 선임하여 대항할 수 있지만, 법률지식 외에도 정서적으로 안정되고 또한 검사의 조사와 신문단계에서 정서적으로 불안한 위치에 있는 형사피의자를 비법률적 측면에서 여러 원조를 할 수 있는 교정복지사제도가 존재할 수 있다.

따라서 현재의 형사소송법령을 개정하여 "형사피의자는 법률적 측면을 도와줄 변호사선임권 외에 정서적 원조 등 비법률적 측면에서 도와줄 교정복지사를 형사피의자단계부터 선임할 수 있고, 자력이 없는 극빈한 자는 국선교정복지사제도의 혜택을 볼 수 있다"라는 것으로 개정할 필요가 있다고 생각한다. 물론 법원에서 재판받는 형사피고인의 위치에서도 마찬가지이며, 그것이 실질적인 무기대등의 원칙에 부합된다고 생각한다.

16) 최옥채, 『교정복지론』, 학지사, 2004, 87면.

또한 최옥채의 주장에는 범죄인을 조력하는 것에만 교정복지사의 존재의의를 찾지만, 그것 외에도 범죄피해자의 원조를 기해서도 교정복지사는 의의를 찾을 수가 있다. 때마침 2005년 3월에 사법제도개혁추진위원회는 "범죄피해자가 검찰에서 조사를 받을 때 그가 불안을 느낄 때 신뢰할 수 있는 자를 동석할 수 있다"라는 방향으로 관련형사소송법을 개정하겠다고 결정한 것처럼 이 때는 범죄피해자를 위한 신뢰할 수 있는 자로서 정서적 원조를 행하는 교정복지사가 자리잡을 수 있다고 생각한다. 또한 한국범죄피해자지원중앙센터 등과 협력하여 검찰단계에서 피해자에 대한 여러 지원과 피해자 스스로 상황을 극복하고자 만든 자조 그룹에게 회복 프로그램을 실시할 수 있고, 또한 가해자와 피해자의 화합을 위해 개입할 수도 있다.

3. 국립교정기관

형사피고인이 형이 확정되면 그 때부터 피고인에서 수행자로 신분이 바뀌게 되며, 교도소에 수감하게 된다. 이러한 교정시설에서 교정복지사는 수용자의 재활을 위한 심리적 치료와 정서적 원조 및 시설에의 재적응을 위한 원조활동 등 아주 핵심적 역할을 수행하는 곳이다. 교정복지사의 활동이 가장 많이 요구되는 곳이므로 교정복지사는 교정조직과 제도 및 프로그램 등 모두 충분히 숙지해야 하므로 이런 것에 대해 상술하기로 한다.

1) 교정 조직

(1) 중앙 조직

우리 나라는 중앙에는 보호국과 교정국으로 분리되고, 보호국에는 소년1과 · 소년2과 · 보호과 · 관찰과 · 조사과가 있고, 교정국에는 교정과 · 보안1과 · 보안2과 · 작업지도과 · 교화과 · 관리과가 있다. 이 때 교정국장을 보좌하는 교정심의관이다. 또 중앙기구산하에 있는 위원회로는 다음이 있다.

〈표 4-2〉 중앙조직의 분장사무

부서명	분 장 사 무
보호과	· 보호행정에 관한 계획의 수립, 법령 입안 · 보호행정의 예산편성 · 소년비행의 원인분석 예방과 대책에 관한 사항 · 소년범의 선도조건부 기소유예제도에 관한 사항 · 기타 다른 과의 주관에 속하지 아니하는 사항
조사과	· 치료감호소의 조직 및 정원관리에 관한 사항 작성, 치료감호소 감독 · 피보호감호자 및 피치료감호자의 치료 정도, 사회적응능력의 파악 · 사회보호위원회의 심사결정을 위한 자료수집 · 사회보호위원회의 운영 및 결정의 집행에 관한 사항
관찰과	· 보호관찰행정에 관한 계획의 수립 · 시행 및 법령입안 · 보호관찰 등에 관한 법률에 의한 가석방 · 가퇴원 및 취소의 허가에 관한 사항 · 갱생보호에 관한 사항 · 민간갱생보호법인의 허가 및 감독에 관한 사항
소년 제1과	· 소년보호행정에 관한 계획의 수립 및 시행, 법령입안 · 소년보호행정 공무원의 배치 · 교육 및 감독 · 소년원 · 소년분류심사원의 조직 및 정원관리에 관한 자료 작성 및 지도 · 감독 · 소년보호행정 예선의 편성 및 배정에 관한 자료 작성 · 소년보호행정 공무원의 피복 · 급양에 관한 사항 · 보호소년 등의 보건위생 · 의료 및 약제에 관한 사항
소년 제2과	· 보호소년의 감호 · 퇴원 및 기타 처우에 관한 사항 · 교과교육소년의 초 · 중 · 고등학교 및 학사관리에 관한 사항 · 직업훈련소년원의 직업전문학교과정 운영에 관한 사항 · 보호소년 등의 생활지도 · 특별활동 및 교육행사에 관한 사항과 분류심사
교정과	· 교정행정의 종합기획 · 교도소 등의 순회점검 · 교정공무원에 배치와 교육훈련 및 복무감독 · 교정시설에 대한 지도감독 · 기타 다른 과 및 담당관의 주관에 속하지 아니하는 교정관련업무
보안 제1과	· 수용자의 수용 · 구금 · 처우 · 이송 및 석방, 계호, 보안장비 · 교도소 등의 무기 및 탄약관리 · 지방교정청간의 수용자 이송조절 · 교도소 등에 대한 시찰 및 참관 · 수용자의 청원
보안 제2과	· 공안관련사범의 수용 · 구금 · 처우 · 이송 · 석방 · 교정시설 경비교도대의 조직과 정원관리 및 경비교도의 임용 · 훈련 · 징계
작업 지도과	· 교도작업 특별회계 · 교도작업 및 감호작업의 회계관리 및 통계와 자재구입
관리과	· 교정행정예산의 편성 · 배경에 관한 자료작성 · 수용자의 영치금 관리제도 · 수용자의 피복 및 급양, 보건위생, 수용자급식관리위원회의 운영에 관한 사항
교화과	· 수용자의 교화 · 수용자 직업훈련계획의 수립 · 기능공 양성 및 검정시험 지도 · 수용자 위탁훈련

① **가석방심사위원회** : 위원수는 5인 이상 9인 이하이고, 법무부차관이 위원장이 된다. 위원은 법무부장관이 임명 또는 위촉하며, 의결기관이다.

② **사회보호위원회, 보안관찰처분심의위원회** : 법무부차관이 위원장이 된다. 의결기관이다.

③ **보호관찰심사위원회** : 위원장은 장관이 검사장 또는 고점 소속검사 중에서 임명한다. 의결기관이다.

④ **중앙급식관리위원회(위원장은 교정국장), 교정제도심의위원회(위원장은 법무부장관), 법률자문위원회** : 이들 기구는 자문기구이다. 중앙급식관리위원회는 위원장을 포함해 8인 이상 12인 이내 위원으로 한다.

(2) 지방교정청

교정행정의 중간감독기구로 서울 · 대구 · 대전 · 광주 4곳에 지방교정청이 있고, 지방교정청에는 총무과 · 보안과 · 작업과 · 교무과 · 의료분류과를 둔다.

① **총무관** : 공무원의 인사, 복무, 교육훈련, 물품구매, 예산, 회계, 결산, 관할교도소 지도 · 감독, 국유재산 및 물품의 관리

② **보안과** : 공무원의 규율 점검, 재소자의 수용 · 구금 · 계호 · 이송 · 석방, 경비교도배치, 청원, 시찰, 참관

③ **교무과** : 서신, 교육, 교화, 귀휴, 출소자보호, 각종 시험응시자 선발, 교정상담실

④ **작업과** : 교도작업, 작업상여금지급, 직업훈련, 교도작업생산품 판촉 · 홍보

(3) 일선 기관

여기에는 크게 교도소 · 구치소 · 보호감호소 · 일선위원회로 나눌 수 있다.

① **교도소** : 여기에는 서무과 · 보안과(천안 개방교도소는 지도과) 및 작업과 · 용도과 · 분류심사과 · 의무과 · 교무과를 두고, 그 외에 구치과 · 작업소 · 작업제품직매소를 둘 수 있다. 여기서 분류심사과는 일부 교도소에만 있으며, 이 과가 없는 교도소나 구치소에는 해당사무를 보안과가 담당한다.

ⓐ 서무과 : 문서의 접수 · 발송, 인사, 관리, 영치, 수용, 석방 및 다른 과의 주요업무에 속하지 않는 사항

ⓑ 보안과 : 직원의 규율, 수용자의 감호 · 지도 · 계호 · 상벌 · 접견 및 경비

담당

ⓒ 분류심사과 : 수용자의 자질검사 · 누진처우 · 가석방에 관한 사항

ⓓ 교무과 : 수용자의 교육 · 교화, 서신과 석방자보호에 관한 사항, 귀휴

ⓔ 용도과 : 수용자의 급여, 물품의 출납, 용도, 건축, 영선 및 국유재산관리

② **구치소** : 여기에는 서무과 · 보안과 · 출정과 · 접견영치과 · 교무과 · 용도과 · 의무과를 둔다.

ⓐ 명적과 : 수용, 석방, 형기계산, 상소, 이송, 작업에 관한 사항

ⓑ 출정과 : 출정계호에 관한 사항

ⓒ 집견영치과 : 접견, 영치금품의 검사 · 보관 · 출납

③ **보호감호소** : 직제는 교도소와 같고, 또한 분류심사과는 2개의 보호감호소 모두에 설치되어 있다.

(4) 일선위원회

① **교도관회의** : 교도행정의 주요한 정책의 집행방법을 심의하며, 6급 이상의 교도관으로 구성도고, 교도소장의 의장이며, 매주 1회 이상 소집되는 교도소장의 자문기관이다.

② **지방급식관리위원회** : 위원장(소장)을 포함한 5인 이상 7인 이하로 구성되는 자문기관이다.

③ **귀휴심사위원회** : 위원장(소장) 1인과 5인 내지 7인 이내의 위원으로 구성되는 자문기관이다.

④ **징벌 위원회** : 규율을 위반한 수용자에게 부과할 징벌을 정하는 기관으로, 위원장은 소장이며, 3인 이상 5인 이내로 구성(외부인사 참여)되는 의결기관이다.

⑤ **분류처우예비회의** : 심의기관이다. 분류심사과장이 의장이 된다.

⑥ **분류처우회의** : 분류처우예비회의가 심의한 사항을 결정하는 의결기관으로 7급 이상의 교도관으로 구성되며, 소장이 의장이다(7인 이상 9인으로 구성).

⑦ **보통징계위원회** : 6급 이하 및 기능직 공무원에 대한 징계처분을 의결하기 위해 각 교도소에 설치한 의결기관이다.

(5) 교정공무원

① 국가공무원법상 분류

경력직 공무원과 특수경력직 공무원으로 나누고, 전자에는 다시 일반직과 기능직(사무보조원·기계원·전기원) 및 특정직으로 나눌 수 있다. 일반직은 다시 교정직·소년보호직·분류직·보호관찰직·교회직으로 구분이 된다. 특수경력직 공무원에는 직업훈련교사인 별정직과 단순노무에 종사하는 고용직 공무원이 있다.

② 교도관직무규칙상 분류

정복교도관에는 교정직류 공무원이 있고, 사복교도관에는 분류직·교회(敎誨)직·소년보호직·의료직·기능직·기술직 공무원이 있다. 교정직 직급은 교정이사관·교정부이사관·교정감·교정관·교감·교위·교수·교도가 있다. 교정관(5급)은 법무부장관이 제청해 대통령이 임면하며, 교감(6급) 이하는 법무부장관이 임면한다. 8급·9급·10급은 당해소장이 임용가능하며, 5급 이하 교육시설로는 법무연수원 교정연수부가 있다.

③ 경비교도대

교정시설에 대한 경비업무와 작전업무를 수행하는 자로 병역의무특례규제법에 의해 현역병 중에서 법무부장관이 국방부장관에게 요청하여 전임된 자이므로 경비교도의 신분은 군인이 아니라 법무부 소속공무원이다(판례). 경비교도대는 법무부 보안2과에서 총괄한다. 경비교도대의 징계나 소청심사는 법무부 보통징계위원회에서 담당한다.

2) 교정처우과정

교정복지사의 역할이 기대되는 교도소 내에서의 수용자에 대한 각종 원조활동과 재사회화를 위해서는 먼저 시설내 처우과정에 대한 지식이 필수이므로 여기에서는 시설내 처우의 핵심을 언급하고자 한다.

(1) 수용

수용은 국가의 강제력에 의해 교정시설에 감금해 자유권을 박탈하는 처분으로 헌법과 법률에 의거해야 한다.

① 수용 요건

여기에는 수용의 근거가 되는 문서의 적법성 여부를 따지는 형식적 요건과 적법 문서의 내용이 실제 사실과 일치하는가를 따지는 실질적 요건이 있다(두 요건이 모두 충족되어야 수용). 형식적 요건에서 수용에 필요한 문서를 보면, 수형자는 판결등본 · 재판서 · 형집행지휘서 · 잔형집행지휘서가 필요하고, 형사피고인(피의자)은 수용지휘서 · 이송지휘서 · 구속영장이, 피보호감호자는 감호영장 · 판결서(경정서)등본 · 보호처분집행지휘서가, 노역장유치자는 재판서 · 노역장유치집행지휘서가, 사형확정자는 수용지휘서 · 판결등본 · 사형확정통지서가 필요하다. 실질적 요건은 문서에 표시된 내용과 실제로 일치해야 하며, 피수용자가 법정전염병 환자가 아니어야 하고, 수용시설이 수용능력이 있어야 한다.

② 수용 거절

사유로는 법정수용요건의 불충족(법정문서의 미비, 서류상 인물과 피수용자가 다를 때), 전염병에 걸린 자, 수용실설의 부족 등 3가지 사유가 있다. 앞의 첫 번째 사유는 수용을 거절해야 하며(절대적 거절사유), 전염병에 걸린 자와 수용시설이 부족의 사유 때는 수용을 거절해야 하며(절대적 거절사유), 전염병에 걸린 자와 수용시설이 부족의 사유 때는 수용을 거절할 수 있다(절대적 거절사유), 전염병에 걸린 자와 수용시설이 부족의 사유 때는 수용을 거절할 수 있다(상대적 거절사유). 전염병에 걸린 자의 수용을 거절할 때는 지체없이 그 사유를 수용을 지휘한 기관과 당해교도소 등의 소재지를 관할하는 보건소장에게 통보하고, 법무부장관에게 보고해야 한다. 또 전염병의 유행지를 출발 또는 통과한 수용자를 수용한 때는 그의 휴대품을 소독하고 1주 이상 격리수용해야 한다.

③ 이송

이송이란 재소자의 신병을 현재의 수용장소에서 타교정시설로 이동하는 것인데,

협의로는 수형자의 이송만을 말하고, 광의로는 수형자 외에 미결수용자의 이송(수사와 재판과정의 원활한 수행을 위해 수행을 위해 수용시설을 변경하는 것)을 포함한다. 이송의 목적은 보안·작업·처우·보호 등 교정행정의 목적을 실현하기 위해서이며, 근거는 행형법 제12조에 수용자의 수용·작업·교화 및 기타 처우상 특히 필요하다고 인정한 때는 소장은 법무부장관의 승인을 얻어 타교도소로 이송할 수 있다고 나와 있다(진정한 의미의 이송은 협의의 이송을 의미). 이런 이송이 필요한 경우는 수형자의 경우에는 형의 집행개시를 위한 조절이송(범수와 신분기준)과 형집행 중의 이송(개방처우자·처우곤란수형자·직업훈련수형자)이 있다. 미결수용자는 원칙은 재판(수사)을 관할하는 지방검찰청에 대응하는 법원소재지의 교정시설에 수용하며, 재판의 심급에 따라 수용시설이 바뀐다.

④ 수용상 특별처우

ⓐ 독거수용자

매일 1시간 이내로 운동할 수 있는 혼거수용자와는 달리 독거수용자는 2시간까지 운동이 가능하고, 6월에 1회 이상 건강진단하는 혼거수용자와 달리 독거수용자(20세 미만수용자도)는 3월에 1회 이상 독거수용자를 시찰해야 하고, 소장지시로 시찰했을 때는 지체 없이 소장에게 보고해야 하며, 소장은 계속해서 녹거수용함이 그의 건강 또는 교화상 유해하다고 인정하면 독거수용을 중단해야 한다.

ⓑ 신입자

질병 기타 부득이한 사유가 없는 한 신입수용후 3일간은 신입자 거실에 수용하고, 작업을 부과하지 않는다. 단, 20세 미만의 신입자와 기타 필요하다고 인정되는 수용자는 그 기간을 30일까지 연장이 가능하다.

ⓒ 소년수용자

소년수용자는 다른 수용자와 구분해 이송하고 접견횟수를 증가시킬 수 있으며, 그에게는 작업과정을 따로 정할 수 있다. 또 연령, 지식 정도, 기타 사정을 참작해 그에 맞는 교육을 실시해야 한다. 소년범에게는 상대적 부정기형과 짧은 가석방기간이 특징이고, 18세 미만자에게는 사형·무기징역·환형처분이 금지된다.

ⓓ 여자수용자

남·녀는 격리수용하며— 이송 때는 남·녀는 구분해서 이송해야 하고, 분만에 필요다고 인정되는 때는 조산부를 둘 수 있으며, 소장이 특히 필요하다고 인정하는 경우를 제외하고는 남자교도관은 야간에 거실 안에 있는 여자수용자를 시찰하지 못한다. 여자수용자의 두발은 단삭하지 않는다. 신체검사·의류검사·휴대품검사도 여자수용자에 대한 특례사항이다(∵이들은 여자교도관이 하므로)(행형법 제 17조의 2)·유아를 대동한 신입부녀 또는 시설 내에서 출산한 재소부녀가 시설 내에서 유아의 양육을 신청한 때는 상당한 이유가 있는 경우에 한해 생후 18개월에 이르기까지만 소장이 허가할 수 있다(수용자 본인의 사실상 친생자이면 족하다). 허가한 뒤는 특별한 보호조치를 해야 하며, 만일 허가하지 않거나 대동의 허가를 취소했을 때는 그 유아를 인수할 상당한 인수인이 없을 때는 교도소 소재지 관할의 시장(군수·구청장)에게 인도해 보호케 한다(허가한 자녀가 18개월에 달할 때도). 내국인 남자가 여성교도소를 참관하고자 할 때는 소장의 허가를 얻어야 한다(화장품은 시행령 개정으로 남·녀 모두에게 허용되므로 화장품허가를 여자수용자의 특례로 기술한 일부 책은 틀린 것임).

(2) 미결 수용

① 의의

피의자(피고인)의 증거인멸과 도주를 방지하기 위해 그들의 신병을 교도소(구치소)에 수용하는 강제처분과 사형확정자를 집행 전까지 구치소나 교도소의 미결수용실에 수용하는 과정을 말한다. 이것의 본질은 사법적 영향을 많이 받는 행정작용으로 본다. 미결수용자는 유죄판결이 확정될 때까지는(유죄판결이 선고될 때까지는 ×) 무죄로 추정되나, 여러 제한사유로 기본권의 일정부분이 제약된다.

② 미결수용자의 기본권 제한

미결수용의 본질에서 거주·이전의 자유, 직업선택의 자유, 주거의 자유, 집회·결사의 자유가 제한을 받고, 증거인멸의 방지를 위해 서신과 교통 등에서 일정한 제한(서신의 수신·발신 때 검열실시, 미결수용자의 접견 때 직원이 참여)이 있으며, 예산상의 제약으로 교도소에도 수용되고, 그 외 특별권력관계에서 오는 제한이 있다.

③ 미결수용기관

구치소(원칙)와 교도소 내의 미결수용실이 있고, 경찰서 유치장(대용교도소)은 미결수용실에 준한다(단, 경찰서의 미결수용실은 30일 이상 수용할 수 없다).

※ 영·미는 구금시설을 Jail, 교도소는 Prison, 미결수용자와 단기수형자를 구금하는 곳을 Detention Center라고 한다.

④ 미결수용과 형사절차와의 관계

피의자를 수사기관에 호송시는 미결수용의 연장이므로 그 신분은 교도관의 책임하에 엄격히 확보되어야 하고, 법정 내에서는 계호권과 법정경찰권이 경합하나, 개정된 뒤에는 법정경찰권이 우선 적용된다.

⑤ 미결수용절차

ⓐ 미결수용의 개시

법관의 결정이나 명령에 의한 검사의 수용지휘에 의해 피고인(피의자)이 입소함으로써 개시된다.

ⓑ 미결수용자의 분류수용

분류기준을 보면 성년과 소년을, 또 수형자와 미결수용자를 각기 분리수용하고, 남·녀는 격리수용하며, 혼거수용 때는 형기·죄질·성격·범수·연령·경력을 참작해 거실을 구분수용하고, 미결수용자로서 사건에 상호 관련이 있는 자들은 공범부호를 부착하고 분리수용한다. 또 분류지침상 기본분류(피의자와 피고인, 성년과 소년, 공범자, 만 60세 이상 고령자)와 세분류(죄명별·범수별 분류)로 나눈다. 분류 수용시 주의사항에는 공범관계자간에는 증거인멸의 우려가 있으므로 상호 접촉을 금지시키고, 미결소년수는 악풍감염방지를 위해 연소소년과 연장소년을 분류수용토록 한다.

ⓒ 미결수용의 종료

형의 확정(사형·자유형)이나 권한있는 자의 명령에 의해 석방(구속취소·불기소·보석·집행정지), 그리고 구속영장의 실효에 의한 석방(구속기간의 종료, 무죄의선고)에 의해 석방(구속기간의 종료, 무죄의 선고)에 의해 종료된다.

ⓓ 미결수용자의 처우상 특례

가) 특히 필요한 경우 이외에는 본인 의사에 반하여 두발과 수염을 단삭하지 못한다.

나) 신청에 의해 작업과 교회를 행할 수 있으나, 절대로 구외의 작업에는 취업시킬 수 없다.

다) 미결수용자와 사형이 확정된 자의 거실은 참관 못한다.

라) 미결수용자와 변호인이 접견 때는 교도관이 참여(청취·녹취도 포함)하지 못한다.

(출정 중인 수용자에 대해서는 변호인접견은 되지 못한다.).

마) 소장은 미결수용자가 도주할 때(체포된 때, 질병으로 인해 위독한 때 또는 사망한 때) 지체없이 그 사유를 검사에게 통보해야 한다.

바) 타구치소(또는 미결수용실)에 이송시는 당해사건에 상호 관련된 자는 구분해야 하고, 미결수용자를 이송할 시는 수형자와 구분해야 한다.

사) 사형확정자의 처우는 미결수용자의 처우를 준용한다.

(사형확정자는 본인의 신청에 의해서만 교회가 인정).

아) 미결수용자에 대해서는 확정될 때까지는 참정권 행사는 보장된다.

자) 미결수용자와 수형자의 신분을 같이 갖는 여죄자는 수형자로 처우하되, 구속영장의 발부가 있을 때는 미결수용자로서 처우

차) 도주 및 증거인멸의 방지를 위해 가능한 한 독거수용한다.

카) 의무관과 교도관의 참여하에 외부의사의 진찰을 받을 수 있다.

타) 미결수용자의 의복을 8종류의 캐주얼 평상복으로 개선(1995. 7. 1)했고, 1999년 6월 1일부터 외출시 사복착용을 허용(1999. 5. 27. 헌법재판소는 미결수용자가 외출시 관급의류를 강제하는 것은 위법결정을 내림)했다. 또 1998년 10월 1일부터 손목시계 착용을 허용했다.

(3) 수용의 양태

① 독거제의 의의와 장·단점

고대는 혼거구금을 했기 때문에 악습감염 등 많은 부작용이 있었고, 이런 단점을

제거하기 위해 독거제가 나타났다. 이것을 통모방지와 악습감염방지 및 정신적 교정을 목적으로 독방에 구금하는 제도이다. 유럽에서는 1704년 산미켈레 소년감화원에서 야간에 독거구금을, 1775년 벨기에의 간트 교도소는 성인에게 독거구금을 시도한 적이 있지만, 독거제를 최초로 제창한 것은 그 당시 영국교도소의 혼거제의 폐단을 목격한 하워드(Howard)였다.

이런 하워드의 독거제와 18세기 펜실베니아주의 퀘이커(Quaker)교도들의 참회사상에 영향을 받아 펜이 펜실베니아제(엄정독거제)를 최초로 개발했고, 1790년 월넛 감옥에서 최초로 펜실베니아제를 실시했으며, 1818~1821년 사이에 필라델피아의 동서에 2개의 독거교도소가 생겨 독거제의 효시라고 하는 펜실베니아제가 완성되었으나, 얼마안가 본능에 반하여 정신병을 유발하는 등의 문제점이 나타나자 초기의 엄정독거제(주·야 구별없이 엄정독거하는 펜실베니아제의 원형)는 후기로 올수록 점차 완화독거제(주·야독거를 원칙으로 하되, 목욕·운동·접견·교회 때는 혼거 허용)와 야간독거제(주간은 혼거작업, 야간에 독거)의 형태로 변형되어 갔다(독거제에서 나오는 완화독거제는 주·야독거를 전제로 하나, 뒤에 나오는 오번제인 완화독거제는 주간혼거·야간독거인데, 보통은 완화독거제란 오번제를 말하며, 독거제를 주간독거와 야간독거로 구분할 수 있다).

장·단점을 살펴보면, 반성의 기회를 주고, 개별처우에 편리하며, 반성을 통해 정신적인 개선도 되고, 통모와 악풍감염이 방지되며, 직원의 감시와 질서유지에 편리하고, 수용자의 명예감정도 보호되며, 미결수는 공모위증이나 증거인멸이 방지된다. 그러나 고독으로 인해 심리적·생리적 장애가 오고(수형자자치제 활용도 불가능), 많은 감독인원이 필요하고, 건축에서 많은 비용이 들며, 자살 등과 같은 교정사고를 막기 곤란하며(수형자 상호간에 감시가 안 되므로), 형벌집행의 통일성도 저해된다.

② 혼거제의 의의와 장·단점

수인의 수용자를 동일한 거실(공장)에 혼거시키는 것으로 가장 오래된 구금제도이다. 장·단을 살펴보면, 건축비 등 행형비형이 절감되고, 형벌집행의 통일과 수용자의 심신단련을 도모할 수 있으며(사회적 훈련에 중점),자살방지나 직업훈련을 통한 사회복귀에 유리하고, 작업시행이 편리하다. 그러나 직원의 감시가 곤란하고, 사적 감정의 침해로 시설내 분쟁과 악풍감염의 가능성이 있으며, 비위생적(질병발생

우려)이고, 개별처우를 하기 곤란하며, 거실내 생활상 책임이 약해지고, 출소후 공범범죄의 가능성이 있다.

이런 혼거제의 폐해제거를 위한 제도에는 분류제와 침묵제가 있는데, 분류제란 혼거제의 단점을 없애고 장점을 이용할 목적으로 형기·성격·범수·연령·경력 등을 참작해 분류수용(행형법 제11조 2항)하는 것이다. 또 침묵제(오번제·완화독거제·반독거제)란 주간에는 혼거하며, 침묵 속에서 작업하고, 야간에는 독거구금하는 것으로, 보통은 분류제와 병행해서 실시한다. 오번제는 1823년 린즈가 오번감옥에서 최초로 실시했고, 오번제를 채택한 대표적 시설은 싱싱감옥이다.

③ 우리 나라의 구금제도

ⓐ 독거수용이 원칙이고, 예외로 혼거수용을 인정한다(완화독거제). 혼거수용 때는 3인 이상을 수용해야 한다. 단, 요양 기타 부득이한 사유가 있는 자는 예외로 한다.

ⓑ 혼거수용은 독거수용이 당해수용자의 정신(신체)에 유해하다고 인정되는 때, 혼거수용 이사회성의 함양 등 당해수용자에게 교화상 유익하다고 인정되는 때, 수용자가 자살(자해)할 우려가 있을 때, 수용자가 질병 또는 장애의 사유로 타수용자의 도움을 필요로 하는 때, 기타 수용인원의 과다와 독거실의 부족 등 교도소의 사정에 비추어 혼거 수용할 수밖에 없는 경우에는 혼거수용을 할 수 있다(시행령 제31조).

ⓒ 징역형·금고형·구류형을 선고받아 형이 확정된 자와 노역장 유치명령을 받은 자는 제31조 규정에 불구하고 부득이한 사유가 있는 때를 제외하고는 혼거수용하면 안 된다.

ⓓ 독거수용자는 타수용자의 접촉을 금하며, 소환·운동 및 목욕·접견·작업·교회·진찰 기타 부득이한 경우를 제외하고는 항상 독거시켜야 한다.

ⓔ 혼거제의 폐해를 제거하기 위해 분류제를 시행하고 있다(상기내용 참고).

ⓕ 부득이한 사유가 있는 때를 제외하고는 혼거실은 작업장으로 사용치 못하며, 소장은 혼거실·교실·교회당·작업장 기타의 장소에서 사용할 수용자의 자리를 정할 수 있다.

ⓖ 교도관은 당해소장의 명령이나 타교도관의 참여없이 수용자의 거실을 열거나

수용자를 거실 밖으로 나오게 하지 못한다. 단, 병실에 있어서나 긴급을 요하는 때는 예외로 한다.

ⓗ 신입심사대상자(분류처우규칙 제9조)는 독거수용을 하지만, 징벌혐의자로 조사 중인 자는 조사실에 수용(시행령 제143조)하고, 금치처분을 받은 자는 징벌실에 수용한다. 전염병에 걸린 자는 격리수용한다(시행령 제101조).

(4) 계호

① 의의

계호란 시설 내의 안전과 수용자의 규율유지를 위한 경계작용과 수용자의 보호작용을 말한다(∴경계와 보호의 성격을 내포한다). 현재는 교정이 구금만아니라 보호기능까지 포함하게 되었고, 오늘날에는 보호기능이 더 중시된다(∴오늘날 계호란 적극적인 보호작용이다).

② 계호권자

원래 고유한 의미의 계호권자는 교정직렬 중에서 제복을 착용하는 교정직 공무원이다. 그러나 관련법규에서 사복교도관 중 교회직·분류직·직업훈련직 공무원도 직무상 필요한 때는 계호권이 있다고 규정했으므로 위의 사복교도관은 교정시설 내에서는 제복교도관의 계호권과 차이가 없다. 즉 사복교도관은 제복교도관의 지휘를 받지 않고도 계호권을 행사할 수 있다.

③ 종류

ⓐ 수단에 의한 분류

물적 계호와 인적 계호로 나눌 수 있는데, 전자는 시설·계구·무기·보안장비에 의한 계호이다. 시설은 거실·면회실·문·외벽·전망대 등 교도소 등의 건조물과 부속설비를 말한다. 인적 계호란 계호권 있는 교도관의 신체적·정신적 작용에 의한 계호이다. 여기에는 거실내 계호와 거실의 계호가 있다.

거실내 계호에서의 특징은 교도소 등의 외문·출입문·거실·작업장 기타 수형자를 수용하고 있는 장소는 외부와 차단하여야 하나, 필요에 의하여 일시 개방하는 때에는 그 장소를 경비하여야 하며, 교도소 등의 자물쇠와 열쇠는 지정된 교도관이 보관하고, 특별한 사유가 있는 경우를 제외하고는 이를 주고받지 못하며, 교도관은 당해소장의 명령이나 다른 교도관의 참여없이 수형자의 거실을 열거나 또는 수형자를 거실 밖으로 내보낼 수 없으며, 소장의 a여에 의해 수시로 거실을 검사해야 하고, 혼거실에는 요양 기타 부득이한 경우를 제외하고는 3인 이상을 수용해야 하며, 부득이한 경우를 제외하고는 작업장으로 사용할 수 없다.

거실의 계호란 여기에는 작업장 · 취사장 · 목욕탕 · 병실 · 구외작업장에서 계호하는 것을 말하고, 그 외에 교육 · 교회접견 때의 계호도 포함된다. 병실계호 때는 도주 · 자살에 유익하며, 꾀병인가를 주의깊게 살펴보아야 한다.

ⓑ 대상에 따른 분류

대인적 계호와 대물적 계호가 있는데, 전자는 직접 사람에 행해지는 계호로 신체검사 · 계구 · 무기 사용을 말하고, 대물적 계호란 수용자 및 제3자의 물건에 대한 계호로 각종 검사(소지품검사)를 말한다.

ⓒ 장소에 의한 분류

호송계호와 출정계호가 잇는데, 호송계호란 수용자를 교정시설 외부로 이동시키는 과정에서 행하는 계호를 말하는 것으로서 출정계호와 이송계호가 있다. 그리고 호송계호시의 유의사항은 다음과 같다. 호송시간은 기차 · 기선을 이용할 경우 기타 특별한 사유가 있는 경우를 제외하고는 일출 전과 일몰 후에는 원칙적으로 할 수 없고, 피호송자는 관급의를 착용함을 원칙으로 하여야 하며, 숙박은 기차와 기선을 이용할 경우를 제외하고 경찰관서 또는 교도소를 이용하여 하고, 호송은 남녀동행과 소년 및 성년동행 그리고 공범자인 미결수용자 상호간 동행이 금지된다.

피해소송자가 호송 중 질병에 걸렸을 때에는 적당한 치료를 하여야 하며, 호송을 계속할 수 없다고 인정한 때에는 피호송자를 서류 · 금품과 함께 부근교도소 · 경찰관서에 교부하여야 한다. 질병이 치유된 때에는 즉시 호송을 계속하여야 하고, 호송 중에 사망한 때에는 시체와 서류 및 금품을 부근 경찰관서에 교부하여야 한다. 한편 호송계호는 형소법상의 호송계호(출정계호)와 행형법상 출정계호(긴급피난시, 외부병원 이송시) 및 소장명령에 의한 호송계호(사회견학, 작업호송계호, 시험 · 대회에 나갈 때)로 나눌 수 있다.

출정계호란 사법기관에 소환될 때 행하는 계호이다. 출정 때는 수갑과 포승이 사용되나 공판정에서는 사용 못하는 것이 원칙이다. 그러나 계구사용이 필요하다고 인정될 때는 재판장에게 사전에 알려 지시를 받아야 한다. 공판장에서는 교도관의 계호권은 재판장의 지휘하에서 행사되어야 하므로 우선 공판 중에는 법정경찰관이 계호권을 우선 행사한다고 볼 수 있다. 물론 공판 전·후는 교도관이 계호권을 가진다.

ⓓ 상황의 긴박성에 따른 분류

통상계호와 비상계호를 나눌 수 있는데, 통상계호는 인적 계호수단과 물적계호수단으로 구분된다. 평상시 피수용자의 신체에 대한 강제적 침해를 수반하지 않는 계호행위이다. 피수용자의 법익을 현저히 침해하는 비상계호와 대비된다.

비상계호란 천재지변 기타 사변(도주·폭동·화재·외침)이 발생해 통상의 계호방법으로 구분된다. 평상시 피수용자의 신체에 대한 강제적 침해를 수반하지 않는 계호행위이다. 피수용자의 법익을 현저히 침해하는 비상계호와 대비된다.

비상계호란 천재지변 기타 사변(도주·폭동·화재·외침)이 발생해 통상의 계호방법으로는 사태를 수습할 수 없을 때 특별한 계호수단으로 사태를 진압하는 계호행위를 말한다. 이런 사태 때 소장은 특히 필요하다고 인정되는 때는 수용자를 소방 기타의 응급용무에 종사케 할 수 있고, 이 때 응급용무에 종사한 자에 대해서는 작업상여금 지급규정을 준용한다. 그렇게 했는데도 교정시설 내에서 피난의 방법이 없다고 인정되면 수용자를 다른 곳으로 이송할 수 있고(긴급이송), 이송이 불가능할 때는 출석할 시기와 장소를 고지한 수 일시 석방할 수 있다. 이때 일시 석방된 자는 24시간 내에 교도소 등 또는 인근경찰관서에 출석해야 된다. 즉 일시 석방은 24시간 내에서 허용되며, 이는 형기에 산입된다. 정당한 이유없이 이에 위반한 자는 도주죄나 집합명령 위반죄로 처벌된다. 수용자가 도주한 때는 교도관은 체포(구속) 영장없이 72시간 내에 한하여 체포할 수 있다. 도주한 때는 소장은 법무부장관에게 그 내용을 보고해야 하고(체포한 때에는), 미결 수용자인 경우는 검찰과 법원에도 통보해야 한다. 그리고 사태가 극히 중하여 교도소 자체의 힘으로는 어려울 때는 인근경찰서나 군대에 의한 응원의 지원을 받을 수 있다(응원 법령에 나오는 것이 아니고 이론상 개념임에 유의할 것).

동정계호란 수용자의 동정을 살피기 위해 정기적 또는 수시로 행하는 계호인데,

여기에는 도주방지를 위한 계호로 가장 중시되는 출입구계호, 직접 수용자의 동정을 정기 또는 수시로 관찰하여 그들의 성격·심경 등을 관찰·파악하는 계호인 시찰, 시설 내의 주요지점에 초소를 건립하여 도주·통모 및 부정한 물품수수 등을 방지하는 계호인 입초, 시설 내는 순회하면서 도주·화재사고·자살 등을 사전에 방지하기 위한 검사, 재소자의 구금상태와 인원수를 확인하는 재소자 인원점검 등이 있다(종래의 순찰이란 용어가 순경으로 바뀌었음).

④ 내용

시찰이란 수용자에게 객관적으로 나타나는 동정을 파악하는 것으로 불만점과 처우상의 문제점 등을 조사함으로써 수용자의 처우개선과 교정시설 운영에 조력하고 교정사고를 미연에 방지하고 행하는 계호행위이다. 사찰은 수용자의 숨겨진 감정상태를 탐지하는 정찰과는 구별된다.

명령이란 교도관이 적법하게 그 직무의 목적을 달성하기 위하여 직무상 권한범위 내에서 수용자에게 작위 또는 부작위를 강제적으로 요구하는 계호행위를 말한다. 구두·서면·게시·신호 및 묵시적 명령 등이 있다.

강제는 법령이나 직무에 의한 계호권자의 정당한 이유없이 이행하지 않을 때 이행을 한 것과 동일한 상태를 실현하기 위하여 행하는 행위이다. 행형법상 ⓐ 자살 또는 자해 해위를 하거나 하려고 할 때, ⓑ 다른 사람에게 위해를 가하거나 가하려고 할 때, ⓒ 도주하거나 하려고 하는 때, ⓓ 기타 교도관 및 수용자의 안전과 수용질서를 현저히 해치는 행위를 하거나 하려고 하는 때에는 수용자를 제압하가기 위하여 신체적인 힘에 의한 실력행사와 교도봉·최루탄 등 보안장비를 사용할 수 있다. 이러한 강제력은 당해소장의 명령없이는 행사하지 못한다. 다만 긴급을 요하는 때에는 행사한 후 즉시 소장에게 보고해야 한다. 그리고 긴급한 상황으로 경고를 할 만한 시간적 여유가 없는 경우를 제외하고는 강제력을 행사시 사전에 수용자에게 이를 경고하여야 한다.

검사란 교정사고를 미연에 방지하기 위하여 인적 또는 물적으로 나타난 보안유해 상태를 조사하는 것으로 거실·무기·계구·소방기구 등과 인적 사항 등에 대해 실시된다.

정돈은 교정사고를 예방하기 위한 물품이나 시설의 정리정돈·점검 등의 행위이다. 이것은 수용자들에게 규율적인 생활을 가지도록 하는데 기여하므로 수용자 개선작용의 한 수단이 된다.

구제란 위험이 발생하였을 때 위험에서 수용자를 보호하기 위해 사후적 조치로서 행하는 계호행위이다.

배제란 위험의 개연성이 있는 경우 사전에 예방조치로서 행하는 계호행위이다. 상기의 내용 중 강제와 구제는 사후적 행위이고, 나머지는 사전적 계호행위이다.

⑤ 계호의 효과

정당한 계호권 행사의 효과로는 직무상 정당행위로서 위법성이 조각되어 범죄가 되지 않고, 계호권의 행사를 폭행 · 협박 등으로 반항하거나 거부한 경우에는 행정상 징벌의 사유가 도며, 또한 형법상 공무집행방해죄가 성립할 수 있다.계호권자의 실력적 지배권을 이탈하면 도주죄가 성립되고, 계호권 행사에 불복이 있으면 법정절차에 의하여 효력을 다툴 수 있다.

위법 · 부당한 계호권 행사의 효과로 고의 또는 과실에 의한 위법 · 부당한 계호권 행사로 수용자나 제3자에게 손해발생시 국가가 손해배상책임을 지고, 국가는 구상권 행사가 가능하다. 계호업무 소홀로 교정사고가 나면 계호권자는 행정상의 징계책임을 지고, 고의 또는 중과실로 교정사고가 나면 직무유기죄나 직권남용죄가 성립될 수 있다.

⑥ 계구와 무기 및 보안 장비

계구란 수용자의 도주 · 폭행 · 소요 · 자살의 방지 기타 교도소 등의 안전과 질서를 유지하기 위해 필요한 때 사용하는 기구이다. 여기에는 소승 · 수갑 등이 있다.

포승은 소요 · 도주 · 폭행 또는 자살방지를 위해 사용하며, 이송포승과 휴대포승의 두 종류가 있다. 포승을 할 때에는 계구 이외의 다른 물건과 연결하면 안 되고, 계구사용장부에 사용사실을 기록하여야 한다.

수갑은 수용자가 소요 · 폭행 · 도주 · 자살의 우려가 있을 때 또는 교도소 밖에 있거나 이송도중에 있을 때 사용하는 것으로서, 후자는 출정시와 이송시에 사용한다.

사슬은 포승과 수갑으로 수용자를 제지할 수 없거나 기타 특히 필요하다고 인정하는 경우에 사용하는 계구이다. 실무상 거의 사용하지 않는다.

안면보호구는 제지에도 불구하고 큰소리를 지르거나 자해의 우려가 있는 자의 얼굴에 착용시키는 것으로서 6시간 이상 계속하여 사용할 수 없는 것이 원칙이나, 특별한 경우에는 3시간의 연장사용이 가능하다.

그러나 계구사용은 제한을 받는 바, 계구의 종류별 사용요건과 사용절차는 대통령령으로 정하고, 계구의 모양·규격·사용법에 관한 것은 법무부장관이 정한다. 계구는 소장의 명령이 있어야 사용이 가능하고, 긴급시는 사용후 즉시 소장에게 보고해야 한다. 또 개정(1999)으로 인해 징벌수단으로 계구를 사용할 수 없다.

무기가란 총으로 수용자에 대한 무기사용요건은 다른 사람에게 중대한 위해를 가하거나 가하려고 하여 그 사태가 위험하다고 인정되는 때, 폭행 또는 협박에 사용할 위험물을 소지하여 교도관이 버릴 것을 명하였음에도 이에 따르지 아니하는 때, 폭동을 일으키거나 일으키려고 하는 때, 도주를 하고자 하는 자가 교도관의 제지에 따르지 아니하고 계속해 도주를 하고자 하는 때, 그 외에도 인명·신체·건물 기타 시설과 기기에 대한 중대한 위험을 방지하기 위하여 긴급하다고 인정되는 때이다. 제3자에 대한 무기사용요건에는 교도소등의 안(교도소 등의 밖에서의 작업 또는 호송 중인 경우를 포함)에서 자기 또는 다른 사람의 생명·신체에 대한 방호와 수용자에 대한 탈취의 저지 및 건물 기타 시설과 무기에 대한 위험방지를 위하여 긴급하다고 인정되는 상당한 이유가 있을 때에는 수용자 이외의 자에 대하여도 무기를 사용할 수 있다.

무기를 사용할 때는 필요한 최소한에 한하여 사용하고, 사전에 수용자에게 이를 경고하여야 하지만, 긴급한 상황으로 경고를 할 만한 시간적 여유가 없을 때에는 예외로 한다. 무기를 사용한 때는 소장은 지체없이 일시·장소·사용량·결과·사유를 법무부장관에게 보고해야 한다.

한편 보안장비란 중대사태가 발생해 교도관에 의한 실력행사나 계구의 사용만으로 제압이 불가능하지만 무기사용까지 요하지 않아 무기에 준하여 사용되는 기구를 의미한다. 그런데 행형법에는 보안장비로 가스분사기·교도봉·최루탄을 들고 있다. 계호근무준칙에는 보안장비로 다음을 들고 있는데, 여기에는 가스분사기와 전교도봉과 교도봉이 있다. 그리고 보안장비는 무기에 준하여 사용하고, 상황판단을 정확히 하여 필요한 한도를 초과하여 위험하게 사용해서는 안되며, 상대방에게 탈취당하지 않도록 유의하여야 한다.

(5) 상벌 제도

여기에는 상우제도와 징벌제도가 있는데, 먼저 상우제도란 질서유지와 작업성적 우수 및 개선의 정이 현저한 교정기여적 행위로 모범이 된 수형자에 대해 주는 행형상 이익처분이다. 현재 독립적인 상우규정은 없지만, 교도소 내에서 처우상 우대, 소장 표창, 부부면회제, 개방처우, 가석방, 귀휴제 등을 사우방법으로 들 수 있다. 구 행형법에는 상금의 지급도 있으나 현재는 없다.

선시제도(선행보상제)는 수형자가 선행을 유지하면 일정한 법률적 기준하에서 자율적으로 석방의 시기를 단축하는 제도로, 형기 그 자체가 감해지는 감형과는 구별되고, 형기의 실질적 단축인 석방이라는 점에서 형기 중 사회내 처우로 형의 집행방법을 변경하는 가석방과는 달리 교도소가 집행한다. 이 제도는 가석방제도가 실시도기 전에 고안된 것으로 1817년 미국에서 최초로 시행되었고, 우리 나라는 1948년 시행했으나 1953년에 폐지되었다. 이 제도의 일반요건은 선행의 유지와 의무의 성실이행 등을 들 수 있고, 특수요건으로는 작업목표의 초과 달성 등을 들 수 있다. 선행감형제라고도 한다.

상우제도의 장점에는 질서유지에 기여, 수익증대, 정기형의 엄격성의 완화, 갱생촉진과 작업능률향상 등을 들 수 있다. 단점에는 형기계산이 복잡하고, 수형자의 개별처우에 불리하고, 사법부에 의해 확정된 형기가 행정권에 의해 변경되어 3권분립에 위반되며, 교활한 수형자가 이것을 악용할 수 있다는 점 들이 잇다. 또 이제도는 이 제도의 목적에 부합하는 유기형 수형자가 대상이 되기 쉬워 무기수나 단기수형자는 제외되기 쉽다.

징벌제도란 규율위반자에게 행형상 불이익처분을 과하는 것으로 내부질서위반자에게 과해지는 행정벌(질서)이며, 징벌의 대상자는 수용자이다. 징벌은 동일한 행위에 대해서는 거듭해서 부과할 수 없으며, 최후의 수단으로 운영되어야 하고, 소극적으로 운영해야 한다. 또 위반행위에 비례해 적정한 최소한의 징벌을 부과해야 되고, 징벌내용을 사전에 수용자에게 고지해야 한다.

징벌부과의 실체적 요건으로는 형법·폭처법 등의 형벌규정에 저축된 행위, 자해

행위, 정당한 이유없이 작업·교육 등의 거부나 태만, 흉기, 주류 등 허가가 안된 물건의 제작·소지·사용·수수·은닉, 기타 법무부장관이 정한 규율의 위반행위이다. 절차적 요건에는 징벌혐의자로 조사 중에 있는 자는 조사실에 수용해야 하고, 소장은 징벌사유의 발견시부터 7일 이내에 조사를 완료해야 하나, 소장은 특히 필요하다고 인정한 때는 7일 더 연장이 가능하다. 징벌 여부의 결정을 위해서는 원칙은 혐의자의 진술을 들어야 한다. 소장의 요구에 의하여 징법위원회는 징벌 요구서를 접수후 3일 이내에 의결해야 한다(재적과반수의 출석과 출석과반수의 찬성으로 의결).

한편 징벌의 종류에는 경고, 2월 이내의 신청에 의한 작업의 정지, 작업상여금의 삭감, 1개월 이내의 신문과 도서열람 제한, 2개월 이내의 금치가 있다.

(6) 분류 제도

① 의의

이것은 누진제 적용의 전제조건으로 소극적으로 악풍폐해를 방지하고, 적극적으로 교정의 과학화를 위해 일정기준에 따라 수형자를 동질적인 그룹으로 나누는 것을 말한다. 이런 분류의 의미를 유럽은 군별의 의미로, 미국은 개별화의 의미로 사용한다. 그리고 수형자분류는 행형학상·교정처우상의 요청에 따라 이루어진 분류라는 점에서 범죄학상의 요청에 따라 범죄자를 대상으로 이루어지는 범죄인분류와 다르다. 수형자분류는 목적에 따라 행형관리의 목적에 중점을 둔 수용(관리)분류와 재사회화에 목적을 둔 처우분류로 나눌 수 있는데, 최근에는 후자가 중시된다. 후자는 시설 내에서 개인에게 알맞은 처우를 하기 위해 세부사항을 분류하는 작업이다.

우리 나라의 수형자 분류심사표는 1922년 독일의 일반수형자의 범죄생물학적 질문표인 바이에른 질문표를 기초로 하여 수형자 개인의 특성과 처우중심적 내용을 수록하도록 구성되어 있다. 수형자분휴처우규칙에 규정된 수형자의 분류기준에 따르면, 수형자를 분류심사하여 분류급을 정하게 되는데, 분류급은 수용급·개선급·관리급·처우급으로 구분되고, 각 분류급은 다시 세분화된 유형으로 나뉘는데, 〈표 4-3〉과 같다.

〈표 4-3〉 수형자분류급의 구분 · 구분기준표

	구 분	내 용	급
수용급	수용하여 할 시설 및 시설 내의 구획 등을 구별하는 기분이 되는 분류급(규칙 제 15조)	여자수형자	W
		외국인수형자	F
		금고수형자	I
		20세 미만의 소년수형자	J
		23세 미만의 성년수형자	Y
		10년 이상의 장기수형자	L
		정신장애자	M
		신체상의 질환 또는 장애가 있는 자	P
개선급	범죄성향의 진전과 개선 정도에 따라 수용해야 할 시설 및 책임점수의 산정기준이 되는 분류급(규칙 제16조)	범죄성향이 진전되지 아니한 자로서 개선이 가능한 자(80점 이상)	A
		범죄성향이 진전된 자로서 개선이 가능한 자 (51~79점)	B
		범죄성향이 진전된 자로서 개선이 곤란한 자 (50점 이하)	C
관리급	계호의 정도를 구별하는 기준이 되는 분류급 (규칙 제17조)	완화계호급으로 구외작업에 적합한자	g1
		중간계호급으로 구내 관용작업에 적합한 자	g2
		엄중계호급으로 구외작업 및 구내 관용작업에 부적합한 자	g3
		특별계호급으로 관리에 특별한 주의를 요하는 자	g4
처우급	처우의 중요시침을 구별하는 기준이 되는 분류급(규칙 제17조) 처우분류의 기준이 되는 것 (직업훈련 등)	직업훈련을 필요로 하는 자	V
		학과교육을 필요로 하는 자	E
		생활지도교육을 필요로 하는 자	G
		작업중점지도를 필요로 하는 자	R
		관용작업에 적합한 자	N
		양호적 치료를 필요로 하는 자	Q
		전문치료를 필요로 하는 자	T
		자치적 처우에 적합한자	H
		개방처우에 적합한 자	O
		특수한 처우를 필요로 하는 자	S
급외	급 외는 가급 · 나급 · 다급 · 라급으로 구분하여 가급 · 나급 · 다급은 가각 제2급 · 제3급 · 제4급과 동일한 처우, 라급은 접견에 한하여 제4급과 동일한 처우 (규칙 제40조)	집행할 형기가 6월 이하인 자, 임산부, 장애자 또는 3주 이상의 치료를 요하는 환자로서 작업을 감당할 수 없는 자, 70세 이상인 자, 의사소통이 곤란한 외국인, 제4급의 자 중 규율을 문란하게 하여 누진계급에 의한 처우가 부적당하다고 인정되는 자	

② 현행법상 분류심사제도

ⓐ 목적과 대상

목적은 행형법 제44조에 의해 합리적 처우계획 수립, 반성과 노력 정도에 따라 완화, 스스로 개선 및 사회적응을 위한 분류와 처우이다. 대상은 징역수형자와 금고수형자인데, 개정 전에는 금고수형자는 청원작업자만 해당되었으나 개정 뒤에는 모든 금고수형자가 대상이다.

ⓑ 분류심사의 종류

심사를 판결 전과 판결 후로 나눈다고 하면 행형법상의 분류심사는 후자이다.

가) 신입 심사

(가) 절차 : 신입심사는 매월 1일부터 말일까지 형집행지휘서가 접수된 수형자에 대해여 실시하되, 다음달 개최되는 분류처우예비회의 전일까지 이를 완료하여야 하고, 다만 정밀분류심사가 필요한 수형자에 대하여는 분류심사기간을 연장할 수 있으며, 그리고 신입심사의 대상자는 독거실에 수용하는 것이 원칙이나, 부득이한 사유가 있는 경우에는 혼거실에 수용할 수 있다.

(나) 신입수형자의 분류심사유예(처우규칙 제3조)

㉮ 집행할 형기가 3월 미만인 경우

㉯ 질병 등으로 인해 심사가 불가능한 때

㉰ 규율위반으로 조사 중이거나 징벌집행 중인 때

㉱ 기타 분류심사를 거부해 심사가 불가능한 때

나) 재심사 : 재심사는 정기재심사와 부정기재심사로 구분하여 실시하되, 그 사유가 발생한 후 최초로 개최되는 분류처우예비회의 또는 분류처우회의 전일까지 이를 완료하여야 한다.

정기재심사의 사유는 다음과 같다.

㉮ 형집행지휘서 접수일로부터 6월이 경과하고 형기의 2분의 1에 도달할 때

㉯ 형기의 3분의 2에 도달한 때

부정기재심사의 사유는 다음과 같다.

㉮ 신입심사 또는 재심사에 오류가 있음이 발견된 때

㉯ 교정사고의 예방에 뚜렷한 공로가 있는 때

㉰ 규율을 위반하여 징벌하기로 결정한 때

㉱ 가석방 또는 귀휴심사상 필요한 때

㉲ 전국기능대회에 입상하거나 워드프로세서 1급 또는 산업기사 이상의 자격을 취득하거나 학사고시에 합격한 때

㉳ 기타 교도소 등의 운영과 처우의 조정상 필요하다고 인정되는 때

③ 분류조사와 검사(수형자분류처우규칙 제11조-제13조)

교도소장 등은 수형자의 신상에 관한 개별사안에 대해 분류조사를 실시할 수 있다. 그 방법은 가족 면담, 가정환경 및 보호관계조사, 관계기관 조회 등이 있고, 관련 학식자로 하여금 고충상담·심리치료·생활지도 등을 하게 할 수 있다. 분류조사사항은 성장과정, 상담관찰사항, 학력과 직업, 경력, 생활환경, 개인적 특성과 정신상태, 보호관계, 자력개선의지, 석방 후의 생활계획 등이다. 교도소장은 등은 개별처우계획을 수립하기 위해 교정심리검사·적성검사·지능검사를 실시하여야 한다. 교정심리검사는 신입자에 대해 실시하나 집행할 형기가 3월 미만이거나 검사불능 또는 검사가 불필요하다고 인정되는 사유가 있는 자는 제외한다. 지능검사와 적성검사는 인성검사의 대상자로서 집행할 형기가 1년 이상이고 연령이 35세 미만인 수형자에 대해 실시한다.

우리의 분류처우기구에는 분류처우예비회의와 분류처우회의 및 분류센터가 있다.[17)]

---

17) 분류처우예비회의의 의장은 분류심사과장이 되며, 예비회의는 작업담당·보안담당·분류심사담당·누진처우 담당 및 관구책임교도관 등 관계교도관 중에서 분류심사과장이 지명하는 10인 이상 15인 이하의 교도관으로 구성하며, 예비회의는 재적구성원 과반수의 출석과 출석구성원 과반수의 찬성으로 의결한다.

분류처우회의의 목적은 예비회의에서 심의한 사항 및 기타 수형자처우에 관한 중요사항의 심의·의결과 가석방심사위원회에 심사신청할 대상자를 선정하기 위하여 교도소 등에 분류처우회의를 둔다. 정기회의는 매월 10일에 개최되고(공휴일인 때에는 그 다음날에 개최), 임시회의는 당해교도소장 등이 수형자의 처우상 필요하다고 인정하는 때에 이를 개최할 수 있다.

또한 그 구성을 살펴보면, 의장은 당해교도소장이 되며, 의장을 포함한 7인 이상 9인 이하의 교도관으로 구성하고, 처우회의의 구성원은 당해교도소 등의 부소장 및 과상과 교도소장이 지명하는 7급 이상의 교도관으로 하며, 재적구성원 3분의 2 이상의 출석과 출석 구성원 과반수의 찬성으로 의결한다.

(7) 누진처우제도

① 의의

누진처우제도란 수형자에 대한 처우를 여러 단계로 나누고, 각 단계에서의 행형성적과 개선정도에 따라 다음단계로 진급시켜 그에 상응하는 사회적 자유를 부여함으로써 처우의 효과를 증진시키고자 하는 제도이다. 또 최상급자는 가석방의 혜택을 줌으로써 수형자에게 자력적 개선에 대한 노력을 촉구한다(누진처우의 마지막 단계는 가석방이다)(시행령 제153조).

② 수형자분류처우규칙상 누진처우

ⓐ 대상자

대상자는 금고수형자와 징역수형자이다. 단, 작업신청을 하지 않은 금고수형자에 대해서는 작업에 관한 규정만 적용되지 않는다. 미결수용자는 누진처우의 대상이 아니다. 여기서 주의할 것은 종래는 임산부·환자·고령자 및 집행할 형기가 6개월 미만자 등은 누진처우 제외자로 했지만, 1999년에 규칙의 개정으로 인해 급외를 신설해 집행할 형기가 6월 이하인 자, 임산부, 장애자 또는 3주 이상의 치료를 요하는 환자로서 작업을 감당할 수 없는 자, 70세 이상자, 의사소통이 곤란한 외국인, 자유민주질서를 부정하면서 그 파괴를 목적으로 하는 내용의 범죄를 범하고도 뉘우치는 법이 없는 자(단, 준법서약서를 제출하고 집행할 형기가 6월을 초과시는 급외자가 아님), 제4급의 자 중 규율을 문란케 하여 누진계급에 의한 처우가 부적당하다고 인정되는 자를 급외자로 하고 있다. 이들은 규정등급에 따라 단계적 처우를 하므로 이제는 누진처우의 대상이 됨을 주의해야 한다('(바) 급외자 처우' 참조할 것).

ⓑ 진급

가) 진급방법 : 누진처우의 실시방법은 점수제에 의한다. 즉 제4급·제3급·제2급·제1급의 4계급으로 구성하고, 신입자는 제 4급에 편입시킨다. 각 단계마다 일정한 책임점수를 부여해 매월의 소득점수로 그 책임점수를 공제해 나가다가 책임점수가 완전히 소각(책임점수가 0가 되는 것)되었을 때 다음 상위단계에 진급시키고,

분류센터를 살펴보면, 서울구치소·안양구치소·대전구치소·대구교도소·광주교도소·부산교도소 등 6개소가 설치되어 있다.

이 때 책임점수를 공제하고 남은 소득점수를 다음 계급의 소득점수로 인정한다. 여기서 책임점수 산정방법은 다음과 같다(우리 나라는 책임점수의 산정에서 개인별 특성이 제대로 고려 안됨).

나) 특별진급 : 다음의 사유가 있을 때에는 1계급 특별진급시킬 수 있다.

㉮ 교정사고의 예방에 뚜렷한 공로가 있는 때

㉯ 가석방 또는 귀휴심사를 위하여 특별히 필요하다고 인정되는 때

㉰ 책임점수의 2/3 이상을 공제한 수형자로서 책임점수의 전부를 공제하지 못한 원인이 수형자의 책임있는 사유에 기인한 것이 아니라고 인정되는 때

㉱ 전국기능경기대회에 입상하거나 워드프로세서 1급 또는 산업기사 이상의 자격을 취득하거나 학사고시에 합격한 때

㉲ 기타 교도소 등의 운영과 처우의 조정상 필요하다고 인정되는 때

다) 진급자의 처우 진급이 결정된 자에 대하여는 그 다음날부터 진급된 계급의 처우를 한다. 편입 또는 강급된 자가 복귀한 경우에 있어서도 또한 같다.

ⓒ 진급 정지

가) **진급정지사유** 다음에 해당하는 사유가 있는 때에는 수형자의 진급을 정지시길 수 있다.

㉮ 징벌처벌을 받을 때

㉯ 집행유예의 실효 또는 추가형의 확정이 예정되는 때

㉰ 기타 진급시킬 수 없는 특수한 사유가 있는 때

㉱ 진급정지기간 동안에 취득한 소득점수는 이를 인정하지 아니한다. 다만 ②의 규정에 의하여 진급이 정지된 수형자에 대하여는 이를 인정할 수 있다.

나) **진급정지기간** 신문 및 도서열람 제한처분을 받은 자는 1월이고, 신청작업의 정지 및 작업상여금의 삭감처분의 집행유예를 받은 자는 1월 이내이며, 금치처분의 집행유예를 받은 자는 2월 이내의 유예이고, 신청작업의 정지 및 작업상여금의 삭감처분을 받은 자는 2월 이내이며, 금치처분을 받은 자는 3월 이내, 집행유예의 실효 또는 추가형 확정이 예정되는 자는 6월 이내이고, 기타 진급시킬 수 없는 특수한 사유가 있는 자는 3월 이내이며, 진급정지기간은 동일계급에서 6월을 초과할 수 없다.

다) **진급정지처분의 감면** 징벌처분을 받아 진급정지처분을 받은 자가 뉘우치는 빛이 뚜렷하다고 인정되어 징벌이 감경 또는 면제되는 경우에는 진급정지처분의 기간을 단축하거나 면제할 수 있다.

ⓓ 강급과 복귀 및 강급처분의 유예

3급 이상의 수형자가 다음 사유에 해당되면 강급할 수 있다. 즉 징벌로 진급정지처분을 받은 자가 징벌종류후 1년 이내에 또다시 규율을 위반하여 징벌처분을 받은 때 또는 소행점수가 현저히 불량하여 당해누진계급에 의한 처우가 부적당하다고 인정되는 때는 1계급을 강급시킬 수 있다. 그리고 강급된 자에 대하여 강급되기 전의 계급에서 취득한 소득점수는 이를 인정하지 아니하고 강급된 달부터 새로이 소득점수에 의하지 아니하고 강급되기 전의 계급에 복귀시킬 수 있고, 이 때에는 소득점수에 의하지 아니하고 강급되기 전의 계급에 복귀시킬 수 있고, 이 때 강급되기 전의 계급에 복귀된 자에 대하여는 복귀된 달부터 새로이 소득점수를 산정하며, 강급되기 전의 계급에서 취득한 소득점수는 이를 당해계급의 소득점수로 합산한다. 그리고 강급처분을 함에 있어서 그 정상을 특히 참작할 사유가 있는 경우에는 6월 이내의 기간동안 그 처분을 유예할 수 있다. 다만 이 기간동안의 소득점수는 이를 산정하지 아니한다. 그러나 강급처분의 유예를 받은 자가 그 기간 중 또 다시 규율을 위반한 때에는 그 강급처분을 행하고, 규율을 위반함이 없어 그 기간을 경과한 때에는 강급처분은 그 효력을 잃는다.

ⓔ 기타

행집행정지가 취소되어 재입소한 자는 석방당시와 동일한 급별 처우를 해야 한다. 재범으로 형집행정지가 취소되어 재수용된 수형자와 가석방이 취소 또는 실효로 재수용된 수용자에 대해서는 석방 당시의 급별에 연계해 처우하되, 누진계급을 1계급 또는 2계급 강급한 후 재심사해 분류급을 변경해야 한다.

ⓕ 급외자처우

급외자는 ① 집행할 형기가 6월 이하인 자, ② 임산부, ③ 장애자 또는 3주 이상의 치료를 요하는 환자로 작업을 감당할 수 없는 자, ④ 70세 이상자, ⑤ 의사소통이 곤란한 외국인, ⑥ 제4급의 자 중 규율을 문란케 하여 누진계급에 의한 처우가 부적당하다고 인정되는 자이다(제39조 1호).

급외의 등급은 가급 · 나급 · 다급 · 라급으로 구분하고, 가급은 2급과 동일한 처우, 나급은 3급과 동일한 처우, 다급은 4급과 동일한 처우를 하며, 라급은 접견에 한해 4급과 동일한 처우를 한다.

신입수형자가 급외자 ①~⑤에 해당하면 다급에 편입시킨다. 또 누진계급적용을 받고 있는 수형자가 제39조 2호 내지 4호에 해당되면(환자가 되었다든지, 70세 이상이 되었다든지 등), 2급수형자는 가급으로, 3급으로 나급으로, 4급은 다급으로 편입시킨다.

또 등급변경심사는 정기등급 변경심사와 부정기등급 변경심사가 있는데, 전자는 제39조 1호에 해당할 때는 형기가 2분의 1에 도달한 때(다만 정기등급 변경심사를 받지 아니하고 형기의 2분의 1이 경과할 때는 형기의 3분의 23에 도달할 때), 제39조 2호 내지 6호에 해당할 때는 형집행지휘서 접수일로부터 6월이 경과하고 형기가 2분의 1에 도달하거나 또는 형기가 3분의 2에 도달할 때 행하며, 부정기등급 변경심사는 교정사고예방에 뚜렷한 공로가 있을 때, 가석방 또는 귀휴심사를 위해 특히 필요시, 교도소 등의 운영과 처우조정상 필요시 행한다. 등급변경심사시 심사사항은 개선 여부, 규율준수 여부, 협동심 및 책임감, 근면성 및 작업성적, 작업 가능 여부 등이다. 또 징벌처분받은 급외등급 가급 · 나급 또는 다급의 자로서 징벌 종료후 1년 이내에 다시 규율을 위반해 징벌처분을 받은 때는 그 등급을 강급시킬 수 있다(그리고 제 45조는 조문 참조 바람).

(8) 교회와 교육

① 교회(教誨)

ⓐ 의의

수형자에게 덕성함양과 윤리적인 정신감화를 함으로써 인격도야와 개과천선을 촉진시키는 모든 활동을 의미한다. 현재는 교회를 광의로 파악하나, 행형법에는 종교교회만을 교회로 규정한다.

ⓑ 종류와 대상

내용상 종교교외와 일반교회로 분류할 수 있고, 방법상 총집(집)교회 · 개인교회·특수교회로 나누는데, 총집교회란 다수의 수형자를 일정장소에 모이게 해 교회를 하는 것이며, 환자·독거수용자·징벌자에 대해서는 매주 2회 이상 개인교회를 해야 한다. 특수교회에는 조상교회·의식교회·관전교회가 잇다. 조상교회는 수형자가 부모·배우자·자녀 또는 형제자매의 사망통지를 받은 자는 2일간, 부모 또는 배우자의 기일은 1일간 작업을 면제하고 수시로 교회를 하는 것이다. 다만 당해수형자가 작업을 계속하기를 원하는 때에는 예외로 한다. 곤전교회는 수형자가 사망시 연고가 있거나 필요한 자를 집합시켜 행하는 교회이다. 또 의식교회(은전교회)는 사면·가석방을 하거나 상장 등을 수여할 때 실시하는 교회이다.

그리고 위에서 일반교회는 종교교회 이외의 교화방법으로 교화위원이나 사회저명인사의 강연의 형태로 이루어진다. 미결수는 신청이 있을 때 시행할 수 있으며, 특히 작업이 면제된 수형자에게는 수시로 교회를 해야 한다. 또 병실 또는 독거실에 수용된 수형자에 대한 교회는 그의 거실에서 하는데, 이를 특별교회라 한다.

ⓒ 주체

교도소장의 추천으로 법무부장관이 위촉하는 교화위원과 종교위원이 행한다. 종교위원은 목사·승려·신부 중에서 위촉해야 한다. 정원이 부족할 때는 전도사, 장로(기독교), 법사, 포교사(불교), 수녀, 수사(천주교) 등을 위촉할 수 있다. 교화위원제도는 1970년부터 독지방문제도로 시작되었는데, 독자(뜻을 독려함)방문의 기원은 1787년 '수형자의 고통을 덜어 주기 위한 필라델피아협회'이다. 종교위원제도는 1983년부터 시작했다. 그리고 1988년에 민간인 참여의 교화활동을 강화하기 위해 법무부교정위원(교화·종교위원) 중앙협의회가 창립되었다.

ⓓ 일시

휴업일에 하나 당해소장이 필요하다고 인정하는 때는 예외로 한다.

② 교육

ⓐ 의의

인격도야와 지능을 계발해 건전한 사회복귀를 도모하는 교화작용으로, 교정교육의 원리에는 자기의식의 원리, 인간존중의 원리, 자조의 원리, 신뢰의 원리가 있다. 행형법 제32조에는 무교육자 또는 소년수형자에 대해서는 연령과 지식 정도 기타사정을 참작해 상응한 교육을 실시하도록 하여야 하나 심신미약자 또는 노쇠자에 대해서는 예외로 한다고 규정되어 있다. 또 소장은 수형자의 인격형성·심신단련·기술습득을 위해 필요한 교육을 실시할 수 있으며(동법 제32조), 교육받은 수형자에게는 교육에 필요한 문구를 사용하게 할 수 있다(시행령 제112조). 그러나 미결수용자는 무죄추정을 받으므로 교화를 위한 교육은 할 수 없다. 그리고 교육을 위해 필요한 경우에는 수형자를 외부의 교육기관과 기업체에 통근케 할 수 있다(동법 제32조).

ⓑ 종류

교정교육에는 생활지도교육, 정신교육, 한자교육, 외국어교육, 마약류사범 교화재활교육, 정서교육 등이 있다.

가) 신입자 생활지도교육: 미결수에게는 2일간 9과목에 대해 12시간을 실시하고, 기결수에게는 3일간 16과목에 대해 18시간을 실시한다. 그런데 행형법에는 생활지도교육에 대한 규정은 없다(생활지도교육〈신입자·석방자〉은 시행령과 교도관집무규칙에 명시).

나) 석방자 생활지도교육: 만기석방자는 형기종료 1개월 이내의 모든 수형자를 대상으로 15과목을 3일간 교육하고, 가석방자는 1주일 정도의 기간동안 출소후 교육을 실시한다.

다) 정신교육: 일반성시교육을 연 1회, 매회 2주씩 실시함과 동시에, 청송 제2교도소에서는 근로적응훈련을 가미한 특별정신교육을 실시하고 있다.

라) 학과교육: 일반학과(초등기초반·초등반·중등반·고등반)와 방송통신고등학교 과정교육 및 방송통신대학교 과정교육으로 구분한다(수형자 등 교육규칙 제2조). 방송통신고등학교과정은 천안의 소년교도소에 있고, 방송통신대학의 교육비는 자비부담이다. 일반학과 교육의 수업은 다음과 같다(수형자 등 교육교칙 제9조).

㉮ 일반학과 교육의 수업일수는 연 230일 이상, 초등기초반은 60일 이상으로 한다.

㉯ 수업을 1일 4시간 이상 교실에서 시행해야 한다.

㉰ 제2항의 교육시간에는 작업을 과하지 아니하고 이를 작업시간에 합산할 수 있다.

그리고 수형자 등 교육규칙 제32조에는 대학진학 또는 학사고시를 준비하는 수형자 등은 교육생에 준하여 처우한다고 되어 있고, 학사고시반은 전국교정기관에 설치되어 있다. 교육은 교사자격증을 가진 교회직 공무원이 하는 것이 원칙이나, 부득이한 때는 교회직 공무원 이외의 소속직원으로서 교사자격증이 있는 직원에게 맡길 수 있고, 수당이 지급될 수 있는 외부강살ㄹ 초빙할 수 있다.

마) 정서교육: 시행령 제113조에는 정서교육을 위해 운동회·연극·영화관람 등을 할 수 있게 규정해 놓았다. 그 외에도 경기 또는 오락회개최(2급 이상, 월 2회 이내, 단, 소년수형자는 횟수제한 없음), TV 시청이나 라디오 청취(모든 수형자), 신문열람(모든 수형자) 등이 있다. 또 교화상 부적당하다고 인정되는 경우 이외에는 도서열람은 허가해 주어야 한다. 그리고 각 교도소별로 매월 1회 소내 신문을 발간하고 있다.

바) 기 타: 2001년 교육지침에 의하면 외국인수용자 한국어 특별교육(한국어희망자, 10명 이상인 기관)과 한자교육(전수용자, 전기관에서 실시), 외국어교육(외국어회화교육, 생활영어교육), 그리고 마약류사범 교화재활교육이 있다.

③ 복지담당관

재소자에게 사회복귀에 필요한 정보와 지식을 제공해 갱생의식을 높이고 사회적 응력을 키워 복지향상과 건전한 사회복귀에 기여하기 우해 설치된 제도이다. 각 교도소별로 수용자 복지전담반을 편성·운영하는데, 교무과에서 주관하며, 복지담당관은 교무관장이 된다. 복지담당의 임무는 출소후 생활대책상담, 수용자 불우가족돕기 추진, 가정통신문 및 안내문 발송, 지도방문, 법률구조, 출소예정자 지도, 수용 중 생활지도(이중중점관리대상자는 월 1회 이상 면담) 등이다.

(9) 직업 훈련

① 의의

수형자에게 근로정신을 일깨우고 기능을 습득케 해 출소후 생활의 안정을 도모케 하여 재범을 마고 사회가 요구하는 기능인력을 양성하기 위한 훈련을 말한다.

② 연혁

1967년 직업훈련법이 제정되었고, 1971년 일반직업훈련과정이 설치되었으며, 1984

년에는 최초의 외부출장훈련이 수원교도소에서 시행되었고, 1999년에는 영등포·청주·순천교도소에서 수형자의 직업교육을 전담하고 있다.

③ 종류

여기에는 공공직업훈련·일반직업훈련·지원직업훈련·영농직업훈련·작업병행 직업훈련이 있다. 직업훈련기본법에 의해 각종 기능자격을 목표로 실시하는 공공직업훈련에는 기능사보를 목표로 기초기능을 습득시키는 양성훈련과 향상훈련(양성훈련 이수자나 기능사보의 자격소지자)이 있는데, 향상훈련에는 다시 기능사 2급을 목표로 하는 중급기술훈련과 기능사 2급 이상을 목표로 하는 고급기능훈련 등이 있다. 또한 재훈련(전직훈련)과 지원직업훈련도 공공직업훈련에 포함된다.

직업훈련기본법의 훈련기본 적용을 받지 않고 각 교정시설이나 여건을 침착해 수형자에게 적합한 기능을 연마시키는 일반직업훈련이 있는데, 여기에는 고급기능훈련과 기타 훈련이 있다. 장비·재료를 기업체로부터 지원받아 실시하는 지원작업훈련은 기업체에서 필요로 하는 기능공 양성을 목표로 한다. 공공직업훈련은 근로자 직업훈련촉진법 및 동법 시행령에서 정한 훈련을 실시한다. 노동부장관의 허가를 얻어야 하는 공공직업훈련과 달리 일반직업훈련은 허가가 필요 없다.

(10) 교도 작업

① 의의

이는 교정의 목적으로 자유형의 수형자에게 부과하는 작업을 말한다. 그리고 현재 금고형 및 구류수형자에게도 청원작업을 인정하므로 사형확정자를 제외한 모든 자유형의 수형자와 미결수용자가 대상이 된다. 이것은 윤리적 목적(나태한 습벽을 교정하고 기술습득을 통해 석방후 생계유지에 도움을 주고, 정신적·육체적 건강증진), 경제적목적(교정경비의 일부 충당), 행정적 목적(질서유지), 교육적 목적(생활지도, 근로정신 함양), 행형적 목적(일반예방목적에 기여)이 있다. 교도작업의 성격은 생산적·수익적·전문직이어야 하고, 출소후 전업적인 작업이어야 하며, 수형자의 정신적·육체적 장애를 초래해서는 안 된다.

우리 나라의 경우 작업은 직영방식을 원칙으로 하되, 예외적으로 도급작업을 인정하며, 직원식당 등에 대해서는 노무작업을 하고 있다.[18]

② 운영

ⓐ 운영 기구

운영기구에는 교도작업을 총괄하는 법무부의 작업지도과와 지방교정청의 작업 및 일선교도소가 있으며, 법무부장관(매년 1회 이상 작업지도과 공무원을 통해서), 지방교정청자(매년 1회 이상 소속공무원을 통해서), 일선교도소장(매 6개월에 1회 이상 소속공무원을 통해서)등은 작업업무를 지도·점검을 한다.

ⓑ 운영 과장

가) 부과기준 행형법 제35조에 따르면, 작업은 연령·형기·건강·기술·성격·취미·직업과 장래의 생계 기타 사정을 참작해 부과한다.

나) 작업과정 이것은 작업을 부과할 때에 작업의 종류와 1일의 과정을 지정하여 본인에게 고지하는 것에 의하고(소장이 고지),부과할 때는 수형자의 작업성적과 작업상여금의 계산비율 및 작업시간 등을 참작하여 개인별 일·월간 책임량을 정하여 부과하며, 작업과정은 수량과정에 균일과정을 적용하기 어려운 취사·청소·간병

---

18) 직영방식은 국가의 예산으로 기구나 설비·재료의 구입과 공급, 생산물품의 판매 등 모든 것을 교도소가 직접 경영하는 작업방법으로서 교도작업 관용주의에 가장 적합한 제도이며, 현재 우리 나라에서 가장 많이 시행하고 있다. 장점으로는 국가수입 증가와 자급자족이 가능하고, 작업이익이 독점되며, 사인의 관여가 금지되고, 형벌집행의 통일성과 작업통제의 용이를 가져오며, 취업자의 적성에 맞는 작업을 부과해 직업훈련에 편리하다. 단점으로는 관련법의 제약으로 적시에 구입이 곤란하고, 일반사회와의 경쟁에서 부리(시장개척의 곤란)하며, 대량출하 때는 민간기업을 압박하게 되고, 기구의 구입자금 등 많은 예산이 든다.

노무작업이란 사인과 교도소와의 계약에 의해 교도소는 그에게 노무만을 제공하고 그 대가로 그로부터 노임을 받는 형태이다(사인인 계약자는 기계설비·원료구입 등 일체를 부담). 이것은 경기변동에 영향을 받지 않고, 제품을 만든 때에 그 처리의 문제가 없으며, 자본이 필요 없다는 장점은 있지만, 사인의 관여가 가장 심하며, 단순노동 등으로 직업훈련에 적합지 못하고, 외부와의 부정성이 우려되며, 수형자의 교화개선에 불리하다(현재 우리 나라는 시설내 이발, 직업식당부, 시설외 외부통근작업에 대해 노무작업을 인정하고 있다).

도급작업이란 기업체나 사인과 일관 도급제약에 의해 기일 내에 준공하는 작업으로 교도소가 노동력·재료·비용을 일체 부담해 공사를 달성하고 도급계약에 의해 대가를 받는 작업이다. 이는 작업의 대형화로 고수익과 수용자의 대규모 취업이 가능하나, 구외작업으로 인한 계호부담과 사기업압박의 우려, 실패시 큰 손실과 보상방법의 어려움 등이 지적되고 있다(경제변동에 큰 영향을 받는다).수용관리와 작업관리를 모두 하는 임대방식의 단점을 보완하기 위해 수용관리만 을 교도소가 하고, 작업관리는 사인이 한다. 이 작업의 시행에는 법무부장관의 승인이 필요하다.

등의 작업에는 예외적으로 시간과정을 적용하고, 소년수형자·노쇠자·병약자·신체장애자에 대하여는 따로 작업과정을 정하는데, 특히 소년의 경우에는 교양에 관한 사항을 참작하여 부과하여야 한다. 그리고 작업과정을 결정하기 어려운 작업은 당일의 작업시간을 작업과정으로 본다.

다) 작업시간과 종류

㉮ 원칙은 근로기준법을 적용하나 노동관계법의 적용을 받지 않는다.

㉯ 작업의 종류는 법무부장관의 승인을 얻어 소장이 결정한다(작업시간과 임시작업에 관해 필요한 사항은 법무부장관이 정함).

㉰ 1개월 이상 작업시간을 연장하고자 할 때는 법무부장관에게 보고한다.

㉱ 교육·교회·운동·목욕은 작업시간에 포함되나 휴식시간은 포함 안 된다.

㉲ 소장은 교도관으로 하여금 매일 1회 작업성적을 검사하게 하여야 한다.

라) 작 업 면 제

㉮ 국가경축일, 일요일, 관공서의 공휴일에 관한 규정에 지정된 날과 12월 31일은 작업을 과하지 아니하나 취사·청소·간호·경리 기타 특히 필요한 작업은 예외로 한다.

㉯ 신입수용자를 3일간 신입자 거실에 수용할 때, 수용자를 다른 곳으로 이송할 때, 취업자가 질병에 걸렸을 때는 작업을 면제한다.

㉰ 부모·배우자·자녀·형제자매의 사망통지를 받은 자는 2일간, 부모나 배우자의 기일은 1일간 작업을 면제하나, 수형자가 작업을 계속하기를 원할 때는 예외로 한다.

한편 수용자의 작업에 대해서는 작업상여금을 주며, 작업 중 사망·부상 때는 조위금과 위로금을 준다.[19)]

---

19) 작업상여금이란 작업능률의 제고와 근로의욕의 고취 및 출소 뒤의 생계자금을 만들어 주기 위해 행형성적과 작업의 성적·종류 및 기타 사정을 고려해 정책적으로 지급하는 상여금으로 은혜적 급부와 공법적 성질을 지닌다. 즉 청구권이 인정되지 않은 은혜적 급부이다(미국은 청구권을 인정하는 작업임금제를 채택) 따라서 작업상여금이 지급되기 전에는 국가의 소유에 해당된다.

지급에 있어서 일반작업상여금은 누진계급과 작업의 성적·종류 등을 고려해 직업훈련생을 포함한 모든 취업수형자에게 주는 상여금으로 매월 계산하고 삭업상여금내장에 기재되어 계산액으로 관리하며, 석방시에 본인에게 지급하는 것이 원칙이나, 가족의 생활부조나 교화상 특히 필요하다고 인정할 때는 출소 전에도 지급이 가능하다. 수형자에

한편 교도작업에는 교도작업관용법과 교도작업특별회계법이 적용된다.[20]

(11) 수형자자치제

① 개념

이것은 행형의 운영을 수형자들에게 맡겨 그들의 책임하에 질서를 유지하고 자신들을 개선해 사회에 복귀하는 준비를 하게 하려는 제도이다. 종래 지나친 계호주의

대한 작업상여금은 법무부장관이 정한다. 상여금은 각 누진계급에 따라 다음과 같이 석방 전에 사용이 가능하다(1급수형자는 작업상여금의 1/2 이내, 2급 수형자는 작업상여금 1/3이내, 3급 수형자는 작업상여금의 1/4이내에서 허가).

특별작업상여금은 형집행기간이 10년을 경과하고 8년 이상 취업한 수행자로서 원가절감과 신제품개발 및 품질·생산성 향상 등 작업발전에 획기적 공로가 있는 자 중에서 괄호 안에 해당하는 자(누진 1급자로서 작업등급 1류 상 이상인 자, 2급 이상 기능자격 취득자 중에서 누진 1급자로서 작업등급 1류 중이상인 자, 전국기능경기대회에서 장려상 이상 수상자, 지방기능경기대회에서 금상 수상자, 교도작업제 안에서 장려상 이상 수상자)로서 가석방이 허가된 자에게 지급한다. 이것은 오랫동안 취업하고 기능이나 행형성적이 우수한 자가 가석방으로 나갈 때 생활정착금으로 활용하도록 하는데 그 취지가 있다(특별작업상여금의 지급신청은 분기별로 당해 분기 종료후 10일까지 해야 됨.)이를 위해 교도소에 특별작업상여금 심사위원회를 두는데, 소장이 위원장이고, 재적과반수 출석과 축석 2/3 이상의 찬성으로 신청대상자를 결정한다.

한편 수용자가 작업 중 사고로 사망 또는 부상 당하거나 장애인이 되면 그 정상을 참작해 법무부장관이 정하는 바에 의해 조위금 또는 위로금을 줄 수 있는데, 이것은 노동자보상에 의해 지급되는 상해보상금(미국의 엘마배마주)이 아니고 국가의 은혜적 급부의 성격을 띤다. 지급 사실이 발생했을 때 소장은 20일 이내에 지급신청서를 법무부장관에게 제출한다(소장이 청구). 위로금은 석방시 본인에게, 조위금은 상속인에게 지급한다. 조위금은 수급권자순위는 배우자(사실혼 포함), 자녀, 부모, 손, 조부모 및 형제자매의 순서이다.

20) 이것은 값싼 생산품을 만드는 교도작업으로 인하여 기업체에 피해가 가지 않도록 교도작업 생산품을 국가기관 또는 공공기관 의에 우선 공급해 소비토록 하는 것으로(이를 관용주의라고 함),이것은 오늘날 교정의 자급자족주의로 발전한다. 1962년 교도작업관용법이 제정되었다. 이것은 경기변동과 무관해 작업경영의 안정성이 있으며, 수주활동이 필요없어 작업경영이 쉽고, 자급경영의 합리화가 용이하나, 저품질의 제품이 생산될 우려가 있고, 수요와 공급이 일치하지 않을 수도 있으며, 기업과 경쟁하지 않으므로 무사안일주의가 되기 쉽다. 또 교토작업관용법의 규정이 강제규정이 아니고 권고규정이므로 현실적으로 이의 실행이 미약하다. 우리 나라는 1994년 경우를 보면 교도작업제품의 판매는 공공기관 판매가 53.5%, 일반시중 판매가 46.5% 정도이다.

교도작업이 너무 수익성에 치중할 때 민간기업을 압박할 수 있으므로 교도작업특별회계법과 교도작업관용법이 제정되었고, 교도작업특별회계법은 교도작업에 의한 일체의 수입과 전입금·차입금을 그 세입으로 하고, 교도작업을 위하여 필요한 모든 경비를 그 세출로 하는 독립채산제를 채택한 것으로, 예산편성과 집행결산은 일반회계의 방식에 의하고, 사업의 성과를 분석하기 위하여 내부적으로 기업회계방식에 의하여 결산하며, 각 교도소장·구치소장을 세입징수관으로 둔다.

하에서 수형자들의 자율적 개선이 불가능해져 계호주의의 결함을 시정하기 위해 나온 것으로, 그들의 명예심을 자극해 사회적 훈련을 시키는 것에 중점을 둔다. 교도민주주의 실험이라고도 한다.

② 연혁

19세기에 미국의 보스턴 감화원(웰즈), 뉴욕주의 프리빌에 세운 조지 소년공화국, 독일 함부르크 소년원 등이 자치제를 시도했는데, 행형제도로는 1914년 미국의 오번 감옥에서 오스번이 최초로 시도했다. 글래드스톤은 "사람을 자유에 적합하게 하는 것은 오직 자유뿐이다"라고 하며 자치제를 주장했다.

③ 전제

ⓐ 이것은 집단을 전제로 하므로 악품감염이 없는 자를 선정해야 하기 때문에 철저한 과학적 분류가 선행되어야 한다.
ⓑ 비교적 계호부담이 적은 소규모 교도소가 효과적이다.
ⓒ 사회 자체가 민주적이어야 된다.
ⓓ 사회성 복귀 여부에 의해 형이 결정되므로 부정기주의와 함께 실시하면 좋다.
ⓔ 가석방제도와 연계시켜야 한다.

④ 장 · 단점

계호인력이 경감되고, 단체적 책임의식과 자치정신이 배양되고, 타율적인 계호주의 결함을 보충하고, 교도소 운영경비가 절감된다. 또 사기 앙양과 교도관과의 인간관계 개선에 기여한다. 그러나 자치심과 책임감이 없는 결과 범죄를 행한 자들에게 자치를 허용하는 것은 부당하고, 다수의 힘없는 자들이 고통받는다(소수의 수형자가 주도권을 행사해). 또 교활한 수용자가 발생하며, 국민감정에 위배되고, 교도관의 권위가 추락되며, 형벌의 존엄성이 무시된다.

⑤ 우리 나라의 경우

1999년부터 누진 1급 · 2급 수형자, 외부통근작업자, 구외출역자, 관용부, 교육훈련생을 대상으로 분류처우회의의 심사를 거쳐 대상자를 선정한다. 즉 부분적으로 자치제를 인정하고 있다(일반교도소). 그리고 군산교도소와 천안교도소는 자치제를 실시하며, 소년교도소는 소년단(천안의 충의대)을 조직해 넓게 자치를 인정한다. 우리의 자치제는 대부분 누진처우와 연계해 실시되고 있다.

(12) 교정처우의 종료

이것은 협의로는 수형자 및 미결수용자의 처우를 해제하여 사회로 복귀시키는 것을 의미하지만, 광의로는 협의의 개념 이외에도 소년법상 보호처분과 사회보호법상 보호감호처분 등 보안처분대상자에 대한 시설 내에서의 처우를 해체하여 사회로 복귀시키는 것과 보호관찰이나 갱생보호의 대상자에 대한 사회 내에서의 간접적인 통제를 종료하여 완전한 자유를 부여하는 것을 뜻한다.

교정처우의 종료는 먼저 석방전 준비제도를 거쳐[21] 석방하는데, 석방사유에는 법규에 의한 사유와 명령에 의한 사유가 있다.[22]

---

21) 교정시설처우자 : 소장 등은 석방할 수형자에 대해서는 석방 10일 전까지 석방 후의 보호에 관한 사항을 조사해야하고, 질병 등 기타 부득이한 사유가 있는 때를 제외하고는 그를 석방전 3일동안 석방예정자 거실에 수용하고 상담·지도하여야 한다. 또 석방자가 여비 또는 의류가 없으면 국가가 대여할 수 있고, 질병으로 귀가가 곤란할 때는 그 본인의 청구에 의해 일시 수용할 수 있다. 또 소장은 필요하다고 인정할 때는 석방할 자의 성격과 행형성적 및 보호에 관한 의견을 그의 거주지를 관할하는 경찰서나 인수할 자에게 통보해야 한다.

가석방예정자 생활지도관 : 이것은 가석방예정자가 석방과 동시에 정상적인 사회복귀를 할 수 있도록 여러 가지 준비훈련을 실시할 목적으로 설립된 것으로, 군산교도소 부설로 1994년 에 최초로 설립되었고, 그 뒤 마산교도소와 천안 개방교도소 및 청주 여자교도소가 가석방예정자 생활지도관으로 지정되었다. 선발절차는 사회적응훈련과 사회복귀훈련이 가능한 20세 이상 69세 이하의 자를 대상으로 2개월 이상 시설적응훈련과 사회복귀훈련 등의 훈련을 실시하며, 교도소장은 가석방예정일 2개월 전에 법무부장관에게 신청하고, 법무부장관은 대상자를 확정한다(2002년 이후 천안 개방교도소는 과실범전담 교도소로 전환되었음).

소년법에 의한 시설처우자 : 보호소년의 보호자 등이 없거나 허가일부터 10일 이내에 보호자 등이 인수치 아니하면 사회복지단체 기타 적당한 자에게 인도할 수 있고, (가)퇴원이 허가된 보호소년이 질병에 걸리거나 본인의 편익을 위하여 필요한 때에는 본인의 신청에 의하여 계속 수용할 수 있다.

22) 법률상 규정에 의한 사유 : 수형자는 형기가 종료될 때이며, 미결수용자는 구속기간이 종료되거나 구속영장이 실효(무죄, 면소, 항소, 형의 면제, 선고〈집행〉유예, 공소기각, 벌금 또는 과료를 과하는 판결의 선고 때)되는 경우이다.

명령에 의한 사유 : 수형자의 경우는 가석방, 사면, 감형, 형집행 면제, 사형의 집행정지, 자유형의 집행정지가 있다. 자유형의 집행정지에는 필요적 집행정지와 임의적 집행정지 등의 사유가 있는데, 필요적 집행정지란 징역·금고·구류의 선고를 받은 자가 심신장애로 의사능력이 없는 상태일 때는 심신장애가 회복될 때까지 형의 집행을 정지해야 하는 것이며, 임의적 집행정지는 다음에 해당하는 때 집행을 정지할 수 있는 것을 말한다.

① 형의 집행으로 현저히 건강을 해치거나 생명을 보전할 수 없을 염려가 있을 때

한편 석방시기를 보면, 수형자의 경우를 보면 형기종료자는 형기종료일에 석방(이런 만기석방은 수형자의 권리임)되며, 가석방 · 사면 · 감형 · 형집행면제자는 석방서류가 도달후(도달시점은 해당기관에 동서류가 접수된 때) 12시간 이내에 석방해야 하고, 기타 권한 있는 자의 명령에 의한 석방은 석방서류가 도달된 후 5시간 이내에 석방토록 한다. 미결수용자의 경우는 구속영장이 실효된 때는 즉시 석방해야 하고, 권한있는 자의 명령에 의해 석방(구속취소 · 불기소 · 보석 및 구속의 집행정지)되는 경우에는 석방서류 도달후 5시간 이내에 석방토록 한다. 그리고 또한 수용자가 시설 내에서 사망하거나 사형이 집행될 때도 교정처우는 종료된다.[23)]

(13) 외부교통제도

① 접견

ⓐ 의의

교정에 초점을 맞추는 목적형주의 · 교육형주의에서는 수형생활에 안정을 도모하고, 미결수용자에게는 당사자 대등주의 원칙상 외부와의 접촉을 허용하며, 우리 행형법 제4장에서 접견과 서신을 다룬다(피구금자 처우최저 기준규칙 제37조).

ⓑ 접견 허가

소장은 교화 또는 처우상 부적당한 사유가 없는 한 허가하여야 한다.

ⓒ 접견 시간

30분 내로 한다. 다만, 변호인과의 접견 때는 무제한 허용된다. 접견시간은 공무원복무규정에 의한 근무시간 내에 한해 허가된다(오전 9시부터 오후 5시 사이가 아님).

---

② 연령이 70세 이상일 때
③ 임산부일 때
④ 직계존속이 연령 70세 이상 또는 중병이나 신체장애자로서 보호할 다른 친족이 없을 때
⑤ 직계비속이 유년으로 보호할 다른 친척이 없을 때
⑥ 기타 중대한 사유가 있을 때
⑦ 미결수용자의 경우는 불기소 · 구속취소 · 보석 · 구속집행정지 등의 사유가 있다.

23) 사형은 생명을 박탈하는 것으로 생명형이라고 한다. 고대 응보주의시대에는 공개적으로 가혹하게 집행했으나 근대 개선주의시대에 와서 형벌의 중심이 자유형으로 되면서부터는 극히 드물게 적용되었고, 집행도 고통을 줄이는 방법으로 비밀리에 시행해 오고 있다.

ⓓ 접견 장소

원칙은 교도관 참여하에 접견실에서 한다. 그러나 1급 수형자에 대해서는 교도관의 참여없이 접견실의 적당한 장소에서의 접견을 허가할 수 있다. 2급 이하 수형자에 대해서는 접견실에 한하여 접견을 허용한다. 단, 처우상 필요한 때는 2급·3급 수형자에 대해서도 접견실외 적당한 장소에서 접견을 허가할 수 있다. 접견의 장소·횟수·시간 및 접견참여 기타 접견에 관해 필요사항은 대통령령으로 정한다.

ⓔ 접견예약제 신설

이에 수용자와 접견을 원하는 인원이 전화·팩스 등 통신 및 방문수단을 이용해 사전에 접견을 예약하고 별도의 신청없이 예약된 일시에 접견을 하는 것으로, 1998년 10월부터 모든 교정시설에서 실시되고 있다. 신청기간은 접견일 전으로부터 30일까지로 하고, 신청시간을 공휴일을 제외한 평일에 한다(공무원 근무시간에). 접견예약신청은 신청자가 함을 원칙으로 하고, 접견예약신청자는 가족에 한하지 않고 관련법규에 의해 접견이 제한되지 않는 자이다.

ⓕ 교도관의 불참여

교도소장 등은 제2급 이상의 수형자의 접견에 있어서 처우상 필요하다고 인정되는 경우에는 교도관의 참여 없이 접견하게 할 수 있다. 다만 처우상 필요한 경우에는 제3급 이하의 수형자에 대하여도 이를 허가할 수 있다.

ⓖ 횟수

수형자의 접견횟수는 매월 4회로 하나, 소장은 20세 미만의 수형자 또는 이에 준하는 처우를 받는 수형자와 행형성적이 우수한 수형자에 대하여는 접견횟수를 증가시킬 수 있고, 미결수용자의 접견(변호인과의 접견은 제외한다)횟수는 매일 1회로 한다.

한편 서신은 수용자는 소장의 허가를 받아 타인과 서신을 수발할 수 있으며, 집필도 일정한 제한을 받는다.[24]

---

24) 서신발송의 횟수 : 수용자가 발송하는 서신은 횟수를 제한하지 아니한다. 단, 소장이 특히 필요하다고 인정하는 때는 상기의 접견횟수와 똑같이 할 수 있다.
공무소로부터의 서신 : 소장은 법원 기타 공무소로부터 수용자에게 송부되어 온 문서는 이를 개봉한 후 본인에게 교부하여야 한다.

또 신문열람은 가능하나 수형자분류처우규칙 제60조의 제한을 받는다.[25)]

그리고 1999년 행형법 개정으로 전화사용의 근거가 마련되어 현재 실시하고 있다.[26)]

귀휴란 일정조건하에 수형자로 하여금 외출하여 가사를 돌보게 하거나 사회복귀

집필시간(행형법 시행령 제65조) : 수용자의 서신과 문서 등의 집필은 긴급을 요하는 경우를 제외하고는 일요일·휴일 또는 휴게시간에 작성하게 하여야 한다.

집필장소(행형법 시행령 제66조) : 수용자의 서신과 문서 등의 집필은 집필실·거실 또는 작업장 안의 지정된 장소에서 하게 할 수 있다.

요금부담(행형법 시행령 제69조) : 수용자의 집필용구 구매비용과 서신 등의 발송에 필요한 우편요금은

자비부담으로 한다. 다만 자비부담할 수 없는 자에 대하여는 집필용구와 우표를 관급할 수 있다.

집필의 제한 : 수용자는 소장허가 없이 문서 또는 도서를 작성하거나 문학·학술 기타 사항에 관한 집필을 할 수 있으나 그 내용이 다음에 해당하는 경우는 예외로 한다.

① 교도소 등의 안전·질서를 해칠 우려가 있는 경우

② 기타 교화상 부적당한 겨우

집필용구의 관리 등 : 집필용구의 관리, 집필의 시간·장소, 집필한 문서의 외부제출에 필요한 사항은 대통령령으로 정한다(법무부장관의 승인을 얻으면 작품의 외부제출이 가능).

서신검열 : 수용자가 발송하는 서신은 봉함을 않고 교도소 등에 제출케 하며, 수용자가 수령할여야 한다. 미결수용자의 변호인과의 서신은 검열할 수 없다. 다만 다음에 해당하는 경우에는 예외로 한다.

25) ① 교도소장 등은 처우상 특히 부적당하다고 인정하는 경우를 제외하고는 모든 수형자에게 신문을 열람하게 할 수 있다.

② 신문열람은 교도소장 등이 지정하는 장소에서 할 수 있고, 열람시간은 휴일임을 제외하고는 휴게시간에 한한다.

③ 수형자에게 열람시킬 수 있는 신문의 종류와 수량은 교도소장 등이 정한다.

④ 신문 신청접수, 구입, 구독비 지급은 교무과, 열람 및 감독사항은 보안과에서 관장한다.

26) 전화통화제도

① 대상·횟수 : 1999년 12월 행형법 개정으로 전화사용의 근거규정이 마련되어 현재 실시하고 있다.

ⓐ 1급 수형자는 월 5회, 2급 수형자는 월 3회 범위 내에서 소장 등은 허가가능. 단, 처우상 필요한 때는 3급 이하 수형자에게도 허가가능

ⓑ 소장 등은 ⓐ의 규정에 불구하고 처우상 필요하다고 인정되는 수형자에 대해서는 전화 사용범위를 확대해 허용할 수 있다.

ⓒ 소장 등은 소내의 질서유지를 위해 필요한 때 또는 처우상 특히 부적당하다고 인정되는 때는 통화를 차단할 수 있다(전화통화는 수용자의 권리가 아님).

② 절차 : 소장은 수용목적의 달성에 지장을 주지 아니하는 범위 안에서 필요하다고 인정되는 경우에는 수용자에게 외부와의 전화통화를 허가할 수 있는데, 이 때 통화내용의 청취를 조건으로 허가할 수 있다. 또 통화허가범위·통화내용청취·요금부담 등 수용자의 전화통화에 관해 필요한 사항은 법무부장관이 정하는 데, 전화사용료는 본인이 부담한다.

준비를 할 수 있도록 하는 제도로 외박제(형벌휴가제)라고도 한다.

이것의 시초에 대해서는 여러 학설이 있으며(1922년 프로이센의 감옥직무 및 규칙, 미국 위스콘신의 Huber Law 등), 1929년 뉴욕주 교정법에서 근치자가 위독할 때 부분적으로 허용했고, 그 뒤 벨기에에서는 소년수형자에게 일요일 귀휴를 허가한 바가 있다. 우리는 1962년에 도입했다(오늘날 가장 발달한 나라는 스웨덴이다).

이것이 운영형태는 미국의 대부분의 주와 독일 같이 상우제도로 이용하는 곳도 있고, 프랑스·영국·스웨덴처럼 부부면회제 대신 사용하는 곳도 있으며, 또는 긴급사유가 발생시 수형자의 불이익을 우려해 이용하는 곳도 있고, 미국의 일부 주와 독일처럼 근친자의 사망과 위독시에 허용하는 곳도 있다.

귀휴는 일정한 허가요건을 갖춘 경우에[27] 귀휴심사위원회의 심사를 거쳐[28] 교

---

27) 허가요건

일반귀휴 : 교도소장 등은 누진계급 3급 이상이고 1년 이상 복역한 수형자로서(사회보호법상 보호감호자도 포함) 그 형기의 3분의 1(무기형의 경우는 7년)을 경과하고 행형성적이 우수한 자가 다음 사유에 해당하는 때에는 1년 중 10일 이내의 귀휴를 허가할 수 있다. 이 경우 귀휴기간은 형집행기간에 산입한다.

① 직계존·비속, 배우자 또는 배우자의 직계존속이 사망하거나 위독한 때
② 직계존·비속 또는 배우자의 직계존속의 혼례가 있을 때
③ 직계존속·배우자, 배우자의 직계존손 또는 본인의 회갑일이나 직계비속이 현역으로 입영하게 된 때
④ 천재지변이나 기타 이에 준하는 사유로 인하여 직계존·비속, 배우자, 배우자의 직계존속 또는 본인에게 회복할 수 없는 중대한 재산상의 손해가 발생하였거나 발생할 우려가 있는 때
⑤ 직업훈련, 기능경기대회 준비 및 참가, 자녀를 입영시킬 때, 출소전 취업준비, 입학식·졸업식·시상식에 참여할 때, 출석수업, 각종 시험응시, 사회적응능력 배양을 위해 12시간 이내의 외출 또는 주말·공휴일을 이용한 외박이 필요할 때 기타 교화목적이나 작업의 능률향상 및 사회적응능력 배양을 위해 특히 필요하다고 인정되는 때

28) 귀휴심사위원회 : 교도소·소년교도소·구치소·보호감호소에 두는 자문기구이다. 위원회는 위원장 1인(소장)과 5인 이상 7인 이내의 위원으로 구성되며, 위원은 당해교도소의 부소장 및 과장 중에서 위원장이 임명하는 자와 교정직 공무원이 아닌 자로서 교정에 관한 학식과 경험이 풍부한 자 중에서 위엄장이 임명하는 자와 교정직 공무원이 아닌 자로서 교정에 관한 학식과 경험이고, 풍부한 자 중에서 위원장이 위촉하는 자가 된다. 위원장이 사고 때는 부소장이 위원이 대행하고, 부소장이 없거나 부소장인 위원이 사고 때는 위원장이 지정한 위원이 그 직무를 대행한다. 위원회의 회의는 위원장이 필요하다고 인정할 때 소집하고, 의사는 위원장을 포함한 재적위원 2/3 이상의 출석과 출석위원 2/3 이상의 찬성으로 의결한다. 귀휴는 귀휴심사위원회의 심의를 거쳐 소장이 허가한다(귀휴심사위원회는 기부를 결정할 수 있으나 소장이 그 결정에 구속되는 것은 아님). 심사사항은 귀휴심사위원회는 신원관계·범죄관계·환경관계·범죄동기·사회감정 등을 심사 또는 고려하며, 교도소장은 귀휴심사위원회의 심의를 거쳐 허가한다.

도소장이 허가한 뒤에 귀휴가 시행된다.[29)]

그리고 외부통근이란 행장이 양호한 수형자를 교도관의 감시없이 주간에는 교정시설 이외의 사업장에서 사회 일반인과 같이 근무케 하고, 야간에는 교정시설 내에서 생활하게 하는 제도이다. 이 제도는 1913년 미국 위스콘신주에서 후버법 제정으로 법제화되었고, 1955년 제네바의 범죄예방 및 범죄자처우회의에서 외부통근제로 권고한 바 있다(유럽에서 스웨덴이 최초로 도입). 영국은 1954년 외부통근수형자를 수용하는 호스텔제를 운영했다. 우리 나라는 1984년 수원교도소가 외부통근을 실시한 이래 현재 전국 각 교도소에서 행정형 외부통근제를 확대실시하고 있다.[30)]

그리고 부부만남제도란 수형자와 그 배우자가 면회시에 별도의 시설에서 장시간의 면회를 허용해 성생활을 보장케 함으로써 수형자의 성적 긴장감의 해소를 통해서 원만한 수형생활과 교정사고의 예방을 도모하는 제도로 1959년 미국의 미시시피

---

29) 귀휴의 시행
① 귀휴는 연 1회에 한하여 허가되며, 형기 중 5회를 초과할 수 없다.
② 귀휴시 활동지역은 귀휴지에 국한된다.
③ 귀휴자의 여비 및 귀휴 중 착용할 복장은 귀휴자의 부담으로 한다. 이 때 소장은 귀휴자의 신청에 의하여 그이 작업상여금의 전부 또는 일부를 지급할 수 있다.
④ 소장은 2일 이상의 귀휴를 허가하였을 때에는 귀휴자의 귀휴시를 관할하는 경찰시의 장에게 이를 토이지하여야 한다.
⑤ 귀휴자는 귀휴 중 천재지변 기타의 사유로 인하여 그의 신상에 중대한 사고가 발생하였을 때에는 이를 가까운 경찰관서 또는 교도소 등에 신고하고 필요한 보호를 요청할 수 있다. 이 경우 보호의 요청을 받은 자는 지체없이 이를 귀휴자가 소속하는 교도소 등의 장에게 통지하고 필요한 보호조치를 취하여야 한다.
⑥ 행집행기간 중 귀휴는 5회를 초과 못하나 12시간 이내의 귀휴와 훈련시험 · 출석수업을 위한 귀휴는 횟수의 제한이 없다.
⑦ 소장은 귀휴자가 정당한 사유없이 귀휴기간 내에 귀소하지 않을 때는 도주자의 체포규정에 의해 조치하고, 준수사항을 위반했을 때는 허가를 취소하거나 필요한 조치를 취해야 한다.
⑧ 소장은 귀휴를 허가한 경우에 필요하다고 인정할 때에는 교도관을 동행하게 할 수 있다.

30) 행정형이란 교도소 등 행정기관에서 석방 전에 교육 및 사회복귀의 차원에서 실시하는 것으로, 주로 장기수형자가 대상이다. 행정형은 처음에는 장기수형자를 대상으로 했으나 최근에는 점차 확대해 단기수형자에게 적용하기도 한다. 우리 나라는 행정형 외부통근제를 채택하는데, 종전에는 교도관의 계호를 받았으나 점차 무계호하에서 실시하고 있다(1999년부터 무계호 외부통근작업을 시범 실시).
이에 반해 사법형은 미국의 대부분 주에서 실시하고 있는데, 법원이 유죄확정자에게 형벌의 일종으로 선고하는 것으로 주로 단기수형자를 대상으로 실시한다. 통근형이라고도 한다. 수형 초기부터 작업장에 통근케 한다.

주(Red House)에서 처음 실시했다(파치먼 주립교도소). 현재 각국은 이 제도가 조금씩 증가되는 추세이다.[31]

우리 나라는 1999년부터 교도소 내에 부부만남의 집을 건축하여 시행해 오고 있는데, 일정요건이 되는 자[32]에 극히 제한적으로 이용케 하여 대부분의 수형자들이 이용하지 못하고 있는 현실이다.

3) 교정복지사의 개입

교정시설에서 교정복지사가 개입할 수 있는 분야는 교무과의 복지담당관과 교회직(敎誨) 공무원의 업무가 주를 이루지만, 여기서는 규범적 · 당위적 차원에서 교정복지사가 교도소에서 할 수 있는 역할을 언급하면 다음과 같다.

첫째, 교정복지사는 교정시설 내의 수용자의 복지향상에 관심을 가지고 개입할 수 있어야 한다. 가령 극빈한 수형자의 경우에는 국가에서 지급하는 물품 외에는 필요한 물품을 구매할 능력이 없으므로 이들에 대한 원조나 지원에 도움이 되는 방안을 모색해 보아야 하고, 또한 유아를 대동한 여자수형자나 임산부 또는 노인수형자의 경우에는 아동복지 · 여성복지 · 노인복지의 관점에서도 이들의 복지향상을 위해 개입할 수 있어야 한다.

---

31) 현재 미국은 적극 활용은 되지 않고 있다. 현재는 러시아 · 스칸디나비아반도 · 엘살바드로 · 멕시코 · 콜롬비아 · 아르헨티나 · 독일 · 브라질 · 영국 · 프랑스 · 대만 등지에서 실시하고 있는데, 조금씩 확대되는 추세에 있다. 대만은 권속동주제라고 하여 배우자 이외에 직계존 · 비속과 일정 기간 동거를 허용하며, 브라질은 매주 토요일 오후에 배우자나 애인이 아무런 제한없이 교도소 내로 들어오게 하여 교도소 운동장 내에서 교도소가 제공한 개인용 텐트 안에서 성관계를 할 기회를 제공하는데, 토요일에는 교도소 내가 온통 텐트들로 가득 찬다. 덴마크의 Ringe 교도소와 Hosered 교도소는 주말에 배우자나 애인이 방문해 일정시간동안 같이 있는 것을 허용한다.

32) 우리는 1999년 '부부만남의 집'을 교도소 내에 건축하였다(안양 · 대전 · 대구 · 광주 교도소). 여기서는 수형자(피보호감호자)가 그 가족과 이용기간동안 같이 기거하도록 한다(취사는 가능하나 술과 흡연은 금지). 대상자는 형기 5년 이상의 수형자가 그 형기의 1/3을 경과(무기수는 7년)한 자 중에서 누진계급 2급 이상으로 타수형자의 모범(기능자격증 취득, 검정고시 합격 등)이 되는 자로 하며, 또는 교도소장이 필요하다고 인정되는 자로 제한하고 있다. 운영횟수는 매주 1건 이상으로 하며, 기간은 1박 2일이나 교화상 필요한 경우는 이용기간을 연장할 수 있다. 그러나 요건이 너무 엄격하고, 소장의 재량이 남용될 우려가 있으며, 또 부부 만남의 집을 짓는데 수천만원이 들어가는 등 문제점이 많다.

둘째, 신입수형자가 교도수의 생활에 두려움없이 잘 적응할 수 있도록 지원과 원조를 행하는 데, 그것은 구금 초기에 수형자는 공포와 불안이 가장 크며 구금반응증이 심하기 때문에 그러한 구금반응증을 최소화시킬 원조방안에 관심을 가져야 한다.

셋째, 입소후 교정기관에서 행하는 수형자의 분류심사를 행하는데, 이 때 교정복지사는 미처 분류심사담당공무원이 알지 못하는 것을 알려줄 수도 있고, 현행 분류심사표가 수형자의 욕구를 완전히 반영하지 못해 수형자에게 불리하다고 생각되면 분류심사표의 내용보완을 위해 개입할 수 있어야 한다. 가령 현재는 수형자의 분류급에서 수용급의 내용에 남자는 'W', 여자는 'F'로 표기하고 있어 트랜스젠더를 표기하지 못하고 있어 트랜스젠더급으로 'T'라는 수용급을 신설할 수도 있는데, 최근 트랜스젠더의 범죄증가와 관련해 생각해 볼 수 있는 항목이다.

넷째, 수형자가 부당한 징벌을 받을 때 그의 번호를 위해 교정복지사는 개입할 수 있으며, 때로는 국가인권위원회나 관련인권단체 등에 지원을 요청할 수 있는 가치개입적 활동도 하여야 한다.

다섯째, 교정의 핵심인 교회(教誨)와 교정교육에 있어서 교정복지사는 수형자의 범죄유형과 다항한 수형자의 욕구에 개별적으로 적합한 프로그램을 만들어 개입하고 원조하여야 하며, 때에 따라서는 의료사회사업가·임상심리사·정신과의사·예술치료사·학교사회사업가·종교인·노인복지사 등 전문복지사 등과 팀을 이루어 협동적 치료를 통해 당해수형자의 진정한 재활을 도울 수 있는데, 이에 필요한 지원이 제도화되는 데도 관심을 가지고 개입할 수 있어야 한다.

여섯째, 수용자의 재활과 교도작업을 행할 때 교정복지사는 클라이언트와 수시로 면접하여 수용자의 재활과 교정복지 서비스의 생산성을 향상시킬 수 있는 작업의 종류와 내용을 결정하여야 한다. 지금처럼 관료제적으로 획일적인 작업의 지정은 수용자의 재활에 도움이 되지 못한다. 물론 현행 행형법 제35조에 따라 교도작업을 부과할 시에는 연령·형기·건강·기술·성격·취미·직업과 장래의 생계 기타 사정을 부과하여 작업을 부과한다고 하지만, 이러한 항목에 포함되지 않는 요소와 수용자의 욕구 등을 교정복지사는 잘 파악하여 교도작업의 지정에 도움을 주어야 한다.

또한 교도작업 중 사망하거나 부상당하면 소액에 그치는 조위금이나 위로금을 주어 수형자의 가족이나 당해수행자에게 큰 도움이 되지 않으므로 이 때 교정복지사는 산업복지의 관점에서 수용자의 교도작업에도 산업재해보상보험이 적용될 수 있도록 제도적 개선을 위해 노력해야 한다.

일곱째, 현재 교도소에서 시행하고 있는 수형자자치제가 실질화되고 민주적으로 운영되도록 지원할 수 있어야 한다. 또한 수형자자치제에 도움이 되는 여러 프로그램을 제도적 개선을 위해 노력해야 한다.

여덟째, 수형자의 외부교통과 관련하여 지원할 수 있는데, 가령 현재 일부 교도소에서 극히 일부 수형자가 이용할 수 있는 '부부만남의 집'제도에서 해당수형자의 배우자를 찾을 수 없을 때 교정복지사는 지역사회의 사회복지사와 협력하여 수형자의 배우자를 찾아 의사를 확인하여 연결할 수 있으며, 또한 현행 '부부만남의 집'제도의 이용요건이 엄격해 극히 일부 수형자만이 용할 수 있어 모든 수형자와 배우자의 Sex권을 정면으로 침해해 헌법의 행복추구권을 침해하고 수형자의 재활에도 도움이 되지 않으므로 제도개선을 위해 교정학자와 협력하여 이런 문제가 정책 의제화되어 제도개정이 이루어지도록 한다.

아홉째, 수형자가 만기출소 때 오갈 데 없는 경우에 교정복지사는 그에게 적절한 보호시설을 알선하는 데 도움을 주어야 하며, 또한 수형자의 사회 속에 가족을 지원하여야 한다. 특히 극빈한 수형자의 경우에는 사회의 가족의 생계나 정서적 안정이 해결되어야 진정한 재활에 도움이 되므로 교정복지사는 이들 가족의 생계안정을 위해 다양한 자원을 지역사회에서 동원할 수 있도록 노력해야 한다. 또한 빈곤하지 않더라도 수형자와 그의 가족은 정서적으로 불안하거나 공포감을 가질 수 있는데, 이 때 교정복지사는 수형자가족의 정서적 안정을 위해 여러 자원을 동원할 수 있어야 한다. 그리고 범죄가해자도 또 다른 측면에서의 피해자이므로 범죄가해자와 피해자의 만남 등을 통합과 화합에도 관심을 가져 관련 프로그램의 개발에도 관심을 가져야 한다.

열 번째, 교정사회학적 관점에서는 교도관 중에도 수형자를 괴롭히는 교도관도 있을 수 있고, 또한 수형자사회 내에서도 과두제 논리에 의해 핍박받고 고통받는 수형자가 있으므로 교정복지사는 부패교도관을 제재할 수 있는 합법적 자원에 관심을 가져야 하고, 또한 힘센 수형자에 의해 고통받는 수형자의 정상화를 위해 전방

등 여러 조치를 건의하는 데 관심을 가져야 한다. 또한 모든 것이 관료화로 진행되는 교정처우과정이 수형자의 진정한 재활에 저해가 되므로 교정복지사는 이러한 관료제화의 문제점을 보완할 수 있는 제도적 개선에도 관심을 가져야 하는데, 가령 보안만 공무원이 맡고 구매·교화·작업·분류 등 일체 모든 것은 민간단체가 맡는 공사합동 생산방식인 제3섹터모형의 개발도 생각해 볼 수 있다.

4. 법 원

1) 재판

사람들 사이에 다툼이 있거나 법을 어길 경우 법에 따라 판결을 내려 질서를 유지하기 위하여 재판제도가 있다. 우리나라의 재판절차는 3심제 도를 채택하고 있다.

형사 사건 중 단독사건은 지방법원(지원) 단독판사→지방법원 본원합의부(항소부) → 대법원의 순서로, 합의 사건은 지방법원(지원) 합의부 → 고등법원 → 대법원의 순서로 각 심급 제를 이루고 있다.

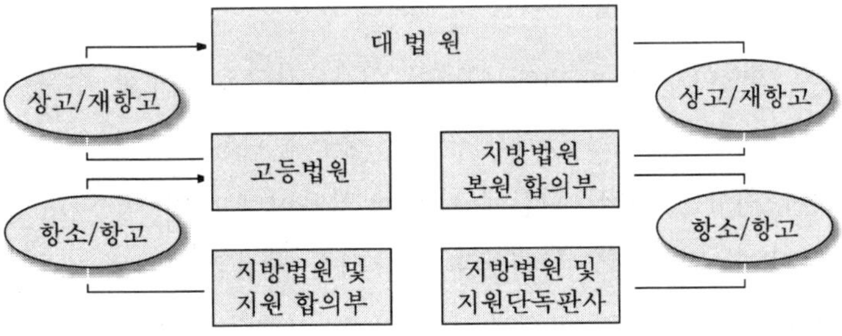

〈그림 4-1〉 민·형사사건 심급제도

재판에는 크게 형사재판, 민사재판, 가사재판, 행정재판, 헌법재판 등 우리가 살아가면서 분쟁의 문제가 되는 것의 시시비비를 가리게 된다. 교정복지실천분야에서 다루는 부분은 형사재판, 소년재판, 가정보호재판이라고 할 수 있다.

(1) 형사재판

형사재판은 검사에 의하여 기소된 피고인에 대하여 유·무죄를 가리고, 유죄로 인정되는 경우에 형벌을 과하는 형사소송사건에 대한 재판이며 검사의 공수제기로 시작된다.

형사재판은 공판기일에 공판정에서 공개하여 진행되며, 그 절차는 재판장이 피고인의 성명과 연령 등을 묻는 인정신문으로부터 시작된다. 그 후 검사의 기소요지의 진술, 검사의 피고인에 대한 직접신문, 변호인의 반대신문, 증거조사, 검사의 의견진술(구형), 변호인의 변론, 피고인의 최후진술 순으로 진행된다. 판사는 이러한 절차가 끝나면 심리를 종결하고 보통 2주일 후에 판결을 선고한다.

형사재판에 있어서는 검사가 피고인의 유죄를 입증할 책임이 있고, 판사는 검사가 제출한 증거를 토대로 헌법과 법률에 따라 유죄·무죄를 판단한다. 그러나 피고인의 자백만으로는 유죄를 인정할 수 없고 그 자백이 진실한 것임을 인정할 만한 보강증거가 있어야 한다. 또 피고인은 수사단계에서는 물론 공판절차에서도 변호인의 도움을 받을 권리가 있다. 피고인이 사형·무기 또는 단기 3년 이상의 형에 해당하는 죄로 기소된 경우 변호인 없이 재판을 할 수 없다. 또한 피고인이 변호임을 선임할 수 없어 그 선임을 청구한 때에는 법원에서 피고인을 위하여 변호인을 선임하는데 이를 국선변호인이라 한다.

판사가 유죄의 심증을 얻지 못한 경우에는 무죄를 선고하는데 이 경우 구속되었던 피고인은 법률이 정하는 바에 의하여 형사보상금을 청구할 수 있다. 피고인의 혐의사실이 범죄를 구성하고 증거가 충분한 경우에 판사는 유죄판결을 한다.

피고인이나 검사는 제1심 판결에 대하여 불복이 있으면 판결선고일로부터 7일 이내에 항소할 수 있다. 제2심 재판절차도 제1심 재판절차와 별 다른 차이가 없으며, 한편 피고인만이 항소한 사건에 대하여는 원심판결의 형보다 중한 형을 선고하지 못한다. 제2심 판결에 대하여 불복할 경우에는 판결 선고일로부터 7일 이내에 상고할 수 있는데, 상고는 형사소송법이 정하는 일정한 사유가 있어야 한다.

(2) 민사재판

민사재판은 국민의 사생활에서 생기는 권리 또는 법률관계에 대한 분쟁을 해결하기 위하여 제기되는 민사소송사건에 대한 재판이다. 소를 제기한 사람이 원고가 되고 재판대상이 피고가 된다. 민사재판은 원고나 그의 대리인이 제1심 법원인 지방법원, 지방법원 지원에 소장을 제출함으로써 시작된다. 소장이 접수되면 법원은 피고에게 그 부본을 송달하고 변론기일을 지정하여 원·피고를 소환한다. 원·피고는 변론기일에 직접 출석하거나 변호사를 대리인으로 선임하여 변론할 수 있다. 단독판사의 관할 사건에서는 법원의 허가를 얻어 변호사 아닌 사람을 대리인으로 선임할 수 있다. 피고가 원고의 청구에 대하여 승복할 수 없을 때에는 답변서를 제출하거나 변론기일에 출석하여 원고의 주장을 다투어야 한다.

원·피고는 각각 자기의 주장이 정당하다는 것을 뒷받침하기 위하여 증거를 제출하여야 한다. 그러나 상대방이 다투지 아니하는 사실에 대하여는 증거를 제출할 필요가 없다. 민사재판의 심리는 집중적으로 계속하여 진행되는 경우도 있지만 보통 2~3주간의 간격을 두고 주기적으로 진행되는 것이 일반적이다.

당사자가 주장과 증거제출을 마치면 법원은 변론을 종결한 후 보통 2주일 후에 판결을 선고하고 판결문을 원·피고에게 송달한다. 민사판결은 판결이 확정될 때까지 집행력을 갖지 아니하나, 법원은 재산권의 청구에 관한 판결에는 상당한 이유가 없는 한 가집행할 수 있음을 선고하도록 되어 있고 이 경우에는 판결 확정전이라도 가집행할 수 있다.

제1심 판결의 사실인정이나 법률판단에 대하여 불복하는 당사자는 판결문을 송달받은 날로부터 2주일 이내에 항소할 수 있다. 제2심 재판에서 당사자는 제1심 재판에서 하지 못한 주장과 증거를 더 제출할 수 있으며, 제2심 재판절차도 제1심 재판절차와 거의 같다. 제2심 판결의 법률판단에 대하여 불복하는 당사자는 판결문을 송달받은 날로부터 2주일 이내에 최종심인 대법원에 상고할 수 있다. 상고사건에 대한 재판절차는 제1심 및 제2심의 재판절차와는 다르게 상고장, 상고이유서, 답변서 기타의 소송기록에 의하여 변론 없이 재판할 수 있도록 되어 있다.

(3) 가사·가정보호·소년재판

가사재판은 가족 및 친족간의 분쟁사건과 가정에 관한 일반적인 사건에 대한 재판이다. 소년재판은 20세 미만의 소년의 범죄사건 등에 대하여 그 환경의 조정과 성행의 교정에 관한 보호처분을 행하는 재판이다. 가정보호재판은 일정한 가정구성원 사이의 가정폭력사건 등에 대하여 그 환경의 조정과 성행의 교정에 관한 보호처분을 행하는 재판이다.

가사재판의 예로는 재판상 이혼, 혼인무효, 친생자관계존부확인, 이혼을 원인으로 하는 손해배상청구, 상속포기, 재산분할, 자의 양육, 상속재분할 등을 들 수 있고 가사분쟁을 해결하는 방식은 판결, 심판, 조정 등이 있다.

(4) 행정재판

정부에서 하는 일로 인해 손해를 본 사람이 정부를 상대로 보상을 요구하는 재판으로서 이에는 재판 청구자가 원고가 되고 정부가 피고가 된다.

(5) 헌법 재판

헌법재판소에서 위헌 법률 심판 및 탄핵소송, 정당해산소송, 헌법소원 등 헌법에 관한 쟁의를 사법적 절차에 따라 해결하는 법률 행위를 말한다.

2) 교정복지사의 개입

현재는 법원에서 교정복지사의 개입이 제도화되어 있지 않지만 지방법원의 소년부에 있는 소년자원보호자협의회의 자원봉사활동이나 재판전 사전조사제도 및 판결전 조사제도 등에서 1차적으로 교정복지사가 공식적으로 활동할 수 있을 것이다.

특히 소년법원에서 현재 공식화된 소년조사관은 법원의 일반 공무원으로서 사전조사에 관한 전문가가 아니어서 전문성과 효율성이 극히 저조하여 하나의 형식적 제도로 전락했기 때문에 바로 소년조사관을 보좌하여 전문조사를 할 수 있는 자원으로서 교정복지사를 활용할 필요가 크다고 하겠다.

또한 현재 소년부판사의 심리에 크게 영향을 미치고 있는 소년분류심사원에 있는 분류심사관에 의한 사전조사제도에 교정복지사가 개입할 영역이 많다. 또한 현재 가사사건에 있어서 판결전 조사는 가사조사관이 하고 있는 바, 이 역시 가사조사관은 일반 공무원으로서 조사에 관한 전문가가 아니어서 효율성을 저해하므로 가사조사관의 조사활동을 도울 자원으로 교정복지사제도를 활용할 수 있을 것이다.

또한 영국과 미국처럼 교정복지사를 재판과정에 참여시켜 교정복지사가 재판장이나 변호인의 신문에 답변을 할 수 있는 제도를 도입할 필요가 있고, 마찬가지로 교정복지사는 피고인이 구속될 경우 인터뷰를 하여 그에 관한 여러 정보를 관계기관에 제공할 수 있어야 하며, 영국처럼 보석정보보고서를 작성할 수 있도록 제도화되어야 한다.

또 하나의 사견으로 필자는 비법률적 측면에서 상대적으로 불리한 위치에 있는 피고인을 원조하기 위해 교정복지사제도를 도입할 것을 주장한다. 현재 법률적 측면에서는 피고인을 원조하는 제도가 변호사제도로, 피고인은 누구나 변호인을 선임할 수 있고, 자력이 없는 피고인은 국선변호인제도가 인정되고 있다.

당사자주의[33]에 의한 실체적 진실발견의 이념이나 공정한 재판을 위해 당사자인 검사와 피고인 사이에 무기평등의 원칙의 보장을 위해 변호인제도[34]가 인정되고 있다. 그러나 형사피고인은 정서적으로 불안하고 두려워 그렇지 않은 검사에 비해 불리한 위치에 있으므로 변호사의 의한 법률적 측면만이 원조만으로는 실질적 무기평등의 원칙이 보장되지 않는다.

따라서 변호사의 의한 법직 측면의 원조만이 아니라 피고인에 대한 정서적 지원 등 비법률적 측면에서 피고인을 원조해야 법률적·비법률적 측면에서 강한 무기를 갖고 있는 검사와 대등한 위치에서 심리를 진행할 수 있다. 따라서 현행 변호사제도처럼 비법률적 측면에서 피고인을 면접하여 원조해 줄 교정복지사제도를 도입하

33) 이는 소송당사자에게 소송의 주도적 지위를 인정하며 당사자 사이의 공격과 방어에 의하여 심리가 진행되고, 법원은 공평한 제3자적 입장에서 당사자의 주장과 입증을 판단하는 소송구조(변론주의)를 말한다. 당사자주의는 소송 자체가 당사자의 청구에 의하여 개시되며, 그 진행도 당사자에 의하여 이루어지고, 소송절차뿐만 아니라 소송물에 대해서도 당사자의 처분을 허용하게 된다. 따라서 당사자주의는 필연적으로 탄핵주의와 결합하며, 당사자처분권주의 까지도 포함하지만, 형사 소송에서는 당사자처분권주의는 인정되지 않는다.

34) 변호인의 피고인 또는 피의자의 이익을 위하여 활동하는 피고인 또는 피의자의 보호자이다. 대리인에 그치는 것이 아니라 보호자이므로, 피고인 또는 피의자의 이익을 보호함에 있어서 피고인 또는 피의자의 의사에 종속되지 않고 자기의 판단에 따라 피고인 또는 피의자의 정당한 이익을 보호해야 한다. 변호인의 지위는 선임에 의하여 발생하는데, 그 선임방법에 따라 사선변호인과 국선변호인으로 구분된다. 피고인·피의자 또는 그와 일정한 관계가 있는 사인이 선임한 변호인을 사선변호인이라고 한다.

여 모든 피고인은 교정복지사를 선임할 수 있고, 자력이 없는 형사피고인은 국선교정복지사제도를 이용할 수 있는 제도를 마련할 필요가 있다.

또한 현재 영국처럼 가사사건에도 교정복지사가 조정하여 개입할 필요가 있다.

현재 미국에는 많은 법정에서 보호관찰관이 판결전 보고서를 작성하여 판사를 도와서 해당 케이스에 대한 적절한 처분을 내릴 수 있도록 도와주고 있는데, 이 때 미국의 많은 법정에서는 보호관찰과 가석방지도·감독과정을 도와주는 워커를 고용하고 있다.[35] 다시 말해서 준 전문가로서 워커가 판결전 조사보고서를 작성하는 보호관찰관의 업무에 개입하여 원조하고 있는데, 우리나라에서도 이런 제도를 참조하여 교정복지사가 보호관찰업무에 개입하여 판결전 조사업무를 위한 조사자로의 역할을 할 수도 있으며, 또는 교정복지사가 보호관찰관과 팀이 되어 공판과정에서 전문기술을 가지고 개입할 수도 있을 것이다.

또한 호주의 법정에서 재판심리에 관한 정보제공과 피해자에게 특별지원 프로그램을 하는 재판 네트워크처럼 이러한 역할을 교정복지사가 행할 수도 있을 것이다.

그리고 최근 사법제도개혁추진위원회가 마련한 것처럼 범죄피해자가 검찰 또는 법정 등에서 조사나 신문을 받을 때 불안을 없애기 위하여 신뢰관계에 있는 사람을 동석할 수 있도록 관련 형사소송법을 2006년부터 개정하겠다고 한 바, 이 때 범죄피해자의 불안을 제거해 주고 정서적 지원과 원조를 행할 교정복지사가 개입할 수 있는 근거가 될 수 있다.

5. 민영교도소

우리 나라는 1998년에 한국기독교 총연합회에서 민영교도소 설립을 위한 공청회를 열었으며, 그 뒤 2001년 1월 28일에 민영교도소 등의 설치·운영에 관한 법을 제정하고 2001년 7월 1일부터 시행에 들어갔고, 2005년 현재 경기도 여주에서 50명 규모의 중간구금시설이 건립 중에 있으며, 2007년에 개소할 예정이다.

---

35) 문선화 외, 보호관찰제도와 실천번역, 아시아미디어 리서치, 2000, 374면.

한편 민영교도소는 민간단테가 정부로부터 교정업무 전반 또는 일부를 위탁받아 운영하는 민간경영의 교도소로 과밀수용의 해소와 비용절감 및 교정에 관한 새로운 아이디어의 도입으로 인한 교정의 탄력적 변화도모 등의 의의가 일반적으로 논의되고 있으며, 2007년 개소를 목표로 2005년 현재 공사 중이며, 빠르면 2005년 말 또는 2006년 초에 민영교도소의 직원을 특채・공채할 계획이다.[36)]

1) 민영교도소의 설치・운영

① 교정법인이 민영교도소 등을 설치・운영함에 있어서는 대통령령이 정하는 기준에 의한 시설을 갖추어야 하며, 민영교도소 등은 행형법 제2조 5항에 규정된 교도소 등에 준하는 조직을 갖추어야 한다.

② 교정법인은 민영교도소 등의 시설이 이 법과 이 법에 의한 명령 및 위탁계약의 내용에 적합한지의 여부에 관하여 법무부장관의 검사를 받아야 하며, 검사를 한 결과 동 시설이 이법에 의한 수용시설로서 부적당하다고 인정되는 때에는 교정법인에게 그 보정을 명할 수 있다.

③ 법무부장관은 사전에 기획예산처장관과의 협의를 거쳐 민영교도소 등을 운영하는 교정법인에 대하여 매년 당해교도소 등의 운영에 필요한 경비를 지급하며, 연간 지급경비의 기준은 예산의 범위 내에서 법무부장관이 정한다.

④ 민영교도소 등에 수용된 수용자는 행 형법에 의한 교도소 등에 수용된 것으로 보며, 교정법인은 민영교도소 등에 수용되는 자에 대하여 수용자의 특이사유를 이유로 수용을 거절할 수 없다. 다만 수용・작업・교화 기타 처 우상 특히 필요하다고 인정되는 때에는 법무부장관에게 수용자의 이송을 신청할 수 있으며, 교정법인의 임・직원과 민영교도소 등의 장 및 직원은 수용자에게 특정의 종교 또는 사상을 강요해서는 아니된다.

⑤ 민영교도소 등에 수용된 작업자의 작업수입은 국고수입으로 하고, 민영교도소

36) 한편 민영교도소의 직원공채의 시험과목은 아가페에서 내부적으로 정하고 법무부와 협의를 거쳐 확정되는데, 2005년 현재 국어, 영어, 심리학(교성심리학), 교정학(형사징책 포함), 사회복지론 또는 교정 복지론 등이 거론되고 있으며, 응시연령제한도 상당히 완화될 것으로 알려져 있다.

등의 장이 무기사용이나 강제력의 행사에 의한 처분을 하고자 할 때는 법무부 장관이 민영교도소 등의 감독을 위해 파견한 소속공무원의 승인을 얻어야 한다(단, 긴급하여 승인을 얻을 만한 시간적 여유가 없으면 당해 처분후 즉시 감독관에게 통보해 승인을 얻어야 한다). 또 민영교도소 등의 장이 석방을 하고자 할 때는 감독관의 확인을 받고 행해야 하고, 가석방심사를 신청할 때는 감독관의 의견서를 첨부해야 한다.

⑥ 교정법인의 대표자는 민영교도소 등의 직원을 임면하며,[37] 법무부장관은 일정한 지원이나 감독을 할 수 있다.[38]

---

37) 다만 민영교도소 등의 장 및 대통령령이 정하는 직원의 임면에 있어서는 미리 법무부장관의 승인을 얻어야 하며, 교정법인의 대표자는 민영교도소 등의 장을 제외한 직원의 임면권한을 민영교도소 등의 장에게 위임할 수 있고, 민영교도소 등의 직원의 임용자격·임용방법·교육 및 징계에 관하여는 대통령령으로 정한다. 민영교도소 등의 직원은 대통령령이 정하는 바에 의하여 행형법에 의한 교도관의 직무를 행하며, 근무 중 법무부장관이 정하는 제복을 착용해야 한다(민영교도소 직원은 외국정부로부터 영예 등을 받을 경우는 대통령 허가가 필요 없고, 운영에 필요한 무기는 당해교정법인의 부담으로 법무부장관이 구입해 이를 배정하며, 무기구입·배정에 관해 필요한 사항은 법무부장관이 정한다).

38) ① 법무부장관은 필요하다고 인정하는 때에는 직권 또는 당해교정보인이나 민영교도소 등의 장의 신청에 의하여 민영교도소 등에 소속공무원을 파견하여 그 업무를 지원하게 할 수 있다.
② 법무부장관은 민영교도소 등의 업무 및 그와 관련된 교정법인의 업무를 지도·감독하며, 필요한 경우 지시나 명령을 할 수 있다. 다만 수용자에 대한 교육과 교회에 관하여는 당해교정법인의 의견을 최대한 존중하여야 하며, 지도·감독상 필요하다고 인정되는 때에는 민영교도소 등에 소속공무원을 파견하여 당해 민영교도소 등의 업무를 지도·감독하게 하여야 하고, 교정법인 및 민영교도소 등의 장은 항시 소속직원의 근무수행상황을 감독하고 필요한 교육을 실시하여야 한다.
③ 법무부장관은 필요하다고 인정하는 때에는 수시로 교정법인 또는 민영교도소 등에 대하여 그 업무·회계 및 재산에 관한 사항을 보고하게 하거나, 소속공무원으로 하여금 장부·서류·시설 기타 물건을 검사하게 할 수 있으며, 위법 또는 부당한 사실이 발견된 때에는 이에 따른 필요한 조치를 명할 수 있다.
④ 법무부장관은 위탁업무 처리결과에 대하여 매년 1회 이상 감사를 하여야 하고, 법무부장관은 감사결과 위탁업무의 처리가 위법 또는 부당하다고 인정되는 때에는 당해 교정법인 또는 민영교도소 등에 대하여 적절한 시정조치를 명할 수 있으며, 관계임·직원에 대한 인사 조치를 요구할 수 있다.
⑤ 법무부장관은 민영고도소 등의 직원이 위탁업무에 관하여 이 법 또는 이 법에 의한 명령이나 처분에 위반한 때에는 당해직원의 임명권자에게 그 직원의 해임이나 정직·감봉 등 징계처분을 하도록 명할 수 있고, 교정법인 또는 민영교도소 등의 장은 징계처분명령을 받은 때에는 즉시 징계처분을 하고 법무부장관에게 이를 보고하여야 한다.

2) 교정 프로그램과 교정복지사의 개입

교단체 등이 국가의 교정재 생산주체를 인정하는 범위 내에서 교화 프로그램에 참여해 왔다. 그러나 여러 이유와 외국의 사례에서 나타나듯이 교정재의 국가독점 생산에서 오는 여러 문제점이 대두되어 왔고, 그런 와중에 민영교도소로서 기능할 한국기독교교도소가 1995년 기독교교도소 설립 추진위원회를 설립한 뒤 많은 세미나와 위원회의 활동을 거쳐 2000년 1월 28일에 민영교도소의 설치·운영에 관한 법률이 공포 되었으며, 그 뒤 재단법인 아가페의 설립을 거쳐 2006년 하반기 개소를 목적으로 하는 기독교도소의 운영 모델을 2003년 2월 초에 밝혔다. 즉 특정종교단체가 자신들이 직접 교정재 생산에 전면 참여하겠다는 것이다. 이처럼 민영교도소의 설립에 가장 앞선 종교단체는 기독교로, 기독교는 수형자들의 교화를 위해 참으로 많은 일을 해 왔다.

2003년 2월 28일 동아일보의 보도에 의하면 민간교도소 추진내용은 다음과 같다.

기독교 교도소를 추진해 온 재단법인 '아가페'(이사장 김삼환 목사)는 최근 경기 여주군에 6만 5,000평의 터를 확보하고 8월 착공에 들어가고, 건축비 300억원은 아가페가 부담하며, 운영비는 국고지원과 종교단체기부금으로 충당하고, 아가페측은 형기 2년 이상을 남긴 재소자 중 지원을 받아 500명을 선발할 예정이며, 대우는 수형번호 대신 이름을 부르고, 수의 대신 다양한 색상과 디자인의 옷이 지급되며, 교도소 외부로 사역을 나갈 때도 수감자 티가 나지 않도록 옷을 입게 하고, 인터넷 활용과 TV시청, 신문구독 및 독서도 허용할 예정이며, 시설 면은 현재 2명당 평균 1평인 수감평수도 1명당 1평으로 늘리고, 5명이 한방을 쓰도록 하며, 개인사물함도 지급되고, 기존교도소처럼 오후 4시면 방문을 닫고 밖으로 나올 수 없게 하는 폐쇄적 운영 대신 교도소를 4개의 관구로 나눠 관구 내에선 재소자들이 자유롭게 오갈 수 있게 하며, 화장실·세탁실·휴게실을 따로 이용케 하고, 수감 방을 자유롭게 오갈 수 있도록 할 예정으로, 따라서 쇠창살 등 폐쇄적 구조물을 최소화하고, 대신 첨난 경비 시스템으로 사고를 예방할 예정이며, 운영진은 방마다 방장을 두고, 관구마다 일정수의 대의원을 뽑아 스스로 일을 정하며, 필요한 것을 교도소측과 협의하도록 하고, '아가페'측은 500명이 수감된 일반 교도소에 필요한 직원이 200명이나 자치방식으로 운영하면 100명만으로 충분할 것으로 보고 있으며, 프로그램은 새벽기도회와 저녁식사후 성경공부 등의 프로그램이 주를 이루나, 기독교 색체가 없는 프로그램도 제공될 것이고, 1,000여명의 전문직 자원봉사자를 확보해 컴퓨터 · 외국어 교육을 비롯해 심리상담과 각종 예술활동도 지원하며, 수감자와 피해자의 화해를 위해 용서의 편지를 보내는 프로그램도 마련한다는 것이 개략적인 앞으로의 운영모형이라고 한다.

한편 이러한 운영방침을 한국기독교 교도소가 밝힌 한국 제1호 민영교도소사업 개요와 보고회 서류 등을 중심으로 하여, 기독교 교도소의 목표는 출소자의 재범률을 5%로 낮추고, 프로그램을 통하여 수용자가 가족에 대한 지속적인 관계를 유지하며, 출소후 가족 공동체를 회복시키고, 경적 교화 프로그램의 국내 및 세계에의 확장과 피해자에 대한 배상을 통해 사회공동체와의 관계를 회복시키는 것이다.

기독교교도소가 추구하는 교화 프로그램의 이념은 화목을 위한 기독교교정(Chri-stian, Correction for Reconciliation: CCR)인데, 이는 회복주의적 형사정책에 입각하여 수용자로 하여금 윤리적 의사결정능력을 고양시킨다.

성경적 가치관을 실생활에 적용하고 실천하는 방법을 지도하여 자신의 인격과 이웃과의 인간관계가 회복되는 새로운 창조가 이루어짐을 통하여 하나님께 영광을 돌리는 데 있다.

CCR 프로그램의 목표는 기독교공동체를 세워 가는 것인데 그것은 성경을 통한 영적 교제의 회복, 인격의 변화, 봉사의 삶 여위, 영적 공동체의 형성을 통해 이루어진다고 하며, 기독교 교도소의 교정교화 프로그램은 신앙교육과 밀접한 연관성을 갖고 성경적 원리에 바탕을 둔 것으로, 그 중 핵심 프로그램은 훈련된 자원봉사자와의 상담 프로그램, 가해자가 피해자에게 수익의 일부를 송금하고 용서의 편지를 발송하는 등의 수용자와 피해자의 화해 프로그램, 그리고 사회적 관계성 회복 프로그램, 분노조절 등 관련치유 프로그램, 그리고 출소후 프로그램 등이 있는데, 출소후 프로그램은 기독교 교도소의 특징으로, 이것은 출소한 개개인과 양육관계를 맺고 있는 후견인, 그리고 출소자의 취업알선 등 생활안정대책수행과 가족문제, 심리적 요인을 파악하는 것이다.

한편 기독교 교도소는 이러한 프로그램을 효율적으로 운영하기 위해 종합적인 전문자원봉사 시스템을 구축할 계획인데, 그 내용에는 실제 가용인원의 2~3배에 해당되는 자원봉사자은행의 구축, 자원봉사자에 대한 전문적·지속적 교육, 수용자와 자원봉사자와의 지속적 접촉, 자원봉사센터의 설치 등이 있다.

그리고 기독교 교도소가 계획하는 지원 및 협력 프로그램에는 선진적인 미디어의 활용과 도서열람을 내용으로 하는 매체활용 프로그램과 작품전시회, 음악·미술·연극 발표회, 체육활동과 같은 문화 프로그램, 그리고 사회봉사활동과 사회견학을 내포하는 사회연결 프로그램, 교도작업과 학과교육, 또한 가족유대강화 프로그램이 있는데, 가족유대강화 프로그램의 내용에는 '가족과의 만남,' '부부간의 만남,' '좋은 남편 되기,' '좋은 아빠 되기' 등에 관한 내용이 계획되어 있다.

그리고 기독교 교도소가 계획하고 있는 교도소 내의 각 동별에는 청사동·생활동·강당·교육동·보안동·의무동·식당동·공장동·자원봉사센터·프로그램블록 등이 있다. 식당동은 수용자와 직원들이 같이 이용한다는 점에서 그렇지 않은 현재의 국영교도소와 좋은 대비가 될 것이며, 자원봉사센타에서는 자원봉사자들의 상시출입이 가능하고, 자원봉사 관련업무가 기획·확대재생산되며, 프로그램에 대한 연구기능을 수행할 곳이고, 프로그램 블록에서는 수용자와 직원 및 자원봉사자들이 프로그램을 매개로 접촉하여 상호역할이 이루어질 교도소 내의 주된 활동영역이다.[39)]

이러한 인간중심적 교정 프로그램은 브라질의 민영교도소의 프로그램과 근본적 맥락은 같이 한다고 할 수 있다.[40)] 따라서 앞으로 민영교도소에는 교정복지사가 위에 기술한 프로그램을 통하여 수용자의 재활을 원조할 수 있으며, 무엇보다도 민영교도소의 직원채용 때 교정복지론이 포함되어야 하고, 이의 관찰을 위해 한국교정복지학회 등은 노력하여야 한다.

수형자 범수별 현황에서 비교하여 볼 때 초범, 2범, 3범, 4범은 조금씩 감소해 보

39) 아가페, 민영교도소 사업개요, 2002.

40) 브라질에 있는 민영교도소는 영국·미국·호주의 그것과 달리 종교교도소의 성격이 강한 것이 특징이며, 그러한 종교 민영교도소는 놀라운 교정효과를 보이고 있다.
San Jose dos Campos에 있는 민영교도소인 휴마이타 교도소는 재소자들과 자원봉사자들로 운영되며, 교도관이나 총·창살도 없고, 출소자재범률이 4%에도 못 미칠 정도로 성공을 거둔 곳인데, 그 원인은 인간에 대한 신뢰로 이루어진 교화 프로그램 때문이다.

였으나, 5범이상에서 증가하는 것은 전문적 관리자의 필요성과 교정프로그램의 효과성, 특성화교육이 필요하다.

〈표 4-4〉 수형자 범수별 현황(단위:명)

구 분		2001	2002	2003	2004	2005	2006	2007
계		38,521	37,646	36,332	35,627	32,969	30,145	31,478
초 범		17,520	16,790	16,001	16,603	15,630	14,645	15,301
누범	소 계	21,001	20,856	20,331	19,024	17,339	10,970	16,177
	2 범	9,681	9,234	8,670	8,177	7,103	5,986	5,947
	3 범	3,993	3,933	3,987	3,783	3,380	2,976	2,978
	4 범	2,395	2,426	2,419	2,437	2,181	2,008	2,133
	5범이상	4,932	5,263	5,255	4,627	4,675	4,530	5,119

6. 보호 기관

현재 정부의 공적인 범죄인에 대한 보호기관에는 보호관찰소 · 소년원 · 소년분류심사원 · 치료감호소가 있고, 이들 기관에서 보호 서비스(보호재)의 생산을 직접 담당하고 있다.[41] 이러한 공적인 보호기관에서도 교정복지사의 개입이 중요시되며, 특히 교정복지의 꽃이라고 하는 보호관찰소는 더욱더 그렇다고 하겠다. 따라서 교도소와 마찬가지로 교정복지사는 이들 공적 보호기관의 조직과 처우과정에 대한 충분한 지식이 필요하다고 하겠다.

1) 보호관찰소

보호관찰소는 법무부 보호국의 관찰과 소속이며, 적국의 주요지역에 보호관찰소

41) 사회보호법에 의해 1981년에 설치된 보호감호소도 엄격한 의미에서는 교정재가 아닌 보호재를 생산하는 보호기관이지만, 그동안 보호직 공무원이 아닌 교정직 공무원이 근무해왔다. 한편 사회보호법이 폐지됨에 따라(2005) 보호감호소도 사라지지만, 현재 수용 중인 피보호감호자는 계속 보호감호를 할 것으로 알려지고 있으나 논란이 되고 있다.

를 두고 있고, 그 이외의 지역에는 지소를 두고 있다. 여기서 보호관찰제도를 상설하면 다음과 같다.

(1) 의의

이것은 범죄인의 개선과 사회복귀를 도모하기 위하여 형벌을 집행하는 대신에 일상적인 사회생활을 영위토록 하면서 준수사항을 지키도록 지도·감독하고, 필요한 보도·원호를 행하는 처우를 말한다. 이것의 법적 성격에 대해 여러 학설이 대립되고 있으나 판례는 보안처분의 성격을 갖는 것으로 파악하고 있으며, 그렇다고 하더라도 장래의 범죄예방을 위해 사설내 처우를 원칙으로서 형벌 이외의 방법으로 형벌을 대체하는 것이다. 국가가 사용하는 일체의 처분을 의미하는 보안처분과는 달리, 범죄자의 재범방지를 위하고 사회내 처우를 하는 보호관찰은 구별되어야 한다. 또 검사가 수사단계에서 피의자의 동의를 전제로 실시하는 선도조건부 기소유예(1981년 이후 실시)와 달리 보호관찰은 유죄확정판결을 받은 범죄인에 대해 강제로 실시하는 점에서 차이가 있다(∴기소유예처분을 받은 성인은 대상이 아님). 한편 '보호관찰 등에 관한 법률'에서는 그 목적에 대해 다음과 같이 기술한다(제1조). 즉 "재범방지 위해 보호관찰, 사회봉사, 수강 및 갱생보호 등의 처우가 필요하다고 인정되는 자에 대해 지도·원호를 통해 건전한 사회복귀 촉진과 개인과 공공의 복지 증진 및 사회를 보호함을 목적으로 한다"고 규정되어 있다.

(2) 연혁

1841년 미국의 아우구스투스(Augustus)가 최초의 보호관찰관이 된 이래 1869년 매사추세츠주에서 성인에 대한 보호관찰법을 만들어 메사추세추주법은 보호관찰제도의 마그나 카르타로 평가된다. 대륙계는 1888년 벨기에가 처음 도입했고, 주로 집행유예와 결합해 확립된 점에서 주로 선고유예와 결합되어 확립된 영미계와 차이가 난다. 그 뒤 영미계는 형의 선고나 집행을 유예하면서 일정조건을 부과하는 Pro-bation의 형태로 발전했으며, 대륙계는 가석방을 허용하고 잔형기동안 일정조건을 부과하는 Parole의 형태로 발전했으나 오늘날 두 형태는 상호 접근하고 있다. 우리는 1988년 보호관찰법을 제정하여 1989년 소년범에 대해 최초로 실시했고, 1994년 성폭력사범, 1997년 성인형 사범, 1998년 가정폭력사범까지 그 대상자를 확대해 오고 있으며, 2000년 7월부터는 '청소년의 성보호에 관한 법률'에 의한 성범죄관련 청소년은 소년법상 보호처분으로 보호관찰을 시행해 오고 있다.

(3) 보호관찰의 모델과 접근방법

통제보다는 치료와 원호에 중점을 두고 대상자의 인서의 치료와 개선에 중점을 두는 재활 모델과 그 재활 모델을 비판하면서 엄격한 관리와 공정한 제재를 내세우는 정의 모델, 그리고 구금의 고통을 각성시켜 주어 범죄충동을 자제토록 하는 억제 모델(통제에 중점)과 범죄 때는 응보로서 처벌이 부과된다는 것을 인식시키고 통제에 중점을 두는 응보 모델, 미래의 범죄예측을 전제로 대상자의 범죄위험성에 상응해 통제수준에 차이를 두는 제한적인 위험통제 모델 등이 있다. 한편 접근방법에는 보호관찰관이 대상자를 1 대 1로 접촉해 지도·원호하는 처우인 개별지도(casework)와 여러 전문가들이 한 팀을 이루어 자신의 전문분야에 관해 보호관찰을 분담하는 팀접근방법이 있다.

(4) 보호관찰의 종류와 유형

전통적인 보호관찰 외에 새로운 보호관찰방법이 많이 나오는데, 주로 약물중독자에게 사용(주 5회 이상 집중접촉관찰)하는 집중보호관찰, 경제력에 따라 처우가 달라지는 전자감시제도(전자기기를 몸에 부착), 자유형으로의 성격이 강하며 특수수형자의 처우로 쓰일 수 있는 가택구금(이 때는 감시기능만 있지, 지도·원호의 기능이 없다. 또 감시료를 조건으로 하면 빈부차별문제), 일정기간동안 엄격한 훈련을 실시후 일반보호관찰로 전환하는 충격보호관찰(주로 형의 유예처분을 받은 초범자에게 상용되나 단기자유형의 폐해가 우려됨), 그리고 3~6개월을 입소하는 병영훈련, 고통사범 보호관찰과 음주운전 보호관찰 등이 있다.

위에서 알 수 있듯이 새로운 관찰방법들은 구금과 결합해 효과를 높이고자 한다. 한편 올린(Ohlin)은 보호관찰관의 보호관찰유형으로 자신의 목표를 대상자에 대한 복지향상에 두고 지원기능을 강조하는 복지적 보호관찰관, 위협을 수단으로 대상자를 규율에 동조하도록 강요해 통제를 강조하는 처벌적 보호관찰관, 통제기능과 지원기능을 적절히 조화시키려는 보호적 보호관찰관, 통제나 지원 모두에 소극적이며 자신의 임무는 최소한의 개입이라고 믿는 수동적 보호관찰관을 들고 있다.

한편 스미크라(Smykla)는 보호관찰의 통제를 더 중시하면서 내부자원을 이용해 다양한 기능을 행하는 전통적 모델, 전문가를 지향하나 자원은 내부적으로 해결하는 프로그램 모델, 또 Generalist(만능보호관찰관)로서 외부자원을 활용하는 옹호형 모델, 전문가로서 자신의 전문성에 맞게 배정된 대상자에게 외부장원을 활용해 그에 맞는 서비스를 알선·중재하고 서비스의 제공 여부를 지도·감독하는 중개 모델로 구분하는데, 현대 교정이념에 가장 적합한 것은 중개 모델이다.

(5) 보호관찰의 장·단점

이것은 초범자와 부녀자에게 아주 유효한 처우방법이 되고, 교정시설의 과밀화가 해소되어 반사적으로 시설내 처우의 효율설이 증진되며, 대상자의 자아인식변화를 통해 건전한 사회복귀에 도움이 된다. 그리고 사실상 시설내 처우에 비해 재범률이 감소되고, 또한 경제적으로 비용이 적게 들어 치료감호와 보호감호의 대체수단으로 이용될 수 있다.

그러나 대상자는 육체적으로는 구금이 아니지만 심리적 구금감을 느끼게 될 수 있고, 인간의 존엄성을 해치는 경우도(전자감시제도) 있으며, 단지 사회통제수단의 확대라는 비판도 있다. 교도소의 증설을 억제시키는 대신 보호관찰소의 설립이 이루어지는 만큼 그렇게 국가경비가 감소되는 것도 아니고, 누범자의 교정에는 비효과적이며, 보호관찰이 보호라는 사회사업적 기능과 관찰이라는 감시적·법집행적 기능을 동시에 수행될 것을 요구받는데서 오는 보호관찰관의 역할과 갈등이 문제점으로 지적되고, 우리 나라는 대상자는 많지만 담당직원이 너무 적어 실효에 의문이 간다. 한편 비판범죄학에서는 보호관찰제도는 사회복귀라는 이름하에 새로운 통제수단이 되었다고 비판한다(∵새로운 보호관찰기법이 자꾸 증가해 적정절차가 위협받을 가능성이 있다고 보므로).

(6) 현형법상 보호관찰제도

① 대상자와 기간

대상자는 형의 유예자, 가석방자, 가퇴원자, 가출수자, 가종료자, 소년밥상 보호처분을 받은 자, 타법률에 의해 이 법에 의한 보호관찰을 받도록 된 자이다.

보호관찰기간은 보호관찰부 선고유예자는 1년, 보호관찰부 집행유예자는 원칙은 그 유예기간, 가석방자는 성인의 경우는 무기형은 10년이고, 유기형은 10년 이내의 잔형기간이다. 소년의 경우는 소년법 제66조에 규정된 기간(가석방 전의 집행을 받은 기간과 동일한 기간이 원칙), 소년법에 의해 가퇴원된 자는 6월이상 2년 이하의 범위 내에서 심사위원회가 정한 기간이며, 소년법 제32조의 1항의 2호의 처분을(단기보호관찰) 받은 자는 6월(연장불가)이며, 3호의 처분(보호관찰)을 받은 자는 2년으로 한다. 단, 소년부판사는 보호관찰관의 신청에 따라 1년 범위 내에서 1차에 한해 기간을 연장할 수 있다. 사회보호법에 의해 가출소자 또는 가종료자는 3년, 보호관찰소 선도조건부 기소유예자(법무부 훈령)는 6월 또는 1년이며, 가정폭력법의 보호관찰처분 대상자는 6월이다(성폭력범죄의 처벌 및 피해자보호법 제16조에는 법원이 성폭력범죄자에 대해 형의 선고유예〈또는 집행유예〉를 할 때는 1년동안〈또는 집행유예기간 내에서 일정기간〉 보호관찰을 명할 수 있는데, 다만 성폭력범죄자가 소년일 때는 보호관찰을 명해야 한다).

주의할 것은 선고유예나 집행유예를 선고시 보호관찰의 부과는 법관의 재량이다. 그러나 가석방시 보호관찰의 부과는 필요적이지만, 예외적으로 보호관찰을 실시하지 않을 수도 있다. 보호관찰기간은 선고유예 때는 1년으로 특정지었고, 집행유예 때는 유예기간으로 하지만 기간단축이 가능하고, 가석방 때는 가석방기간이고, 기간단축은 불가능하다.

② 담당 기관

위원장을 포함해 5인 이상 9인 이하의 위원으로 구성된 보호관찰심사위원회가 있는데, 이 위원회의 위원장은 검사장 또는 고등검찰관인 검사 중에서 법무부장관이 임명하고, 위원은 판사·검사·변호사·지방교정청장·보호관찰소장·교도소장·소년원장 및 보호관찰에 관한 지식과 경험이 있는 자 중에서 법무부장관이 임명 또는 위촉한다. 그리고 이 보호관찰심사위원회의 회의는 비공개로 행한다.

관찰사무는 가석방과 그 취소에 관한 사항, 가퇴원과 그 취소에 관한 사항, 보호관찰의 가해제와 그 취소에 관한 사항, 보호의 정지와 그 취소에 관한 사항, 가석방 중인 자의 부정기형 종료에 관한 사항에 대하여 결정권을 갖는다.

법원 및 심사위원회는 보호관찰대상자에게 선고 및 결정(법정)의 고지를 함에 있어서 취지를 설명하고, 준수사항 외에 특별히 준수하여야 할 사항을 서면으로 고지하고 적절한 훈계를 할 수 있다.

그리고 보호관찰심사위원회에는 별정직 상임위원은 3인 이내로 두고(임기 2년, 연임가능), 공무원인 비상임위원은 명예직이며, 그의 임기는 그 직위에 있는 기간으로 한다. 또 보호관찰소는 보호관찰의 실시, 사회봉사명령·수강명령의 집행, 갱생보호의 실시, 검사가 보호관찰관의 선도를 조건으로 공소제기를 유예하고 위탁한 선도의 실시, 범죄예방위원에 대한 교육훈련 및 업무지도, 범죄예방활동 등을 관장사무로 한다.

보호관찰관은 형사정책학·행형학·범죄학·사회사업학·교육학·심리학 기타 보호관찰에 필요한 전문적 지식을 갖춘 자이어야 한다. 또 범죄예방활동을 행하고, 보호관찰활동과 갱생보호사업을 지원하기 위하여 법무부령이 정하는 바에 의하여 법무부장관이 위촉하는 범죄예방자원봉사위원(종전의 보호선도위원과 갱생보호위원을 통합하여 명칭을 범죄예방자원봉사위원으로 변경)을 둘 수 있으며, 범죄예방자원봉사위원은 명예직으로 하되, 예산의 범위 내에서 직무수행에 필요한 비용의 전부 또는 일부를 지급할 수 있다.

③ 보호관찰 개시 전의 절차

여기에는 판결전 조사, 판결의 통지, 가석방 및 가퇴원, 환경조사 및 개선활동 등이 있다(제19조 내지 제 28조).

④ 개시 및 신고

이것은 법원의 판결이나 결정이 확정된 때, 또는 가석방·가퇴원된 때부터 개시되며, 대상자는 가석방·가퇴원이 허가된 때, 보호처분이 확정된 때에는 10일 이내에 주거지를 관할하는 보호관찰소에 출석해 서면으로 신고해야 한다.

⑤ 대상자의 준수사항(일반준수사항)

ⓐ 주거지에 상주하고 생업에 종사할 것.

ⓑ 선행을 하고, 범죄성이 있는 자들과 교제·화합하지 말 것.

ⓒ 보호관찰 및 범죄예방자원봉사위원의 지도·방문에 응할 것.

ⓓ 주거이전 또는 1월 이상의 국내외여행을 할 때는 미리 보호관찰관에게 신고할 것.

그런데 특별준수사항에는 재범의 충동을 줄 수 있는 장소에 출입금지, 사해행위에 빠지지 말고 주류과도음용 금지, 마약 등 해독작용을 줄 우려가 있는 물질의 금지, 가족부양 등 가정생활에서 책임이행 등이 있다.

〈표 4-5〉 재범률

연도	2003	2004	2005
재범률(%)	7.1	8.1	7.5

⑥ 내용

건전한 사회복귀의 촉진과 재범을 방지하기 위해 행하는 지도・감독(접촉・관찰・지시 및 건전한 사회복귀를 위해 필요한 조치)과 개선 및 자립을 위해 필요하다고 인정되는 원호(숙소 및 취업의 알선, 직업훈련기회의 제공, 환경의 개선, 건전한 사회복귀를 위해 필요한 원조의 제공)대상자에게 부상・질병 기타 긴급사유발생 때 대통령령이 정하는 바에 의해 보호관찰소장이 행하는 응급구호 등이 있는데, 지도・감독과 원호의 주체는 보호관찰관이다. 또 보호관찰소장은 원호・응급구호를 위해 필요한 때는 국・공립기관과 갱생보호사업자 및 한국갱생보호공단 기타 단체에 대해 숙식제공 기타 적절한 원도 또는 협력을 요청할 수 있고, 이 때 드는 경비는 국가가 예산범위 내에서 지급한다.

⑦ 대상자에 대한 통제

ⓐ 조사

출석요구서를 발부해 소환・심문・조사가능(진술조서 작성, 관계기관 협조, 담당자의 비밀엄수 의무)

ⓑ 경고

준수사항을 위반했거나 위한할 위험성이 있을 때 하며, 경고이유를 서면으로 고지한다.

ⓒ 구인

준수사항을 위반했거나 준수사항을 위반했다고 의심할 만한 상당한 이유가 있으며 주거부정 또는 소환불응 또는 도망한 때나 도망의 염려가 있으면, 보호관찰소장은 검사에게 신청해 검사의 청구로 판사의 구인장을 발부받아 구인할 수 있다. 구인장의 집행은 검사의 지휘로 보호관찰관이 집행해야 한다. 다만, 보호관찰관이 집행하기 곤란한 때는 사법경찰관리로 하여금 집행하게 할 수 있다.

ⓓ 긴급 구인

먼저 보호관찰소장은 제32조의 준수사항을 위한 보호관찰대상자가 제39조 1항 각 호의 1에(주거부정, 소환불응, 도항한 때 또는 도망염려가 있을 때) 해당하는 사유가 있는 경우에 긴급을 요하여 제39조의 규정에 의한 구인장을 발부받을 수 없는 때에는 그 사유를 알리고 구인장 없이 당해보호관찰대상자를 구인할 수 있다. 이 경우 '긴급을 요한다' 함은 보호관찰대상자를 우연히 발견한 경우 등과 같이 구인장을 발부받을 시간적 여유가 없을 때를 말한다. 또 보호관찰소장은 보호관찰대상자를 구인한 때에는 긴급구인서를 작성하여 즉시 관할지방검찰청 검사의 승인을 받아야 하고, 승인을 얻지 못한 때에는 즉시 보호관찰대상자를 석방하여야 한다. 또한 제 42조의 규정에 의한 유치를 제외한고는 보호관찰소 등에 인친한 때로부터 48시간 이내에 석방하여야 한다.

ⓔ 유치

구인된 자에 대해 보호관찰을 조건으로 한 형의 선고유예의 실효 및 집행유예의 취소청구신청이 필요시, 가석방(가퇴원)의 취소신청이 필요시, 보호처분의 변경신청이 필요한 때에 판사의 허가를 얻어 하는 구속으로, 법원의 허가를 얻은 날로부터 20일 동안 수용기관 또는 소년분류심사원에 유치할 수 있다.

ⓕ 취소 또는 처분변경

준수사항을 위반하고 그 사안이 중하여 보호관찰을 계속함이 부적합한 때 하는 조치로, 여기에는 선고유예의 실효, 집행유예의 취소, 가석방 및 가퇴원의 취소(실효, ×), 보호처분의 변경들이 있다.

ⓖ 가해제와 정지

심사위원회는 대상자가 성적이 양호한 때는 신청 또는 직권에 의해 보호관찰을 기헤제할 수 있으며(임의조항), 가해제 중에는 보호관찰을 하지 아니하지만, 대상자의 준수사항의 준수의무는 계속된다. 심사위원회는 가해제결정을 받은 자에 대해 다시 보호관찰을 하는 것이 상당하다고 인정한 때는 보호관찰소장의 신청 또는 직권에 의해 가해제결정을 취소할 수 있다(임의조항). 가해제가 취소된 때는 가해제기간은 보호관찰기간에 산입한다. 심사위원회는 가석방(가퇴원)된 자의 소재를 알 수 없어 보호관찰을 계속할 수 없을 때는 신청 또는 직권에 의해 보호관찰을 정지하는 결정을 할 수 있다(임의조항). 그러나 그의 소재를 알게 된 때는 즉시 정지해제결정을 해야 한다(강제조항).

ⓗ 종료

보호관찰기간이 경과한 때, 보호관찰부 형의 선고유예가 실효되거나 보호관찰부 형의 집행유예가 실효 또는 취소된 때, 가석방 또는 가퇴원이 실효 또는 취소된 때, 보호관찰이 부적당할 정도의 준수사항 위반의 경우 보호처분이 변경된 때, 심사위원회의 부정기형 종료결정이 있는 때, 보호관찰기간 중 금고 이상의 형의 집행을 받게 된 때는 보호관찰이 종료된다.

한편 우리 나라의 보호관찰제도는 영국제도를 참고한 면이 있다.[42]

2) 소년원

소년원은 소년법상의 보호처분결정에 의하여 소년법원에서 송치한 범죄소년·촉

42) 영국의 경우 우리 나라의 중앙조직인 보호국 관찰과에 해당되는 조직은 내무부 형사정책국과 형사사법국이며, 심의기구는 보호관찰위원회가 있다. 일선보호관찰기관으로는 전국의 56개의 구역에 있는 보호관찰위원회 산하에 보호관찰소가 있고, 보호관찰 외에 수강명령·사회봉사명령등 다양한 제도가 시행되고 있다.

한편 일본은 중앙의 보호국이 보호관찰제도의 운영을 총괄적으로 담당하는데, 특징은 보호관찰과 갱생보호의 업무가 미분리되어 별도의 갱생보호기관이 없으며, 보호관찰소에서 통합·운영한다. 또 우리의 보호관찰심사위원회에 해당되는 것이 갱생보호심사회(중앙·지방)이고, 지방갱생보호심사회에서 관할구역 내의 보호관찰소를 지휘하며, 일선보호관찰기관으로는 보호관찰 주재사무소를 두고 있다. 일본의 보호관찰제의 가장 큰 특징은 민간봉사자인 보호사제도로, 이들이 실제로 보호관찰업무도 담당하는데(물론 보호관찰직원도 담당하고 있다), 타국들에게 좋은 모범이 되고 있다. 또 일본은 보호관찰 대상자가 포괄적이며(성인·청소년), 사회봉사나 수강명령제도는 없다.

그리고 미국은 각 주에 있는 보호관찰위원회가 중앙조직의 역할을 하며, 심의기구로 보호관찰 및 가석방심사위원회가 있고, 이 위원회의 사무국장이 보호관찰국장을 겸하고 있어 조직의 유기적 연계가 된다. 보호관찰관은 행정부 또는 법원에 소속된 공무원으로 판결전 조사와 보호관찰 등을 담당하는데, 판결전 조사제도가 활발히 운영 되며, 보호관찰관 1명당 대상자 50명을 안 넘도록 하고 있다.

법소년 · 우범소년을 수용하는 시설이다. 소년원은 대통령령에 의해 "초 · 중등학교와 직업능력개발원 및 의료재활 등으로 분류할 수 있고, 소년원생은 남 · 녀보호소년과 위탁소년, 16세 미만자와 16세 이상자로 분리수용하되, 16세 미만자라도 촉법소년은 분리할 수 있다"라는 규정을 추가했다.

소년원 내에서 처우는 장기처우와 단기처우로 이원화되어 있으며, 누지처우도 실시한다. 징계의 종류는 훈계, 교정성적의 감점, 16세 이상자에 대한 단독실 내에서의 20일 이내의 근신이 있다. 보호소년이 14세 이상인 경우에만 대상자를 선정해 직업훈련을 실시하고, 보호소년이 통근취업하는 때는 그 임금의 전부를 소년에게 준다.

그리고 행형법의 귀휴제도와 유사한 것이 소년원법의 외출제도이다. 퇴원의 경우 소년원장은 보호소년이 23세에 달한 때는 퇴원시켜야 하며, 소년원장은 보호소년에 대해 교정의 목적을 달성했다고 인정할 때는 법무부장관의 허가를 받아 퇴원시킨다. 위탁소년의 소년분류심사원 퇴원은 법원소년부의 결정서에 의해야 한다(소년교도소에서 형집행 중인 소년의 연령이 23세에 달한 때는 일반교도소로 이송).

한편 1997년 1월부터 소년원의 정식 명칭을 학교명으로 개칭했다. 소년원의 처우과정을 보면, 민지 10일긴의 입원교육(생활안내 · 분류조사 · 처우심사), 5~18개월간의 기본교육과정(특성화교육 · 교과교육 · 직업능력개발훈련 · 생활지도 · 특별활동), 퇴원 및 가퇴원 심사, 10일간의 사회복귀교육(진로지도 · 사회적응지도 · 취업알선), 가퇴원(보호관찰 · 사후지도) 또는 퇴원의 과정을 거친다.

위에서 특성화교육은 급변하는 환경에 적응하기 위해 기존의 교과교육중심의 소년원 학교운영체제를 2000년 8월부터 특성화 학교체제로 전환한 바, 그 내용은 〈표 4-6〉과 같다.

〈표 4-6〉 소년원 학교의 특성화교육내용

구 분		기 관	학 교 명	주요교육 프로그램
특성화학교	정보통신학교	서울소년원(일반)	고봉정보통신 중 · 고등학교	• 영어 · 중국어회화, 컴퓨터 애니메이션, 경영정보, 멀티미디어 정보통신 • 중 · 고등학교 교과교육
		대구소년원(단기)	읍내정보통신 중 · 고등학교	• 영어 · 일본어회화, 컴퓨터 그래픽, 멀티미디어 정보통신 • 중 · 고등학교 교과교육
		전주소년원(단기)	송천정보통신학교	• 실용영어 · 일본어, 컴퓨터교육 • 중학교 교과교육
		춘천소년원(단기)	신촌정보통신학교	
		충주소년원(단기)	계명정보통신학교	
	정보산업학교	부산소년원(일반)	오륜정보산업학교	• 실용영어 · 일본어, 컴퓨터교육 • 전산응용건축제도, 자동차정비, 전기용접, 선반 · 금형
		광주소년원(일반)	고룡정보산업학교	• 실용영어 · 중국어, 컴퓨터교육 • PC수리, 건축배관, 자동차정비, 특수 용접
		대전소년원(일반)	원촌정보산업학교	• 실용영어 · 중국어, 컴퓨터교육 • 컴퓨터산업 디자인, 전산응용 건축제도, 자동차정비, 전기용접, 전기공사
		안양소년원 (단기 · 일반)	정심여자정보 산업학교	• 실용영어 · 중국어 컴퓨터교육 • 미용, 피부미용, 컴퓨터산업 디자인 • 중학교 교과교육
		제주소년원 (단기 · 일반)	한길정보산업학교	• 실용영어 · 중국어 컴퓨터교육 • 굴삭기운전, 지게차운전 • 중학교 교과교육
	체능교육	대덕소년원(일반)	대산체육 중 · 고등학교	• 유도, 태권도, 복싱, 볼링, 씨름, 생활체육 • 중 · 고등학교 교과과목
인문계학교		청주소년원(일반)	미평 중 · 고등학교	• 중 · 고등학교 교과과목 • 실용영어, 컴퓨터교육
의료소년원		안산의료소년원(단기 · 일반)		• 약물중독과 정신 · 발달장애 및 신체질환 보호소년의 전문적 치료 및 특수교육

자료: 범죄백서, 2002.

3) 소년분류심사원

이것은 소년법 규정에 의해 위탁된 자를 수용하여 의학·심리학·교육학·사회학 기타 전문지식에 의하여 소년의 자질을 분류심사하고, 그 결과는 소년법원에 송부하여 심판의 자료로 사용하도록 하기 위해 설치한 곳이다. 소년분류심사원에의 위탁은 소년법원의 임시조치(감호조치)의 하나로서 소년의 신병확보라는 사법적 측면과 소년법원에 의한 잠정적인 소년보호기능의 수행이라는 보호적 측면을 공유한다.

처우는 감호와 분류심사가 있는데, 감호란 소년의 신병확보와 심신안정을 도모하고 행동관찰을 통해 분류심사 및 심판에 필요한 정보를 제공하기 위한 절차로 성격·연령·경력·입소횟수·건강·공범상태를 참작해 분류수용한다. 분류심사에서는 성격·신체·소질·학력 등의 관계를 규명해 전문지식과 기술을 근거로 조사와 판정을 행한다.

소년분류심사원장은 법원소년부판사·소년원장·보호관찰소장 및 한국갱생보호공단 외의 자가 분류심사요청시에는 업무에 지장이 없는 범위 내에서 응할 수 있고, 이 때에는 법무부장관이 정하는 바에 의해 실비를 받을 수 있다. 이것을 외래분류심사라고 한다.

소년분류심사원장은 위탁소년의 분류심사 결과와 의견을 법원소년부에 통지해야 하고, 위탁소년이 보호처분의 결정을 받은 때는 그 소년의 분류심사 결과와 의견을 지체없이 그 처분을 집행하는 소년원 또는 보호관찰소에 통지해야 한다.

2004년 개정으로 "소년분류심사원은 법원 소년부가 상담조사를 의뢰한 소년의 상담과 조사, 소년원법 제2조 2항 1호·2호에 해당되지 않는 소년으로서 소년원장 또는 보호관찰소장이 의뢰한 소년의 분류심사를 추가하고 소년분류심사원에 분류심사관을 둔다"라고 규정했고, 판사·소년원장·보호관찰소장 이외의 자가 분류심사요청시 그 결과를 요청한 자에게 통지한다는 것을 추가하였다.

한편 소년분류심사과정은 〈그림 4-2〉와 같다.

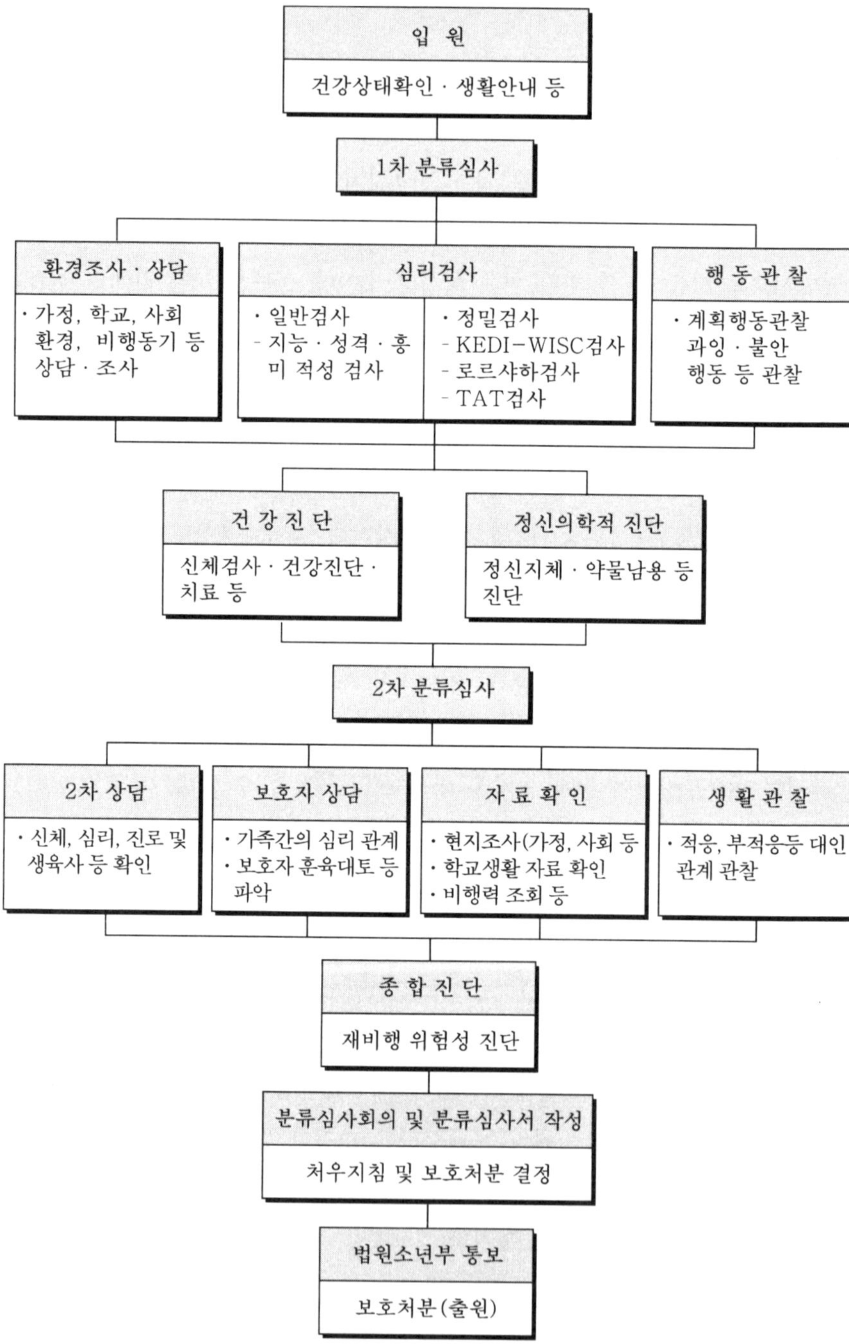

자료: 법무부 보호국 홈페이지, 2003.

〈그림 4-2〉 소년분류심사과정

<그림 4-2>에서 일반검사는 전체소년을 1차 대상으로 하되, 그 중 문제요인이 비교적 간단한 소년에 대하여 면접조사와 신체의학적 진찰, 각종 표준화검사, 자기기록 및 행동관찰을 주로 실시한다. 특수분류심사는 일반분류심사의 결과 비행요인이 중대한 소년에 대하여 개별검사와 정신의학적 진단, 자료조회 및 현지조사 등을 추가로 실시하여 진단하는 방법이다.[43)]

한편 소년분류심사원에서는 분류심사업무 외에도 청소년 적성검사실을 부설해 학생 등 일반청소년을 대상으로 무료로 적성 · 지능 · 성격 등 종합검사를 실시해 주고, 소질과 특성에 맞는 진로지도지침을 제공하는데, '청소년적성검사실'에서는 지역사회 청소년의 각종 심리검사 및 상담뿐만 아니라 행동장애나 학습장애를 가진 청소년에 대한 특수검사와 정신의학적 진단을 행하고 있으며, 자녀와 부모상담을 통하여 가정기능 회복을 지원하는 역할도 수행하고 있다. 2002년부터는 소년분류심사원의 사회적 역할을 강화하여 중 · 고등학교 부적응학생에 대한 특별교육, 소년법원이 위탁하지 않은 심리 대상소년에 대한 분류심사, 기소유예처분 예정자에 대한 선도교육 등도 시행하고 있다.[44)]

4) 치료감호소

치료감호세도는 현행 우리 나라의 사회보호법상의 보안처분의 일종이다.[45)] 치료

43) 김준호 외, 『청소년비행론』, 청목출판사, 2003, 440면.
44) 김준호 외, 상게서, 443면.
45) 보안처분이란 범죄자나 범죄의 위험성이 있는 자를 사회방위를 위해 형벌 이외의 처분으로 사회로부터 격리하는 범죄예방처분인데, 이것은 범죄자나 범죄의 위험성이 있는 자에게 과하는 대인적 보안처분인 협의의 보안처분과 범죄를 예방·진압하기 위해 국가가 시행하는 형벌 이외의 일체의 강제조치를 의미하는 광의의 보안처분으로 나누어 볼 수도 있다. 이러한 보안처분의 역사를 살펴보면, 먼저 독일의 클라인(Klein)은 최초로 보안처분이론을 정립했고, 리스트는 클라인의 사상을 자신의 목적형사상으로 부활시켜 형벌과 보안처분을 일원론적으로 파악해 개선이 불가능한 자에게는 보안처분을 과해야 한다고 주장했다. 그 뒤 1893년에 스투스(Stooss)는 리스트의 이론을 구체화해서 보안처분제도를 스위스형법 초안에 도입했는데, 이 스위스 협법 초안을 '스투스(Stooss) 초안'이라고 한다. 그리고 이러한 스투스 초안에 기초한 최초의 입법이 1908년 영국의 범죄방지법으로 나타났다. 한편 형벌대용물사상을 주장한 페리(Ferri)는 생래석 범죄인은 형벌 내신에 특별한 사회방위처분인 보안처분을 해야 한다고 주장하고, 1921년에는 사회방위의 견지에서 구성된 이탈리아형법 초안(이를 페리 초안이라고 함)을 작성 하였다.

감호란 범죄를 저지른 장애인과 약물중독자의 재활을 위한 제도로, 이러한 치료감호의 과정에는 정신의료사업사와 교정복지사·심리치료사·장애인교정복지사 등의 협력이 필요한 역동적 과정이다. 이러한 치료감호제도는 서구에서는 1970년대 이전부터 운용되었고, 오늘날은 확대되어 가고 있으며, 교정복지사 등 다방면의 관련전문가의 협력으로 이루어지고 있다.

(1) 치료감호기관

주관부서는 법무부 보호국의 조사과이고, 공주에 치료감호소가 있으며, 여기에는 의료부(일반정신과·신경정신과·사회정신과·특수치료과·일반진료과·간호과)와 감호과가 있는데, 감호과는 행정업무와 피치료감호자의 감호를 담당하고 있다.

(2) 치료감호의 대상과 절차

대상자를 살펴보면 보호대상자가 다음 각 호의 1에 해당하고, 재범의 위험성이 있다고 인정되는 때에는 치료감호에 처한다.

특색으로는 우선 보안처분은 책임과는 관계없는 행위자의 장래의 위험성(보안처분의 부과기분이 범죄의 위험성)에 대한 예방조치로 전망성·개별예방·특별 예방 및 2차적 목적성을 가진다(형벌은 이미 행해진 범죄사질에 대한 책임에 기초해 응보를 과하므로 일반예방성·응보성·회고성·고통부과성 및 1차 목적성을 가지는데, 형벌의 목적은 범죄의 진압이고, 지도원리는 책임주의이다). 그리고 보안처분은 형벌을 대체 또는 보충해서 과해지고, 사회방위와 범죄인의 개선을 주목적으로 하므로 보안처분의 본질은 사회방위와 교정이라고 할 수 있다.

보안처분의 지도이념에는 비례의 원칙과 보안처분법정주의가 있는데, 전자는 보안처분을 통한 개인에 대한 자유침해의 정도는 보안처분의 목적인 사회방위와 비례관계를 유지해야 한다는 것으로, 보안처분의 정당성의 근거로 작용한다. 비례성 원칙의 구체적 내용은 적합성의 원칙(목적달성에 적합한 수단과 정도일 것), 필요성의 원칙(최소침해의 원칙), 상당성의 원칙(협의의 비례 원칙으로 공익상 필요와 공권력 발동은 비례할 것)이 있다. 비례성의 판단기준은 행위자의 범죄의 의미(범죄의 종류·경중), 행위자에 대해 기대되는 범행의 의미, 행위자로부터 나오는 위험의 정도가 그것이다. 그리고 헌법의 규정에 따라 보안처분의 종류와 요건 등을 법률로 미리 정해 두어야 하는데, 이를 보안처분 법정주의라고 한다.

1. 심신장애자로서 형법 제10조 제1항의 규정에 의하여 벌할 수 없거나 동조 제2항의 규정에 의하여 형이 감경되는 자가 금고 이상의 형에 해당하는 죄를 범한 때
2. 마약·향정신성 의약품·대마 기타 남용되거나 해독작용을 일으킬 우려가 있는 물질이나 알코올을 식음·섭취·흡입·흡연 또는 주입받는 습벽이 있거나 그에 중독된 자가 금고 이상의 형에 해당하는 죄를 범한 때

부정기처분인 치료감호는 검사의 청구에 의해 판사가 선고를 하는데, 이 때 치료감호와 형벌이 경합할 때는 치료감호를 먼저 집행하며, 이 때 치료감호의 집행기간은 형기에 산입하는 대체주의가 인정되고 있다.[46)]

한편 치료감호는 부정기처분으로 치료감호기간은 기간을 명시하지 않는다.[47)] 다만 치료의 위탁규정이 사회보호법 제 28조에 명시되어 있다.[48)]

치료감호의 종료는 치료된 때, 충분히 치료되어 재범의 위험성이 없을 때, 통원치료로도 치료가능한 때이며, 매 6월마다 직권 또는 피치료감호자 또는 검사의 신청에 의해 사회보호심사위원회가 결정한다.[49)]

---

46) 이것은 형벌은 책임의 정도에 따라 선고되지만(이원주의), 그 집행단계에서 보안처분의 집행에 의해 대체되거나 보안처분의 집행이 끝난 뒤에 형벌을 집행하는 제도이다(일원주의). 따라서 보안처분을 먼저 집행한다(보안처분인 치료감호는 치료감호를 마친 후 치료감호기간을 형기에 산입하는 대체주의적 입장이다). 여기서는 형벌과 보안처분의 요건과 선고는 별개로 보지만, 집행은 대체할 수 있다고 본다. 이러한 주장의 논거는 형벌의 응보적 성격을 긍정하면서도 추구하는 목적은 범죄인의 사회복귀에 두며, 사회복귀라는 관점에서 보안처분의 선집행이 좋고, 보안처분기간을 형기에 산입시켜 둘간의 기능적 대체성을 인정하자는 것이며, 보안처분과 형벌은 선고의 절차와 내용이 별개이므로 보안처분의 선고기관은 특별법이나 특별규정으로 해결하고자 하는 입장이다.

그러나 형벌과 보안처분의 교환이 책임형법에 맞지 않고, 보안 처분을 받은 자가 형벌만을 선고 받은 자보다 유리하게 되어 사회정의에 반한다는 비판이 있다(A와 B 둘다 동일한 범죄시 A에게는 치료감호처분도 내려지나 B에게는 징역형만 선고되면 A는 치료가 되어 감호의 필요가 없다고 인정될 때까지 치료시설에 수용되므로 A가 훨씬 유리하다).

47) 피치료감호자가 치유되어 치료감호의 종료 또는 가종료결정 때까지 수용된다.

48) 제28조[치료의 위탁] ① 사회보호위원회는 제8조 제1항 제1호 전단의 규정에 의한 피치료감호자가 그 집행개시후 2년을 경과한 때에는 상당한 기간을 정하여 그 친족에게 치료감호시설 외에서의 치료를 위탁할 수 있다. 제8조 제2호 후단에 규정된 자 중 치료감호만을 선고 받은 자도 또한 같다.

② 사회보호위원회는 치료감호와 형이 병과되어 형기상당의 치료감호를 집행받은 자에 대하여는 상당한 기간을 정하여 그 친족에게 치료감호시설 외에서의 치료를 위탁할 수 있다.

49) 사회보호법 제25조에 따르면 사회보호위원회는 피치료감호자에 대하여 집행개시후 매 6

한편 치료감호의 정지는 사회보호법 제31조의 규정에 의해 형사소송법 제471조 1항 각 호에 해당되면 검사는 치료감호의 집행을 정지할 수 있는데, 이 때 감호의 집행이 정지된 자에 대한 관찰은 형집행 정지자에 대한 관찰의 예에 해당한다.[50)]

(3) 치료감호의 내용

치료감호의 내용에 대해서는 사회보호법 제9조가 대통령령에 위임하고 있는데, 그 기본내용은 다음과 같다. 먼저 피치료감호자가 입소하면 정신감정 등을 통해 분류심사를 받게 되면 증상에 따라 분류수용하게 되고, 그 다음에 치료와 직업훈련 적응훈련을 거치게 된다.

치료는 주로 정신과적 치료를 치료감호소 내에서 하되, 치료감호소 내에서 치료가 불가능할 때는 외부에 위탁치료를 하게 되며, 치료감호소 내에서의 치료방법에는 약물요법·정신요법·활동요법이 있다.

의료사회복지사와 교정복지사의 개입이 필요한 부분이 정신요법과 활동요법이며, 활동요법에는 특수치료와 재활치료가 있다. 전자는 피치료감호자의 자아실현의 강화와 정신활동의 활성화를 돕는 것으로, 음악치료·미술치료·심리극·운동치료·공예치료(등공예·지점토) 등의 기법이 활용되며, 재활치료는 가족상담과 인간관계 기술훈련 등을 통해 사회적응력의 향상을 제고하는 데 목적을 두고 있다.

직업훈련은 완치 또는 양호판정을 받은 피치료감호자에게 출수후 경제기반의 확보에 도움이 될 수 있는 직업훈련을 시키며, 사회적응훈련은 치료감호가 끝난 피치료감호자를 대상으로 사회적응력을 향상시키는 훈련이다.

5) 교정복지사의 개입

먼저 보호관찰과 관련하여 현재 보호관찰의 주요내용인 판결전 조사, 환경조사,

월 종료 또는 가종료 여부를 심사·결정한다.

50) 형사소송법 제471조 제1항은 자유형 집행의 임의적 집행정지로서 형집행으로 인하여 현저히 건강을 해치거나 생명을 보전할 수 없을 염려가 있는 때, 연령 70세 이상인 때, 잉태후 6월 이상인 때, 출산후 60일을 경과하지 않은 때, 직계존속이 연령 70세 이상 또는 중병이나 불구자로 보호할 다른 친족이 없는 때, 직계비속이 유년으로 보호할 다른 친족이 없는 때, 기타 중대한 사유 등이다.

환경개선활동, 보호관찰의 집행시 보호관찰관의 지도·감독, 통신지도와 소환조사, 접촉지도, 범죄예방활동과 사회봉사명령·수강명령의 집행과정에서 교정복지사는 보호관찰공무원을 보좌하거나 또는 사무의 일부를 위탁받아 개입할 수 있다. 이미 미국 등 선진국에서는 보호관찰관 또는 가석방관의 업무를 보조하는 준전문가로서 워커가 활동해 오고 있다.

따라서 교정복지사는 주로 개별사회사업방법론을 이용하여 지역사회 내에 있는 보호관찰대상자의 재활을 위해 프로그램을 개발하는 데 개입할 수 있으며, 이 과정에서 지역사회의 각종 인적·물적 자원을 동원하는 능력이 있어야 하고, 지역사회의 각 계층과 협력하여야 하며, 또한 교정복지사나 사회복지기관은 보호관찰소와 연계하여야 한다.

또한 앞으로는 교정복지학을 전공한 사람이 보호관찰공무원으로 특채되거나 또는 현재 보호관찰직 공무원의 공채시 교정복지론을 추가하여 보호관찰직의 전문화가 이루어지도록 교정복지사들은 공무원임용령의 개정을 위해 자원을 동원해야 한다. 다만 이 때는 관료화의 위험성 때문에 특채시는 계약직 공무원으로 임용하도록 해야 한다. 또한 장차 보호관찰직 공무원과 관련공무원도 신분보장이 되지 않는 계약직 공무원으로 하되, 고객인 보호관찰대상자의 평가와 업무평가를 통해 재계약되는 방향이 되어야 한다. 그렇지 않고 생산성과 전혀 관계없이 평생신분이 보장되는 직업공무원으로 임용하면 보호관찰이나 교정복지 서비스는 관료제화되어 버려 형식적이 되어 버리는데, 그것은 관료제의 역사가 이를 증명하고 있다.

소년원과 관련해서는 교정복지사는 소년원생에 대한 분류조사, 기본교육과정의 교육, 생활지도와 사회적응지도 등 각종 지도 등에서 교육자·상담자로의 역할로서 교정복지에 관여할 수 있다. 특히 최근에 설립된 자립생활관인 정명제(무의탁학생 및 출·퇴근이 용이하지 않은 취업학생을 위한 기숙사형태의 전용시설)와 가정관(2~3일간 가족과 함께 생활하며 손상된 가정기능을 회복시키는 곳으로, 전국의 소년원에 16평형으로 15개동이 설치되어 있음)에 입소한 소년원생들의 완전한 사회복귀를 위해 필요한 원조를 할 수 있고, 이외에도 소년원생의 창업이나 취업을 알선하기 위해 관련기관과 협력하고, 퇴원한 소년원생들의 재범을 막기 위해 지역사회와 함께 사후지도에도 관심을 가져야 한다.

소년분류심사원과 관련해서는 소년분류심사원의 분류심사과에서 행하는 대상자의 사회환경조사와 대상자에 대한 상담에 있어 관계자들과 협력하여 개입할 수 있고, 또한 교무과에서 행하는 생활지도·정신교육·행동관찰 등에서 개입할 수 있으며, 대상자들이 처음 구금경험으로 생기는 구금반응의 해소와 시설에의 적응을 위해 적절한 프로그램으로 개입할 수 있다.

또한 교정복지사는 현행 분류심사직·계약직 공무원으로 특채될 수 있도록 합법적 자원을 동원하여 노력해야 하며, 현행 분류심사직 공무원의 공채과목에 교정복지론이 포함될 수 있도록 교정복지사와 한국교정복지학회가 노력해야 한다.

치료감호와 관련해서는 치료감호현장이 의료사회사업가와 심리치료사·교정복지사·예술치료사와 같은 전문치료사 등이 역동적으로 움직이는 현장이므로 피치료감호자에 대해 이들이 연계하여 재활과 원조 서비스를 총체적으로 제공해야 한다.

또한 교정복지사는 피치료감호자의 재활에 도움이 되는 다양한 프로그램을 통해 원조할 수 있으며, 또한 상태가 양호한 피치료감호자에게는 그의 정성·생계 등을 고려한 적절한 직업훈련이 이루어지도록 개입할 수 있고, 치료감호가 끝나가는 피치료감호자에게는 사회적응훈련을 휘해 적절한 원조를 행할 수 있으며, 또한 이 과정에서 무연고자인 피치료감호자에게는 적절한 사회보호시설을 알선하는 데 개입할 수 있다.

그리고 교정복지사는 피치료감호자의 복지와 인원을 위해 제도개선에도 노력해야 하는데, 가령 현재는 치료감호의 정지사유로 "형의 집행으로 현저히 건강을 해치거나 생명을 보전할 수 없을 염려가 있을 때" 등으로 하여 요건이 너무 엄격하므로 "형의 집행으로 인하여 건강을 해칠 염려가 클 때" 등으로 완화하는 것이 피치료감호자의 인권에 도움이 되므로 교정복지사는 법령개정에 관심을 갖고 개입하여야 한다.

또한 치료감호의 종료를 결정하는 사회보호심사위원회의 구성원의 대부분이 법조인으로 구성되는 것은 바람직하지 않으므로 여기에 의료사회사업가나 교정복지사가 참여하는 방안이 모색되어야 한다. 또한 가족의 긍정적 기능이 크게 작용하는 일정한 피치료감호자의 경우에는 주간에는 공주치료감호소에서 치료와 교정을 받고 야간에는 가족이 있는 집으로 귀가할 수 있는 구금모형의 개발에도 교정복지사는 관심을 가져야 한다. 이와 관련하여 가족도 피치료감호자의 재활에 참여할 수 있는 가족치료 모델의 개발도 생각해 볼 수가 있다.

이외에도 교정복지사는 불우한 피치료감호자의 가족에 대한 지원에도 관심을 가질 필요가 있고, 때로는 범죄에 따라서는 피치료감호자의 진정한 재활을 위해 범죄피해자나 피해자의 가족이 피치료감호자의 재활에 참여하는 '피해자 등에 의한 치료' 방식의 모델도 개발할 필요가 있다.

그리고 피치료감호자가 직업훈련 중 사망이나 부상을 당해도 산업재해보험의 해택을 받지 못해 피치료감호자나 그의 가족에게 불리한 일이 발생하므로 이러한 해택을 제도적으로 받을 수 있는 방안에도 관심을 가질 필요가 있으며, 가족기능의 정상화를 위해 현재 다른 일부교도소에 있는 '부부만남의 집'을 공주치료감호소 내에도 건축하도록 하는 데 교정복시사는 관심을 가져야 한다.

그리고 많은 학자들이 언급한 바와 같이 피치료감호의 신속한 사회복귀를 위한 중간처우의 집을 생각해 볼 수도 있는데, 이 때 이렇게 되면 피치료감호자의 재활에 드는 모든 비용과 중간처우의 집에서의 모든 비용이 국민에게 전가되는 현상은 바람직하지 않으므로 부유한 피치료감호자에게는 치료와 교정비용을 수익자에게 부담시킬 필요가 있으며, 또한 이 때 중간처우의 집은 출소 후의 중간처우만이 아니라 정신병에 따라서는 입소 전의 중간처우의 집도 고려해 볼 만하다.

그리고 피치료감호자가 퇴소 후에도 지역사회의 복지사와 병원·보건소와 연계하는 사후지도의 필요가 있다.

7. 민간보호기관

범죄인 또는 출소자 등을 위한 민간보호기관에는 공적인 보호기관으로 한국갱생보호공단·법원위탁시설·선도보호소·가출청소년쉼터가 있고, 사적인 보호기관에는 한국소년보호협회가 있다.51)

51) 법원위탁시설은 주로 소년법원의 보호처분 또는 보호자들의 요청에 의해 수용하는데, 아

그리고 이외에도 사적인 보호기관이 인가 또는 비인가시설에 의해 운영되어 오고 있다. 인가시설에는 빠스카 교화복지회와 담안선교회 등이 있는데, 특히 담안선교회의 활동은 좋은 모델로 잘 알려져 있다.52)

여기서는 주로 갱생보호제도와 한국갱생보호공단 및 종교복지기관에 대해 상술하기로 한다.

1) 갱생보호제도

(1) 갱생보호의 의의

협의로는 교정시설에서 일정기간 처우받고 출소하는 자에 대한 후견과 지도적 활동(after-care)이고, 광의로는 협의의 개념에다가 형의 각종 유예(선고·기소·집행) 등 법적인 구금에서 풀려난 자에 대한 사회 내에서의 보호활동이다. '보호관찰 등에 관한 법률' 제3조에는 갱생보호 대상자와 보호관찰대상자를 구분하고 있고, 5장의 갱생보호조항에서는 임의적 갱생보호를 원칙으로 규정하면서도 일정한 경우 관계기관에게도 갱생보호신청을 할 수 있도록 규정을 둠으로써 강제적 갱생보호도 부과할 수 있다. 동법 제3조의 갱생보호대상자에 형사처분 또는 보호처분을 받은 자로 규정하고 있고, 제36조에서는 보호관찰대상자에 대해 보호관찰소장이 원호 및 응급구호를 위해 필요한 경우 갱생보호공단 등에 원조나 협력을 요청할 수 있도록 하므로 '보호관찰 등에 관한 법률'상의 갱생보호는 광의의 갱생보호개념과 임의적·필요적 갱생보호까지를 포함하고 있다(보석 중인 자와 구속집행정지 중인 자 및 형집행정지 중인 자는 갱생보호대상이 아님).

갱생보호의 목적은 재범방지와 사회보호, 출소자의 자립심의 고취와 자립기반의 조성이라 하겠다(궁극적 목적은 건전한 사회복귀). 여기에는 유권적 갱생보호(필요적 갱생보호)와 After-care의 의미인 임의적 갱생보호(보통 갱생보호라고 부르는 것)가 있다. 전자는 본인의 동의나 신청없이 일정기간 강제적으로 하는 갱생보호이

동보호치료시설과 소년보호시설로 구분하며, 소년보호협의회는 주로 기업인들이 참여해 만든 재단법인이다.

52) 임석근 목사가 이끄는 담안선교회는 열정적으로 교화활동에 참여하고 있다.

며, 후자는 본인의 동의나 신청이 있을 때 한해 국가나 민간단체가 실시하는 비유권적 · 사회사업적 보호활동이다(우리는 임의적 갱생보호가 원칙임).

유권적 갱생보호에는 영미의 보호관찰 조건부 유예제도(probation)나 유럽의 보호관찰부 가석방(parole) 등이 있다. 이러한 갱생보호제도는 기독교사상과 계몽주의의 영향으로 18세기 말부터 발달했는데, 그 배경은 형법이론에서 신파에 의한 특별예방주의사상의 도움을 받으면서 범죄자의 개선을 통해 건전한 사회복귀 및 범죄의 방지라는 갱생보호의 의미가 중요해졌기 때문이다. 18세기 말부터 정부가 주도적으로 갱생보호를 실시한 대륙계와는 달리 영미계는 초기에는 민간인 차원에서 자선적 성격을 띤 갱생보호가 실시되었는데, 그 대표적인 것이 창시자인 위스터가 1776년에 만든 '불행한 출소자를 돕는 필라델피아협회'였다(1870년에 미국의 교도소협회는 신시내티선언을 하여 갱생보호에 대한 국가의 책임을 촉구함).

우리의 경우는 1942년 조선사법보호사업령과 조선보호위원령이 제정되면서 사법보호위원회가 보호사업을 하게 되었고, 그 뒤 1961년에 갱생보호법이 제정되면서 갱생보호회와 갱생보호소가 설치되었으며, 1995년에 기존의 갱생보호법을 폐지하고 갱생보호에 관한 사항은 '보호관찰 등에 관한 법률'에 흡수되었다. 이 과정에서 종전의 관찰보호방법을 폐지하고직접 보호의 방법만 규정했으며, '보호관찰 등에 관한 법률'은 유권적 갱생보호를 보호관찰이라고 규정하고 임의적 갱생보호만을 갱생보호라고 규정하고 있다.

우리는 갱생보호를 총괄하는 기구가 법무부 보호국 관찰과이며, 갱생보호의 실시에 관한 사무는 갱생보호사업자 또는 한국갱생보호공단과 보호관찰소에 의해 실시되고 있다.

(2) 한국갱생보호공단

공단에는 이사장 1인을 포함한 10인 이내의 이사와 감사 1인을 둔다. 이사장은 법무부장관이 임명하고, 그 임기는 2년으로 하되, 연임할 수 있다. 이사는 갱생보호사업에 열성이 있고 학식과 덕망이 있는 자 중에서 이사장의 제청에 의하여 법무부장관이 임명 또는 위촉하며, 임기는 3년으로 하되, 연임할 수 있고, 다만 공무원인 이사의 임기는 그 직위에 있는 동안으로 하고 있다. 감사는 이사장의 제청에 의해 법무부장관이 임명하며, 임기는 2년으로 하되, 연임할 수 있다. 또 이사장은 공단을 대표하며, 이사장 아닌 이사와 감사는 비상근으로 할 수 있다.

그리고 대한민국 국민이 아닌 자, 국가공무원법 제33조 각 호의 1에 해당되는 자는 공단의 임원이 될 수 없고, 법무부장관은 임원이 갱생보호사업에 열성이 없다고 인정되는 때, 또는 직무상 의무위반 또는 직무수행을 게을리 하거나 기타 사유로 인해 임원으로서 부적당하다고 인정되는 때는 그 임원을 해임 또는 해촉할 수 있다.

그리고 주요사항을 심의·의결하기 위해 공단에 이사회를 두며, 이사회는 이사장과 이사로 구성되고, 감사는 이사회에 출석해 의견을 진술할 수 있다. 또 공단의 직원은 정관이 정하는 바에 의해 이사장이 임면하며, 공단은 갱생보호의 실시와 갱생보호제도의 조사·연구·보급·홍보 및 갱생보호사업을 위한 수익사업의 경영과 공단의 목적달성에 필요한 사업을 한다.

공단의 회계연도는 정부의 회계연도에 의하고, 공단은 법무부령이 정하는 바에 의하여 매 회계연도 개시 전에 다음 회계연도에 실시할 공단의 사업계획 및 예산을 법무부장관에게 제출하여 그 승인을 얻어야 하며, 이를 변경하고자 하는 때에도 또한 같고, 공단은 법무부령이 정하는 바에 의하여 매 회계연도의 종료 후 전년도의 사업실적과 결산을 법무부장관에게 제출하여야 한다.

한편 공단은 갱생보호사업을 위하여 기증받은 금품이 있는 때에는 그 접수상황 및 처리상황을 법무부장관에게 보고하여야 하며, 갱생보호사업의 추진에 필요한 재원을 확보하기 위하여 공단에 갱생보호기금을 설치하고, 기금은 기금운영으로 생기는 수익금과 공단의 사업으로 생기는 수입금 및 기부금으로 조성하며, 기금의 운용·관리에 필요한 사항은 대통령령으로 정하고, 기금의 부담으로 자금을 차입할 때는 법무부장관의 승인을 얻어야 한다. 그리고 공단에 관하여 이 법에 규정한 것을 제외하고는 민법 중 재단법인에 관하 규정을 준용하며, 공단의 임원 및 직원은 형법 기타 법률의 규정에 의한 벌칙의 적용에 있어서 이를 공무원으로 본다.

이외에도 공단은 국가로부터 일정한 지원과 감독을 받는다.[53)]

---

53) 국가 또는 지방자치단체는 사업자 및 공단에 대하여 보조할 수 있다(조세감면). 그리고 사업자 또는 공단이 갱생보호사업을 위하여 수익사업을 하고자 하는 때에는 사업마다 법무부장관의 승인을 얻어야 하며, 이를 변경하고자 하는 때에도 또한 같고, 법무부장관은 수익사업을 하는 사업자 또는 공단이 수익을 갱생보호사업 외의 사업에 사용한 때에

(3) 갱생보호과정과 내용

갱생보호는 보호대상자가 친족 또는 연고자 등으로부터 지원을 받을 수 없거나 그들의 지원만으로 충분치 아니한 때 하는데, 직접보호방법은 숙식제공, 여비지급, 취업알선 및 직업훈련, 생업도구나 생업조성금품의 지급이나 대여 기타의 자립지원 등이 있다. 그리고 이의 보호에 부수하는 선행지도가 있다.

선행지도는 과거의 관찰보호를 말하며, 본인의 동의가 있을 때 행하는 것으로, 임의적 방법으로 실시되는 지도·상담의 성격을 가진다.

그리고 출소후 생활대책의 상담과 취업알선 및 자매결연 주선 등을 하는 수형자 복지담당관제도가 있다. 갱생보호는 갱생보호 대상자 및 관계기관이 보호관찰소장과 갱생보호사업자 또는 한국갱생보호공단에 신청할 수 있고, 신청을 받은 자는 지체없이 보호필요 여부와 보호하기로 한 경우는 그 방법을 결정해야 하며(지체없이 보호관찰을 명하는 것이 아니라), 보호결정을 한 때에는 지체없이 갱생보호에 필요한 조치를 해야 하고, 갱생보호를 하지 않기로 결정한 때에는 서면으로 그 이유를 신청인에게 통지해야 한다.

갱생보호의 종료는 그 목적을 달상하거나 갱생보호대상자가 신청을 철회한 경우에는 보호가 종료된다(숙식제공은 기간이 6개월로 정해져있으나 필요한 때는 6개월의 범위 내에서 한번 연장할 수 있다).

그리고 위에서 언급한 기타의 자립지원에는 결혼알선과 호적의 취적 및 주민등록 편입 등이 있다.

는 수익사업의 시정이나 정지를 명할 수 있으며, 법무부장관은 사업자 및 공단을 지휘·감독한다. 법무부장관은 사업자 및 공단에 대하여 감독상 필요한 때에는 그 업무에 관한 사항을 보고하게 하거나 자료의 제출 기타 필요한 명령을 할 수 있으며, 소속공무원으로 하여금 사업자 및 공단의 운영실태를 조사하게 할 수 있다. 그리고 이 법에 의한 공단이 아닌 자는 한국갱생보호공단 또는 이와 유사한 명칭을 사용하지 못하고, 이 법에 의한 사업자가 아닌 자는 갱생보호회 또는 이와 유사한 명칭을 사용하지 못한다.

〈표 4-7〉 수형자 연령별 현황(단위:명)

구 분	2001	2002	2003	2004	2005	2006	2007
계	38,521	37,646	36,332	35,627	32,969	30,145	31,478
16세 미만	20	3	4	2	0	1	1
18세 미만	95	70	59	32	29	22	37
20세 미만	773	541	425	324	201	156	213
25세 미만	6,348	5,568	5,225	4637	3,770	3,086	2,515
25세 이상	6,176	5,971	5,207	4868	4,376	3,877	3,869
30세 이상	12,434	12,217	11,922	11581	10,423	9,262	9,350
40세 이상	9,146	9,416	9,576	9909	9,471	9,045	9,846
50세 이상	2,699	2,982	3,007	3339	3,667	3,653	4,378
60세 이상	830	878	907	935	1,032	1,043	1,269

2) 종교복지기관

우리나라는 기독교·불교·천주교 등의 종교기관이 그동안 오랫동안 선교복지 또는 종교복지의 관점에서 교정복지의 기능을 많이 수행해 왔다. 이러한 종교기관들에 의한 교정복지 서비스에는 1968년 7월 7일 특수선교위원회로 발족한 기독교세진회의 활약이 돋보이며, 또한 천주교의 사회교정사목위원회의 활동도 잘 알려져 있다.

이와 같이 종교기관에 의한 선교복지는 필연적으로 교정복지의 성격을 내포하기 때문에 선교복지에 의한 교정복지재의 생산에도 교정복지사가 역동적으로 개입할 필요가 있다고 하겠다.

3) 교정복지사의 개입

갱생보호공단의 시설과 위탁시설에 수용되어 있는 성인과 청소년들은 대개 직계보호자가 없으므로 교정사회복지사는 이들의 재활에 필요한 자원을 평소 관계하고 있는 연결망을 활용하여 도울 수 있으며, 교정사회복지사는 자원봉사자·후원자·협력자로서 활동할 수 있다고 한다.[54)]

또한 갱생보호공단에서 운영하는 생활관은 교정복지의 맥락에서 중간처우의 성격을 띠고 있는 의미가 있고, 갱생보호공단에 사회복지사가 채용되어 활동할 수 있어야 하며, 갱생보호공단을 완전민간기구로 독립시켜 순수 민간의 재정에 의한 사업으로 정착시켜야 한다고 한다.[55]

그리고 갱생보호공단의 생활관에서 퇴소하는 자를 사회복지시설에서의 입소를 알선하거나 무연고자의 결연사업과 결혼배우자에 관한 정보제공 및 의료혜택 등에 관해 교정복지사는 관련기관에 지원을 요청할 수 있어야 한다.

또한 현재 갱생보호공단의 생활관 운영의 많은 문제점이 관료적 운영에서 오므로 공기업인 한국갱생보호공단의 관료적 운영에 대한 민주적 통제방안에도 교정복지사는 관심을 갖고 합법적 범위 내에서 개입하여야 한다.

그리고 한국갱생보호공단의 직원채용에 있어 가능한 연령제한을 폐지하고 교정복지론을 전공한 사람들이 많이 들어갈 수 있는 길을 제도화시키는 방안도 필요하다.

또한 종교복지기관에 의한 교정복지 서비스의 생산도 중요하므로 기독교 세진회나 천주교에 의한 교정복지 서비스의 생산에 교정복지사가 참여할 길을 확대시킬 필요가 있다.

54) 최옥채, 『교정복지론』, 학지사, 2004, 102면
55) 최옥채, 상게서, 112면

제 5 장

교정처우의 방법

-시설내 처우와 사회내 처우-

처우라는 말은 본래 Treatment, Behandlumg, Traienment의 역어(譯語)로서 라틴어의 "Trahere"에서 유래한 것이며 본래의 의미는 "이끈다, 인도한다, 취급한다. 대우한다. 치료한다." 등의 의미로 사용되었다. 따라서 범죄자의 처우를 한마디로 정의하면 "범죄자의 인격을 기준으로 하는 대우"라고 할 수 있을 것이다.

즉 범죄자의 처우란 "국가의 형사 사법절차에서 범죄자의 인격이나 기타 개인적 특성을 고려하여 그에 상응한 대우와 취급을 하는 것"이라고 할 수 있다(김화수, 2004). 이러한 범죄자에 대한 처우는 시설내 처우와 사회내 처우로 구분할 수 있다.

1. 시설내 처우

시설내 처우란 수형자가 수용되면서부터 석방될 때까지 교정시설 내에서 행해지는 일체의 처우를 말한다.

여기서 교정시설이란 보통 좁은 의미로는 자유형의 형벌을 받은 자를 수용하는 시설을 말하지만, 넓은 의미로는 자유형 수형자 이외에도 형사피고인과 형사피의자 및 사형 선고를 받은 자를 수용하는 국가시설을 말하며, 가장 넓은 의미의 교정시설이란 넓은 의미의 교정시설에다가 보호재의 직접 생산과 관계되는 보호시설인 소년원과 소년분류심사원 및 감호소 등을 포함한다고 하겠다.

따라서 교정시설은 교정재의 생산과 직접 관계되는 행형시설과 보호재의 생산을 목적으로 하는 보호시설을 모두 포함하는 개념으로 관계된다고 하겠으며, 보통 교정시설이라고 하면 가장 대표적인 것이 교도소라고 하겠다(천정환 · 이종갑, 2005).

시설내 처우의 목적에 대해서 행형법에서는 수형자를 격리하여 교정 · 교화하며 건전한 국민사상과 근로정신을 함양하고 기술교육을 실시하여 사회에 복귀시키는 데에 두고 있다고 명시하고 있다. 또한 사회보호법에서는 법의 목적 즉, 보호처분의 목적을 보호처분대상자의 사회복귀를 촉진하고 사회를 보호함에 두고 있다고 명시하고 있다.

시설내 처우제도로서 수형자 분류제도, 누진처우제도, 교도작업, 교정교육과 교회, 교정상담, 직업훈련, 수형자자치제, 외부교통제도 등이 있다.

1) 수형자 분류제도

수형자의 분류는 수형자의 특성에 따라 "그룹"으로 나누는 것, 특히 동질적인 "그룹"으로 나누는 것이라고 이해되고 있다. 반면 분류제도 내지 분류처우라고 말할 때는 나누는 행위 자체만이 아니라 수형자의 처우를 그의 개선갱생 및 사회복귀라는 목적에 대응하여 합리적으로 조직하기 위하여 개개의 수형자의 문제점을 과학적으로 검토하고, 그에 적절한 처우방침을 수립하여 그것을 실시하고 처우경과에 따라서 수시로 필요한 진단과 지도를 행하는 일련의 연속된 행위들을 의미하며, 교정의 전단계에 걸쳐 처우의 개별화와 밀접한 관련을 가지고 있는 것을 말한다(허주욱, 1998).

이러한 관점에서 분류처우는 두 가지 의미를 갖게 되는데, 하나는 수형자를 동질적 그룹으로 구분하여 예상할 수 없었던 구금에서의 탄력성을 어느 정도 허용한다는 의미를 가지며, 또 하나는 교정시설의 교정직원 이외의 자 특히, 심리학자, 사회학자, 정신병리학자 등에게 교정시설을 개방한다는 의미를 가진다고 할 것이다(Allen Harry E. & Simonsen Cliford E., 1989; 허주욱, 1998 재인용).

수형자 분류의 목적으로는 첫째, 소극적 목적으로서 악성감염의 방지이다.

즉, 수형자를 분류하지 않고 무차별 혼거시킬 경우에 필연적으로 발생하는 수형자 상호 간의 범죄적 악성감염과 그 상승작용을 제거하기 위하여 성별, 연령, 범수, 형기, 죄질 등 소박한 요인에 따라 분류하게 되고, 신체적, 정신적 결격사유 때문에 다른 수형자에게 해를 미칠 위험성이 있을 때에는 이를 방지하기 위하여 분류하게 된다.

이에 따라 교도소가 여러 가지 종류로 분류되고 같은 교도소 내에서도 분계를 하게 되며, 거실과 공장이 별개로 구분되는 것이다.

둘째, 적극적 목적으로서 수형자 처우를 개별적으로 능률적이고도 합리적으로 운영하기 위한 것이다.

즉, 교정작용의 기능을 촉진·조장하기 위하여 개선의 난이도에 따라 분류와 처우를 행할 것이 요청되는 바, 이에 따라 작업부과의 방향이 결정되고 치료 및 교육 필요자가 분류되며 준병자의 범위 등이 결정되는 것이다. 이러한 여러 가지 처우의 가능성 및 범위의 판정을 위하여 보조과학의 관여가 요청되는 것이다(허주욱, 1997).

2) 누진처우제도

누진제는 분류제와 더불어 현대 교정에 있어서 중추적인 처우제도이다. 누진제는 독일어로 단계처우(Strafvollzug in Strufen), 영어로는 누진계급처우제도(Progressive Stage Treatment System)라고 하는 바와 같이 수형자의 처우에 단계 또는 계급을 두고 각 단계에 있어서 책임과 상우를 부여하는 것을 그 기조로 하고 있다.

즉 누진제는 자유형의 집행에 있어서 재판상 선고된 형을 수개의 단계로 나누어 집행하고 수형자의 개선정도에 따라 처우를 점차 완화하여 사회복귀의 목적을 달성하는 제도로서 누진처우제 또는 계급처우제라고 한다. 다시 말하면 상위계급으로 진급함에 따라 처우 강제를 완화하고 처우상의 특진과 자유를 더 줌으로써 누진 최상급자에게는 가석방과 연계되는 제도이다(법무연수원, 1994).

3) 교도작업

교도작업이란 교도소에서 수형자에게 부과하는 작업으로 교도소에서 물품을 생산·제작·제조·가공·수선하거나 공사의 완성 또는 노무를 제공하는 것을 말한다(김화수, 1991).

즉, 교도작업은 교도소 등에서 교정작용의 일환으로 수형자에 대하여 부과하는 정역으로서 작업을 통하여 수형자에게 노동정신을 배양하고 기술을 습득시켜 사회에 적응할 수 있는 건전한 시민으로 갱생복귀 시키는데 목적이 있으며 작업수익금은 부수적으로 국가재정에도 기여한다. 이러한 견지에서 작업의 목적을 윤리적·경제적·행정적 목적으로 구분하여 생각할 수 있다(허주욱, 1998).

먼저 윤리적 측면에서 교도작업은 수형자에 대하여 무위도식의 습벽을 교정하고 수형생활 중의 고독감과 번민의 제거로 질병에 걸리지 않고 정신적·육체적 건강을 유지·증진시키며, 석방 후의 생계유지를 조장하려는 데 그 목적이 있다.

경제적 측면에서는 교도작업은 요역자를 취업시킴으로써 교도소 경비의 일부를 충당하여 국가의 이익을 꾀하자는데 그 목적이 있다.

또한 행정적 측면에서는 교도작업은 교도소 내의 질서를 유지하여 수형자의 부패·타락을 방지하려는데 그 목적이 있다. 이것은 교도소 내의 질서를 위한 소극적 목적으로서 그들의 정신적·육체적 장해를 초래하지 않는 범위 내에서 인정되어야 한다(허주욱, 1997).

4) 교정교육과 교회

교정교육이란 교정의 궁극이념과 목적인 교육형주의의 시각에서 수형자들에게 교회, 생활지도 등의 목적적 교육과 학과교육 등의 수단적 교육 등의 정신적, 지식적, 기능적 교육을 실시하여 사회생활에 원만하게 적응해서 자주적, 자립적, 사회인으로 살아갈 수 있도록 교정시설 내외에서 이루어지는 모든 교정교육적 활동을 의미한다고 볼 수 있다. 또한 현재 우리나라에서는 수형자를 위해 교회, 정신교육, 사회견학, 생활지도, 학과교육 등의 교정교육을 실시하고 있다.

이러한 교정교육의 원리는 범죄자도 인간존중 사상을 통하여 인격적인 대우를 받음으로써 회개와 복귀의 의욕을 갖는 인간존중의 원리, 교정교육을 행하는 교육자 자신이 현재 무엇을 하고 있으며, 무엇을 목표로 현재 교육자 임무를 수행하고 있는가를 명확히 지위 설정하여 교육에 임하여야 하는 자기인식의 원리, 수형자의 재활과 사회화 과정에 있어, 수형자 스스로 능동적이면서도 적극적으로 노력하는 자세인 자조의 원리, 교정교육으로 인하여 교정교육지도자와 수형자 간의 상호 신뢰 조성을 각기 지니고 있는 왜곡된 감정을 바르게 볼 수 있는 계기가 되어야 하는 신뢰의 원리 등이 있다(이백철, 1998).

한편, 교회(敎誨)는 정신감화를 통해 수용자의 덕성을 함양하고 인격을 도야하여, 장차 건전한 사회인으로 살아갈 수 있도록 재사회화를 돕는 교화의 한 수단을 말한다(배종대, 2002).

원래 교회는 발생사적 견지에서 볼 때에 종교를 바탕으로 하였으나, 오늘날은 이 밖에도 광범위한 심리학적, 도덕적, 사회학적, 교육학적 견지에서 운영되기에 이르렀고, 오늘날 그 방법은 종교교회와 일반교회의 두 가지로 나누어진다(허주욱, 2002).

우리나라 행형법에서는 수형자가 그가 신봉하고 있는 종파의 교의에 의한 특별교회를 청원할 때에 당해 소장은 그 종파에 위촉하여 교회를 할 수 있도록 함으로써 종교교회로서의 특별교회의 실시여부는 당해 소장에게 맡기고 있다.

5) 교정상담

교정상담은 교정시설의 현장에서 수용자를 고객(client)으로 보고 고객이 가진 모든 문제점을 상담하여 스스로 문제해결 능력을 갖도록 하는 기법으로 교정재의 생산에 있어서 교육 · 교회와 함께 핵심적 요소가 된다(천정환, 2005).

즉, 교정상담은 교정환경에서 비롯되는 각종 문제들을 전문적으로 다룰 수 있는 지식과 기술을 가진 상담자와 유죄로 판명되어 정규 혹은 비정규 교정시설에 있는 내담자 사이에 이루어지는 의도적이고 목적적이며 상호작용적 과정이다. 교정상담자의 임무를 폭넓은 시각에서 본다면, 단순한 범죄자들과의 접촉을 통한 상담뿐만 아니라, 다양한 전문가들이 교정시설에서 그들의 전문지식을 활용할 수 있도록 도와주는 업무를 포함한다고 할 수 있다(이윤호, 2002).

6) 직업훈련

직업훈련이란 교정시설에 수용되어 있는 수형자가 사회복귀 후 각종의 직업에 취업할 수 있도록 근로정신을 함양하고 기술을 습득시키는 훈련을 말한다.

행형법에서는 수형자를 격리하여 교정교화하며, 건전한 국민사상을 통하여 근로정신을 함양하고 기술교육을 실시하여 사회에 복귀시킨다고 규정하고 있다.

이러한 직업훈련의 목적은 근로의욕 고취, 1인 1기의 기술습득, 출소 후 생활안정, 재범방지, 고도산업사회가 요구하는 기능 인력을 양성, 교정시설에서 수형자를 생산 업무에 취업시켜, 교정행정경비의 일부 혹은 전부를 충당, 훈련을 통해 교도소 내 질서를 유지하고 규율을 확립시키는 것이다.

한편 직업훈련의 종류에는 직업훈련기본법에 의거하여 노동부장관의 인정을 받아 각종 기능자격 취득을 목표로 실시하는 공공직업훈련으로 양성훈련, 향상훈련, 고급 기능인력의 양성을 목표로 하는 정예훈련, 기업체에서 필요로 하는 기능공 양성목적의 지원훈련, 재훈련(전직훈련)이 있다. 그리고 일반 직업훈련은 공공직업훈련과는 달리 직업훈련기본법의 훈련기준적용을 받지 아니하고 각 교정시설이나 여건 등을 참작하여 수형자에게 적합한 기능을 연마시키는 훈련으로 기능자격검정에 해당되지 않는 각종 면허취득을 목표로 하는 훈련과 공공직업훈련에 해당되지 않는 기타 직업의 기능사 자격취득을 위한 훈련이다(이양섭, 2004).

7) 수형자자치제

수형자자치제(inmate self-government system)란 수형자의 책임과 자치심으로 교도소의 질서를 유지하고 계호주의 흠결을 교정하며, 그들 스스로 사회에 복귀할 준비를 하도록 유도하는 자치생활을 말하는데, 이는 교도민주주의의 실험이라고 의미를 둔다. 이는 직업적 노동의 부과로 수형자의 사회적(시민성) 훈련에 중점을 두고 자치생활을 통하여 궁극적으로 사회적응력 배양에 목표를 둔다. 즉, 수형자의 자력갱생을 조장하고 건전한 사회일원으로 복귀하도록 자유에 상응한 책임을 부여하는 자기통제의 원리에 입각하고 있는 교육·훈련방법이다.

이러한 수형자 자치제는 19세기 초 보스턴 소년강화원에서 E. M. Wells가 시도한 적이 있으며, 1895년 뉴욕주의 프리빌(Freeville)에서 W. George가 불량소년소녀 150명을 대상으로 세운 사설소년원(일명 조오지소년공화국) 등에서 소년의 감화개선을 위하여 실시되던 제도를 1914년 미국의 T. M. Osborne이 오번감옥에 도입한 것이다. 즉, Osborne이 지원수가 되어 체험한 것을 바탕으로 수형자들의 상호부조연맹이라는 자치제를 조직하고 1913년 교도소개량위원회를 창설하여 위원장으로 활동한 것이 행형시설 최초의 수형자자치제라 할 수 있다. 한편 W. Gladstone은 사람을 자유에 적합하게 하는 것은 오직 자유뿐이라고 하여 수형자 자치제의 실시를 주장한 바 있다.

이러한 수형자 자치제가 성공을 거두기 위한 전제조건은 수형자 자치제가 혼거를 전제하기 때문에 악풍감염이 없는 자를 과학적 분류기법을 통하여 선정하고, 개선정도에 따라 부정기형제도와 가석방제도를 적극 활용하여 사회적응능력이 구비된 자에 대하여는 조기에 사회에 복귀시키는 제도적 뒷받침이 전제되어야 한다. 그리고 대규모 교정시설에서도 가능하지만 비교적 계호부담이 적은 소규모 교정시설에서 더욱 효과적이다(이양섭, 2004).

8) 외부교통

오늘날 교정의 중심은 시설내 처우에서 사회내 처우로 방향을 옮겨 가면서 단순히 격리하거나 구금하는 방식으로부터 교화나 개선을 통한 사회복귀가 목적이 되고 있다. 수용자의 인간으로서의 존엄성과 기본적인 인권을 보장하는 방향으로 나가고 있는 것이다.

보안의 필요성이 아무리 강조된다고 하여도 수용자의 외부교통권에 대한 제한은 헌법이 보장하는 기본권을 침해하지 않는 범위 내에서 이루어져야 한다. 이는 개별적 수용자의 권리를 보장하는데 있어서 중요한 요소일 뿐 아니라 개별적 수용자의 사회복귀 과정에서도 중요한 요소이기 때문이다. 더 나아가 수용자들에게 외부교통권을 인정하여 수용자들이 심적인 안정을 찾게 된다면 이는 교정시설의 안정과도 밀접한 관련이 있기 때문에 교정당국의 입장에서도 외부교통권의 허용으로 인한 교정시설의 안정화가 필요할 것이다(영국외무부, 2002). 질서유지나 시설 안전을 위해 불가피한 경우를 제외하고는 외부교통권은 수용자의 권리로서 보장되어야만 한다.

수형자에 대한 자유형의 집행이 구금으로 인한 고통 이외에 다른 고통을 주지 않도록 해야 한다는 점에 비추어 보면, 시설의 안전이나 질서유지를 위하여 꼭 필요한 경우가 아니라면 외부와의 교통은 수형자의 권리로서 반드시 보장되어야 할 것이다(배종대 · 정승환, 2002).

현재 실시되고 있는 외부교통제도로는 서신, 접견, 전화접견, 가족만남의 집, 귀휴제도 등이 있다.

2. 사회내 처우

근대 이후 서구사회에서 개발 · 실행된 범죄통제의 전형적인 방법은 범죄인을 일정시설 내에 구금하여 규율과 개선의 프로그램을 부과하는 시설내 처우(Treatment in Custody)였다.

그러나 시설내 처우가 범죄예방에 실패하였다는 평가와 함께 비인도적이고 비경제적이라는 문제점이 지적되면서 그에 대한 대안의 제시가 여러 방면에서 시도되어 왔으며, 이러한 맥락에서 1960년대 이후부터 각광을 받기 시작한 범죄통제 방법이 바로 보호관찰을 중심으로 하는 사회내 처우(Treatment in Community)이다(이승호, 1996).

사회내 처우는 범죄자를 교정시설에 수용하지 않고 사회내에서 통상의 생활을 영위하도록 하면서 지도 · 개선 등에 의해 그 범죄자의 개선 · 사회복귀를 도모하는 제도를 말한다(박상기 외, 1999).

사회내 처우제도로는 보호관찰제도, 가석방제도, 갱생보호제도, 사회봉사·수강명령, 선도조건부 기소유예, 판결전조사제도 등이 있다.

1) 보호관찰제도

보호관찰제도는 사회내 처우 제도의 하나로서 보호관찰 등에 관한 법률을 보면 "죄를 범한 자로서 재범방지를 위하여 보호관찰, 사회봉사·수강 및 갱생보호 등 체계적인 사회 내 처우가 필요하다고 인정되는 자에 대하여 지도·원호를 함으로써 건전한 사회복귀를 촉진하고, 효율적인 범죄예방활동을 전개함으로써 개인 및 공공의 복지를 증진함과 아울러 사회를 보호함을 목적으로 한다."고 규정하고 있다.

즉, 이 제도는 자유상태의 범죄인에 대한 사회적 지도에 의하여 범죄인의 사회복귀와 교육의 목적을 달성하고 범죄인의 자기책임을 촉진, 강화하고, 자신의 능력의 적극화를 통하여 사회에 적합한 생활과 인격적 발전의 능력을 부여하고 그들의 사회적 관계를 유지·촉진시켜 계속적·발전적 변화를 할 수 있도록 형사정책상 중요한 의미를 가지는 제도이다.

보호관찰의 성격은 제도의 도입과정이나 발전과정에서 여러 제도가 혼합적으로 교류되고 있으므로 분명한 구별이 어렵다. 그러나 보호관찰이 피보호관찰자의 자유를 제한한다는 점에서는 형벌의 성격이 강하고 형집행유예의 결정은 범죄자의 장래의 위험성을 판단함과 아울러 사회복귀를 촉구한다는 면에서는 보호처분의 성격도 내포하므로 보안처분과 형벌의 성격을 동시에 지닌 제도이다(박영수, 1991).

일반적으로 전통적 보호관찰제도란 범죄인의 자유를 박탈하지 않고 선행 유지(maintenance of good behavior) 등을 조건으로 사회 내에서 자유롭게 생활을 영위하면서 일정기간 보호관찰담당자(probation officer or volunteer probation officer)의 지도·원호와 개선교육 등을 통하여 재비행, 재범을 방지하고 선량한 시민으로의 복귀를 도모하는 제도로 파악된다. 전통적인 보호관찰제도는 비행청소년과 범죄인에 대한 사회내 개별처우(community based individual treatment)로서 형의 유예제도와 결부한 보호관찰부 형의 유예(probation)와 보호관찰부 가석방(parole)을 들 수 있다(김기헌, 2000).

그러나 전통적 보호관찰개념에서는 진단과 치료 측면의 개별상담이 지나치게 강조되어 빈곤, 실업, 불량주거환경, 건강불량, 교육부재 등과 범죄와의 관계가 간과되었다는 한계점이 있다.

현실적으로 비행청소년을 위한 지역사회 내에서의 보호관찰 활동은 지역사회에서의 인적, 물적 자원을 통한 사회복지적 접근이 절실하게 요청되고 있으므로 사회복지적 개념을 적용한 보호관찰이 보다 효과적일 것이다. 사회복지적 개념의 보호관찰제도에서는 범죄인을 개별적으로 개선교육하는 것 그 자체도 중요하지만 그에 필요한 사회 내 자원을 발굴해 내고 그것을 활용, 관리, 평가하는 데 중점을 두어야 한다(법무부 서울보호관찰소, 2001).

2) 가석방제도

가석방이란 자유형의 집행 중에 있는 자가 행장이 양호하고 개전의 정이 현저한 때에 형기만료 전에 조건부로 석방하고, 그 형기만료 때까지 또는 법정기간 동안 조건위반 없이 지나게 되면 형의 집행이 종료된 것과 같은 효과를 발생케 하는 행정처분이다. 이러한 가석방은 수형자가 뉘우치는 빛이 뚜렷할 것을 조건으로 하고 있어 목적형 내지 교육형주의의 요청에서 나온 제도로 수형자의 사회복귀를 위한 자발적이고 적극적 노력을 촉진한다는 의미에서 인정된 특별예방사상을 실현하기 위한 제도이다(허주욱, 2002).

형법은 가석방된 자는 원칙은 가석방기간 중 보호관찰을 받도록 하므로 형법상 가석방자에 대한 보호관찰은 집행유예나 선고유예시의 보호관찰인 Probation과는 성격을 달리하는 지도·감독으로서의 보호관찰인 Parole이다. 사법기관에 의해 결정되는 Probation과 행정기관의 행정행위에 의해 결정되는 Parole(유권적 보호관찰부 가석방)은 둘 다 모두 사회내 처우로 준수사항의 위반 때는 시설내 처우로 이관되는 점은 같다. 그리고 가석방제도는 선시제도와 유사한 점도 있지만 선시제도는 입법에 의한 제도로 법정요건이 충족되면 반드시 석방해야 하고, 단축된 기간은 원칙은 보호관찰을 받지 않는 점에서 가석방과 구별된다. 그것은 가석방은 형기 단축의 제도가 아니고 형집행의 변경에 불과하기 때문이다.

이러한 가석방제도의 목적 또는 기능은 수형자의 개선노력을 추구하는 데 첫째의 목적이 있고, 또한 교도소 내의 질서유지와 사회적응력을 위한 노력을 촉구하여 재범을 막으며, 수형자들을 적정시기에 석방하여 국가예산의 절약과 교정효과의 증진이라는 이익을 가져온다. 또한 교정시설의 수용인원을 조절하는 기능을 통해 수용인원의 초과로 인한 비용과 교정사고의 위험을 낮출 수 있다(천정환·이종갑, 2005).

3) 갱생보호제도

갱생보호는 비행청소년과 범죄인들이 출소 후 재비행이나 재범에 빠지지 않도록 선도하고, 이들이 자립하여 선량한 사회인으로 복귀할 수 있도록 지원해 주는 것이다.

협의로는 교정시설에서 일정기간 처우받고 출소하는 자에 대한 후견과 지도적 활동(aftercare)이고, 광의로는 협의의 개념에다가 형의 각종 유예(선고·기소·집행) 등 법적인 구금에서 풀려난 자에 대한 사회 내에서의 보호활동이다.

갱생보호의 목적은 재범방지, 사회보호, 출소자의 자립심 고취, 자립기반의 조성이라 하겠다(궁극적 목적은 건전한 사회복귀). 여기에는 유권적 갱생보호(필요적 갱생보호)와 After-care의 의미인 임의적 갱생보호(보통 갱생보호라고 부르는 것)가 있는데, 전자는 본인의 동의나 신청없이 일정기간 강제적으로 하는 갱생보호이며, 후자는 본인의 동의나 신청이 있을 때 한해 국가나 민간단체가 실시하는 비유권적·사회사업적 보호활동이다. 유권적 갱생보호에는 영미의 보호관찰조건부 유예제도(probation)나 유럽의 보호관찰부 가석방(parole) 등이 있다. 그리고 갱생보호업무의 전달체계는 법무부 장관→보호국→관찰과→갱생보호공단→각 지부→범죄예방 위원→출소자로 이루어지고 있다(천정환·이종갑, 2005).

4) 사회봉사·수강명령

사회봉사명령제도는 유죄가 인정된 범죄인을 일정한 기간 내에 지정된 시간동안 무보수로 근로에 종사하도록 하여 자신의 죄값을 상징적으로 청산하고 사회에 정상적으로 복귀할 수 있도록 촉진하는 제도이다(정진연 · 신이철, 2005).

우리나라는 1988년 12월 31일 보호관찰법의 제정과 함께 이루어진 소년법 제3차 개정을 통해 1989년 7월 1일부터 사회봉사명령제도를 시행하게 되었다. 그러나 사회봉사명령에 대해 간략하게 규정하였을 뿐 구체적인 시행방법에 대한 규정은 없었다.

이후 1989년 7월 4일 소년심판규칙을 전명 개정하여 사회봉사명령의 선고 및 집행에 관련된 3개 조항을 삽입 · 규정하였으며, 1989년 11월 11일 서울보호관찰소에서 "사회봉사명령프로그램 실시 계획"을 마련하여 서울가정법원에 제출함에 따라 1989년 11월 14일부터 비행소년에 대해 사회봉사명령을 내리기 시작하였다. 그리고 1995년 12월 2일 개정형법이 국회를 통과하여 공포됨으로써 1997년 1월 1일부터는 성인에게도 확대 적용하게 되었다.

한편 수강명령제도는 비행성이 약한 범죄인들을 대상으로 강의 · 상담 · 훈련 등을 받게 하는 처분으로 범죄인들의 여가시간을 박탈함으로써 처벌의 효과를 얻고, 또한 여가를 건설적으로 활용하는 교육적 효과를 얻는데 목적이 있다(천정환, 2005).

5) 선도조건부 기소유예

선도조건부 기소유예란 청소년의 비행이 가볍고 이들의 가정환경이 안정된 경우, 검찰이 위촉한 범죄 예방자원봉사위원협의회 내 상담지도분과위원의 지도를 받도록 검사가 내리는 처분이다.

선도조건부 기소유예는 1978년 광주지방검찰청에서 20세 미만의 비행청소년을 대상으로 처음 시험 실시하였다. 그 결과 반응이 좋아 1981년부터 소년선도 보호지침을 제정하여 전국에 확대 실시하였다(최옥채, 2006).

검찰이 강조하는 선도조건부 기소유예제도의 필요성을 보면 첫째, 청소년은 인격적으로 미완성체이므로 지역사회에서 선도하면 개선의 가능성이 높기 때문에 굳이 교도소나 소년원에 수용시킬 필요가 없다. 이들을 시설에 수용할 경우 교정보다는 오히려 악성 범죄에 감염될 수 있기 때문에 사회내 처우가 바람직하다.

둘째, 형사절차 중간단계에서 석방이 예상되는 경우라면 검찰 단계에서 비행청소년의 반성 태도와 사회복귀 의지가 퇴색되기 전에 조기 석방함으로써 선도 효과를 극대화하고 수용기간의 단축으로 국가 예산도 절감할 수 있다.

셋째, 범죄 예방자원봉사위원을 비롯한 여타 자원봉사들의 참여와 범죄 예방 활동을 활성화함으로써 민간화합을 도모하고 비행청소년을 포용하는 지역사회 분위기를 확산시킬 수 있다(최옥채, 2006).

6) 판결전조사제도

판결전조사제도(Pre-sentence Investigation System)란 일반적으로 형사절차에서 유죄가 인정된 자에 대하여 재판 전에 그 소질・환경에 대한 과학적 조사를 하여 이를 그 자에 대한 적합한 처우를 하기 위한 기초자료로서 이용하게 하는 제도이다(이상철, 1994).

이는 범인에 대한 판사의 유죄확정에 합리적인 자료의 지침이 되고 유죄확정 판결에 있어서는 판사의 심증형성에 기여한다. 따라서 형량의 합리화에 기여하고 수형자가 시설내 처우를 받게 되었을 경우 조사서를 수용시설에 보내어 수용자 분류처우는 물론 교육, 직업훈련, 가석방 자료 등으로 활용하게 되므로 개별처우에 효율을 기할 수 있으며 범죄인이 보호관찰에 부하여졌을 때 보호관찰관의 보호활동을 위한 보호관찰계획 및 재범 단속에 필요한 각종 정보를 제공하는 등 교정이나 형사법 전반에 매우 유용한 자료로 활용될 수 있다(김봉길, 1996).

따라서 법원은 소년에 대하여 보호관찰, 사회봉사 또는 수강을 명하기 위하여 필요하다고 인정하는 때에는 그 법원의 소재지 또는 피고인의 주거지를 관할하는 보호관찰소의 장에게 범행의 동기, 직업, 생활환경, 교우관계, 가족상황, 피해회복 여부 등 피고인에 관하여 필요한 사항의 조사를 요구할 수 있다.

이때 보호관찰소의 장은 지체없이 이를 조사하여 서면으로 당해 법원에 통보하여야 한다. 이 경우 필요하다고 인정하는 때에는 피고인 기타 관계인을 소환하여 심문하거나 소속보호관찰관으로 하여금 필요한 사항을 조사하게 할 수 있다.

판결전 조사제도는 법원이 적절한 양형을 할 수 있도록 보조하는 것으로 결국 양형의 합리화 즉 양형의 투명성과 적정성을 제고하고자 하는 것이다. 또한 부차적으로 판결 후에 범죄인 처우를 위한 기초자료를 제공함으로써 교정·보호활동의 합리화에 기여할 수 있다.

즉 판결전 조사제도는 보호관찰대상자에 대한 효과적인 보호관찰, 수형자에 대한 과학적 분류와 처우프로그램 실시 및 석방계획수립, 가석방결정 및 가석방 중의 보호관찰을 위한 유용한 자료를 제공할 수 있다(최석윤, 1999).

제 6 장

교정복지현장에 대한 이해

우리나라의 교정복지현장은 교정처우의 방법에 따라 시설내 처우기관과 사회내 처우기관으로 구별할 수 있다. 시설내 처우기관은 범죄인에게 행해지는 처우 중 재사회화에 목적을 두고 있으며, 사회내 처우기관은 보호관찰, 귀휴, 외부통근과 갱생보호까지 포함한 것으로 대부분 공식적인 사법절차 과정에서 이루어지고 있는 것들이다. 이들은 각기 공공기관과 민간기관에서 이루어지는 것으로 다음과 같이 다시 분류할 수 있다. 즉, 공공기관은 대개의 경우 형벌을 집행하고 있는 기관으로 경찰, 검찰, 법원, 교도소, 구치소, 소년분류심사원, 소년원 등의 시설내 처우기관과 보호관찰소, 갱생보호공단과 같은 사회내 처우기관이 속한다. 반면 민간기관은 자원봉사자를 비롯한 민간인을 중심으로 하여 범죄인의 재활을 위한 프로그램을 진행하고 있다. 이처럼 각각 분류된 교정복지실천현장 중 경찰과 검찰 그리고 법원은 범죄인이 자신들의 범죄로 인하여 가장 먼저 접하는 기관이기 때문에 매우 중요한 교정복지실천현장이라 할 수 있다. 그 외 범죄인을 수용 또는 보호하는 기관 및 시설을 지휘·감독하는 법무부의 교정국과 보호국이 있다.

본 장에서는 교정복지의 현장에 대한 이해를 돕기 위해 이상의 것을 형사사법기관과 교정기관 그리고 민간기관으로 구분하여 각각에 대해 살펴보고자 한다.

1. 형사사법기관

범죄인이 가장 먼저 접하는 기관은 수사기관인데, 사법경찰관이 수사를 개시하면 이는 반드시 검찰에 송치되어야 하고 그와 관련한 형벌을 법원에 청구하게 된다. 즉, 경찰, 검찰, 법원 이 세 가지를 형사사법기관이라 하며, 범죄인의 교정현장에서 우선적으로 이해되어야 할 영역이다.

1) 경찰

(1) 개요

전통적으로 경찰은 범법자를 검거하여 사법처리함으로써 국민의 생명과 재산을 보호하고 사회적 질서를 유지하는 법집행자(law enforcer)의 역할을 담당해 왔다. 그동안 경찰은 상당부분 범죄와 관련한 것으로 이해하였기 때문에 범죄사건과 관련이 없으면 일반인에게는 접근하지 않는 것을 원칙으로 하는 것이 일반적이었다. 따라서 범죄피의자가 아닌 지역주민의 경우 보호의 대상이기 때문에 경찰은 특별한 사유가 없는 한 지역주민에게 부담을 주지 않는 범위에서 그 역할을 수행하였다.

반면 현대적 의미에 있어서 경찰은 대체로 "공공의 질서유지, 범죄예방, 법집행과 다양한 서비스제공"을 그 본질적 기능으로 이해하고 있다. 특히 최근에는 경찰의 사전 범죄예방활동이 형사 정책적 측면과 치안 정책적 측면에서 중요해졌으며, 범죄의 사후 진압보다 경찰의 본질적 기능면에서 보다 더 중요한 위치를 차지하게 되었다. 이는 경찰이 전국의 치안을 유지하고 국민의 생명과 재산을 보호하고 공공의 안녕과 질서유지를 위한 질서유지, 즉 지역적 치안에 이르는 사무를 관장하고 있음을 의미한다.

이러한 활동을 하는 우리나라 경찰조직의 최고 기관은 경찰청이다. 이 경찰청은 1992년에 당시의 내무부(현 행정자치부)로부터 독립하여 운영되면서 이전에 지방경찰 행정에서 경찰국장이 시장이나 도지사의 지휘를 받아야 했던 경우와는 달리 독자적으로 활동하고 있다. 현재 우리나라의 경찰법에는 국가경찰과 지방경찰이 구분되어 있다고 명시되어 있다(법 제2조). 국가경찰은 국민의 생명 · 신체 및 재산의 보호와 범죄의 예방 · 진압 및 수사, 치안정보의 수집, 교통의 단속 기타 공공의 안녕과 질서유지를 그 임무로 하고 있다(법 제3조). 그리고 지방경찰은 경찰청장의 지휘 · 감독을 받으며 경찰사무를 지방자치단체에 위임하지 않고, 특별시 · 광역시 · 도 경찰청장과 경찰서장이 경찰사무를 관장하고 있다(법 제14조). 즉 지방경찰청은 경찰청장의 지휘, 감독을 받고 여타 행정부서로부터 독립됨으로써 지방경찰청장의 지위나 권한이 대폭 상향조정되었다고 할 수 있다.

(2) 조직

우리나라 경찰조직의 기본이 되는 경찰법에 의하면 경찰조직의 최고기관은 경찰청이다. 경찰청은 행정자치부장관의 소속하에 경찰청장을 두어 국가경찰에 관한 사무를 통할한다. 그리고 소속공무원 및 각급 국가경찰기관의 장을 지휘 · 감독한다(법 제11조). 또한 경찰청의 사무를 지역적으로 분담·수행하기 위하여 시 · 도지사 소속하에 지방경찰청을 두도록 하고 있으며, 지방경찰청장 소속하에 경찰서를 두고 있다. 지방경찰청장은 경찰청장의 지휘 · 감독을 받으며, 경찰서장은 지방경찰청장의 지휘 · 감독을 받아 경찰사무를 처리하도록 하여, 지방경찰사무를 국가가 특별지방행정기관을 동하여 직접 수행하게 하고 있다(법 제14조~17조). 즉, 지방경찰사무는 시 · 도지사에게 위임된 사무가 아니라 특별지방행정기관에 의해서 수행되는 국가사무로 이해하게 된다. 다만 현행법이 지방경찰청을 시 · 도지사의 소속하에 둔 것은 경찰사무를 시 · 도지사의 관리하에 있는 다른 지방행정과 연계시켜 수행하도록 하는 의미가 있고, 또한 장래 지방경찰을 지방자치경찰로 전환하는 경우를 대비하기 위한 것으로 보는 견해도 있다.

2008년 현재 경찰청은 1차장 7국 4관 1심의관 7담당과 31과로 이루어져 있으며, 치안업무를 지역적으로 분담 수행하는 특별행정기관인 지방경찰청을 16개 지역에 두고 있고, 지방경찰청 산하에 경찰서와 경찰서 산하에 파출소를 설치하고 있다. 경찰청이나 지방경찰청은 일선 경찰관의 활동을 위한 기획업무를 주로 맡고 있고, 파출소는 경찰서로부터 파견된 경찰관의 근무지이다. 그래서 실질적인 경찰업무의 중추를 이루고 있는 단위조직은 경찰서라고 할 수 있다. 경찰은 정치적 중립성 확보와 민주적 통제를 위하여 행정자치부에 경찰위원회를 두어 경찰행정 전반에 대한 심의·의결기능을 수행하고 있으며 소속은 현재 행정자치부로 되어 있으나 앞으로는 경찰청으로 이관할 것을 추진 중이다.

경찰서는 인구 5만 명을 단위로 설치하고 있다. 경찰서의 기본적인 조직단위는 과, 계, 반으로 되어 있으며, 그 규모에 따라 약간의 차이가 있는데 일반화시켜 살펴보면, 경무과, 방범과, 수사과, 교통과, 정보과, 경비과, 보안과로 조직되어 있다. 또한 컴퓨터범죄에 대응하기 위해 사이버범죄수사대를 설치하여 운영하고 있으며, 인권침해 사건을 비롯하여 주민의 불편, 불만을 상담하고 해결하기 위해 청문감사관제도를 실시하고 있다. 뿐만 아니라 정부부처에 여성부가 신설되면서 여성의 인권보호와 인권신장에 부응하기 위해 방범과의 소년계를 여성, 청소년계로 확대 개편하였다.

(3) 주요기능

경찰의 일차적 기능은 국민의 생명과 신체, 재산을 보호하는 일이지만, 최근에는 일상생활에 관련된 생활서비스 제공까지 경찰의 기능에 포함시키고 있다. 우리나라 경찰의 기능은 경찰법 제3조 경찰의 임무에 다음의 5가지로 구분하여 명시하고 있다. 경찰은 ① 국민의 생명, 신체 및 재산의 보호 ② 범죄의 예방·진압 및 수사 ③ 치안정보의 수집 ④ 교통의 단속 ⑤ 기타 공공의 안녕과 질서의 유지이다. 즉, 경찰에게는 공공의 이익을 위해 업무를 수행하면서 각종 강제권을 포함한 권한이 주어져 있다.

이러한 경찰의 주요기능을 정리하면 질서유지와 법집행이라는 측면에서 범죄의 예방과 진압 그리고 수사와 같은 치안유지라 할 수 있다. 그러나 범죄의 수사는 경찰 단독으로 하기도 하나 주요 사건은 검찰의 지휘와 감독을 받고 검찰의 보조기능을 하기도 한다. 또한 행정발전위원, 명예경찰, 방범대원으로 지역사회의 범죄예방 및 치안을 담당하고 있으며, 필요한 경우 범죄인을 위한 변호자 역할이나 중재자 역할을 수행한다.

(4) 프로그램

경찰의 임무는 "국민의 생명, 신체·재산의 보호, 사회 공공의 안녕·질서 유지, 범죄의 예방 및 수사, 교통의 안전관리" 등 이른바 일반적인 치안 유지 업무에 국한되어 자연히 경찰활동의 중점은 비권력적 수단을 취하게 된다. 이러한 임무를 수행하기 위해 경찰은 다음과 같은 활동을 하고 있다.

① 경찰의 범죄예방 및 치안활동

경찰의 직무는 범죄예방 및 진압과 범죄수사로 대별할 수 있는데 범죄예방·진압은 범죄의 발생을 방지하기 위하여 경계체제를 하고, 범죄가 일어났을 때에는 이를 제지하고, 또 범죄의 유인을 제거하는 등의 이른바 치안활동을 하는 것을 말한다. 예방활동의 종류로는 일반방범활동, 특별방범활동, 자율방범활동, 종합방범활동으로 구분할 수 있다.

일반방범활동은 범죄의 기회와 범죄유발요인을 제거 또는 감소시키는 활동으로 순찰, 방범심방, 불심검문, 경찰제지, 피난 등의 조치, 위험방지를 위한 출입, 보호조치, 각종 법령위반 단속 등을 통한 조사를 통해 직·간접으로 범죄를 방지하는 활동이다.

특별방범활동은 특별한 대상 또는 사항에 관하여 행해지는 활동으로 경찰의 활동에 대한 이해와 협력을 얻어 장기적으로 하는 것인데 방범정보의 수집, 방범진단, 현장방범활동, 상담 및 홍보, 방범단체와의 협력, 우범지역 설정 등을 한다. 자율방범활동은 개인, 지역주민, 지역단체 등이 자체적으로 하는 방범활동으로 가정·직장·지역 자율방범활동이 있다.

종합방범활동은 특정 지역이나 특정한 범죄 또는 시기에 따라 일관된 계획 아래 종합적으로 실시하는 방범활동으로 지역방범활동, 특정범죄단속활동, 특정지역방범활동, 계절범죄 단속활동 등이 이에 속한다.

② 순찰활동

경찰의 활동 중 계속적인 경찰서비스를 제공하고 법집행의 높은 가시성을 통하여 범죄를 단념시키는 활동으로는 순찰활동이 대표적이다. 이는 개인의 범죄성을 억제하는 것과 범죄 실행을 중지시키기 위한 안전조치를 취하는 것으로 범죄의 예방 및 진압, 정황의 관찰, 법령의 집행, 시민봉사활동을 주로 한다. 순찰은 경찰 방범활동의 주요 활동으로서 잠재적 범죄자들의 범행의지를 억제할 수 있다는 점에서 그 중요성을 인정할 수 있다. 순찰방법은 문제해결식 순찰, 전략순찰, 합동근무방식 등이 있다.

③ 범죄수사

범죄수사란 범죄의 혐의 유무를 명백히 하고, 공소의 제기와 유지 여부를 결정하기 위하여, 범인을 발견·확보하고 증거를 수집·보전하는 수사기관의 활동을 말한다. 이로써 동일범죄인에 대한 범죄재발을 방지하며, 범죄피해의 확대를 방지한다. 또한 검거된 범죄인에 대해서는 그 처분을 법에 근거하여 적정하게 하여 피해자의 응보감정을 무마하면서 개인적인 보복감을 방지하게 한다.

2) 검찰

(1) 개요

검찰은 준사법기관의 성격을 띠면서 다른 한편으로는 행정기관으로서의 성격을 가지고 있다. 이는 검사가 법무부에 소속되어 행사하는 검찰권이 대부분 국가의 행정목적을 위한 활동으로 행정권을 행사하는 것으로 이해할 수 있기 때문이다. 그러나 활동의 내용적인 측면만 본다면 사법권과 더 밀접한 관계에 있다고 할 수 있다

한편 검찰사무에 대한 모든 처리는 검사가 단독으로 처리하고 있는데 이로 인해 검사는 단독제의 관청이라고도 할 수 있다. 즉, 검찰조직의 최고기관이라 할 수 있는 검찰청도 단독제의 관청인 검사의 검찰사무를 통합하는 기관으로 사실상 아무런 권한도 가지고 있지 않는 관서에 불과하다고 할 수 있다. 따라서 검찰청법에 따르면 검사는 정치적 압력을 받지 않고 검찰권을 공정하게 행사할 수 있으며 이를 위해 신분보장도 인정된다(법 제37조).

따라서 범죄인 수사와 관련하여 검사는 수사의 주체가 되어 임의·강제수사를 할 수 있다. 또한 범죄혐의가 있다고 판단되면 범인 및 범죄사실과 증거를 수사한다(법 제195호). 앞서 살펴본 사법경찰은 검사의 보조기관으로 검사는 범죄수사에 관

하여 사법경찰관리를 지휘·감독한다(법 제196조). 이처럼 사법경찰관리와 검사의 관계는 상명하복의 관계이며, 사법경찰관리는 검사의 직무상 명령에 복종해야 하는데(법 53조). 이는 수사과정에서의 모든 권한을 검사가 소유하고 있는 것으로 이해할 수 있다.

(2) 조직

검찰의 조직과 관련한 기본법인 검찰청법에 의하면 검찰청은 검사의 업무를 총괄하는 기관으로 법무부장관 아래 소속하고 있다. 그리고 법원별로 대검찰청은 대법원에, 고등검찰청은 고등법원에, 지방검찰청은 지방법원 및 가정법원에 대응하여 각각 설치되어 있다(법 제3조). 조직으로는 대검찰청과 5개의 고등검찰청, 18개의 지방검찰청, 그리고 37개의 지방검찰청지청으로 되어 있다. 이들은 법무부 검찰국과 행정상 관계하고 있다.

이처럼 검찰청이 단계별로 조직되어 있지만 검찰의 조직과 업무를 살펴보면 결국 지방검찰청이 최일선에 대치하고 있다. 따라서 검찰의 핵심적인 업무를 맡고 있는 것은 지방검찰청이라 할 수 있다. 지방검찰청의 조직은 각 지방검찰청의 규모에 따라 약간의 차이를 두고 있는데, 대체로 형사부, 공안부, 특별수사부, 조사부, 강력부, 소년부, 사무국이 있으며 각 부는 2~3개 과를 두고 있다. 최근 컴퓨터범죄에 대처하기 위해 사이버범죄 수사센터를 설치·운영하고 있다. 그리고 지방검찰청에서는 각 지역의 범죄예방위원들을 관리하며 선도조건부기소유예제도의 활용을 위해 선도상담실도 운영하고 있다.

(3) 주요기능

검찰청법에 따르면 검찰은 경찰의 지원을 받아 자체 수사활동과 경찰의 수사업무를 지휘, 감독하는 동시에 범죄수사 및 공소제기, 법원에 대한 법령의 정당한 적용의 청구, 재판집행의 지휘·감독 그리고 행정소송의 수행 또는 그 수행에 관한 지휘·감독의 역할을 수행한다라고 명시되어 있다(법 제4조). 그러나 검찰은 실질적으로 범죄예방을 위해서 별다른 활동을 하지 않고 있는데, 이는 대국민관계에 있어 일선 치안유지의 책임은 경찰에 있기 때문이다. 다만 검찰은 범죄를 진압하는 입장에서 경찰을 지휘하여 수사에 주도적인 위치를 확보하는 제2기관이라 할 수 있다.

범죄피해자는 주로 경찰에 고소·고발하는 경우가 일반적이지만, 검찰에 직접 고소, 고발하는 경우도 있는데 이때 검찰은 그 서류를 관할 경찰로 넘겨서 경찰로 하여금 기초조사를 하도록 하고 있다.

(4) 프로그램

검찰의 교정관련프로그램은 주로 민생치안을 집중적으로 하면서 기타 다른 분쟁을 제거하기 위한 활동이 주를 이룬다. 예를 들어 마약사범단속, 지적재산권보호, 부정부패단속을 비롯하여 범죄피해자지원 및 국제협력강화 등의 활동이 이에 포함된다. 또한 지방검찰청은 선도상담실을 운영하고 있는데, 여기서는 그와 관련한 소년선도보호업무를 주요 교정복지 프로그램으로 살펴본다.

① 선도조건부 기소유예제도

선도조건부 기소유예제도는 1978년 광주지방검찰청에서 소년에 대해 처음 시행하기 시작하여 1981년 1월 20일 법무부훈령 제88호 소년선도보호지침이 제정되면서 전국에 확대·실시되었다. 이후 수차에 걸쳐 소년선도보호지침이 개정되었고, 이 제도는 현재 1996년에 개정된 법무부 훈령 제373호에 따라 시행되고 있다.

소년선도보호제도는 이전 보호선도위원, 갱생보호위원 등이 1998년에 통합되면서 명칭을 소년선도위원으로 변경하고, 선도조건부기소유예처분을 받은 18세 미만의 범죄소년을 물심양면으로 지원하고, 선도보호하는 것이다. 이로써 그들의 재범을 예방하고 나아가 국가사회에 기여하는 건전한 사회인으로 복귀시키고 아울러 범죄예방활동을 통해 지역사회 발전에 기여하는 것을 그 목적으로 하고 있다.

소년선도위원의 소년선도 보호방법은 접촉선도와 원호선도로 구분할 수 있다. 접촉선도는 돌아갈 곳이 있는 유예소년과 접촉을 갖고 상담·지도 등을 하는 것이다. 그리고 이를 통해 소년의 반사회성을 교정하고 지식과 기술을 습득시키며 정서를 순화하여, 건전한 사회인으로 복귀시키는 선도방법을 말한다. 원호선도는 소년이 돌아갈 곳이 없거나 있더라도 돌려보내는 것이 부적당한 유예소년에 대하여는 선도보호위원의 주거나 복지시설에서 기거하게 하고, 의·식·주를 제공하면서 선도하는 것을 말한다.

② 재소자에 의한 비행소년 정신교육

재소자에 의한 비행소년 정신교육은 1985년부터 서울지방검찰청 동부지청 등 일부 지청에서 시험실시해 왔던 제도로써 이는 1986년 법무부의 지침에 따라 전국 지검과 재경지청까지 확대·실시되었다. 그리고 1994년부터 관내에 구치소(교도소)가 있는 지청에까지 확대·실시하고 있는데 개선 또는 교화 가능한 비행소년을 시설에 수용하는 대신 단시간 동안 교정시설을 견학하게 하고 장기수형자로부터 직접 범행동기와 격리생활의 고통에 관한 체험적 교육을 받게 함으로써 재범을 방지하고 선도의 효과를 제고하고자 하는 제도이다.

비행소년 정신교육은 검사이후 정신교육이 필요하다고 인정되는 소년을 선정하여 그의 동의를 받고 교도소와 협조하여 매월 1회 10명 내지 20명 단위로 그들을 교정시설로 인솔해 가서 교육을 하고, 교육을 마친 소년에 대하여 검사는 선도조건부 기소유예처분을 하고 사건을 종결한다.

③ 보호관찰소 선도위탁

보호관찰소 선도위탁은 1995년 갱생보호법을 폐지하고 보호관찰 등에 관한 법률이 제정·시행되면서 시작되었다. 그리고 1995년부터 동법 제15조 제3호(검사가 보호관찰소의 선도를 조건으로 공소제기를 유예하고 위탁한 선도의 실시)에 근거하여 보호관찰소 선도위탁 규정이 제정 시행되고 있다(법무부훈령 제 365호).

보호관찰소 선도위탁제도는 선도보호위원에 의한 선도조건부기소유예제도와는 달리 보호관찰소의 장이 선도업무를 관장하고, 보호관찰소장은 선도대상자를 담당할 보호관찰관을 지정하여 선도하도록 하고 있다. 보호관찰소 선도위탁 방법은 보호관찰관이 보호관찰소 선도조건부기소유예처분을 받은 사람을 선도교육, 집단치료 또는 상담 등 적절한 지도를 실시하며, 필요하다고 인정하는 때에는 선도대상자의 가족, 이웃사람, 친구 등과 접촉할 수 있고, 선도의 목적달성을 위하여 필요한 때에는 학비보조, 취학 및 취업알선, 기타 경제적인 지원을 할 수 있다. 앞서 살펴본 선도조건부 기소유예 대상이 18세 미만의 범죄소년을 주대상으로 하는데 반해 보호관찰소 선도유예 대상은 소년범에 제한을 두지 않고 연령과 범죄의 동기, 수단 및 결과 등 제반 사정을 고려하여 전문적인 선도가 요구되는 범죄자를 대상으로 한다.

④ 학교담당검사제

학교담당검사제는 1995년에 대통령의 학교주변폭력 근절 지시에 의거하여 같은 해 12월 국무총리가 주관하는 관계부처장관회의에서 검찰의 3대 추진과제 중 하나로 선정되어 서울지방검찰청에서 시범적으로 실시하였다. 이 제도는 실시이후의 평가결과 학원폭력 근절에 효과가 있는 것으로 판단되어 학원폭력방지 및 처리에 관한 지침('96. 6. 28. 대검 강력 61330 - 609)에 의거하여 1996년 7월부터 전국적으로 확대·실시하고 있다.

학교담당검사제는 일정 지역내 중·고교에 대하여 전담검사를 지정, 유관기관이나 민간봉사차원의 학원폭력 예방 및 단속활동과의 유기적인 지원·협조체제를 구축하여 체계적이고 내실있는 예방·선도활동을 전개하기 위한 것이다. 학교담당검사는 선도보호위원 및 교사선도위원, 학부모위원 등의 구성원들과 정기적으로 또는 수시로 간담회를 개최한다. 그리고 학원폭력에 관한 정보를 수집하고, 예방선도 활동방안을 모색하면서 탈선 초기의 학생을 상대로 개별 면담과 학부모 접촉을 통한 비행의 사전방지, 청소년범죄 다발지역에 대한 합동순찰, 담당학교 학생들을 상대로 한 담당검사의 선도강연 등을 실시하도록 하고 있다.

⑤ 우범소년 결연사업

우범소년 결연사업은 학교폭력 등 청소년범죄에 효과적으로 대처하기 위하여 시작된 사업으로 서울, 부산, 광주, 제주지검 및 산하지청에서 1995년부터 시범적으로 실시하였다. 그리고 1995년 국무총리 주관하의 「학교폭력근절대책 추진회의」에서 검찰의 추진과제의 하나로 선정되어 전국적으로 확대·시행되게 되었다. 우범소년 결연사업은 범죄예방위원이 교육기관 등의 협조하에 우범소년과 결연을 맺고 그들을 물심양면으로 지원·선도하여 정상적인 학업과 생업에 복귀시킴으로써 소년범죄나 비행을 사전에 방지함을 그 목적으로 한다.

결연대상자는 학교에서 퇴학·정학 등 징계처분을 받은 자와 폭력서클에 가입하거나 학교주변에서 폭력을 행사하는 학생을 중심으로 선정하도록 하고 있다. 결연대상자는 선도결연회의를 통하여 선정하며, 결연활동 중 소년의 소재가 불분명하거나 선도에 불응하여 결연을 계속할 수 없을 경우에는 법원 소년부에 통고하도록 하고 있다.

3) 법원

(1) 개요

우리나라의 법원은 각 검찰에 대응하여 대법원, 고등법원, 지방법원이 설치되어 있다. 법원은 사법권을 행사하는 국가기관으로 입법부, 행정부와는 구분된다. 우리나라의 헌법은 "사법권은 법관으로 구성된 법원에 속한다"라고 규정함으로써(헌법 제101조) 법원에 사법권을 부여하여 법치주의를 완수하도록 하였고, 다른 한편에서는 "모든 국민은 헌법과 법률이 정한 법관에 의하여 법률에 의한 재판을 받을 권리를 가지게 된다. 모든 국민은 신속한 재판을 받을 권리를 가진다(헌법 제27조)"라고 규정함으로써 일정한 자격을 갖춘 법관에 의하여 법원으로부터 정당한 재판을 받을 권리가 국민의 기본권임을 밝히고 있다. 또한 "법관은 헌법과 법률에 의하여 그 양심에 따라 독립하여 심판한다(헌법 제103조)"고 규정하여 사법권의 독립을 선언하고 있다.

이처럼 법원은 어떠한 외부의 간섭 없이 헌법과 법률에 의하여 독립적으로 심판하는 법관의 재판상 독립을 부여하며, 사법권의 독립이 보장됨으로써 국민의 기본권을 수호할 수 있다. 또한 법원에서의 범죄인 치우는 국민의 기본권을 보장하는 차원에서 보호관찰업무 등에 자원봉사자를 활용하는 등 교정의 역할과 기능을 담당하고 있는 것으로 이해할 수 있다.

(2) 조직

우리나라의 헌법은 "법원은 최고법원인 대법원과 각급 법원으로 조직된다"고 규정(헌법 제 101조 제2항)하는 한편 "대법원과 각급 법원의 조직은 법률로 정한다"고 규정(헌법 제 102조 제3항)함으로써 대법원과 각급법원의 조직에 관하여 상세한 것은 법률에 위임하고 있다. 이에 따라 제정된 법원조직법의 법원 종류를 살펴보면 대법원, 고등법원, 지방법원, 특수법원의 4종류가 있으며, 대법원 외에 각급법원은 다시 고등법원, 특허법원, 지방법원, 가정법원, 행정법원의 5종으로 나눈다. 그리고 지방법원과 가정법원 사무의 일부를 처리하기 위하여 그 관할구역 내에 지원과 시·군 법원 및 등기소를 둘 수 있도록 하였다.

① 대법원

대법원은 대법원장과 대법관 13인으로 구성된다. 대법원의 심판권은 대법관 전원의 3분의 2 이상으로 구성되고 대법원장이 재판장이 되는 합의체에서 이를 행사하나 일정한 경우에는 대법관 3인 이상으로 구성되는 부에서도 재판할 수 있다. 다만 대법관 중 법원행정처장으로 임명된 1인은 재판에 관여하지 않는다. 또한 대법원에는 사법행정상의 최고의결기관으로 대법관회의가 있는데, 이 회의에서는 판사의 임명에 대한 동의, 대법원규칙의 제정과 개정 등에 관한 사항, 판례의 수집·간행에 관한 사항, 예산요구, 예비금지출과 결산에 관한 사항 등을 의결한다.

또한 대법원에는 대법원장의 명을 받아 사건의 심리와 재판에 관한 자료를 조사·연구하는 재판연구관이 있다. 재판연구관은 판사로 보하도록 되어 있는데 주로 고등법원판사 중에서 지명된다. 재판연구관 중에는 특정의 대법관에게 전속되어 그의 업무만을 보좌하는 연구관과 대법관 전원의 업무를 공동으로 보좌하는 연구관이 있다. 대법원의 산하기관으로는 법원행정처, 사법연수원, 법원공무원교육원, 법원도서관을 두고 있으며, 대법원장의 자문기관으로 사법정책자문위원회와 법관인사위원회가 있다.

② 지방법원

지방법원은 민사 및 형사사건을 1심으로 재판한다. 1심의 재판은 단독판사의 관할로 하는 것이 원칙이나, 특히 중요하다고 법률이 정하고 있는 사건은 합의부의 관할로 한다. 특수법원은 특허법원, 가정법원, 행정법원으로 구분된다.

특허법원은 특허심판원의 심결과 품종보호위원회의 심결에 대한 취소소송을 관할하는데, 전자의 심결취소소송이 주를 이루고 있으며, 그 관할범위는 전국에 미치고 있다. 그리고 분야별로 기술심리관을 두어 특허 및 실용신안 사건의 기술적인 사항에 대한 재판부의 이해와 판단을 보조하도록 함으로써 전문법원으로서의 내실을 도모하고 있다.

가정법원은 가사에 관한 사건과 소년에 관한 사건 등을 전문적으로 처리하기 위하여 1963. 10. 1.에 설치된 지방법원과 동격의 법원으로서 현재는 서울에만 가정법원이 설치되어 있다. 가사사건은 법률이 정하는 바에 따라 법관 3인으로 구성된 합의부 또는 단독판사가 처리하고, 소년사건과 가정보호사건은 단독판사가 처리한다. 가정법원에는 가사조정사건을 다루기 위한 조정위원회와 가사, 소년, 가정보호사건을 조사하는 조사관이 있으며, 일반 법원행정사무를 처리하는 사무국이 있다. 가정법원 및 그 지원이 설치되지 아니한 지역에 있어서는 가정법원의 권한에 속하는 사항은 가정법원 및 그 지원이 설치될 때까지 해당 지방법원 및 지원이 이를 관할한다.

서울행정법원은 서울특별시를 관할하며, 조세, 토지수용, 근로, 일반행정 등의 사건을 심판한다. 행정법원이 설치되지 아니한 지역에 있어서는 행정법원의 관할에 속하는 사건은 행정법원이 설치될 때까지 해당 지방법원 본원이 이를 관할한다.

(3) 주요기능

교정복지와 관련한 법원의 주요기능은 비행청소년과 범죄인을 처분 또는 처벌하거나 재판전 사전조사업무를 위한 조사자나 판결을 위한 정보제공자 역할을 하는 것이다. 법원은 기소된 사건에 대한 일정을 잡고, 이를 피고인, 담당검사 그리고 변호사에게 알려준다. 교정의 주대상이 되는 소년범의 경우에는 이를 담당하고 있는 소년부지원에서 자원봉사자의 개입을 일정부분 허락하고 있는데, 보호처분을 받은 소년의 경우에는 가정으로 복귀하여 보다 안전하게 지낼 수 있도록 자원봉사자의 개입까지 가능하도록 하고 있다.

(4) 프로그램

① 심리불개시결정, 불처분결정

소년법원에 송치된 소년들 중 비행사실이 없거나, 소년의 소재가 불명확한 경우 또는 소년의 심리능력이 결여되어 사건의 심리를 개시할 수 없거나 심리를 개시할 필요가 없다고 인정될 때에는 심리불개시결정을 하게 된다. 한편 이미 심리가 개시된 소년들 중에서 심리한 결과 보호처분을 할 수 없거나 할 필요가 없다고 인정되는 때에는 처분을 하지 않는 불처분결정을 하게 된다.

② 보호처분결정

법원에서 심리불개시 또는 불처분결정이 내려지지 않는 소년들은 1호부터 7호까지의 보호처분결정을 하게 된다. 각각을 살펴보면 1호는 6개월간 보호자 혹은 자원보호자 감호위탁처분, 2호는 단기 6개월간의 보호관찰처분, 3호는 장기 2년간의 보호관찰처분, 4호는 아동복지시설 등에 6개월간 감호위탁처분, 5호는 6개월간의 병원위탁처분, 6호는 단기 6개월간의 소년원송치처분, 7호는 장기 소년원 송치처분으로 6개월 이상 19개월 미만까지 A, B, C 등급으로 분류된다. 이러한 분류처분은 죄질, 성행, 개선가능성, 보호자의 보호 감독의지 및 능력 등을 종합하여 하게 된다. 그 중 1호와 2, 3호 처분은 병합하여 결정할 수 있고, 2호와 3호 보호관찰처분에는 사회봉사명령이나 수강명령을 병과할 수 있다.

보호처분결정은 교정복지적 측면에서 법원이 다루고 있는 주요 프로그램이라 할 수 있다. 소년은 성장 도중에 있고 인격이 미숙하며, 소년비행은 성인범죄에 비하여 상습성의 정도가 약하다. 따라서 개선가능성이 크다는 이유로 인해 소년비행에 대하여는 일반적인 형사재판절차 외에 보호 및 교육을 목적으로 하는 소년보호절차를 병행하고 있는 것이다.

보호처분을 받는 대상은 소년법상 12세 이상 20세 미만의 소년으로 그 환경의 조정과 성행의 교정에 관한 보호처분을 행하는 소년재판을 통해 결정된다. 보호처분을 받는 소년은 다음과 같이 세 종류로 분류할 수 있다. 형벌법령에 위반되는 행위를 한 14세 이상 20세 미만의 범죄소년, 형벌법령에 위반되는 행위를 한 12세 이상 14세 미만의 촉법소년, 그리고 형벌법령에 위반되는 행위를 하지는 않았지만 가정에서 이탈하거나 범죄성 있는 자 등과 교류하는 자로서 장래 형벌법령에 위반 되는 행위를 할 우려가 있는 12세 이상의 위법소년이다.

소년보호사건으로 송치되는 경우는 일반형사재판절차로 사건을 진행하던 가정법원 소년부 또는 지방법원 소년부에서 보호처분의 필요성을 인정하여 송치하는 경우와 검찰에서 송치하는 경우, 경찰서장이 송치하는 경우 그리고 소년의 보호자, 학교, 복리시설의 장이 가정법원 소년부에 통고하는 경우가 있다. 특히 가정법원 소년부는 소년사건에 대하여 소년조사관으로 하여금 소년의 범행과 환경 등에 대하여 조사하도록 한 다음, 그 조사보고 등에 기초하여 심리하는 것을 원칙으로 한다. 소년부 판사는 심리의 종결 전후를 막론하고 소년에게 적당한 보호처분을 할 수 있는데 소년보호처분에는 보호자에게 감호위탁하는 처분, 보호관찰관의 보호관찰을 받도록 하는 처분, 소년보호시설, 병원, 소년원 등에 위탁하는 처분 등이 있다. 그리고 일정한 경우 사회봉사명령·수강명령이 병과될 수도 있다. 그러나 보호처분을 받은 후에도 보호소년이 보호처분의 내용을 성실히 이행하지 않는 경우에는, 법원이 수탁자 혹은 보호처분을 집행하는 자의 신청에 따라(단, 1, 4, 5호 처분의 경우에는 직권으로도 변경가능) 보호처분을 중하게 변경할 수 있다.

2. 교정기관 및 시설

교정기관과 시설은 범죄인에 대한 처벌을 집행하는 곳으로 일반적으로 법무부 교정국의 지휘 · 감독을 받는다. 전국의 교정시설을 지역별로 관장하기 위하여 1991년부터 서울, 대전, 대구, 광주 네 곳에 지방교정청을 설치하여 운영하고 있다. 교정기관 및 시설을 유형별로 살펴보면 비교적 일반인의 접근이 용이한 소년분류심사원, 소년원, 보호관찰소, 갱생보호공단이 있다. 그 중 분류심사원과 소년원은 형벌집행과 관련한 기관이고, 보호관찰소는 보호처분과 형사처벌을 동시에 집행하는 기관이다.

특히 소년범죄와 관련해서는 보호를 중심으로 교정활동이 전개되고 있다. 이는 범죄내지 비행소년을 대상으로 하여 궁극적으로는 소년의 건전한 육성을 기하고 그 가정과 사회환경을 적절히 조정하여 소년과 사회를 범죄로부터 보호하려는 일련의 활동이다. 우리나라는 죄를 범할 경우 일정한 절차를 통하여 그 행위에 대한 응분의 대가를 치르게 된다. 이는 청소년도 예외는 아니지만, 청소년은 육체적, 정신적으로 미성숙단계에 있기 때문에 그 행위에 대해서는 성인과 동일시할 수 없다. 또한 우리나라 교정제도의 현실이 교도소에 수용되면 범죄기술을 습득하거나 전과자가 되어 청소년의 장래에 좋지 않은 영향을 미칠 수 있다. 따라서 청소년은 성인과 다른 절차를 통하여 그들의 범죄행위를 규제할 필요가 있고, 우범의 가능성을 고려하여 범죄예방 및 교화, 선도를 위한 제도의 필요성도 있다. 이에 비행소년은 형사처벌 대신 보호처분(사회방위 및 특별예방적 목적으로 소년범이나 누범자 또는 심신장애인, 약물중독, 가정폭력행위자 등에 대해 가하는 처분)을 실시하며 이는 소년법, 사회보호법, 가정폭력범죄의 처벌 등에 관한 특례법에 의한다. 소년보호중심의 교정담당 기관 및 시설, 프로그램을 살펴보면 각각 아래와 같다.

1) 소년원

(1) 개요

소년원은 소년법 및 소년원법에 따라 가정법원과 각 지방법원 소년부의 보호처분에 의해 송치된 소년을 수용하여 교정교육을 행할 목적으로 설립된 법무부 산하의 특수교육기관이다. 소년원은 일제강점기 말기인 1942년 3월에 제정된 조선소년령과 조선교정원령에 따라 설립된 경성교정원이 그 시초라 할 수 있다. 경성교정원은 해방이후 서울소년원으로 개칭되었으며, 1958년 8월에 이전의 교정원령을 폐지하고 소년원법을 새로 제정하였다. 그리고 이 법에 근거하여 소년원이 신설되었으며, 현재 전국적으로 운영되고 있다. 소년원은 확정된 형을 집행하는 기관인 소년교도소와는 그 성격이 다르다고 할 수 있는데 사법적인 면보다는 교육적인 면을 중시하고 있기 때문에 학교의 형태로 운영하고 있다.

(2) 기능

소년원은 보호처분된 소년을 수용하여 감호를 한다. 감호는 보호처분된 소년을 수용하여 그들의 심신을 보호하기 위하여 행하는 직원의 활동과 물적 설비에 의한 법적 작용을 말한다. 감호는 명목상 교정교육이라는 주된 목적을 실시하기 위한 수단적 활동이지만, 보다 중점을 두고 있는 것은 보호처분된 소년의 수용이 형사 사법적인 요청에 의한 수용이라는 점이다. 교정시설은 크게 개방식과 폐쇄식으로 구분할 수 있는데, 현재 한국의 교정시설은 폐쇄식으로 운영된다. 폐쇄식은 주벽(主壁)・철격자(鐵格子) 등의 물적 설비를 갖추고 직원을 배치하여 수용자가 도주하지 못하도록 경비를 철저하게 하며, 외부인의 출입도 극도로 제한하는 형태를 취한다.

그리고 감호는 내부감호와 외부감호로 나눌 수 있다. 내부감호는 소년원 시설 내에서의 감호를 말하며, 외부감호는 소년원 밖에서 이루어지는 활동에 대한 감호를 말한다. 감호의 내용은 주로 원생의 동태파악, 인원파악, 출입통제, 열쇠관리, 시설물 검사, 부정물품 단속 등이 포함된다. 소년원에서 감호는 인적 감호를 원칙으로 하므로 일반적으로 특정 직원이 특정 원생에 대한 감호책임을 지는 형태로 수행된다.

(3) 프로그램

소년원 교정의 목적은 원생으로 하여금 비행을 다시는 범하지 않도록 하기 위해 그의 인식·행동 체계를 변화시키는데 있다. 따라서 비행소년의 사회적 적응을 목적으로 하는 일체의 조력활동으로 교육적인 측면을 강조하며 교정교육에는 교과교육·직업훈련·생활지도 등이 포함된다. 따라서 소년원에서 교정교육을 받는 소년들은 법원소년부에서 보호처분을 받은 12세 이상 20세 미만의 소년들이다. 그리고 교정교육의 목적은 규율 있는 생활 속에서 특성화교육·직업능력개발훈련·인성교육·특별활동 등을 통하여 전인적인 성장 및 발달을 도모하고 지식정보사회에 적합한 인재를 양성하는데 둔다. 소년원에서 실시하고 있는 교정프로그램은 다음과 같다.

① 특성화교육

소년원에서 실시하고 있는 특성화교육은 일반학교의 획일적이고 경직된 틀을 탈피하여 학생들의 다양한 요구와 특성을 반영할 수 있도록 학교운영 및 교육과정에 자율성을 부여한 학교제도이다. 특성화교육은 21세기 지식정보사회를 맞아 새로운 직업능력배양의 필요성의 인식하에 교육체제를 실용외국어·컴퓨터 및 개발적 인성교육 중심으로 개편하였다. 이로써 전문인력 양성을 통하여 안정된 사회정착 및 재비행 방지를 도모하고자 한다.

③ 특별활동

소년원에서의 특별활동은 자치활동과 생활지도활동으로 구분한다. 즉, 원예, 화훼, 환경미화 등의 생활근로활동, 이웃사랑의 실천인 봉사활동, 문예, 악대, 합창 등의 학예활동과 미술, 음악, 체육 등의 예능·체육활동 등의 다양한 활동을 통하여 학생들의 생활지도 및 인성교육함양을 위한 활동을 지원한다.

④ 인성교육

인성교육은 체험학습과 사회봉사활동으로 구분하여 다음과 같은 다양한 프로그램을 실시한다.

◇ 체험학습

• 문화공연관람

소년원 학생들의 문화적 욕구 충족과 정서 함양을 위해 뮤지컬 관람, 열린음악회 참가 등 문화체험의 기회를 제공한다.

• 국토순례

국토순례는 개방적 인성교육의 일환으로 자연체험 및 극기훈련을 실시하면서 학생들의 긍정적이고 미래지향적인 품성 함양을 통해 교정교육의 성과를 제고하고, 건전한 사회인으로의 복귀를 지원한다.

• 보이스카우트 훈련

소년원은 1986년 대전시에 소년원 학생 전용 야영 훈련장을 개설하고 매년 전국 소년원 학생들을 대상으로 4박 5일간의 보이스카우트 훈련을 실시하고 있다.

• 세계문화체험

전국규모의 영어경시대회에서 우수한 성적을 거둔 소년원 학생들을 대상으로 해마다 영국과 인도네시아 등 여러 나라에서 해외연수를 실시하여 다양한 세계문화 체험과 외국어에 대한 자신감을 함양하도록 한다.

• 병영체험훈련

소년원 학생들에게 국가안보의 중요성에 대한 인식과 강인한 극기력 함양을 위해 인근 군부대의 협조를 받아 2박 3일간의 병영체험을 실시한다.

• 사랑의 집짓기 운동

소년원 학생들은 국제 사랑의 집짓기 운동(HABITAT)에 참가하여 참 이웃 사랑실천과 공동체 의식을 함양하고 봉사활동의 국제적 확산을 통해 자신감고취 및 현장 적응력을 향상시킨다.

• 저명인사 초청강연 및 학생격려

국무위원 · 국회의원 · 교수 · 언론인 · 청소년 전문가 등 저명인사 초청 · 강연을 통해 학생들의 정서 함양 및 미래도전정신을 배양하고, 외국의 주요 인사들도 방문하여 시설참관 및 학생들을 격려하고 있다.

• 전국 중 · 고등학생 영어말하기 대회

소년원 학생을 포함한 일반 중 · 고등학생들이 선의의 경쟁을 통하여 미래를 향한 꿈을 키우고 잠재능력을 개발하는 한편 외국어교육의 활성화를 도모하고자 전국 중 · 고등학생 영어말하기대회가 법무부 · 교육인적자원부의 공동주최로 2000년부터 매년 1회 개최된다.

• 전국 소년보호교육기관 PC경진대회

소년원 학생들의 정보기술에 대한 관심 제고와 컴퓨터 활용능력 향상을 위하여 삼성SDS의 후원으로 PC경진대회가 1996년부터 매년 1회 개최되고 있다.

• IT관련 창업설명회

소년원 학생들의 창업능력을 배양하고 미래산업환경에 대한 대처능력을 향상시키기 위하여 중소기업청의 후원으로 전국 소년원을 순회하며 정보통신(IT)관련 창업설명회를 실시한다.

◇ 사회봉사활동

소년원 학생들은 지역사회 봉사활동을 통해 이웃사랑을 실천하고 있다.

(4) 사회복귀 및 출원

◇ 가정관 운영

소년원 학생들은 2~3일간 가족과 함께 생활하면서 손상된 가정기능을 회복하려는 노력을 한다. 이를 위해 전국 소년원에 16평형 16개동(32세대)이 설치 · 운영되고 있다.

◇ 문신제거 및 시술실 운영

소년원 학생들은 주로 비행청소년으로 신체에 문신을 하고 있는 경우가 많다. 따라서 사회활동의 장애요소가 되는 문신제거를 통하여 자신감을 회복시키기 위해 보호관찰 대상자 및 수술비용이 없는 저소득층 일반 청소년까지 확대하여 전국 소년원에서 무료로 시술하고 있다.

◇ 사회정착 및 자립지원

소년원 학생들이 출원후 사회정착 및 자립을 지원하기 위하여 소년원내에 취업지도위원회를 구성하여 운영되고 있는데, 위원회는 전국적으로 고용업체를 발굴하여 취업을 알선하거나, 창업 보육원을 설치하여 그의 심화교육 및 창업을 지원한다. 이와 관련하여 종합 데이터베이스를 구축하고 총체적인 사후관리까지 담당한다.

◇ 자립생활관(正名齋)운영

자립생활관은 무의탁 학생 및 출 · 퇴근이 용이하지 않은 취업 학생을 위한 기숙사 형태의 전용시설로 현재 약 20명의 학생들이 생활하고 있다. 이는 앞으로 부산, 광주, 대전 등 권역별로 확대하여 운영할 예정이다.

2) 소년분류심사원

(1) 개요

소년분류심사원은 소년이 보호자, 학교장, 사회복지시설장에 의해 경찰, 검찰, 법원의 소년부에 의해 송치되고 전문가에 의해 문제청소년으로 분류된 경우 지방 또는 가정법원의 소년부지원에서 결정하는 보호처분에 대해 가정 및 사회보호시설 또는 교육기관의 지도방법을 마련해 주는 국가기관이다. 소년분류심사원은 1977년에 개원하여 2008년 현재 전국 5개 지역에서 운영되고 있다. 그리고 소년분류심사원이 없는 지역에서는 소년원이 분류심사원의 기능 및 업무를 수행하고 있다.

소년분류심사원은 그동안 적성검사실을 운영하면서 보호받고 있는 청소년을 포함한 지역 청소년을 대상으로 적성검사와 진로지도를 하는 등 청소년관련 전문기관으로 그 역할을 담당해 왔다. 그리고 2002년부터 중·고등학생의 특별교육이수기관으로 지정되면서 일반 중·고등학교의 문제학생들로 하여금 특별교육을 이수하게 하여 청소년의 잠재적 우범 또는 재범을 미연에 차단하는 등 현재는 비행청소년 전문기관으로서 역할을 수행하고 있다(초중등교육법 시행령 제31조 제3항).

(2) 조직

소년분류심사원은 원장과 자문위원회로 보호소년처우심사위원회, 급식관리위원회 등 2개의 위원회가 있으며, 그 외 서무과, 교무과, 분류심사과 및 의무과를 두고 있다. 각 위원회는 정신의학, 사회복지학, 심리학, 교육학 등의 전문가로 구성되어 통합적인 접근을 통해 문제를 해결하려는 노력을 하고 있다.

(3) 주요기능

소년분류심사원은 법원 소년부로부터 위탁된 소년을 수용, 보호하면서 비행의 원인과 자질을 규명하여 법원의 조사·심리자료를 제공하게 된다. 그리고 소년원 및 보호관찰소, 보호자 등에게 대상소년에 대한 처우지침을 제시한다. 소년분류심사원은 1월 이내에 수용하고 있으며, 1회에 한하여 법원 소년부의 결정으로 연장이 가능하다.

소년분류심사원에서 하는 분류심사는 크게 수용분류심사와 외래분류심사로 구분하고 있는데, 수용분류심사는 다시 일반분류심사와 특수분류심사로 나뉜다. 일반분류심사는 문제가 비교적 경미한 소년의 면접조사, 표준화검사, 신체·의학적 진단 및 행동관찰을 종합한다. 특수분류심사는 일반분류심사결과 문제 또는 비행원인이 중대하고 복잡한 소년을 대상으로 하고, 일반분류심사에 개별검사, 정신의학적 진단, 현지조사 등을 추가한다. 외래분류심사는 가정, 학교, 사회단체 등에서 의뢰한 소년의 각종 심리검사 및 진로 상담을 한다.

(4) 프로그램

소년분류심사원의 주요 프로그램으로는 청소년적성검사실을 운영하는 것이다. 적성검사실의 목적은 가정·학교·사회단체에서 의뢰한 청소년의 자질 판단 및 진로지도에 대한 지침을 제공하고, 문제 청소년 부모와의 상담을 통하여 훈육지도 지침 제공하는데 있다. 뿐만 아니라 지역사회 청소년의 각종 심리검사 및 상담을 비롯한 행동장애, 학습장애 청소년에 대한 특수검사 및 정신의학적 진단을 하며, 자녀·부모상담을 통하여 가정의 기능을 회복할 수 있도록 지원한다.

3) 소년교도소

(1) 개요

일반적으로 교도소는 징역·금고·구류 등의 자유형을 집행하는 국가시설이다. 넓은 의미로는 이와 함께 형사피고인·피의자 그리고 사형의 선고를 받은 자를 수용하는 형사소송절차 및 형집행을 보전하는 국가시설을 말한다. 교도소는 수형자의 연령에 따라 성년교도소(또는 일반교도소)와 소년교도소로 구별된다. 소년교도소는 만 20세 미만의 수형자가 수용되는 곳이다(행형법 제2조 2항, 3항).

소년에 대한 형사사건에 관하여는 소년법에 기준하여 절차가 진행되나, 만약 소년법에 특별한 규정이 없으면 일반형사사건의 예, 즉 형사소송법에 의한다(소년법 제48조). 검사는 소년에 대한 피의사건을 수사한 결과 벌금 이하의 형에 해당하는 범죄이거나 보호처분에 해당하는 사유가 있다고 인정한 때에는 사건을 관할 소년부에 송치하여야 하며, 소년부는 송치된 사건을 조사·심리한 결과, 그 동기와 죄질이 금고 이상의 형사처분을 할 필요가 있다고 인정할 때에는 결정으로써 당해 검찰청 검사에게 송치할 수 있다. 송치한 사건은 다시 소년부에 송치할 수 없다(소년법 제49조).

그러나 소년에 대한 구속영장은 부득이한 경우가 아니면 발부하지 못하며, 소년을 구속하는 경우에는 특별한 사정이 없으면 다른 피의자나 피고인과 분리하여 수용하여야 한다(소년법 제55조). 소년에 대한 형사사건의 심리는 다른 피의사건과 관련된 경우에도 심리에 지장이 없으면 그 절차를 분리하여야 하며(소년법 제57조), 소년에 대한 형사사건의 심리는 친절하고 온화하게 하여야 한다. 특히 심리에는 소년의 심신상태·성행·경력·가정상황 기타 환경 등에 대하여 정확한 사실을 규명함에 있어 특별한 유의를 하여야 한다(소년법 제58조). 또한 죄를 범한 18세 미만인 소년인 경우 죄질이 사형 또는 무기형으로 처할만큼 중하더라도 15년의 유기징역으로 하는 등 일반 성인범죄자와는 다른 판결을 받게 된다(소년법 제59조). 이는 소년범의 경우 우발적인 범죄가 많고 개선의 가능성을 기대할 수 있기 때문이다.

(2) 조직

소년교도소에서 교정행정을 총괄하는 중앙기구로는 법무부장관과 법무부차관 아래에 교정본부장이 있고, 교정행정 전반에 걸쳐 교정본부장을 보좌하는 기구로서 교정정책관과 보안정책관이 있으며, 각 소관업무에 관하여 정책을 입안하는 교정기획과, 작업훈련과, 교육교화과, 사회복귀지원과, 복지지원과, 보안관리과, 보안경비과, 분류처우과, 보건의료과 등 9개과를 두고 있다. 교도소는 형의 집행 등 행형에 관한 사무 및 미결수용자의 수용에 관한 업무를 관장하며 소장을 정점으로(대규모 교도소에는 소장을 보좌하기 위하여 부소장을 둠) 총무과, 보안관리과, 분류심사과, 작업훈련과, 교육교화과, 복지지원과, 보건의료과를 두고 있다.

(3) 프로그램

범죄인에 대한 형집행은 교정교화를 통하여 범죄적 심성을 순화하여 선량한 시민으로 사회에 복귀시켜 재범에 이르지 않도록 하는데 그 목적을 둔다. 이를 위해 교정기관인 소년교도소에서는 범죄자 개인의 특성에 적합한 직업훈련과 각종 교육, 사회의 유용한 민간자원 등을 활용한 집회 및 상담 등 여러 가지 활동을 폭 넓게 전개함으로써 최종적으로 사회복귀를 할 수 있도록 지원한다.

① 교육교화

소년교도소에 수용된 자 중에서 수용자가 학교과정교육을 필요로 하는 경우 초, 중, 고등학교 수준의 교육을 실시하고 있으며, 일반학과 교육을 이수한 자 중 성적이 우수한 자는 매년 2회 실시하는 검정고시에 응시시켜 학력자격 취득의 기회를 부여하고 있다. 이처럼 소년수용자에게 사회의 정규 고등학교 과정을 이수할 기회를 주기 위하여 1982년에 김천중앙고등학교 부설 방송통신고등학교를, 1991년에는 천안소년교도소에 천안중앙고등학교 부설 방송통신고등학교를 설치하여 교육을 실시해 왔다. 그러나 김천방송통신고등학교는 2005년 김천소년교도소가 김천교도소로 직제가 개편됨에 따라 폐지되어 현재는 천안소년교도소만 운영하고 있다.

② 직업훈련

직업능력개발훈련은 수용자 개개인의 적성과 취미, 연령, 학력에 적합한 기술교육을 실시하여 출소 후 사회에서 안정된 생업에 종사할 수 있도록 자활능력을 갖추는 데 목적이 있다. 법무부에서는 수용자의 사회복귀와 재범방지를 위하여 직업훈련을 통한 사회적응훈련이 필수적이라고 판단하고, 취업유망직종을 중심으로 내실 있는 직업훈련을 실시하여 수용자가 출소 후 자립할 수 있는 기반을 조성하여 주고 있다.

이에 법무부는 1969년부터 전국 교정시설에 공공직업훈련소를 설치하여 직업훈련을 실시해 오고 있으며, 현재는 전국 32개 교정시설을 공공직업훈련시설로 지정하고 자동차정비, 건축, 전기 분야 등 72개 직종에 대하여 6개월 내지 2년 과정의 훈련을 실시하고 있다. 이를 위하여 급변하는 산업환경에 부응하고 산업현장에 필요한 유망직종을 지속적으로 개발하고 있다. 또한 앞으로는 산업체와의 협력과 유대강화를 통하여 직업훈련 수료자에 대한 취업연계 활동을 강화해 나갈 예정이다

③ 사회복귀

석방은 수용자의 구금을 해제하는 행위로 수용생활의 종료인 동시에 사회생활의 새출발로 교정처우의 총마무리 단계라는 중요한 의미를 가지고 있다. 따라서 수형

자에게 희망을 주고 재범을 방지하기 위하여, 생활정보를 제공하고 석방전 교육을 실시하는 등 사회복귀준비에 최선을 다하고 있다. 따라서 석방자의 사회복귀에 대한 준비를 위하여 석방하기 전 1주일간을 별도의 거실에 수용하여 사회생활에 대한 정보를 제공하고 교육을 실시하고 있으며, 출소후 재범하지 않도록 노력하고 있다.

4) 치료감호소

(1) 개요

치료감호소는 1987년 8월 14일 치료감호소 직제 공포(대통령령 12232) 후 같은 해 11월 3일 500개 병상 규모로 개소하였다. 이후 1993년에 500개 병상을 증축하여 병동을 완공하고, 1996년에 증축 병동을 개설하면서 약물중독치료실을 운영하기 시작하였고, 1997년부터는 국립감호정신병원이라는 명칭을 병행하여 사용하고 있다(법무부훈령 385).

치료감호소는 정신질환 범법자를 수용·치료하는 정신병원의 기능을 가진 수용기관이자 법원·검찰·경찰로부터 형사피의자의 정신감정을 의뢰받아 수행하는 감정기관이다. 또한 1987년 11월 18일 전공의 수련병원으로 지정되어 정신과 전공의와 정신보건간호사, 정신보건사회복지사 등 정신보건 전문요원의 교육·수련을 담당하는 교육기관이기도 하다. 주요업무는 사회보호법에 의기하여 치료감호 선고를 받은 자의 수용·보호 및 치료, 치료감호 업무 발전을 위한 조사·연구, 법원, 검찰, 경찰로부터 정신감정을 의뢰받은 자에 대해 정신감정 실시, 사회보호위원회의 결정에 의해 위탁된 보호감호자 치료 등이다.

치료감호란 정신질환 및 정신지체, 그리고 마약류·알코올과 같은 약물중독 등으로 금고 이상의 형에 해당하는 죄를 범한 자들을 시설에 수용하여 치료 및 교정·교화하며 형벌을 대체 또는 보완하는 예방적 기능을 수행하는 것으로, 일종의 보안처분이라 할 수 있다(사회법 제9조). 감호치료는 의학적 치료를 원칙으로 하기 때문에 감호기간은 한정하지 않는 것이 일반적이다. 우리나라에서 시행하고 있는 치료감호기간은 완치될 때까지로 하고 있지만(동법 제9조 제2항) 경우에 따라서는 종신토록 계속될 수도 있다. 다만 종신감호치료의 경우 치료자의 인권과 관련한 문제가 제기될 수 있기 때문에 일정한 치료기간의 상한선을 규정하든가 아니면 일정 기간마다 사법심사에 의한 석방의 길을 열어 주려는 시도를 하고 있다. 범죄자에게 형벌과 치료감호가 동시에 선고되는 경우에는 대체주의가 적용되어 치료감호를 형벌보다 먼저 집행하고, 치료감호의 집행기간은 형기에 산입한다(동법 제23조 제2항).

(2) 프로그램

치료감호소에서 이루어지고 있는 치료프로그램은 대상의 특성에 따라 다음과 같이 다양하게 진행된다.

① 정신과적 치료

정신과적 치료는 담당주치의가 감호인의 증상을 살펴 지정하는 치료방법에 따르고 있는데, 주로 정신요법, 약물요법, 환경요법에 의한다.

② 특수치료

특수치료는 소집단치료와 대집단 치료로 구분하여 진행된다. 소집단치료는 기타, 보컬관악, 지점토, 등공예, 합창, 수직염색, 도자기공예, 일상생활요법, 사이코드라마, 미술, 무용, 체육, 레크리에이션, 은행놀이 등의 프로그램을 통하여 치료에 집중하도록 한다. 대집단 치료는 무용발표회, 합창대회, 체육대회, 사생대회, 가요제, 연극제, 영화상영, 방송 등을 통한 음악치료로 이루어지고 있다.

③ 의료재활치료

감호인의 의료재활치료는 사회기술훈련, 정신건강교육, 단주교육 등을 중심으로 진행된다.

④ 직업능력개발훈련

직업능력개발훈련의 대상은 비교적 증상이 양호하고 직업재활훈련이 필요한 자를 중심으로 하여 건축도장, 조적, 도배, 타일, 컴퓨터를 중심으로 훈련과정이 이루어진다. 이로써 사회복귀훈련까지 병행한다.

⑤ 외래진료제 운영

외래진료는 감호인이 감호소에서 출소한 이후 정신질환재발 및 재범방지를 막기 위한 대안으로 사후관리 프로그램의 일종이다. 외래진료의 대상은 치료감호종료자 중 희망자에 한하며 출소 후 5년간 진료를 받을 수 있다. 그리고 필요에 따라 1회 연장이 가능하다.

5) 보호관찰소

(1) 개요

우리나라는 범죄자의 재범방지를 위하여 보호관찰, 사회봉사·수강 및 갱생보호 등 체계적인 사회내 처우가 필요하다고 인정되는 자에 대하여 지도·원호를 함으로써 건전한 사회복귀를 촉진하고, 효율적인 범죄예방 활동을 전개함으로써 개인 및 공공의 복지를 증진함과 아울러 사회를 보호하는 것을 목적으로 보호관찰제도를 실시하고 있다. 즉, 보호관찰은 범죄인을 구금하는 대신 일정한 의무를 조건으로 자유로운 사회생활을 허용하면서 국가공무원인 보호관찰관이 직접 또는 민간자원 봉사자인 범죄예방위원의 협조를 받아 지도·감독·원호를 하거나, 사회봉사 수강명령을 집행함으로써 성행을 교정하여 건전한 사회복귀를 촉진하고 재범을 방지하는 선진형사제도라 할 수 있다.

보호관찰제도는 보호관찰소를 중심으로 이루어지고 있는데, 우리나라의 보호관찰소는 1942년에 처음 재단법인 사법보호회로 설립되었다. 그러나 당시에는 보호관찰과 관련한 특별한 법이 없는 상태였고, 그와 관련한 최초 규정은 1963년에 소년법이 1차 개정되면서 부터라고 할 수 있다. 이후 소년범에 국한된 보호관찰에 대한 내용은 1988년 보호관찰법을 제정하면서 대상을 사회보호법상의 기출소자 등으로 그 대상을 확대하였다. 그리고 현재는 성인범에 대한 보호관찰, 사회봉사 수강명령, 그리고 가정폭력사범에 대한 보호처분제도(가정폭력범죄의 처벌 등에 관한 특례법에 기준)를 도입하는 등 보호관찰과 소년보호를 함께 병행하고 있다.

(2) 조직

보호관찰 행정조직은 중앙감독기간인 법무부 보호국 산하에 5개 보호관찰심사위원회가 고등검찰청 소재지에 설치되어 있으며, 지방검찰청 및 주요 지청 소재지마다 보호관찰소 및 지소를 설치하여 2008년 현재 12개 보호관찰소와 32개 지소가 설치되어 있다. 보호관찰의 실시 및 사회봉사, 수강명령집행, 범죄예방활동 등 보호관찰 행정 실무를 담당하고 있는 보호관찰소의 조직은 보통 소장 밑에 사무과, 관호과, 조사과를 두고 있으나, 최근 들어 팀제를 도입하여 소장 밑에 행정지원팀, 조사팀, 관찰1 · 2팀, 집행팀, 수강명령집행팀으로 이루어져 있으며 관할 구역이 넓은 지역의 업무 수행을 위해 지소를 두고 있다.

(3) 프로그램

① 사회봉사명령

보호관찰소는 보호관찰부 집행유예, 선고유예, 보호처분, 가석방, 가퇴원의 처분을 받은 보호관찰대상자의 재비행 방지를 위해 적극적인 지도감독을 중심으로 하는 사회봉사명령을 활용하고 있다. 사회봉사명령은 유죄가 인정된 범죄자에 대하여 교도소 등에 구금하는 대신 자유로운 생활을 허용하면서 일정시간동안 무보수로 사회에 유익한 근로를 하도록 명하는 제도이다. 이로써 사회에 대한 범죄피해의 배상 및 속죄의 기회를 줄 뿐 아니라 근로정신을 함양시키고 자긍심을 회복시켜 건전하게 사회로 복귀할 수 있도록 한다.

사회봉사명령은 영국 또는 미국에서 이미 시행하고 있는 제도를 10여년 전에 도입한 것으로 초기에는 주로 소년범을 중심으로 하였으나 그 대상을 점진적으로 확대하여 1997년에 성인범까지 확대하였다. 물론 아직까지 그 대상이 매우 제한적이긴 하지만 비교적 범죄자 처우의 중심수단으로 인정을 받고 있다. 즉, 사회봉사명령의 내용을 살펴보면 저소득 소외계층과 지역서민들에게 실질적인 도움을 주면서 봉사명령대상자는 긍지와 보람을 느끼도록 하는 것이 본 프로그램의 주목적이 되고 있는 것이다.

이러한 목적을 수행하기 위해 현재 우리나라의 보호관찰소는 「지역사회봉사센터」를 개관하여 지역사회의 복리증진과 저소득 소외계층을 위한 체계적인 지원을 하는 사회봉사명령 프로그램을 실시하고 있다. 또한 「전산정보교육센터」를 개관하여 비행청소년과 저소득서민층의 정보접근기회를 확대하고 계층간 지식격차를 해소하기 위해 노력함으로써 국민의 복리증진과 국가 형벌권의 적정한 집행을 동시에 실시하고 있다. 따라서 지역사회봉사센터의 사회봉사명령집행은 크게 저소득·서민층 기초생활지원분야, 사회복지시설 운영지원분야, 공공·공익사업지원분야, 농촌봉사활동분야, 의료지원분야, 재해복구활동분야로 나누어 실시하고 있다. 2008년 현재 우리나라의 사회봉사명령대상자는 지역사회봉사센터를 중심으로 하면서 하루 평균 약 3,000여명으로 전국 1,500여개의 협력기관에 배치되어 집행하고 있다. 그리고 각 분야별 기관에 배치된 대상자들은 협력기관에서 지정된 감독자의 작업지시와 보호관찰직원의 집행감독을 받으며 봉사활동을 한다.

그러나 전국의 보호관찰직 공무원 중 사회봉사명령 전담직원의 수가 매우 적어 내실있는 집행이 이루어지지 못하고 있다는 지적이 있다. 또한 사회봉사명령이 성인범에 대하여 확대된 이후 협력기관 위주로 집행하면서 몇 가지 문제점이 노출되었는데, 우선 대상자의 직업 등 특성과 기능에 맞는 집행이 원활하게 이루어지지 못하고 있다. 예를 들어 의사면허증을 가진 대상자를 재활용품 선별장에 배치하여 정해진 시간을 완료하였다면 대상자와 사회의 관점에서 볼 때 사회봉사명령의 본연의 효과는 반감하게 된다. 또 다른 하나는 지역의 소외계층에 대한 직접적인 봉사활동을 수행하지 못하는 경우가 많아 지역사회의 복리증진이라는 목적을 달성하지 못하는 경우도 많다.

따라서 지역사회봉사센터는 사회봉사명령대상자의 기능과 특기에 맞는 적재적소의 배치로 대상자의 건전한 사회복귀를 돕고, 지역주민의 절실한 봉사수요를 적기에 충족시켜 복리증진에 직접 기여함으로써 생산적 복지실현을 목적으로 하는 시스템으로 정착하여 발전하는 노력이 필요하다. 이에 준하여 지역사회봉사센터는 다음의 세 가지로 그 역할을 정리할 수 있다. 첫째, 협력기관위주의 제한적 봉사활동에서 지역주민과 지역사회에 직접 기여할 수 있도록 사회봉사명령 프로그램을 다양화·전문화한다. 둘째, 저소득 서민층의 자활 및 복리증진에 기여하여 지역주민과 함께 하는 보호관찰을 구현함과 아울러 생산적 복지를 실현한다. 셋째, 대상자들로 하여금 각자의 특기와 적성을 살려 지역사회에서 도움을 필요로 하는 이들을 위해 봉사활동을 하게 함으로써 보람을 느끼게 하고 건전한 시민으로의 사회복귀를 돕는다. 다시 말하면 대상자는 자신의 기능과 능력으로 지역의 서민들에게 직접적인 도움을 주고, 수혜자는 사회봉사명령의 집행을 통하여 직접적인 혜택을 얻어 양자 모두에게 이득을 주는 역할을 보호관찰소가 수행해야 한다는 것이다.

② 수강명령

수강명령은 유죄가 인정된 습관 중독성 범죄자를 교도소 등에 구금하는 대신 자유로운 생활을 허용하면서 일정시간 보호관찰소 또는 보호관찰소가 지정한 전문기관에서 교육을 받도록 명하는 제도이다. 그리고 교육과정을 통해 범죄인들에게서 준법의식 고취, 범죄의 해악성 자각, 심성계발과 자아확립, 사회적응력 배양 등의 효과를 기대하고 있다.

수강명령은 1948년 영국에서 형사재판법에 의하여 비교적 비행성이 약한 21세 미만의 범죄자에게 주말에 수강센터(Attendance Center)에 참석하여 강의를 받도록 한 것이 그 효시이다. 우리나라는 보호관찰제도와 함께 도입·시행하면서 일과시간 중 보호관찰대상자에 대하여 교육하는 것이다. 교육내용으로는 준법의식 고취, 범죄행위의 해악성 자각, 심성계발과 자아확립, 사회적응력 배양을 목적으로 시청각 교육, 강의, 견학, 참여식 토론, 정신 심리치료 등의 교육방법을 사용한다.

6) 한국갱생보호공단

(1) 개요

한국갱생보호공단은 "보호관찰 등에 관한 법률"에 의해 설립된 특별법인이다. 이는 출소자들이 사회에 적응하지 못하여 재범을 하게 되는 범죄의 악순환에서 벗어나 안정적인 사회정착을 할 수 있도록 지원하는 것을 목적으로 설립되었다. 따라서 건전한 사회복귀를 촉진하고 효율적인 범죄예방활동을 전개함으로써 개인 및 공공의 복지 증진과 사회보호를 위한 다양한 프로그램을 통하여 출소자들이 지역사회에 어렵지 않게 복귀할 수 있도록 돕는 사회복귀지원 전문기관이라 할 수 있다.

우리나라에서 갱생보호가 처음 시작된 것은 1911년 이지만 당시는 단순히 출소자에 대한 자선구호를 사업의 목적으로 하였다. 그리고 1961년 갱생보호법이 제정될 때까지 형식적이고 명목적인 보호에 불과하였다고 볼 수 있다. 1961년 법의 제정과 함께 이전에 있었던 재단법인 사법보호회, 사법보호위원회, 사법보호조성회가

해산되면서 그 재산과 사업을 계승하여 중앙에 중앙갱생보호지도회가 설치되었다. 그리고 공법인체인 갱생보호회가 각 지방검찰청 소재지 단위로 8개가 설립되었으며 그 산하에 각 교도소 소재지마다 17개의 갱생보호소가 설립되었고, 이는 법무부장관의 지시감독을 받도록 하였다. 그럼에도 불구하고 당시의 갱생보호제도의 실질 내용은 이전 제도와 큰 차이는 발견할 수 없었다고 할 수 있다.

이후 1963년에 갱생보호법이 개정되면서 분리되어 있던 중앙의 갱생보호지도회와 지방의 갱생보호회법인을 단일특수 공법인체인 1개의 갱생보호회로 개편하였다. 그 결과 지방에는 8개의 갱생보호회 지부가, 그리고 그 산하에 교도소 소재지 마다 갱생보호회 지소가 각각 설치되게 되었다. 이로써 범죄자들은 사법보호의 대상에서 갱생보호의 대상으로 하여 임의적 보호를 받도록 하였으나, 범죄자 본인의 신청, 동의에 의한 임의적 보호로서 별 실효를 거두지 못하였다.

갱생보호에 대한 보다 본격적인 변화는 1981년에 법무부 직제가 개정되어 보호국이 신설되면서 이전의 교정국 관리과 갱생보호계에서 실시되던 갱생보호 업무가 보호국으로 이관되면서 부터이다. 그리고 1982년에 「갱생보호법 시행령」이 개정되면서 보호관찰제도의 도입기반 조성을 위하여 갱생보호회에서 우선적으로 보호관찰 업무를 시험실시하였고, 1988년 보호관찰법이 새롭게 제정 공포됨으로써 그 동안 실시해 오던 보호관찰 시험실시 업무는 보호관찰소로 이관하게 되었다. 이는 1995년에 출소자 사후관리 업무의 효율적인 추진을 도모하고자 갱생보호법과 보호관찰법이 "보호관찰 등에 관한 법률"로 통합 제정 공포됨으로써 지금의 한국갱생보호공단이 구성되었고, 현재는 이를 통해 갱생보호사업을 전개하고 있다. 그리고 한국갱생보호공단의 지원을 받는 갱생보호대상자는 형사처분 또는 보호처분을 받은 자로서 자립과 갱생을 위한 숙식제공을 비롯한 직업훈련 및 취업알선 등 보호의 필요성이 인정되는 자이다.

(2) 프로그램

한국갱생보호공단에서는 무의탁·생계곤란으로 특별한 대책없이 출소하여 생계가 막연한 소외·극빈 계층인 출소자들에 대하여 효과적으로 사회에 재적응할 수 있는 프로그램이 실시되고 있다. 이를 통해 '교정시설과 사회를 이어주는 출소자의 교량'(Bridge between prison and community) 역할을 한다.

① **숙식제공**

무의무탁 대상자에게는 일정기간 숙식, 음식물 및 의복 등을 제공하고 각종 생활지도 및 정신교육을 실시하며 취업활동을 권장하여 자립기금을 저축하게 한다.

② **직업훈련**

일정한 기술이 없어 취업에 애로가 있거나 새로운 기술을 배우고자 하는 대상자에게 희망, 적성, 경력 등을 고려하여 취업이 용이한 각종의 자격증을 취득할 수 있도록 직업전문학교, 일반 학원 등에 위탁교육을 실시한다.

③ **취업알선**

취업처를 구하지 못하는 대상자에게 기업을 경영하는 자원봉사자, 기타 독지가 등과 연계하여 취업을 알선한다.

④ **긴급구호금품 지급**

자원봉사자 등의 도움으로 출소 후 사회생활에 어려움을 겪고 있는 대상자에 대해서는 원활한 사회생활을 할 수 있도록 생계에 필요한 보조금품을 지원하기도 한다.

⑤ **출소예정자 사전면담**

교정시설에 있는 재소자는 사회로부터 격리되어 출소 후 사회적응이 어려운 실정이다. 다라서 전문지식이 있는 직원과 자원봉사자로 구성된 상담전문인사가 출소하기 1개월 전부터 수시로 개별 및 집단 상담을 실시하여 신뢰성 있는 인간관계를 형성하고, 재범유발 요인을 사전에 차단하는 등 출소전 사회복귀를 준비시키는 면담을 실시한다.

⑥ **합동결혼식 주선**

대상자들이 과거의 폐습을 버리고 사회에 복귀할 수 있는 가장 효과적인 방안 중의 하나는 안정된 보금자리를 마련해 주는 것이다. 갱생보호공단에서는 출소후 가정형편이 어렵거나 배우자가 없어 결혼식을 올리지 못한 대상자들에게 합동결혼식을 실시하고 있다.

⑦ 재사회화교육

대상자들이 사회복귀에 필요한 기본소양, 기초질서 및 일반금융, 행정관련 처리방법 등을 교육하여 사회구성원으로 참여할 수 있도록 교육한다.

⑧ 기타 자립지원

그 외에도 사회복지시설에의 의탁알선, 호적취득 및 주민등록 재등록, 의료시혜, 가정환경 조정 등 대상자가 자립하는데 필요한 사항을 지원하고 있다. 특히 2006년부터 추진하고 있는 출소자 주거지원 사업은 무주택 출소자들이 안정된 가정을 이루고 사회에 정착하는 데 크게 기여하는 성과를 거두고 있다는 평을 받고 있다. 그리고 출소자의 취업알선과 직업훈련 내실화를 위해 노동부 산하 전국의 고용지원센터와 연계한 「출소자 취업희망 프로그램」을 추진하고 있다.

3. 민간기관 및 시설

범죄인의 교정을 위한 공식적인 민간시설은 앞서 기술한 한국갱생보호공단을 비롯하여 법원위탁시설, 선도보호소, 가출청소년 쉼터 등을 말할 수 있다. 이들 대부분은 민간의 참여로 사업을 실시하고 있기 때문에 민간기관 및 민간시설로 구분하고 있는 것이다. 그러나 다른 한편으로는 법무부 또는 보건복지부 등의 정부기관으로부터 재정지원을 받으며 운영되고 있고, 각 기관 및 시설에 사회복지사가 대거 참여하면서 각 관련 법률에 준하여 운영 및 조직되어 있기 때문에 순수한 민간기관으로 보기는 어렵다고 할 수 있다. 따라서 여기서는 일반인들이 자원봉사 등을 통해 교정에 참여하고 있는 소년자원보호자제도를 중심으로 살펴보고자 한다.

1) 소년자원보호자제도

(1) 개요

우리나라의 비행소년에 대한 처벌 중 대표적인 것이 보호처분이라 할 수 있다. 소년범죄를 살펴보면 12세에서 18세 정도의 학생 또는 비교적 어린 소년으로서 경미한 범죄자, 비행습벽이 고착되지 않은 소년 등으로 초범인 경우가 대부분이다. 따라서 비행정도가 약하고 개선가능성이 있는 소년의 경우 소년원에서 생활하는 것보다 보호활동을 통해 교육적인 효과까지 기대할 수 있는 보호처분이 이루어지는 것이 일반적이다. 이 보호처분은 1호에서 7호까지 분류되고 있는데, 그 중 1호 처분은 소년법상 "보호자 또는 보호자를 대신하여 소년을 보호할 수 있는 자에게 감호를 위탁하는 것"으로 규정되어 있다. 이 경우 법원은 주로 법원의 위촉을 받아 소년의 감호를 위탁받고 소년을 보호지도하기로 한 소년자원보호자에게 감호를 위탁하게 되는데, 이것이 소년자원보호자제도이다.

소년자원보호자제도는 1985년경 서울가정법원에서 현실적인 필요에 의하여 운영되어 오다가 뒤에 법정비를 통해 도입되었는데, 소년법 개정시 1호 처분의 무용론(폐지론)에도 불구하고 자원보호자제도의 사회적 효용이 평가받게 됨에 따라 법에 반영되었다. 그리고 1989년에 개정된 소년법에서 종래의 1호 처분을 "보호자 또는 적당한 자"에 위탁하는 것으로 규정되어 있던 것을 "보호자 또는 보호자를 대신하여 소년을 보호할 수 있는 자"로 개정하였다. 이에 따라 소년심판규칙 제33조에서 "가정법원장 및 소년부지원 또는 소년부가 설치되어 있는 지방법원장은...... 법 제32조 제1항 제1호의 규정에 의하여 보호자를 대신하여 소년의 감호를 위탁받을 사람(이를 자원보호자라 한다.)을 정신과의사, 심리학자, 사회사업가 또는 학식과 덕망이 있는 사람 중에서 위촉한다(제1항). 법원장은 자원보호자가 소년의 보호에 적당하지 아니하거나 기타의 사유로 그 직무를 적절히 수행하기 어렵다고 인정하는 때에는 그 위촉을 해제할 수 있다(제2항)"라고 정하였다. 이로써 소년자원보호자제도의 법령상 근거가 마련되었고, 1998년부터 본격적으로 도입되어 시행되고 있다.

소년자원보호자제도는 도입초기 보호관찰제도와의 중복성으로 인해 논란이 있었지만 차별성을 부각하여 현재까지 시행되고 있다. 보호관찰은 비행소년에 대한 관찰과 감독을 통하여 소년의 사회복귀를 촉진하고 재범을 예방하는 데에 목적이 있고, 그를 담당하는 보호관찰관은 보호관찰소라는 공기관에 근무하는 공무원으로서 법률에 정한 바에 따라 획일적으로 그 직무를 수행한다. 반면 소년자원보호자는 소년의 보호자(즉 부모)를 대신하는 역할(사회적 부모)을 할 것이 기대되는 것으로, 관찰과 감독이라는 규제기능보다는 관심과 교육적 지도의 기능이 우선시 되게 된다. 그리고 구체적인 보호방법에는 제약이 없고, 다만 정기적인 만남과 상담을 통한 자기인식의 회복과 진로설정 등을 목표로 하여 다양한 각도의 접근이 가능하도록 하였다. 즉, 소년자원보호자제도는 비권력적 인간관계를 통해 개별적인 활동을 할 수 있고, 교정비용 최소화에 기여할 수 있으며, 민감한 자의식을 가진 소년들에게 낙인의 상처를 피하고 시설수용의 피해를 막을 수 있는 점에서 보호관찰제도와는 차별된 제도라 할 수 있다.

다만 보호사건의 심리결과 소년의 비행횟수가 2회 이상이지만 그 비행의 질이 그다지 중하지는 않아서 소년을 6호, 7호 처분에 의하여 소년원에 보낼 필요가 없다고 판단할 수 있지만, 한편으로는 재범의 가능성이 어느 정도 있기 때문에 보호관찰에 의한 감독이 필요 하다고 판단되는 경우가 있다. 그러나 소년의 보호자가 없거나 무관심, 무능력한 상태에 있는 경우 등에는 보호관찰관에 의해 재범방지와 관찰, 감독이 이루어지도록 한다. 동시에 공무원인 보호관찰관의 획일적인 관찰, 감독이 대신 충족시켜 줄 수 없는 보호자로부터의 관심과 애정을 보충 받을 수 있도록 보호관찰과 자원보호자 위탁처분을 함께 하는 것이 필요하다고 판단되면 소년의 가정환경에 따라 추가로 부모의 역할을 보충하여 준다는 의미에서 자원보호자에의 위탁결정을 하게 된다.

이러한 소년자원보호자제도가 도입된 배경은 보호처분 중 1호 처분은 환경의 개선이나 특별한 제약 없이 소년을 부모 등 종전의 보호자에게 돌려보내는 것이기 때문에 재비행 억제효과가 약할 수밖에 없다고 하는 판단에 의한 것이다. 또는 보호자가 아예 없는 경우나 보호자가 있다 하더라도 고령, 질병 혹은 직장출근 등으로 인하여 보호소년을 제대로 감호할 수 없거나 가족 구성원 상호간의 유대가 약하여 실질적으로 보호소년을 감호하지 못하는 경우 등에는 보호자에게의 감호위탁처분은 그 효과를 기대하기가 어렵다고 할 수 있다. 따라서 아직 범죄 성향이 고착되지 않아 교정가능성이 큰 소년들 중 보호자에게만 위탁했을 때 교정효과를 거둘 수 없는 소년들을 대상으로 성실한 자원보호자의 보호에 맡김으로써 1호 처분을 실효성 있게 하자는 것이 소년자원보호자제도가 도입된 배경이라 할 수 있다.

(2) 특징

소년자원보호제도는 시민참여제도라는 특징을 가지고 있는데 소년자원보호자들의 경우 충분한 시간을 갖고 소년과 인격적 관계를 맺게 된다. 이는 법원으로부터 위촉받은 명예직으로서가 아니라 실질적으로 자신의 시간과 노력을 희생적으로 투자하여야 하는 자원봉사자인 것인 만큼 위촉단계에서 일일이 그 이력을 검토하고 자질을 검색하여 선별적으로 위촉하게 된다.

위촉된 자원보호자는 법원의 후원에 의존하지 않고 자발적으로 그 활동을 유지한다. 소년자원보호자제도는 비정형적, 자연발생적으로 출발한 것이기 때문에 자원보호자의 활동에 대하여 법원에서는 과도한 간섭이나 지원을 하지 않고 있다. 즉, 법원은 자원보호자에게 소년을 위탁할 때 통고하거나 보호상황의 보고를 받는 것을 제외하고는 아무런 간섭을 하지 않는다. 따라서 자원보호활동의 원만한 협조를 위하여 자원보호자들 스스로 자원보호자협의회를 구성하여 자생적 조직을 만들고, 정관을 마련하여 각종 연락과 교육 등 협력을 도모하고 있다.

비행소년에 대해 보호자의 역할을 대신해야 하는 만큼 자원보호자들의 역할은 매우 중요하다. 이는 비행소년을 섬세하게 상대하여야 하는 어려운 일인 만큼 자원보호자들의 자질을 담보하기 위한 계속적인 교육과 훈련이 요구된다고 볼 수 있다. 따라서 자원보호자제도는 엄격한 전문교육실시를 전제로 하여 카운슬링 기법, 범죄심리학, 형사사법, 교정사례연구 등 소년선도에 관한 필요한 기초지식을 반드시 습득하는 것을 중요한 자격요건으로 삼는다.

(3) 제도의 종류

자원보호자제도는 크게 신병인수 자원보호자제도와 신병 불인수 자원보호자제도로 구별한다. 그러나 신병인수 자원보호자제도는 그 효과에 비하여 자원보호자의 희생이 클 수 있기 때문에 현재는 신병 불인수 자원보호자제도만이 운영되고 있다.

이는 소년의 신병을 보호자에게 맡기지만 자원보호자에게는 상담과 대화를 통하여 소년을 개선시키도록 위탁하는 방식이다.

2) 한국소년보호협회

(1) 개요

한국소년보호협회는 다양한 교정대상 중에서 청소년비행예방 및 비행소년의 안정 된 사회복귀를 지원하는 청소년문제 전문재단이다. 따라서 학생 및 근로청소년이 비행에 빠지지 않도록 교육·계도하고 불량환경을 사전 해소하는 데 우선적인 목적을 둔다. 한편 이미 비행을 저질러 문제성이 심각한 청소년들의 경우 그 비행요인을 심층적으로 규명하여 이들이 모범적으로 사회에 복귀할 수 있도록 개인적 특성에 맞게 지도·원호 및 자립을 지원하는데 그 목적을 두고 있다.

이러한 목적과 함께 한국소년보호협회는 법무부 소년보호재단으로 1998년 법인설립을 하였고, 설립과 함께 청소년들의 선도 및 보호대책으로 청소년 상담실, 청소년 정보화교육센터, 청소년 자립생활관 등을 개관 운영하고 있다. 이로써 청소년 문제를 사회구성원의 공동노력이 필요하고, 정부의 비행소년 교육과 사회복귀 사업을 민간차원에서 측면 지원하기 위한 보호·선도 단체의 역할을 강조하고 있다.

(2) 프로그램

① 청소년 자립생활관

청소년 자립생활관은 가출 무의탁 소녀, 갈 곳 없는 보호관찰대상, 소년원 퇴원자 등을 일시 보호하여 귀가조치, 학업연계, 취업알선 등의 방법으로 안정된 자립여건을 조성해 주는 곳이다. 특히 기술이 없어 취업하지 못하거나 새로운 기술훈련을 원하는 청소년들에게 개인별 적성을 고려한 직업전문학교 등에 위탁교육을 실시하기도 한다. 그리고 인접지역 산업체에 취업하는 원격지 거주 취약계층 보호소년에게 일정기간 기숙시설을 제공하여 직업적응 및 직장정착을 지원하고 있다.

자립생활관에서 생활하는 청소년을 대상으로 하여 사회복귀프로그램이 운영되고 있는데 자아성찰 프로그램, 여가 및 건강프로그램, 상호작용기법, 사회적응 프로그램 등 다양하게 제공된다.

② 창업보육기업

창업보육기업은 소년원에서 직업훈련과정을 마친 보호소년들에게 창업지원을 통한 경제적 자립기반 구축 및 성공적인 사회복귀를 지원하는데 그 목적을 둔다. 따라서 소자본 창업이 용이한 기술집약적 첨단직종을 지속적으로 발굴하여 다양한 직종의 창업을 지원하고 있으며, 소년원의 직업훈련과정과 접목이 가능한 분야의 창업을 적극 지원함으로써 창업마인드를 제고하도록 돕는다.

이를 위해 인수한 창업기업의 조기 안정화로 보호소년들의 사회복귀를 위한 안정적 취업처로 활용하거나, 소년원 개방처우와 연계하여 보호소년들의 실무역량과 경영능력 향상을 위한 현장실습처로 활용한다. 뿐만 아니라 기업운영의 knowhow습득과 축적을 통해 일정기간 실무경험을 쌓은 뒤 독립할 수 있도록 지원한다.

③ 청소년 일원독서실

한국소년보호협회에서 운영하는 독서실은 학생 등 청소년과 지역주민이 함께하는 안정된 면학공간을 조성하고 청소년 및 지역주민을 위한 교육, 교양프로그램 개발 및 시행 그리고 지역 친화적 면학 기능을 확충하기 위해 운영하기 시작하였다. 이 독서실은 독서실 운영 외에도 야간공부방, 청소년상담실 인성검사실, 인터넷 정보자료실, 도서열람실 운영 등을 운영하고 있으며, 문화 · 여가 · 학습 등 다양한 사회교육프로그램을 제공하고 있다.

제 7 장

교정복지실천에 대한 이해

비행청소년과 범죄인의 재활 그리고 비행과 범죄의 예방을 위해 교정복지실천 관련 지식과 기술을 바탕으로 구체적인 개입이 필요하다. 이 개입이 곧 교정복지실천이라고 할 수 있다. 이 장에서는 교정복지실천에 관한 이해를 비롯하여 교정복지실천 과정, 교정복지실천을 위한 과제, 교정복지실천의 실제를 살펴보고자 한다.

1. 교정복지실천에 관한 이해

교정복지실천에 관한 이해를 돕고자 교정복지실천의 개념, 교정교육과 교정복지의 실천, 교정복지실천의 영역, 교정복지실천의 목표, 교정복지실천의 대상자를 정리하면 다음과 같다.

1) 교정복지실천 개념

교정복지실천은 교정복지실천 현장의 대상자를 위해 교정사회복지사가 사회복지실천 지식과 기술을 바탕으로 구체적으로 개입하여 활동하는 것을 의미한다. 즉 비행청소년 혹은 사회 부적응인의 재활과 비행·범죄의 예방을 위한 교정사회복지사의 전문적인 활동이라 할 수 있다. 교정복지실천은 교정복지 프로그램을 실시하는 과정이라 할 수 있다.

한편 교정사회복지사의 개입 활동은 철저히 교정복지실천 기술을 바탕으로 이루어져야 하고, 비행청소년과 범죄인의 재활과 비행·범죄의 예방에 초점을 두어야 한다. 그러나 이와 같은 현장 활동은 엄중한 평가를 통해 교정정책·교정행정·교정실무에 반영될 수 있어야 하며, 이를 위해서 교정 사회복지사는 사명감을 갖고 노력해야 한다.

2) 교정교육과 교정복지실천

교정시설과 보호시설에서 교정교육이 차지하는 비중이 확대되어 가고 있는 상황에서 교정교육에 관해 명확한 이해가 필요하다. 특히 교정사회복지사는 교정교육이 사회의 정치적 이념과 교정이념 그리고 교정현장의 분위기와 관련하고 있기 때문에 교정교육과 교정복지실천의 맥락을 이해할 필요가 있다.

교정교육의 개념은 비행이 있는 소년에 대한 교육(임병순, 1985), 교정시설에서 수형자의 사회적응성을 높이기 위해 실시하는 각종 교육(이순길·김용준, 1994), 모든 사회 구성원들이 비행청소년 혹은 범죄인을 대상으로 이들이 안고 있는 비행성 또는 범죄 요소를 순화시키고, 준법 시민으로서 사회발전에 적극적으로 참여할 수 있도록 변화시키기 위해 이들이 존재하는 모든 장소에서 행하는 제반 활동(이백철·양승은, 1995), 정신·정서 장애와 미성숙으로 법과 질서에 순응하지 못한 낙오자로서 시설에 들어온 자들을 교정·교화함으로써 사회의 유용한 일원으로서 시설에 들어온 자들을 교정·교화함으로써 사회의 유용한 일원으로서 복귀할 수 있도록 이들의 심신을 훈련시키는 것(이훈규·이정규, 1996)으로 정의하고 있다.

이들 정의는 교정시설과 보호시설 그리고 학계의 연구자들에 의해 소개되고 있다. 이 같은 교정교육의 정의는 교정복지실천의 개념과 크게 다를 바가 없다. 다만 비행·범죄의 예방까지 포함하고 있는 교정복지실천의 개념이 교정교육의 개념보다 포괄적이라고 할 수 있다. 특히 이와 같은 개념의 교정교육을 실천하기에 합당한 전문 인력이 바로 교정사회복지사라고 할 수 있다. 그러므로 교정사회복지사는 현재 보호·교정시설에서 강조하고 있는 교정교육을 교정복지실천으로 간주하여 교정교육의 운영에 주목해야 한다.

3) 교정복지실천의 영역

교정복지실천의 영역은 대상자와 현장의 특성 그리고 사회복지실천 분야에 따라 구분할 수 있다. 이를 요약하면 다음과 같다.

(1) 현장 특성에 따른 영역

교정복지실천과 관련한 현장은 지역사회와 수용시설로 구분하는 것이 바람직하다. 이는 지격사회중심 프로그램을 실시하고 있는 지역사회 기관과 수용시설에서 실시하고 있는 각 프로그램에 큰 차이점이 있기 때문이다. 예컨대 지역사회중심 프로그램을 실시하는 기관은 지역사회자원을 원활하게 투입할 수 있는 반면, 수용시설은 지역사회와 교류하는데 많은 제한을 받고 있다. 따라서 교정복지실천의 영역은 지역사회중심 프로그램을 실시하는 관련 기관과 수용시설 영역으로 구분해야 한다.

(2) 대상자 특성에 따른 영역

교정복지실천의 대상자는 크게 비행청소년과 사회 부적응인으로 구분하는 것이 바람직하다. 나아가 특별히 이들의 가족과 지역사회주민을 대상으로 하는 프로그램이 필요하다. 이는 이들 대상자 개인의 특성과 처벌 절차상의 특성이 상이하게 존재하기 때문이다. 예컨대 비행청소년은 보호처분 혹은 비행 경계선에 있는 자들로 개입자가 사회 부적응인들 보다 용이하게 접근할 수 있다. 이런 맥락에서 교정복지실천의 영역을 대상자의 특성에 따라 비행청소년, 사회 부적응인, 가족·시민을 위한 개입 활동으로 나누어볼 수 있다.

(3) 사회복실천의 분야에 따른 영역

한편 교정복지실천의 영역은 사회복지실천 분야와 관련하여 구분하는 것도 중요한 의미가 있다. 왜냐하면 사회복지실천 분야별 대상자의 특성이 다르고, 이들 분야에서 필요로 하는 사회복지서비스를 연계하여 제공할 수 있기 때문이다. 예컨대 사회 부적응인 중 장애인 혹은 노인의 교화를 장애인복지법 혹은 노인복지법에 규정된 서비스를 함께 적용하여 진행할 수 있다.

4) 교정복지실천의 목표

교정복지실천의 목표는 비행청소년과 사회 부적응인의 재활, 비행과 범죄예방, 시민의 참여 확대에 초점을 둘 수 있다. 이를 보다 구체적으로 정리하면 다음과 같다.

(1) 비행청소년과 사회 부적응인의 재활

교정복지실천은 대상자들의 재활을 교정복지의 1차 목표로 두어야 한다. 이는 사회 부적응인의 비행청소년 개인의 사회화에 힘쓰는 것이다. 나아가 이들 개인의 사회적응은 곧 이들의 가정 그리고 지역사회의 발전에 기여한다고 할 때 비행청소년과 사회 부적응인 개인의 재활은 사회발전과 관련하여 중요한 의미를 갖는다.

(2) 비행과 사회 부적응의 예방

비행이나 범죄에 접어들기 전에 개입하는 것이 비행청소년이나 사회 부적응인을 재활시키는 것보다 바람직하다는 것은 이미 잘 알려진 사실이다. 특히 비행과 범죄가 잦은 취약지역사회에서 활동하고 있는 사회복지사들은 비행 · 범죄의 예방을 위한 중추적 역할을 해야 한다. 왜냐하면 이들은 자신의 경험으로 충분히 지역사회의 특정 비행과 범죄를 예측할 수 있기 때문이다.

(3) 시민의 참여 확대

교정복지의 목표는 시민의 참여를 무시하고서는 온전하게 성취될 수 없다. 비행청소년 혹은 범죄인의 재활, 나아가 비행과 범죄예방은 지역사회 주민들의 적극적인 참여가 필요하다. 이는 정치적 그리고 경제적 맥락에서 받아들여져야 할 뿐만 아니라 지역사회자원을 적극 활용해야 하는 교정복지실천의 특성과 관련하여 중요한 목표가 된다.

5) 교정복지실천의 대상자

교정복지실천 대상자를 한정하는 것은 바람직하지 않으나 교정사회복지사가 흔히 접하게 되는 주요 대상자를 정리하면 다음과 같다.

(1) 비행청소년

대체로 소년법원으로부터 보호처분을 받은 사회 부적응 청소년들이다. 이외에도 경찰서로부터 훈방되었거나, 학교에서 처벌받은 학생, 기타 지역사회에서 비행이 엿보이는 청소년도 포함한다. 이 때 교정사회복지사는 공식적으로 비행 처분을 받지 않은 부적응 청소년을 마치 비행청소년처럼 간주하여 동일 프로그램에 참여시키는 것은 윤리적 딜레마에 빠질 수 있음을 고민해야 한다. 어쨌든 이들의 비행 정도가 갈수록 심해질 뿐 아니라 비행 유형이 특정화하고 있다. 즉 청소년들이 약물남용, 학교폭력, 성비행, 절도 등에 심화하여 빠져들고 있는 추세이다.

(2) 범죄인

범죄인은 형사처벌을 받은 청소년과 성인들로 비행청소년에 비해 일탈 행위의 정도가 심한 자들이다. 따라서 이들의 재활은 비행청소년에 비해 어려운 것이 사실이다. 특히 비행 경력이 많은 범죄인들, 교정시설의 '문제 수용자' 등은 더욱 재활이 어렵다.

(3) 비행청소년과 범죄인의 가족

비행청소년과 범죄인의 가족이 교정복지실천의 대상자가 되는 것은 다음과 두 가지 이유로 볼 수 있다.

첫째, 한 가정에서 비행청소년 혹은 범죄인이 생겨남으로써 가족이 겪어야 할 심리적·경제적 어려움을 해결해나갈 수 있도록 관련인 혹은 관련 기관으로부터 도움을 받아야 하기 때문이다.

둘째, 비행청소년 혹은 범죄인의 재활을 위해 가족의 변화 혹은 협력적 노력이 요구되기 때문이다.

(4) 일반시민

일반시민이 직접적인 대상자는 아니다. 모든 시민이 교정복지를 포함한 국가의 교정제도(교정정책, 교정행정, 교정실무)를 이해하고, 특히 비행과 범죄에 대해 철저히 이해하는 것이 곧 우리나라의 교정발전에 크게 기여하게 될 것이다. 따라서 제반 교정활동이 시민운동 차원에서 일반시민들에게 알리고, 나아가 이들이 이 분야에 관심을 갖게 해야 하기 때문에 일반시민은 교정복지실천의 주요 대상자가 되어야 한다.

2. 교정복지실천의 과정

구체적인 교정복지실천의 과정을 살펴보고자 하는데 이 과정은 사회복지 실천 과정을 크게 벗어나지 않는다. 따라서 교정복지실천의 과정은 사회복지실천 과정에서와 같이 계획단계, 실천단계, 평가와 종결단계로 구분할 수 있다. 이들 각 단계의 내용을 요약하면 다음과 같다.

1) 계획단계

계획단계는 어떤 대상자를 상대로 무슨 프로그램을 실천할 것인가를 구상하는 단계이다. 이 단계는 클라이언트들에게 직접적인 서비스가 주어지는 실제 과정은 아니지만 이 계획이 실제 과정을 결정하기 때문에 신중하게 이루어져야 하고, 특히 교정사회복지사는 프로그램을 계획할 때 자신의 경험을 반영하는 것이 바람직하다.

(1) 목표

계획단계의 주요 목표는 프로그램에 참여하는 대상자의 욕구와 교정사회복지사의 능력을 고려하여 실천 가능한 프로그램을 기획하는 것이다. 이 과정에서 교정사회복지사가 염두에 두어야 할 내용을 요약하면 다음과 같다.

첫째, 교정사회복지사는 프로그램의 적절성과 가능성을 분명히 한다.

즉 시행하고자 하는 프로그램이 교정복지실천의 측면에서 합당한가, 이 프로그램을 수행하는 데 필요로 하는 기술과 자원이 본인 또는 본인이 근무하고 있는 기관과 지역사회로부터 충분한가를 판단한다.

둘째, 교정사회복지사는 프로그램의 전 과정을 인지해야 한다. 교정사회복지사가 실천 과정을 이해함으로써 개입 전에 프로그램의 윤곽을 잡아 전체 프로그램을 한층 치밀하게 세울 수 있다.

셋째, 교정사회복지사는 프로그램에 투입되어야 할 자원을 적절히 동원하고 활용할 수 있도록 계획해야 한다.

넷째, 교정사회복지사는 프로그램의 전체 과정에 어떻게 진행될 것인가를 예측해야 한다. 예컨대 프로그램이 진행되는 과정에서 교정사회복지사가 어느 시점에 어떤 어려움이 닥칠 것을 파악하고 있다면 그 어려움을 순조롭게 이겨낼 수 있을 것이다.

(2) 주요업무

교정사회복지사는 계획단계에서 다음과 같은 주요 업무를 수행해야 한다.

첫째, 프로그램에 합당한 참여 대상자를 선정한다.

둘째, 자신과 프로그램을 돕는 자원봉사자 그리고 관계 기관의 능력과 자원을 파악한다.

셋째, 프로그램에 참여하는 대상자와 교정사회복지사는 프로그램 실천과 관련한 제반 사항에 합의한다.

넷째, 필요한 재정, 공간, 교정자원봉사자 등을 확보한다.

다섯째, 전체 프로그램의 일정을 상세하게 잡고, 이를 문서화한다.

여섯째, 평가단계에서 활용할 평가 방법이나 구체적인 평가 틀을 만든다.

(3) 주요 원칙과 전략

효과 · 효율적이고 실천 가능한 프로그램을 계획하기 위해서는 먼저 교정사회복지사의 풍부한 경험이 중요하다. 나아가 사회의 변화에 따라 프로그램에 참여하는 범죄인 · 비행청소년 자신과 이들의 환경이 늘 변화하고 있으므로 새로운 프로그램을 창조해야 한다. 즉 교정사복지사는 프로그램 대상자의 욕구, 관계 기관의 형편, 자신의 능력 등을 고려하여 가능하고 의미 있는 프로그램을 계획해야 한다. 이 단계에서 교정사회복지사가 지켜야 할 원칙과 전략을 요약하면 다음과 같다.

첫째, 교정사회복지사는 프로그램을 실천하고자 하는 교정현장을 철저히 이해해야 한다.

둘째, 대상자의 주변 환경 변화보다는 대처능력 향상과 같은 대상자 본인의 변화에 초점을 둔다.

셋째, 프로그램 참여 대상자가 요구하거나 필요로 하는 것을 자세히 파악한다.

넷째, 프로그램 참여 대상자의 문제나 욕구를 해결하기 위한 주요 방안을 파악한다.

다섯째, 프로그램 실천을 위한 핵심 기관 혹은 여타 현장의 형편이 충분한지 파악한다.

여섯째, 교정사회복지사는 자신과 근무하고 있는 기관의 능력이 프로그램을 수행하기 위해 합당한지 알아본다.

일곱째, 전체 프로그램을 위해 다양한 소 프로그램을 충분히 확보한다.

여덟째, 프로그램 실행 기간과 장소를 참여 대상자의 형편에 맞게 적절히 정하되 프로그램은 정기적이고 지속적으로 운영되도록 한다.

아홉째, 전체 프로그램을 단계별로 나누어 구체적인 일정을 참여 대상자 위주로 잡는다.

열째, 전체 프로그램의 과정을 상상하면서 제기될 수 있는 어려운 점을 예상하고, 프로그램 계획 자체를 평가한다.

한편 프로그램을 효과적으로 운영하기 위해 계획단계에서 교정사회복지사는 지역사회자원을 적절히 활용할 수 있는 계획을 세워야 한다. 이를 위해 교정사회복지사는 특히 인적 자원을 활용하고자 할 때 다음과 같은 사항을 지켜야 한다.

첫째, 평소 성실한 관계를 형성하고 있는 자들로 선별하여 끌어들인다.

특히 과거 교정시설에 수용된 경험이 있는 자를 활용할 수 있다.

둘째, 프로그램에 참여하는 대상자의 실상을 상세하게 이해하고 있는 자들을 주요 자원으로 활용한다.

셋째, 프로그램에 참여하는 대상자와 밀접한 관계를 하고 있는 주변인과 관계인을 주요 자원으로 끌어들인다.

넷째, 인적 자원으로서 프로그램에 개입하는 모든 사람들은 팀접근이 가능할 수 있도록 협력하고 서로의 기술을 이해하도록 한다.

다섯째, 필요시 인적 자원을 확보하기 위해 평소 교정사회복지사는 이들과 성실하고 진실한 인간관계를 꾸준하게 형성해야 한다.

2) 실천단계

실천단계는 실제 프로그램을 진행하는 과정으로 도움을 원하는 교정복지실천 대상자에게 계획한 서비스를 제공하는 일이다. 이 서비스를 통해 대상자의 변화를 꾀한다.

(1) 목표

실천단계는 다음과 같은 주요 목표를 갖는다.

첫째, 대상자가 자신의 욕구 혹은 문제를 해결할 수 있도록 돕는다.

둘째, 시민이 교정사업에 관심을 갖도록 하고, 나아가 이들이 이 분야에 적극 참여하도록 유도한다.

셋째, 교정제도의 발전을 꾀한다. 교정사회복지사는 교정복지실천이 단순히 범죄인 또는 비행청소년에게 도움만 주는 것이 아니라 이 과정을 통해 교정 제도를 보완할 수 있는 방안을 모색할 수 있어야 한다.

(2) 주요업무

실천단계에서 교정사회복지사가 수행해야 할 주요 업무를 다음과 같이 정리할 수 있다.

첫째, 프로그램의 시작부터 끝까지 책임지고 이행한다.

둘째, 프로그램의 전체 과정을 꼼꼼히 기록한다.

셋째, 프로그램 진행싱 제기되는 문제점 혹은 장애요인들을 발견한다.

넷째, 새로운 기술과 모형 탐색에 심혈을 기울인다.

다섯째, 프로그램의 성공적 진행을 위해 필요로 하는 관계인 혹은 관계기관과 접촉한다.

여섯째, 프로그램을 진행하는 도중에 참여했던 자원봉사자가 빠져나갈 경우 이 인력을 신속히 대체해야 한다.

일곱째, 프로그램을 통해 발견된 문제점을 바탕으로 교정제도의 변화를 꾀한다.

(3) 주요 원칙과 전략

프로그램을 실천하는 것이 결코 쉬운 일이 아니다. 일단 프로그램을 시작하면 교정사회복지사는 프로그램의 규모를 불문하고 끝나는 날까지 잠시도 긴장으로부터 자유로울 수 없다. 이러한 과정에서 교정사회복지사가 염두에 두어야 할 주요 원칙과 전략을 제시하면 다음과 같다.

첫째, 전체 과정에서 빈틈없이 순간순간 성실히 임한다. 즉 대상자로부터 신뢰받도록 노력한다.

둘째, 참여 대상자, 보조자, 자원봉사자 등으로부터 수시로 피드백을 받는다.

셋째, 정해진 일정은 되도록 변동 없이 진행하며, 참여자 대상자들과 맺은 합의 내용을 철저히 지킨다.

넷째, 특히 범죄인과 비행청소년을 대상으로 하는 프로그램의 진행은 쉽지 않으므로 대단한 각오와 함께 정해진 약속을 지키고 모든 정열을 바친다.

다섯째, 활동 내용을 일정한 틀에 따라 철저히 기록하여 이를 평가 자료로 활용한다.

여섯째, 프로그램을 실천하는 순간 대상자의 즉각적인 변화가 반드시 있어야 한다고 기대하지 않는다.

일곱째, 실천 과정에서 교정당국의 정책, 기관의 현황, 지역사회의 실상 등과 관련하여 보완해야 할 사항을 건의할 수 있도록 준비한다.

여덟째, 차우 프로그램의 필요성과 적절한 방안을 모색한다.

3) 평가와 종결단계

평가와 종결단계는 대상자를 돕기 위한 실제 활동이 종료된 후의 일이다. 이때는 프로그램 계획에서부터 실천에 이르는 전체 과정을 평가하여 부족한 점을 보완하는 데 중점을 둔다.

(1) 목표

평가와 종결단계의 목표는 다음과 같다.

첫째, 프로그램 계획과 실천에 대해 반성한다.

둘째, 프로그램에 적용된 기술을 보완하여 보다 적합한 기술을 개발한다.

셋째, 프로그램의 새로운 모형을 개발한다.

넷째, 프로그램 실천에 따른 장애 요인을 발견한다.

(2) 주요 업무

교정사회복지사의 주요 업무를 다음과 같이 요약할 수 있다.

첫째, 종결 프로그램으로 대상자가 선호하는 사항을 반영하여 종결에 식을 갖는다.

둘째, 계획단계에서 결정한 평가 방법에 따라 평가를 실시한다.

셋째, 평가 이전의 실천 과정에서 평가를 위한 자료를 충분히 준비한다.

넷째, 평가 결과에 따른 기술 보완이나 새 모형 개발에 힘쓴다.

(3) 주요 원칙과 전략

평가가 성공적으로 이루어지기 위해 합당한 방법과 틀을 적용해야 한다. 이를 위한 몇 가지 중요한 원칙과 전략을 소개하면 다음과 같다.

첫째, 프로그램에 대한 합당한 평가를 위해서는 먼저 프로그램 계획을 충실히 세워야 한다.

둘째, 평가 방법과 틀은 다양해야 하고, 특히 평가자의 성향에 의해 좌우되지 않도록 하고, 대상자의 생활 변화에 초점을 두어야 한다.

셋째, 평가는 자연스럽게 이루어질 수 있도록 분위기를 만들어주어야 한다. 즉 평가 시 교정사회복지사는 프로그램의 '좋은 결과'에 대한 욕심을 버려야 한다.

넷째, 평가는 전체 과정을 토대로 해야 하고, 평가 자체가 프로그램에 참여하는 자원봉사자들에게 보상이 되어야 한다.

다섯째, 평가를 받는 데 성실하게 임하고, 그 결과를 받아들여 자신의 발전으로 삼는다. 즉 교정사회복지사는 평가 시 냉정하고 정직해야 한다.

여섯째, 프로그램 실천에 따른 주변 장애 요인들에 대해 철저히 평가한다.

제 8 장

교정복지 관련 제도 및 프로그램

사회내 처우 제도가 교정복지의 철학과 가치에 보다 부합되는 교정방법이라고 말할 수 있다. 그 사회내 처우제도 중에서 구체적인 제도의 형태를 갖추고 있으며 상대적으로 가장 많이 사회복지적 가치를 내포하고 있고 현실적으로도 다른 교정제도에 비해 사회복지계와 다양한 관계를 맺는 등 교정복지사의 진입이 상대적으로 가장 많이 열려 있는 제도가 보호관찰제도이다. 때문에 보호관찰제도는 교정복지의 꽃이라고도 일컬어지고 있다(최옥채, 2003 : 76).

그리고 또 하나의 주요한 사회내 처우 제도는, 우리나라에서 공식적으로는 실시되고 있시는 않지만 범죄인의 사회적응력 강화와 그들의 재범 방지를 통한 사회보호의 효과를 높이기 위해 조속한 실시가 요구되는 중간처우의 집(Halfway house) 제도라고 할 수 있다. 본 장에서는 이 두 제도에 대해 설명하고자 한다. 다만 우리나라 보호관찰제도 및 현장에 관한 보다 자세한 내용은 제7장에서 다루고 있으므로 본 장에서는 보호관찰제도의 연혁이나 사회적 의의 등 기본적이면서도 우리나라 제도를 뛰어넘는 보편적인 것만 다르고자 한다. 마지막으로 비행청소년의 재사회화에 효과적이라고 생각되는 외국 선진국 및 국내의 프로그램들을 소개하고자 한다.

1. 보호관찰제도

1) 보호관찰의 개념

일반적으로 보호관찰의 종류에는 Probation과 Parole의 두 가지가 있으며 이는 보호관찰조건부 선고유예 혹은 집행유예, 보호관찰조건부 가석방이라고 번역된다. 이 두 용어는 그 어휘에서 나타나듯이 전자는 처음부터 일정한 교정시설에 수용하지 않고 보호관찰을 조건으로 형의 선고나 집행을 유예하는 것이며, 후자는 일정한 시설에 일단 수용한 후에 잔여 형기 동안을 Probation과 비슷한 과정과 절차로서 보호관찰에 부여되는 것이다. 덧붙여 선고유예(집행유예) 혹은 가석방과 결합하지 않는 다른 형태 혹은 독립적으로 이루어지는 보호관찰도 있다. '보호관찰 등에 관한 법률'에 의하여 법원이 아닌 검찰에서 이루어지는 '선도조건부 보호관찰'과 이미 설명한 '소년법'에 의한 2, 3호 보호처분이 그것이다.

그러나 영·미에서 유래한 보호관찰은 일반적으로 선고유예 혹은 집행유예나 가석방과 결합한 형태로 나타난다. 또한 Probation이 Parole에 비해 그 어의가 포괄적이므로 보호관찰을 정의하는 데 있어 probation에 대한 연, 미학자들의 견해를 들어 설명하고자 한다.

(1) 법적 처분으로서의 Probation(Probation as Legal Disposition Only)

단지 법정의 판결유예로 보는 견해로서 판결의 유예기간 동안 범죄인은 부가된 준수사항의 제약 외에는 자유스러운 사회활동을 할 수 있지만 준수사항의 위반이나 재범을 하였을 경우에는 과중 처벌된다는 개념이다.

이러한 개념은 "Probation이란 범죄인에게 형을 유예하는 한 계획이며 그들 범죄인이 자유를 지속하고 잃는 것이 그들의 추후 행동에 의해 스스로 해결할 수 있도록 허락되어 있으나 재비행은 과중 처벌된다"는 McKenzie Cleland 판사가 발표한

1908년 이후에는 이상과 같은 법적인 개념만을 피력하는 학자는 아직까지 나타나지 않고 있다.

(2) 관대함이나 형벌의 수단으로서 Probation(Probation as a Measure of Leniency or a Punitive Measure)

Probation을 정의하는 데 있어 청소년 비행자들을 포함하여 많은 범죄인들은 마음이 병들은 자들이 아니고, 좋지 못한 환경의 필연적인 소산이므로 그들에 대한 치유가 필요하지 않다는 견해와 Probation을 보호관찰관에게 주어진 처벌의 한 형태로서 간주하는 개념이다. 그러나 Probation에 대한 이러한 두 정의는 Probation의 일면만을 설명하는 정의로 이해된다. 전자는 Probation을 치유의 한 형태로 간주하는 전문가들에게 근본적인 문제를 야기시키며 후자는 거의 대부분의 학자들에게 어떠한 공감도 얻지 못하고 있다.

(3) 행정과정으로서 Probation(Probation as an Administrative Process)

이는 아동의 구금으로부터 야기되는 여러 가지 불합리성에 대한 반감으로부터 출발하였다. Probation에 내포되어 있는 교정과 재활의 의미를 강조한다. 즉 의학적 치료, 아동의 효율적 전학, 취업알선, 행동교정 등 범죄인의 재범 방지를 위해 도움을 주는 구체적인 실천에 중점을 두는 개념이다.

이러한 개념은 개별사회사업이론이 빌딩되기 전까지 초기의 교정사회복지 분야와 밀접한 관련을 맺으면서 발달된 개념이다.

(4) 개별사회사업치료 혹은 사회복지 실천으로서의 Probation(Probation as Social Casework Treatment)

범죄인을 다루는 데 있어서 Casework의 원리와 기술의 활용을 Probation으로 설명하는 견해이다. Reinemann은 "사회적인 관점에서 Probation이란 보호관찰관에 의해 집행되는 치료의 한 형태"라고 정의하고 있으며 NY Rochester의 유태인 사회사업국의 행정책임자의 David Crystal은 Probation을 "전 가족의 치료과정"으로 간주하고 있다. 또한 Columbia 소년법원의 Social Service 책임자인 Hency J. Palmieri는 "Probation은 Casework Service이며 이상이 아닌 실제의 치료방법이다"라고 주장하고 있다. 또한 Glover는 이러한 치료에 다음과 같은 네 가지 원리를 내세웠다(Carter et al., 1969:76~77).

① 치료는 범죄인의 동의에 기초한다.
② 치료는 개인을 위해 계획된다.
③ 치료는 범죄인의 사회적 환경을 고려한다.
④ 치료는 범죄인의 정신교정을 하도록 계획하다.

이는 Probation을 사회복지 실천 그 자체로 보는 견해로서 현대의 보호관찰의 속성을 가장 잘 표현한 것으로 보아진다.

지금까지 Probation에 대한 영, 미학자들의 정의를 중심으로 살펴보았는데 우리나라에서는 이러한 Probation에 Parole을 합하여 보호관찰이라는 용어를 사용하고 있는데 그 개념을 정의하는 데 있어 주로 법적인 개념이 우선하고 있다.

함영업(1981:159)에 의하면 "보호관찰제도는 범죄인에 대한 일정 기간 동안 형벌의 전부 또는 일부 집행을 유보하고 그들을 보호관찰기관의 지도감독과 보도원호하에 교정하고 선행을 유지케 함으로써 사회 일원으로 귀결토록 하는 형사사법제도이다"라고 설명하고 있다.

그러나 보호관찰제도는 물론 법에 의해 제도의 실시 및 운영이 결정되지만 위의 영, 미학자들의 정의에서 본 바와 같이 보호관찰에 대한 사회복지적 접근이 최근 경향이다. 또한 본 제도가 법의 보장과 더불어 사회복지의 원리와 기술의 적용 없이는 보호관찰제도의 근본적인 이념의 실현이나 그 운영에 있어 실효를 거둘 수 없다. 따라서 본 제도의 다음과 같이 정의됨이 타당하다고 본다.

보호관찰제도는 범죄인에 e대한 형벌의 전부(Probation) 또는 일부(Parole)의 집행을 유보하고 보호관찰기구의 사회복지적 원리와 방법으로 그들의 반사회성을 교정하고 건강한 재사회화를 도모함으로써 재범으로부터 그들 자신과 사회를 보호하여 사회 전체의 복리를 증진시키는 사회복지제도이다.

2) 보호관찰제도의 역사적 배경

보호관찰제도는 방금 밝혔듯이 선고유예 또는 집행유예와 결합된 Probation의 형태로 발전하였는데 이를 발전시키는 데 있어 결정적인 역할을 한 사람이 바로 John Augustus(1785~1859)이다. 그는 미국 매사추세츠 주 보스턴 시(市)의 한 제화공(製靴工)이었는데 1841년 근처 법원에서 유죄를 선고받은 주정(酒酊)죄의 피고인을 형량 선고 전에 법관에게 청원하여 그 형의 선고를 유예하게 한 다음, 모든 노력을 기울여서 그를 교화하는 게 성공하게 된다. 이러한 사례는 법관에 의하여 보호관찰 조건부로 석방된 범죄인을 사회 내에서 보호하고 치료하여 갱생에 성공한 첫 사례라 할 수 있으며 그러한 오늘날의 Probation제도의 효시라고 할 수 있다.

그 후에도 그의 활동은 계속되어 직업 보도, 취업 알선, 숙소 제공, 법원과의 긴밀한 연락, 그리고 개별기록을 하였으며, 남자 1,152명과 여자 794명에게 도움을 주었는데 실패자는 수십 명뿐이었다(문선화, 1983 : 131)고 한다. 이러한 사업은 John Augustus가 죽은 후에도 신부, 목사 등의 독지가에 의하여 계속되고 결국 좋은 여론을 형성하였으며, 마침내 1869년에 매사추세츠 주에 최초로 Probation법이 제정되게 되었다. 이 법이 실시됨에 따라 민간독지가에 의한 보호관찰활동이 국가 재정과 공무원에 의하여 실시되는 제도로 발전하게 되었다.

그러나 이는 소년법에 대한 보호관찰제도를 규정한 형식적인 보호관찰법에 불과하였으며, 현대적 의미의 Probation제도가 확립된 법률은 1878년 Massachusetts Acts이며 이 법이 Probation이란 용어를 최초로 법률에 도입하였을 뿐만 아니라, 이 제도의 현대적 요소를 완비함으로써 Probation제도의 Magna Carta로서 각 주의 법률의 모법이 되었다(이재상, 1977 : 125~126).

이러한 보호관찰제도를 제도화한 나라들은 영미법계 국가로서는 미국, 영국, 캐나다, 오스트리아, 뉴질랜드, 인도, 세이론, 이스라엘, 남아연방, 필리핀 등 거의 모든 국가에서 이를 채택하고 있고, 대륙법계 국가는 덴마크, 네덜란드, 스웨덴, 노르웨이, 오스트리아, 폴란드, 스위스, 일본, 서독, 프랑스, 벨기에 등의 순으로 제도화되었다.

우리나라 보호관찰의 법적 제도의 실질적인 시행은 1988년 12월 31일 제정 공포되어 다음해인 1989년 7월 1일부터 시행된 보호관찰법(법률 제4059호)에서 비롯된다. 보호관찰법에 의한 보호관찰은 소년범을 위주로 하여 보호관찰부 형의 선고유예를 받거나 형의 집행유예를 받은 소년, 소년법 적용을 받은 가석방 또는 가퇴원된 소년, 소년법에 의한 보호관찰이나 사회봉사명령 또는 수강명령을 받은 소년(보호관찰법 제3조)에 한하여 시행되었다.

성인범에 대해서는 1989년 3월 25일의 사회보호법 개정으로 보호감호 가출소자 등에 대하여 한정적으로 시행되다가 1993년 12월 '성폭력 범죄의 처벌 및 피해자보호 등에 고나한 법률'의 제정으로, 1994년 4월 1일부터는 일부 성인 성폭력범 가석방자에 대하여 보호관찰을 실시하였다. 그리고 1995년 12월 29일 개정 공포된 형법(법률 제5057호)과 1996년 12월 12일 개정 공포된 '보호관찰등에 관한 법률'(법률 제 5178호)에 따라 보호관찰의 범위가 형법상 보호관찰을 조건으로 하는 형의 선고유예자(형법 제59조의 2), 보호관찰을 조건으로 형의 집행유예의 선고를 받은 자나 사회봉사 도는 수강명령을 받은 자(형법 제62조), 보호관찰을 조건으로 가석방된 자(형법 제73조의 2), 갱생보호를 받을 자(보호관찰등에관한법률 제3조), 검사가 보호관찰관의 선도를 조건으로 공소 제기를 유예한 자(보호관찰등에관한법률 제15조) 등으로 확대되어 보호관찰이 성인과 소년을 막론하고 법제도적으로 일반화도기에 이르렀다.

또한 1997년 12월 13일 제정된 '가정폭력범죄의 처벌 등에 고나한 특례법'에 근거하여 가정폭력사범에게도 1998년 7월 1일부터 보호관찰을 실시하고 있다.

개정 전 보호관찰법은 보호감호 가석방자를 제외하고는 소년범에 국한되었을 뿐만 아니라 소년법에 대하여도 유권적 보호관찰만을 규정하고 있는 특징을 가지고 있었으나 개정된 '보호관찰 등에 관한 법률'에서는 갱생보호 대상자와 기소유예자를 보호관찰 대상자에 포함시킴으로써 제도의 일반화와 함께 임의적 보호관찰도 할 수 있도록 하는 등 폭넓은 제도로 발전되었다. 그러나 임의적 보호관찰의 경우 사법기관의 하나인 보호관찰소에서 실시하는 것이 현실적으로 효율성이 있는지가 의문이다. 원 실시기관이었던 갱생보호공단으로 환원해야 한다는 주장도 있다(홍봉선a, 2002 : 163).

3) 미국 · 일본의 보호관찰제도

보호관찰제도는 유럽 대부분의 국가와 동남아에 있어서도 대만, 필리핀, 인도 등 각 국가의 사회경제적 조건과 문화적 배경에 따라 조금씩 상이하게 실시되고 있다. 이제 세계 각국의 보호관찰제도 중 가장 전형적인 두 형태인 미국과 일본의 보호관찰제도를 서비스의 전달체계 중심으로 살펴보고자 한다.

(1) 미국의 보호관찰제도

미국에서는 전술하였듯이 1978년 세계 최초로 보호관찰법을 제정하고 그 상세한 절차 규정을 두었으며 1880년에는 Parole를 실시하여 다른 주에도 보급, 1927년에는 미국의 거의 모든 주가 유사한 법률을 제정하기에 이르렀다.

그러나 미국에서는 연방정부와 주정부들이 보호관찰제도에 관하여 법률에 상당한 차이를 보리고 있으므로 여기서는 미 학계에서 이 제도에 관한 이상적인 법안으로 생각하고, 각 주에서 개정입법의 표준으로 삼고 있는 Probation과 Parole의 표준법안(Standard Probation and Parole Act)에서 제시하고 있는 서비스 전달체계는 다음과 같다.

〈그림 8-1〉은 보호관찰기구의 조직을 도표로 나타낸 것이다.

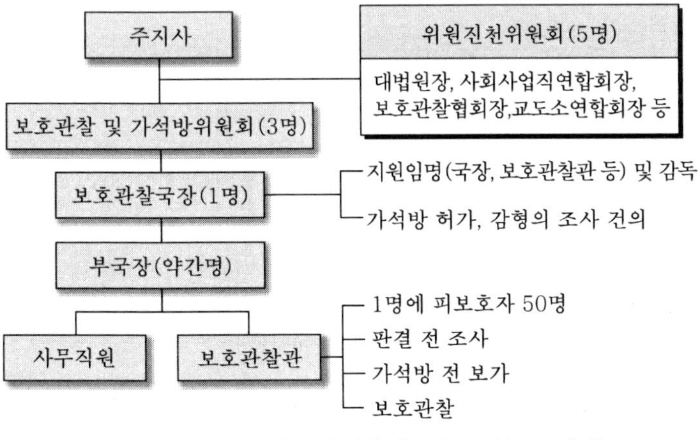

〈그림 8-1〉 미국의 보호관찰기구의 조직(표준법안)

(2) 일본의 보호관찰제도

일본은 1949년부터 1954년까지 사이에 범죄자예방갱생법을 비롯하여 보호사법, 갱생긴급보호법, 집행유예보호관찰법 등을 제정하여 영미법상의 Probation System과 Parole System을 도입하고 종래의 임의적 갱생보호제도와 유기적으로 결합시켜 유기적 갱생보호제도로서의 임의적 갱생보호제도로서의 출소자보호제도가 결합되어 실시 운영되고 있는데 일본의 보호관찰 서비스의 전달체계는 〈그림 8-2〉와 같다

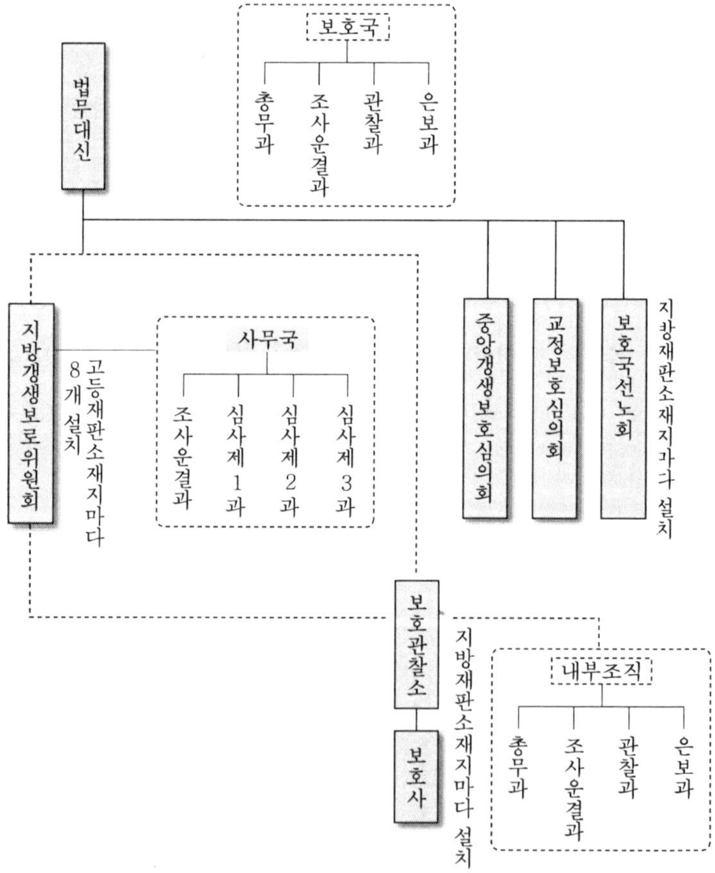

〈그림 8-2〉 일본의 보호관찰기구의 조직

지금까지 미국과 일본의 보호관찰제도를 살펴보았는데 일본의 보호관찰제도와 미국의 보호관찰제도가 아래와 같은 점에서 크게 다르다.

첫째, 미국에서는 선고유예부 보호관찰제도가 있으나 일본은 선고유예제도가 없다.

둘째, 일본에서는 가정재판소의 보호처분 및 부인보도원에서 가퇴원된 자를 보호관찰하나, 미국에서는 그렇지 않다.

셋째, 모든 보호관찰기구를 중앙부처인 법무성 산하에 두나, 미국에서는 광역지방자치단체의장이라고 할 수 있는 주지사 산하에 둔다.

넷째, 미국에서는 전문보호관찰관이 직접 담당하는 반면, 일본에서는 보호 관찰관의 지도감독을 받으면서 피 관찰자와 가장 가까운 거리에서 그들을 보호하고 치료하는 민간 자원봉사자인 보호사가 담당한다.

4) 보호관찰제도의 사회정책적 의의

보호관찰제도의 사회정책적 의의를 고찰하기 위해서는 범죄인을 교정시설에 수용하는 경우와 대비하여 그 의의를 살펴보는 것이 일반적이다. 또한 범죄인의 재활과 범죄로부터 사회의 보호라는 견지에서 사회적 의의를 찾는다.

덧붙여, 본 제도의 실시결과의 성공도에 비추어 실효성을 그리고 운영경비면의 득실을 가리는 재정 · 경제적 가치 등으로 그 의의를 찾는다.

(1) 사회적 의의

보호관찰제도는 사회적 원조가 범죄에 대한 제재와 결합되어 범죄인에게 일정한 제재를 가함과 동시에 복지적 원조를 제공함으로써 범죄인의 교화 · 개선을 가능케 하는 일면을 가지고 있다. 나아가 전문지식을 갖춘 보호관찰관이 범죄인과 인간적으로 결합됨으로써 범죄의 원인을 개별적 · 사회적 차원에서 이해하게 된다. 또한 그 범죄인 스스로가 사회에 적합하게 생활할 수 있는 능력과 인격적으로 발전할 수 있는 능력을 인정하고 사회적 연대관계를 갖게 하므로 그 효과도 일시에 그치지 않고 계속적인 상향의 변화를 가능하게 한다.

이러한 의미의 보호관찰제도는 이미 언급한 대로 사회내처우의 대표적 형태이므로 보호관찰제도의 장점은 기본적으로는 이미 전술한 사회내처우의 장점을 다 포함하고 있다고 할 수 있다. 보다 세부적으로는 아래와 같은 사회적 가치도 가지고 있다.

첫째, 보호관찰제도는 범죄인을 사회 내에서 처우함으로써 시설수용으로 인한 갖가지 자유형의 폐해로부터 범죄인을 원천적으로 보호할 수 있다. 특히 3장의 각주 6)에서 언급한 단기자유형의 폐해를 차단할 수 있다.

둘째, 사회복지시설, 직업 보도시설, 신경정신과병원 등 사회에 산재되어 있는 각종 유용자원을 활용할 수 있다. 더불어 덕망 있는 사회지도층 인사와 종교적·윤리적 감화를 줄 수 있는 종교인 및 그 밖의 전문가들의 도움을 받을 수 있는 이점이 있다. 도시 외곽에 있는 교도소나 소년원 등 교정시설에 범죄인들을 구금해 놓고는 열거한 바와 같은 사회의 유용자원을 활용하기란 매우 어려운 일인 것이다. 이에 비해 범죄인들을 도시 내에 거주하게 하면서 처우를 실시하게 하는 보호관찰의 경우에는 그 일이 상대적으로 용이하다.

셋째, 범죄인의 자유·자립의욕과 사회와의 적응· 조정력을 강화시켜 줄 수 있다. 교정시설에 수용되는 경우에는 범죄인은 무기력해지고 사회와의 적응이 어려워지는 심리적 지체현상에 빠지고, 사회측에서도 그를 이단시하여 수용을 거부하는 사회적 지체현상이 생김으로써 결국 사회와의 조정에 실패하고 다시 범죄를 저지르기 쉽다.

넷째, 범죄인으로 하여금 정상적인 가정생활 및 경제활동을 영위토록 해줌으로써 가정의 유지를 가능하게 하고, 경제발전에도 기여하게 하며 또한 보호관찰 처분에 부수하여 손해배방의 이행 등을 명함으로써 이를 확보할 수 있다.

다섯째, 보호관찰제도를 활성화함으로써 부수적으로 교도소나 소년원 등의 과밀수용을 줄일 수 있게 되어 시설내처우를 효율적으로 실시할 수 있게 된다.

(2) 실효성

미국의 경우 각 주마다 보호관찰 대상자의 재범률을 다르게 보고하고 있지만 평균 약 75%가 성공률을 보고하고 있고, 일본의 경유 약 87.6%의 높은 성공률을 보고하고 있다. 이는 시설처우의 경우 재범률이 60%거 넘는 경우와 비교하면 매우 높은 성공률이라고 할 수 있다. 우리나라의 경우에도 1997년부터 2001년 사이 보호관찰 대상 소년범의 재범률은 8.5~9.7%로 같은 기간 전체 소년범 재범률 29~36.8%보다 훨씬 낮았으며, 보호관찰 대상 성인이 재범률도 3.1~5.5%인 전체 재범률에 비해 크게 낮았다(서울신문, 2002. 10. 4.).

(3) 경제적 측면

이것은 국가의 재정적 측면에서 보호관찰제도를 운영하는 경비와 교도소 등에서의 수용비를 비교해 봄으로써 그 경제성을 평가하는 방법이다. 보호관찰에 소요되는 경비는 대부분이 인건비임에 반하여 교정시설에 수용하는 경우에는 인건비 외에도 수용자의 의·식비 및 시설관리유지비 등 엄청나게 많은 여타 경비가 추가됨으로써 훨씬 많은 경비를 필요로 하게 된다. 미국의 경우 보호관찰 경비는 교정시설 수용비의 1/10 정도로 보고 있다. 일본이 경우는 성인의 경우는 보호관찰비가 교정시설에 비하여 8%, 소년의 경우는 불과 5.7%라는 낮은 수치로 나타났다.

그러나 이의 경우 4장에서 이미 언급한 사회내처우의 경제적 효과와 동일한 비판이 있을 수 있다.

5) 사회봉사명령과 수강명령

보호관찰제도를 보다 폭넓게 이해하기 위해서는 보호관찰제도의 핵심적 프로그램 중의 하나인 사회봉사명령과 수강명령 프로그램에 대한 이해가 필요하다.

우리나라에서도 이 두 프로그램을 1989년 소년범을 대상으로 보호관찰을 도입할 때 그 병과 처분의 하나로써 독립적인 형벌의 하나로써 처분을 할 수 있게 하였기 때문에 이중적인 지위를 가지고 있는 제도이다. 아래에서 각각에 대하여 간략하게 살펴보고자 한다.

(1) 사회봉사명령

① 연원 및 의의

사회봉사명령(community service order)은 유죄가 인정된 범죄인 및 비행청소년들로 하여금 형의 선고, 보호처분 또는 이에 부수하는 조건으로서 일정한 기간 내에 지정된 시간동안 무보수로 근로에 종사하도록 하는 것이다. 본 제도는 1972년 영국에서 창안되어 세계적으로 널리 보급되었으며 현재 보호관찰 제도의 일부로 활용되고 있고 21세기 사회내처분의 중핵적 위치를 차지할 것으로 예측되고 있다.

사회봉사명령의 이념적 요소는 범죄에 대한 처벌(punishment), 피해자에 대한 보상(reparation), 범죄인의 사회에의 재통합(reintergration and community invovement)으로 요약된다. 많은 국가들이 사회내 처분을 Probation과 Parole 중심으로 운영해오면서 보다 효과적인 다양한 기법을 추구해 왔다. 사회봉사명령은 "전통적인 형사정책으로부터의 획기적인 이탈"이라고 평하기도 한다.

영국에 있어서 사회봉사명령은 1970년 발간된 형벌제도자문위원회의 「비구금형과 반구금형」이라는 보고서에서 최초로 제안되었다. 본 보고서는 교정시설 과잉구금의 회피 축소로서의 사회내처우 확대방안의 일환으로 사회봉사명령을 제안했고, 그 다음해 내무성에 실무상의 문제점을 검토하여 약간의 수정을 거쳐 형사재판 법안의 기초로 하였다. 그에 따라 1972년 형사재판법이 제정되었고 사회봉사명령은 6개 지역의 시험 실시를 거쳐 1975년에 전국 확대방안을 세우고 1979년 전국에서 실시하게 된 것이다.

이러한 사회봉사 명령제도를 각국이 도입 실시하는 이유로는 인도주의의 지향, 자유형의 효과에 대한 회의, 교도소 수용밀도 급증, 예산 절감 등을 들 수 있다.

사회봉사명령이 비행청소년 혹은 범죄인에게 가지는 교정 효과는 ① 사회적 책임성의 조장, ② 봉사자들과의 접촉, ③ 여가의 선용, ④ 새로운 경력(new careers), ⑤ 노동습관의 회복 등을 들 수 있다.

우리나라에서는 전술한 대로 1989년 보호관찰의 도입 시 단기보호관찰(2호 처분) 및 보호관찰(3호 처분)의 병과처분으로 처음 도입되었다. 그 후 소년에 대한 사회봉사명령의 시행 성과가 긍정적으로 평가되면서, 1995년 12월 29일 법률 제5057호로 공시된 개정형법(1997년 1월 1일부터 시행)은 사회봉사를 선고 유예 또는 집행유예가 선고되는 모든 범죄인들에게 선고할 수 있도록 형법에 명시하였다. 그 결과 사회봉사명령이 소년보호처분 시 보호관찰의 병과처분으로서의 지위를 확고히 하게 됨과 동시에 일반 형사사건에 있어서는 집행유예 등에 부수하여 또는 독립적 처분으로 실시될 수 있게 되었다.

② 우리나라 사회봉사명령의 법적 근거 및 성격

사회봉사명령의 법적 성격에 관하여는 전술한 대로 소년법상의 사회봉사명령과 형법상의 사회봉사명령으로 나누어 고찰하여야 한다. 일반적으로 소년법상의 단기

보호관찰(2호 처분) 및 보호관찰 등의 보호처분(3호 처분)은 형벌집행의 한 변형이라고 한다. 따라서 보호관찰 처분의 병과처분인 사회봉사명령의 법적 성격도 또한 형벌 집행의 한 변형수단이라고 함이 타당하다.

한편 형법상의 사회봉사명령은 관점을 달리하고 있다. 형법상 사회봉사명령은 보호관찰의 보수 처분이 아니고 보호관찰과 대등한 위치를 점하고 있다. 형법은 사회봉사명령을 수강명령 및 보호관찰과 동격으로 취급하고 있는 것이다. 따라서 형법상의 사회봉사명령은 보호관찰의 부수 처분으로서가 아니라 그 자체 독립한 지위를 점하는 형벌집행의 한 변형이라고 해야 할 것이다.

(2) 수강 명령

① 연원 및 의의

수강명령이란 비교적 비행성이 약한 범죄인들에 대하여 일정기간 동안 수강센터(Attendance Centers)에 출석하여 강의, 훈련 또는 상담 등을 받도록 하는 처분이다. 이 제도 역시 1984년 영국의 형사재판법에 의하여 비교적 비행성이 약한 21세 미만의 범죄인에게 주말에 수강센터에 참석, 강의를 받는 제도를 도입함으로써 처음으로 입법화되었다. 이는 소년범죄인들에게 짧고 예리한 충격(short and sharp shock)을 주기 위하여 주말의 여가시간을 박탈함으로써 범죄의 기회를 줄이고 여가선용을 통하여 건전한 사회생활의 습관을 익히도록 하는데 목적이 있었다(공정식, 2002).

또한 영국의 수강명령은 비행이나 범죄의 초기 단계에서 보호관찰에 대한 보완적 성격으로 실시되는 것으로서 수강시간은 12시간 이내로 함을 원칙으로 하나 17~20세의 소년들에게는 36시간까지 선고할 수 있도록 하고 있다. 또한 수강명령의 이행은 사복경찰에 의하여 주로 수강센터에서 운영되며 대개 매주 말 또는 격주 말에 3시간씩 이루어지고 있다.

이러한 수강명령은 범죄인에 대한 교정시설의 통제를 사회에 의한 통제로 대체시키는 의미를 가지는 것으로서 그들의 재범 예방과 재활에 대한 의지를 효과적으로 달성하고자 하는 목적을 가지고 있다. 본 제도로 오늘날 세계 각국에 널리 보급되어 주로 보호관찰의 일부로서 실시되고 있다.

우리나라에서의 수강명령제도도 1989년 소년보호관찰제도의 법제화 당시 봉사명령과 함께 도입되었기 때문에 보호관찰제도가 활성화됨에 따라 함께 발전되었다고 할 수 있다. 처음에 본 제도는 검찰단계의 비행청소년에 대한 선도조건부 기소유예처분의 조건으로 실시해 오던 것을 1989년 개정된 소년법에서 보호관찰 처분을 받는 16세 이상의 소년에게 사회봉사명령과 선택적으로 수강명령을 할 수 있도록 한 후 보호관찰관이 그 집행을 맡아 왔다. 그러다가 1997년 1월 1일부터는 봉사명령과 마찬가지로 집행유예를 받는 성인 범죄인에게도 적용할 수 있게 하였다. 그동안 소년범에 대하여 실시한 결과 수강명령제도에 대한 긍정적인 평가를 내리게 되었고, 이를 기초로 전체 형사범까지 실시하게 된 것이다(이병기 · 노성호, 1995 : 25).

② 수강명령제도 법적 근거 및 성격

현행법상 수강명령도 봉사명령과 같이 형법에 의한 경우와 소년법에 의한 경우로 구분할 수 있다. 전자는 봉사명령과 마찬가지로 선고유예나 집행유예에 부수 혹은 독립적인 처분으로서의 성격을 가지고 있는데 반하여 후자는 보호관찰에 병과처분으로서의 성격만을 가진다는 점에서 차이가 있다.

먼저 형법에 따르면, 형의 집행유예와 가석방에 대하여 보호관찰을 실시할 수 있도록 규정하고 있다. 구체적인 내용을 살펴보면 형의 집행을 유예하는 경우에는 보호관찰을 받을 것을 명하거나 사회봉사 또는 수강을 명할 수 있다. 이에 따라서 집행유예의 경우는 보호관찰뿐만 아니라 사회봉사와 수강명령을 명할 수 있게 하고 사회봉사명령과 수강명령을 집행유예 기간 내에 집행하도록 하였다. 법원은 집행유예의 기간 내에 다른 법률에 특별한 규정이 없으면 200시간의 범위 내에서 수강명령의 범위를 정할 수 있다.

한편 소년법 제32조에 따르면, 소년부지원 판사는 범죄 또는 비행을 저지른 16세 이상의 소년에 대해서는 단기보호관찰 또는 장기보호관찰의 보호처분을 내리는 경우에 사회봉사명령 또는 수강명령을 동시에 명할 수도 있도록 규정하고 있다. 이에 의하면 사회봉사명령과 수강명령은 보호관찰처분의 병과적 처분으로서만 가능한 것이다.

2. 중간처우의 집(Halfway House)

1) 개념 및 의의

Halfway House는 중간처우(intermediate treatment)의 일종이다(정병선, 1999 : 305). 일반적으로 Halfway House는 halfway-in, halfway-out를 포함하는 의미로 halfway-in은 구금 전 단계에서 구금에 대한 대안으로, halfway-out은 출소 직전이나 직후 단계에서 행해지는 반구금 상태를 의미한다. Halfway House는 주로 범죄인들의 사회 재적응 능력을 제고하고 재범 성향을 감소시켜 사회복귀를 돕는 것을 목적으로 한다. 즉, 교도소로부터 출소된 범죄인을 수용하여 기본 주식(住食)을 제공하고 각 개인의 문제를 파악하고 그 해결방안을 모색하여 준법시민으로 재출발하도록 돕는 것이다(이백철, 1995 : 56~57). 교정복지 차원에서 거론되는 Halfway House는 주로 halfway-out에 집중되어 있다고 말할 수 있다.

Champion은 이러한 시설의 기능을 크게 다음과 같이 네 가지로 설명하고 있다. 첫째, 지역사회로의 재통합, 둘째, 음식과 주거지의 제공, 셋째, 직업 알선과 취업지도, 넷째, 클라이언트의 특별한 치료이다(Reichel, 2001 : 498~499). 지역 사회 재통합은 범죄인으로 하여금 자신이 이용할 수 있는 지역사회자원을 알게 할 뿐 아니라 다양한 지역사회 자원으로 접근할 수 있도록 돕는 것을 강조한다. 또한 음식과 주거지의 제공은 출소 후 출소자가 최소한의 돈을 가지고 있을 수밖에 없기 때문에 중요하다. 이 외에도 직업 알선이나 취업지도는 범죄인의 재활과 밀접히 관련이 있으며 특히 약물이나 정신건강, 성문제, 공격적인 행동 등의 특별한 치료를 필요로 하는 범죄인에게 개별적인 치료들은 매우 중요하다.

Halfway House는 상담이나 약물남용치료와 같은 직접적인 서비스를 제공하거나 교육이나 직업훈련과 같은 다른 서비스와의 연계를 촉진하기 위해 정규적인 직원을 배치하고 재활을 강조하고 있다(Reichel, 2001 : 299~301). 그리고 제공되는 서비스 목표도 교도소와 자유공간에 잠깐 머무르는 곳(stopover)의 제공(Transitional Center), 직업과 원상회복의 강조(The Restitution Center), 생존 기술의 개발(Cope House), 일반적인 재활 기회의 제공(Community Treatment Center) 등 매우 다양하다(Reichel. 2001 : 497~498).

미국 내 55개의 Halfway House에 대한 평가보고서를 종합 분석한 보고서인 1997년의 NEP(National Evaluation Program)에 따르면 그 중 32개 기관에서 입소자의 일반 가석방자의 재범률보다 낮았다고 밝히고 있다(McCarthy & McCarthym, 1991 : 231~235 ; 정병선, 1999 재인용).

2) 연 혁

중간처우의 집은 본래 정신질환자, 알코올중독자 및 마약중독자 등을 위한 처우시설의 하나로 이미 상당한 성공을 거두고 있던 것을 교정분야에서 도입해서 시도해 본 것이다. 미국에서도 출소 후 생활의 곤란을 느끼는 출소자에 대한 보호시설이 없었던 것은 아니다. 하지만 그러한 시설의 대부분은 숙박 장소나 식사를 제공하는 정도에 지나지 않았을 뿐, 교정을 위한 전문적인 처우시설이 아니었다.

1961년 미연방교정국에서 실시한 중간처우의 집은 석방전 교육센터(Pre-relese Guidance Center)로 시작해서 각 주의 '중간처우의 집'의 실제적인 모델이 된 것이었다. 특히, 연방교정국은 로스앤젤레스의 다운타운에서 한 신학교가사용하고 있던 집을 빌렸고, 시카고에서는 YMCA호텔의 일부를 빌렸으며, 뉴욕에서는 스프링필드대학과 계약하여 이 프로그램이 탄생된 것이다. 센터에 수용하는 것은 가석방자가 아니라 연방교정시설에서 보내오는 수용자였다. 그들은 3~4개월 후에 가석방으로 출소하도록 결정되어 있는 사람들이었다. 따라서 중간처우의 집으로부터의 고의적인 이탈은 탈주로 간주되어 연방에서 발행하는 영장이 집행된다. 센터는 처음에는 젊은 범죄인을 대상으로 해서 계획되었지만, 1970년에는 일반 수용자를, 나아가서는 사회내처우센터(Community Treatment Center)로 명칭을 바꾸어 보호관찰 위반자도 수용하게 되었다. 이때부터 중간처우의 집은 종래의 '시설에서 사회로 나가기 위한 중간처우의 집(Halfway and House)' 및 보호관찰자와 같이 사회로부터 들어오는 중간처우의 집(Halfway and House)을 포함해서 호칭하게끔 되었다. 그리하여 중간처우의 집은 단지 시설에서 사회로의 연결다리의 역할에서 독립된 교정을 위한 제도로서의 구조와 역할(agent)을 담당하게 된 것이다.

미 법무성의 조사보고에 따르면 1994년을 기준으로 하여 미국 전역에 약 400여 개의 중간처우의 집이 운영되고 있다고 보고하였으며, 1996년 전체 조사에서는 약 800여 개의 중간처우의 집이 운영되고 있는 것으로 집계되었다. 수용 규모는 평균적으로 30명 정도이며 이들 시설 중 대부분은 민영화되어 있다고 한다(허주욱a, 1998 : 315).

3) 처우방법 및 특징

중간처우의 집은 교도소가 아니며 완전한 구금생활과 자유생활의 중간에 해당하는 생활 장소이다. 여기에 수용된 자는 낮에는 사회에서 활동할 수 있지만 밤에는 시설 내에서 잠을 자야 한다. 이러한 시설은 주정부가 직접 운용하는 경우도 있으나 보통은 주정부가 그 시설을 운용하는 개인과 계약을 맺어 위탁하고 있다. 이 시설은 교도소의 일정 부분을 사용하거나, 교도소 밖에 독립한 시설을 설치하기도 하는데, 영국에서는 일반적으로 호스텔(Hostel)이라고 말하며 처우방법이 중간처우의 집과 동일하다.

중간처우의 집은 보호관찰 대상자에 대하여서는 교도소적인 시설인 반면에 가석방자에 대해서는 비교도소적인 시설로서의 성격을 가지고 있다. 이러한 의미에서 바로 중간시설이라고도 할 수 있으며, 또한 사회내 처우에 기반을 둔 개방처우제도라고 할 수 있다.

교도소의 일정 부분을 사용하는 경우에는 가석방 전에 실시되는 외부 통근제도와 같이 보이지만 그것은 어디까지나 편의상 교도소 내에 설치된 것일 뿐이며, 원래는 교도소 밖에 독립한 시설을 설치하는 데에 중간처우의 집의 개방처우로서의 특징이 있다고 하겠다.

중간처우의 집은 처음에는 단순히 출소자의 직업난과 그들이 겪게 되는 사회에의 적응문제로 문을 열게 되었으나 오늘날에는 교정시설의 구금에 대한 충격을 완화시켜 주는 역할까지도 맡고 있다. 그 뿐만 아니라 최근에 이르러서는 형사사법적 형벌의 한 대안으로써 그 활용성이 높아지고 있다. 그리고 오늘날 운영되고 있는 많은 수의 중간처우의 집은 전술하였듯이 대부분 민영화되어 있으며, 이들은 나름대로 특별한 프로그램, 예컨대 약물남용자·정신질환자·성도착자·알코올중독자 등에 대한 특수한 프로그램을 마련하여 지역사회 내에서 범죄인의 교정 교화에 큰 몫을 하고 있다. 또한, 이러한 중간처우의 집은 오늘날 사회복지적 측면에서 여러 사회복지단체나 종교단체가 시설을 운영하고 있으며, 이 경우 자원봉사자를 많이 활용하고 있다.

그러나 우리나라에서는 이렇다 할 중간처우의 집이 운영되고 있지 못한 실정이다. 물론 천안개방교도소 등의 가석방 대상자 생활지도관은 나름대로 범죄인의 사회 재통합을 돕는 데 크게 기여하고 있고 그 효용성 또한 검증되고 있지만, 이러한 역할은 중간처우의 집이 가질 수 있는 여러 가지 기능 가운데 일부분에 지나지 않을 것이다. 따라서 우리도 현실적 제반 여건을 신중히 검토하여 그 도입을 서둘러야 할 것이다(허주욱, 1998a : 316~317).

그리고 다음의 7장에서 상세히 설명되겠지만 현재 우리나라의 갱생보호공단 업무의 초점은 수용보호를 강화하는 것으로 비쳐지고 있다. 수용보호를 강화하는 것이 공단의 다른 전문적 업무를 약화시키지 않는다는 전제 아래 이루어지는 것이라면 업무의 강화라는 측면에서 바람직할 수도 있다. 그러나 출소자에 대한 단순한 숙식 제공의 임의적 수용보호는 사회발전과 그 궤를 같이하고 있지 못한 것으로 판단된다. 그러한 의미에서 유권적인 Halfway House제도를 갱생보호공단에서 실시하는 것이 바람직하다고 생각된다. 마침 수용보호의 오랜 경험을 갖고 있는 갱생보호공단의 존재는 본 제도의 도입을 위한 최상의 조건으로 사료된다. 엄격한 심사를 거쳐 출소 및 퇴원 전의 3~6개월 정도, 즉 Halfway-out제도를 실시하여 사회 적응력을 적극적으로 도와주면 그들의 건강한 재사회화의 가능성은 높을 것으로 판단되기 때문이다. 적극적인 법률 검토와 시범 실시가 필요한 시점이라고 생각한다(홍봉선, 2002a : 169). 다음으로는 미국의 중간처우의 집의 프로그램의 계획 및 운영 그리고 현존하는 문제점에 대하여 간략하게 설명하고자 한다(이백철, 1995 : 57~66).

4) 프로그램의 계획 및 운영

(1) 처우대상자 선정

프로그램의 계획 단계에서는 어떤 대상을 목표로 하느냐가 가장 중요한 문제이다. 그러므로 시설의 서비스를 필요로 하는 대상자의 현황과 문제점을 파악하고 그에 적합한 프로그램을 개발할 수 있는 능력을 우선적으로 보유해야 한다. 미국의 '전국범죄 및 비행대책위원회'가 제시한 대상 선정에서 고려해야 할 여섯 가지 요인은 거주지역, 연령, 성별, 처우기간, 대상자 성격, 약물이나 알코올중독 여부이다.

(2) 위치 선정

중간처우의 집의 위치를 선정하는 데에는 지역사회의 성격, 지역주민의 태도, 지역사회와의 관계 그리고 건물 등이 중요한 고려사항이다. 사회 재적응과 사회복귀가 최종 목표하는 점에서 이들 고려사항들은 매우 중요하다.

또한 사회 내 유용한 자원을 활용할 수 있는 곳이라야 한다는 것도 위치 선정에 있어 매우 중요하게 고려되어야 한다. 유용한 자원에는 공공교통 및 편의시설, 취업 및 교육기회 가능 지역, 의료 및 사회복지기관 등이 포함된다.

(3) 직원과 훈련

초기의 중간처우의 집은 주로 자원봉사자 위주로 운영되었다. 그러나 오늘날에는 전문인력, 학생, 인턴, 자원봉사자 그리고 범죄 경력이 있는 사람 등 다양한 인력이 참여하고 있다. 대개는 프로그램 운영의 관리자로서 학사학위 이상의 학력 및 관련 분야 경력을 소지한 자, 운영 및 관리 보조요원, 마약이나 알코올중독 치료 및 개인과 집단상담을 위한 전문인력, 취업이나 교육훈련에 도움이 될 수 있는 중산계층 출신의 자원봉사자, 대상자와 비슷한 환경에 처한 전과자 출신의 자원봉사자 그리고 인턴 학생 등이 포함된다.

미국의 경우 직원들의 학력 수준 현황을 보면, 행정관리직의 약 3/4와 처우담당의 약 1/2이 학사학위 소지자이며 행정관리직의 약 2/5와 처우담당의 약1/6이 석사학위를 소지한 것으로 나타났다.

운영상 가장 심각한 문제로 직원들의 높은 이직률이 지적되고 있다. 그 이유로는 저임금, 승진기회 결핍 그리고 대상자들과의 접촉에 따른 불협화음 등이 포함되고 있다.

(4) 처우 서비스

처우 서비스에는 다양한 성격의 상담이 주를 이루고 취업 알선, 직업훈련, 일반교육, 경제적 보조 그리고 알코올 및 약물치료 등이 있다.

5) 현존하는 문제점

(1) 반 자유 상태에 따른 상대적인 사회 적응의 어려움

교도소보다 확연히 완화된 여건에도 불구하고 자유로운 외부 환경과 밀접하게 접촉하는 가운데 시설 내 통제를 시설 내 규율이 상대적으로 인내하기 어렵게 느껴져 위반자와 이탈자가 발생한다. 예를 들면, 외부 통근 작업 등이 주간에만 이루어지고 자유세계를 창 너머 두고 야간이나 주말에는 주거가 시설 내에 제하되는 경우 등이다. 한편 이탈사고가 발생할 경우 지역사회의 여론을 감안하여 규율을 더욱 엄격하게 적용하는 경향이 있어 부작용을 더욱 가속화시키기도 한다.

(2) 취업 문제

기술 결여, 낮은 교육수준 및 사회 내 인식 부족 등으로 인하여 취업이 어려움에 따랄 실업 상태로 있기 때문에 도리어 인격으로 피폐화되는 경우가 발생하며, 취업 문제가 해결되지 않기 때문에 교도소로 재 수용되는 경우가 있다. 취업이 되더라도 취업분야가 대체로 단순노역, 과중한 노동 그리고 저임금을 특징으로 하기 때문에 지속적인 취업 유지에 어려움이 있다.

(3) 지역사회와의 관계

지역사회와 중간처우의 집과의 마찰은 특히 중간처우의 집이 지역사회와 인접한 지역에 위치하기 때문에 발생한다. 이는 님비(NIMBY) 현상과 같은 지역 이기주의와 관련되는 문제이다. 지역의 반대는 단순한 주민이나 조직에 의한 반대시위 형태에서부터 법적 소송에 이르기까지 다양하다. 반대 이유는 크게 두 가지로 볼 수 있다. 범죄 피해에 대한 주민들의 공포와 지역사회에 대한 질적 영향-예를 들면, 부동산 가치 하락, 범죄율 증가-이다. 사실상 해당 지역에서 범죄율이 증가했다든가 부동산 가치가 하락되었다는 증거는 어느 조사연구에서도 발견되지 않고 이탈자에 의한 주민 상해사건이나 절도사건 등도 거의 발생되지는 않았지만 일단 발생하면 해결 불능 상태에 빠지는 경향이 있다.

지역사회 내에 중간처우의 집이 존재하는 것이 지역 안전에 실제로 위협이 안 된다고 할지라고 안전에 대한 공포 때문에 시설 건립이나 유지를 반대하여 이는 프로그램 수행을 어렵게 하고 수용자의 사회 내 재적응에 어려움을 주게 된다.

그러므로 프로그램 계획 단계에서부터 지역사회와 연계하여 개발해야 한다.

(4) 경제적 효과

중간처우의 집이 기존 교정시설과 비교할 때 경제적 절감효과에 대한 충분한 증거가 입증되지 않고 있다. 이는 비용 산정 방법상의 문제와 관계된다. 접근방법에 따라서는 중간처우의 집 운영비용이 저렴하다는 주장이 설득력을 잃는다는 것이다. 일반적으로 중간처우의 집 수용 인원이 대개 20여 명 정도로 국한됨으로써 기존 교정시설의 과잉수용 인원을 절감하는 효과에 비하여 비용이 과다하게 지출되는 것으로 평가되어진다. 기존의 대규모 교정시설에서 소수의 인원이 감소된다고 하더라도 전체 운영비용의 절감에는 큰 효과가 없는 것이다. 이에 따라 대개의 중간처우의 집은 자원봉사자 및 인턴 학생을 적극 활용하고 있고 수용자들에게 숙식비를 일부 부담시키기도 한다.

그러나 본 제도는 범죄인의 시설 수용과 비교하여 범죄인 복지 증진과 재범방지 그리고 그로 인한 사회적 안정에의 기여 등의 효과가 우선적이고 경제적 효과는 부차적이라고 하여야 할 것이다.

(5) 적정 수용인원의 초과

지역사회 교정시설에서도 경우에 따라서는 과다수용 문제가 야기된다는 것이다.

시설의 프로그램이 성공적으로 수행된다고 평가될 경우 적정 수용 인원을 초과하여 과다하게 수용되는 경향이 있어 기존 교도소와 유사한 문제가 발생하고 있다. 즉, 과다 수용을 해소하기 위해 지정된 출소일보다 조기에 출소시켜야 하며 보안과 질서유지의 필요성이 대두되어 지원적 분위기가 규칙의 강화와 감시 중심의 분위기로 전환하여 처우 형태가 비인간적으로 변하게 되기도 한다.

3. 비행청소년의 재사회화와 강화를 위한 프로그램

국내·외 여러 서적에서 비행청소년의 교정·교화를 위한 여러 가지 프로그램들을 소개하고 있다. 그 중 우리나라 상황과 실정에서 필요하다고 생각되며 시행될 경우 그 효과성 및 효율성이 있을 것으로 판단되는 프로그램을 선별하여 본고의 목적에 맞추어 재구성하였다. 특히 본 절의 '4) 성범자를 위한 프로그램'은 중간처우제도에 관한 연구(이 백철, 1995 : 103~121)에서, 그리고 황야극기훈련 프로그램은 '소년원생의 성공적인 사회복귀를 위한 프로그램 소개 : 미국의 제도'(김용진, 1991 : 59~82)에서 발췌한 것임을 밝혀 둔다.

1) 황야극기훈련 프로그램(Wilderness Program)

(1) 서언

청소년 비행의 원인에 대한 이론적 체계 구축을 위해 노력하였던 맛챠와 사이크스(David Matza Grasham Sykes)는 비행의 뒤에 감추어져 있는 가치체계를 밝히면서 그 대표적인 예로 짜릿한 스릴을 찾는다거나 남성다움의 증거로서 난폭한 언행을 꼽았다. 즉, 많은 비행청소년에게 숭상되는 행위는 모험적인 요소가 필수적으로 포함되어야 하기 때문에 평범하고 일상적인 행위는 위험이 깃들인 과감한 행동에 비해 무시된다는 것이다.

따라서 소년원에서 나온 청소년들이 이러한 비행적 가치체계가 만연되어있는 친구집단에 다시 어울리게 될 때 이러한 유혹을 능동적으로 감당할 수 있도록 만드는 적절한 준비가 되어 있지 않으면 친구들로부터 따돌림을 받거나 무시를 당하지 않기 위해서라도 원하지 않는 비행에 다시 빠지게 될 것이라고 추측할 수 있다. 맛챠와 사이크스의 이러한 주장을 소년범 처우에 적용시켜 보면 비행소년을 위한 프로그램은 청소년의 거의 본능에 가까운 모험을 즐기는 습성이 합법적이고 사회적으로 인정되는 방식을 통하여 분출되도록 유도하여야 한다는 것이 된다.

이 점에 대해 노울드와 월퍼스(Joseph Nold & Mary Wilpres)는 황야 훈련의 핵심은 일견 불가능해 보이는 과제를 극복하고 공포심에 대항하여 승리감을 맛보도록 하는 데 있기 때문에 비행청소년들로 하여금 자신감을 갖게 하고 자신의 가능성이나 가치를 증명해 보일 수 있게 만들고 남성다움을 과시할 수 있도록 해준다고 하였다. 또 하나의 특징이라 할 수 있는 것은 황야극기훈련은 대체적으로 실생활 가운데 이루어지기 때문에 아주 구체적이고 생동감을 주며 대가가 즉각적으로 주어지기 때문에 청소년들에게 적합하다고 볼 수 있다. 노울드와 월퍼스는 황야극기훈련이 필요한 대상들을 나열하고 있다. 낮은 자부심, 자신감의 결여, 효과적인 의사소통 곤란, 소외감 팽배, 끈기 없음, 저돌적 성격, 좌절감 극복 곤란, 비협조적, 미덥지 않음 등이 그것이다. 황야극기훈련 프로그램 중에서 가장 널리 활용되는 프로그램이 "보다 높은 시야 프로그램"이다. 아래에서 설명하고자 한다.

(2) 보다 높은 시야 프로그램(Higher Horizons : HH)

① 개요

뉴욕 시 북부에 위치한 트라이온 학교(Tryon School)에서는 1971년부터 뉴욕 주 소년국의 감독 하에 13세부터 18세 이르는 남녀 청소년들을 상대로 보다 높은 시야 프로그램을 실시하고 있다. 대상자의 대부분은 소년원이나 소년교도소에서 이 프로그램에 참여할 것을 조건으로 조기 퇴원한 소년들이고, 나머지 대상자들은, 비록 소수이기는 하지만, 처음부터 소년원에 가는 대신에 이 프로그램에 위탁된 경우들이다. 이 프로그램에는 심한 정신박약소년이나 신체적으로 불구이거나 극도로 난폭하고 정신질환 증세가 뚜렷한 소년들은 취급하지 않는다. 총 38일에 걸쳐 실시되는 이 황야/모험 프로그램은 처음 사흘 동안 제공되는 오리엔테이션을 받은 뒤 27일에 걸쳐 황야극기훈련을 하며 나머지는 두 번 으로 나누어 실시하는 나흘짜리 보충훈련 등으로 구성되어져 있다.

1982년 당시 부소장직을 맡고 있었던 캐서린 톰슨(Calharine Thompson)은 이 프로그램의 철학과 목표에 대해서 서술하기를 "[높은 시야]과정은 ① 수준 높은 신체훈련, ② 스트레스를 의도적으로 사용함, ③ 사뭇 틀린 환경의 대조, ④ 소규모 집단체제, ⑤ 새롭게 습득한 지식과 기술을 즉각적으로 활용, ⑥ 점증적인 도전, ⑦ 24시간 계속되는 프로그램으로 특정지어질 수 있다고 하였다. 경험을 통해서 개인과 환경, 개인과 같은 또래의 친구들 사이의 역동적 관계를 증진시키고 그들 마음에 어려운 상황을 제공하여 자기 자신의 행위에 대한 비판적 시각을 갖도록 능동적인 방향으로 변화시켜 보게 하고 의사결정과 문제해결 능력을 증진시키고 자신과 타인에 대한 책임감을 지니도록 만들기 위해 구체적인 학습기회를 제공하는 것이다.

② 프로그램 과정

높은 시야 프로그램에 보내진 소년들은 먼저 사흘에 걸친 오리엔테이션을 받아야 한다. 이 단계에서는 과연 프로그램이 제공하는 것과 소년의 필요성이 합치하는가에 대한 정밀 분석이 이루어진다. 다시 말해서, 이 프로그램은 주로 소년의 사회성을 건전하게 증진시키고 자신에 대한 자신감과 책임감을 북돋아 주기 위한 것인데 이러한 면에서는 별 문제가 없고 다른 이유로 비행에 빠지는 소년의 경우에는 이 프로그램이 하등의 효과도 주지 못하기 때문이다.

오리엔테이션에서 선택된 소년들은 27일간에 걸쳐 진행되는 황야극기훈련에 참가할 것을 서약하게 되는데 여기서 중요한 것은 그 서약이 반드시 임의적이어야 한다는 것이다. 이때에 프로그램을 진행하는 측은 다음의 몇 가지 판단기준을 가지고 서약한 대상자가 프로그램의 성격에 합당한가에 대한 마지막 심사를 실시한다.

첫째, 본 프로그램에 흥미를 느끼고 있는가?

둘째, 자원하는 마음으로 참여하는가?

셋째, 강력하고 구체적인 의욕을 지니고 있는가?

넷째, 심각한 정도의 난폭성이나 파괴적인 행위나 도주행위를 지난 두 달내에 보인 적이 있는가?

다섯째, 프로그램이 요구하는 것을 감당할 수 있는 신체적, 정신적 준비가 되어 있는가?

여섯째, 프로그램을 수료한 후 지역사회 내의 갱생복귀사업에 가담하게 되는가?

일곱째, 최소한 한 달 동안 금연할 수 있는가?

마지막으로 소년국에서 가퇴원한 소년의 경우 지금까지 가족방문 외박 시 문제없이 귀소 했는가? 등이 포함된다.

③ 문제점

높은 시야 프로그램과 같은 각종 황야훈련 프로그램들에게 종종 따라 붙는 한 가지 비판이 있다면 그것은 그러한 특수한 훈련의 효과가 얼마나 오랠 지속될 수 있는가에 대한 것이다. 특히 대다수의 비행청소년들은 대도시에서 출생하여 거의 인공적인 도시 환경 속에서 비행을 익힌 이들에게, 예를 들어 암반타기, 카누잉(Canoeing), 스키, 동굴 탐험, 하이킹 등의 프로그램이 어떤 형태로 치고, 박고, 훔치고, 또한 마약 복용을 하는 비행소년들에게 영향을 미치겠느냐는 것이다. 즉, 이러한 종류의 프로그램에 대한 반대론자들은 험악한 고시 빈민가나 구조적으로 열악한 사회 환경과는 동떨어진 황야훈련 등은 비현실적이며 그 효과는 다소 과장되어 있음을 지적한다.

그러나 이러한 프로그램의 지지자들은 바로 위와 같은 이유를 근거로 이 프로그램을 변호하고 있음은 유의해야 한다. '높은 시야'의 소장은 이 문세에 대해, "우리는 비행소년들이 자기 자신에 대해 새로운 인식을 할 수 있게끔 노력을 아끼지 아니합니다. 자기들에게 주어지는 자극의 출처가 비록 다르다고 할지라도 그들은 마찬가지 방법으로 그 자극에 대응할 것입니다. [중략] 다른 하나의 요소는 각종 긴장거리에 대한 대처방법으로서 어떤 종류의 걱정거리나 어려움이 그들에게 닥치더라고 이를 반드시 바람직한 방식으로 처리해 나가는가를 배워야합니다"라고 답변한다.

부연하자면, 소년들로 하여금 자기 자신들에 대해 엄정한 평가를 스스로 내리고 그들이 어떤 결정을 내리거나 문젯거리를 해결해야 할 상황이 주어졌을 때 이전의 방식과는 근본적으로 다른 방법으로 상황을 대처해 나갈 수 있도록 준비 시키는 데에 가장 큰 목표가 있으며 이를 위해서는 우선적으로 그들이 자신감을 갖고 적극적이고도 건설적인 자부심을 지니도록 해야 한다는 것이다.

즉, 황야훈련을 통하여 체험적으로 습득하게 된 긍정적인 자아상과 높은 자부심은 그들이 비록 도시 한복판에서 다시 돌아가게 되더라도 폭력과 반항으로 점철되었던 이전의 문제해결 방식을 떠날 수 있다는 것으로 풀이된다.

높은 시야와 같은 황야 프로그램이 당면하는 다른 하나의 문제점은 워커들이 격무에 시달리면서 겪게 되는 스트레스와 이에 따른 높은 이직률이다. 높은 시야에서 종사하는 워커들의 평균 재직기간은 일년 반에 불과한데 그 이유는 항상 문제소년들을 다루어야 한다는 것 이외에도 짧게는 사흘에서 길게는 열흘 내내 잠시도 쉬지 못하고 근무해야 하기 때문에 워커들은 도저히 원만한 가정생활을 영위할 수 없을 뿐만 아니라 신체적 정신적으로도 지쳐 버리기가 쉽기 때문이다.

장소적인 문제로 인하여 우리나라 실정에 맞게 조정될 필요는 있으나 본 프로그램의 정신과 방향은 소년원 등의 시설수용의 대안으로 적극적으로 검토되어야 할 것이다

2) 청소년 다이버전 프로그램으로서의 Youth Court와 배상 프로그램

(1) Youth Court

청소년들을 사법체계로부터 전환(다이버전)시키는 방법 가운데 점차 인기를 얻고 있는 방법이 Youth Court이다. 이 프로그램은 1962년 New York의 Ithaca에서 시작되어 전국적으로 빠르게 퍼져 나가서 1995년 현재 25개 주여서 190개 이상의 프로그램이 운영되고 있다. 이 프로그램들은 소년법원, 보호관찰소, 학교, 비영리기관 등이 운영하고 있다. Youth Courtd에는 두 가지 모형이 있다. 하나는 재판 모형이고, 다른 하나는 또래 배심원 모형이다. 재판 모형에서는 대개 성인이 판사를 맡고, 배심원 없이 운영하는 경우도 가끔 있다. 또래 배심원 모형에서는 판사가 없고 또래 배심원들이 청소년 피고를 직접 심문한다. 대부분의 프로그램들은 초범자를 대상으로 삼지만, 이들 중 58%는 재범자를 수용하고, 20%는 중범죄자를 다루며, 29%는 지위 비행자를 다룬다.

플로리다 주 Olando에 있는 Orange county의 Teen Court가 전형적인 형태를 보여준다. Teen Court는 공개 토론회를 열어 피고에게 자신(들)이 범죄에 어떻게 개

입했는지를 설명하게 한다. 피고에게는 10대의 또래 변호사가 할당되어 참작할 정상을 제시하고 배심원들로 하여금 형을 감면하도록 설득하게 된다.

10대의 또래 검사는 엄한 처벌이 타당한지를 제시하게 된다. 법체계를 이해하도록 돕기 위해 관여하는 모두에게 사용하는 용어를 설명하고 요구되는 역할을 자세히 설명해 준다. 또래 배심원들은 자신의 잘못된 행동을 인정하는 피고의 말이나 행동을 평가하고 판단한다. 피고는 배심원들이 사회복귀를 의도해 내린 사회봉사 시간과 앞으로 배심원의 역할을 맡도록 하는 판결을 이행함으로써 자신의 행동에 대한 책임을 수용하게 된다.

배심원들은 피고에게 배상이나 통행금지를 명령할 수도 있다. 피고는 보고서를 작성하거나 사과를 해야 하고, 받은 제재는 5주 내에 완수해야한다. 청소년 피고가 받은 제재를 성공적으로 마치면 사건은 취하되고, 그러지 못하면 사건이 소년법원(Juvenile Court)으로 넘어간다.

Yeen Court에서는 자원봉사자들이 배심원을 맡는다. 배심원이 되기 위해서는 9~12학년으로, 성적이 우수하고, 6개월이나 1년간의 역할 수행을 동의하고, 비밀서약을 준수하고, 성숙하며 감수성이 높은 청소년으로 Yeen Court Agreemen가 요구하는 모든 사항을 충족시켜야 한다(민수홍, 2003 : 3~5).

(2) 배상 프로그램

청소년을 대상으로 한 배상 프로그램은 성인을 위한 프로그램과 매우 비슷하다. 큰 차이점이 있다면 청소년들은 직업이 없는 경우가 많다는 것이다. 배상 프로그램은 청소년들에게 일자리를 주선해 주어 금전적으로 배상할 수 있도록 도와준다. 성인 범죄자의 경우처럼 청소년을 위한 배상 프로젝트는 최근에 들어서와서 점차 인기를 얻고 있다. 1970년대 후반에 연방정부의 기금을 받아 41개의 청소년 배상 프로그램이 만들어지면서 Law Enforcement Asistance Administraion의 도움으로 이 프로그램은 확장되었다. 1980년대 중반에 수행된 연구에 의하면 배상 프로그램이 재범 감소를 위한 다른 수단들보다 청소년들에게 더 효과적이라는 결과가 나왔다.

이 연구에서 청소년 범법자들에게 배상 혹은 다른 세 가지 대안 가운데 하나를 무작위로 정해준 다음 일정 기간이 지난 후에 비교를 해보았더니 배상에 참가한 청소년들이 다른 프로그램에 참가한 청소년들보다 더 좋은 결과를 나타냈다. 배상은 비행청소년들이 실제 직장 생활에서 긍정적인 경험을 할 수 있는 기회를 제공하고, 이것이 자기 확신을 발전시켜 더 효과적이라고 결론지을 수 있다. 배상은 채무를 변제하고 속죄 받을 기회를 제공하기 때문에 낙인효과도 적다. 또한 자기 행동에 책임을 지도록 하기 때문에 청소년은 자신의 행동이 가져오는 결과에 대해 보다 현실적인 이해를 갖게 된다.

청소년 범법자들의 책임이 점차 강조되면서 배상은 특히 매력적인 프로그램이 되고 있다. 최근 사회 내 처우에서 지역사회의 안전, 범접자의 책임성, 그리고 모든 처분명령에서 범법자의 능력 계발이 강조되는 현실에서 이들 프로그램은 균형 잡힌 접근을 하고 있다. 프로그램 참가자들에 대한 적절한 적격심사, 적절한 제한사항의 지정, 그리고 지속적인 범법자 감독을 통해 지역사회의 안정을 성취하고, 응보적 요소와 꼭 필요한 기술을 습득할 기회를 도입함으로 해서 범법자들에게 책임성과 능력 개발의 기회를 제공한다. 배상 서비스는 이러한 목표를 이루는 데 매우 이상적이다. 이는 본서의 8장에서 미래의 형벌의 하나로 거론되는 회복적 사법(restorative justice)의 한 형태로 보아진다.

3) 학업중단 보호관찰 청소년 프로그램 : "보물섬 찾기" 프로젝트

OECD가 위기 청소년을 정의하기를 "의무교육인 중학교 교육을 받지 않은 청소년, 중학교 중퇴자, 고등학교 미진학자, 직업교육훈련에 어려움을 갖고 있는 청소년으로 정의"하고 있듯이 학교생활에 적응하지 못함으로 인해 직업이나 성인으로서의 삶을 성취해 내지 못할 것 같은 학교 밖 청소년에 대한 많은 관심이 지적되었다. 이들의 대부분은 교육의 기회를 박탈당하거나 미래에 대한 희망이나 꿈을 접은 채 청소년기를 보내게 됨으로서 비행에의 개입 가능성이 그만큼 높아진다. 따라서 이들이 그러한 비행행위로부터 벗어나 건강한 사회인으로 성장을 할 수 있도록 현재와 미래에 대한 가치를 정립할 수 있는 프로그램을 제공하는 것이 필요하다.

본 프로그램은 부산광역시 청소년 종합지원센터에서 개발 실행한 프로그램으로 전국 상담실에서 진행되는 프로그램 중 우수한 프로그램으로 선정되었다. 본 프로그램은 지역의 보호관찰소에서 의뢰되어 온 학업 중단 보호관찰 대상 청소년을 센터가 중심이 되고 지역 고용안정센터와 청소년자원봉사센터 등과 연계·협력하여 진행하는 프로그램이다. 청소년문제의 해결을 위한 자원이 지역사회 네트워크 구축을 통한 다양한 측면에서 이루어지는 것이 보다 효과적이므로 그런 면에서도 본 프로그램은 그 의의가 높다고 할 수 있겠다.

프로그램의 목적은 자신과 타인, 환경에 대한 불만을 해소하고, 자신의 존재가치의 중요성을 인식하여 미래에 대한 구체적인 계획을 세움으로써 비행으로 낙인 지어진 나가 아닌 세상의 유일한 존재로써의 자신의 본질을 알아가는 것이다. 또한 자신이 학업을 중단한 이유를 파악하여 진로선택에 도움을 주어 자립능력을 향상함을 목적으로 한다.

프로그램은 크게 심리검사와 상담, 진로적성 검사와 직업 탐색, 자원봉사활동으로 구성되며, 이틀 동안 전체 4회기로 나누어 진행된다. 구체적으로는 명상을 통하여 자신의 몸의 소중함과 감사함을 알고서 자신의 긍정적인 성장을 도울 수 있도록 긍정적 자아정체감을 형성시키고, 자신의 직업선호도를 측정해 봄으로써 직업에 대한 흥미를 알 수 있고, 구체적인 직업탐색을 통해 미래를 미리 준비할 수 있는 밑바탕이 되게 한다. 또한 보호관찰 대상청소년을 유해환경으로부터 보호하기 위하여 먼저 청소년을 둘러싼 유해환경의 실태와 건전한 청소년 이용시설에 대한 실태를 파악하고 거리캠페인 활동을 통하여 청소년들의 지역에 대한 관심을 높이고 지역사회의 일원으로서의 역할 의식을 고취시킨다. 마지막으로 마음속에 내재된 불만을 해소하고, 자신의 생각이나 느낌, 욕구를 타인에게 자유롭게 표현하여 자존감을 회복하고 자신감을 얻을 수 있도록 도우며, 나를 타인에게 드러내는 과정을 통해 타인과 관계를 맺는데 적극적으로 해 나갈 수 있는데 도움을 준다.

〈표 8-1〉은 프로그램의 실제 운영에 있어 회기별로 다루어지는 내용들이다.

〈표 8-1〉 보물섬 찾기 프로그램 진행 내용

회기	주제	내용	기대효과
1	새로운 도전 새로운 비전	· 등록 및 관계 형성 · 자아성장을 위한 집단상담 · 직업선호도 검사 · 학습종합진단검사, 생애진로검사	자신과 타인, 환경에 대한 불만을 해소하고, 자아성장을 통하여 자신의 존재가치의 중요성을 인식하고 자신에게 감사하는 시간을 가진다.
2	직업의 세계로	· 프로그램 진행자소개 및 나를 알리기 · 가치관 경매게임을 통해 나의 직업가치 이해, 나의 직업선호 분석(직업선호도검사 활동) · 신문속의 직업 찾기 · 직업 분류 활동을 통한 미래 직업 탐색 · 성공한 사람들의 직업관 듣기(비디오 시청)	직업의 의미를 되새기고 구체적인 직업전망에 대해 알아본다.
3	보물섬 찾기	· 지역사회유해환경조사	지역사회 유해환경에 대한 조사를 통해 자신들의 역할과 관점을 지역사회적 입장에서 재정리 할 수 있다.
4		· 개별상담 · 학습유형검사, 진로적성검사 결과를 토대로 개별상담실시	자신에게 가장 적합한 학습 방법이 무엇인지, 자신의 질로 선택과 진학결정에 도움을 준다.

자료: 부산광역시청소년종합지원센터, 2006.

4) 시설 수용 청소년 대상 프로그램 : 생활무영 프로그램

청소년의 특징을 잘 활용하여 논리적인 상담의 진행 과정보다 온 몸으로 움직이며 땀 흘려 자기 자신을 표현할 수 있는 시간을 주는 것이 청소년 집단상담에 새로운 접근 방법으로 각광을 받고 있다.

특히 교정시설 청소년이 경유 일반적인 정규 교육보다 그들의 흥미와 관심 특성들을 충분히 고려한 특성화 교육이 교육의 질은 물론 퇴원후의 사회복귀와 나아가 재범방지에도 효과가 높다는 것이 일반적인 견해이다(이화석, 2006).

이에 본 프로그램은 다수 청소년들의 흥미와 관심을 끌고 있으면서도 청소년집단의 문화적 특성을 잘 살릴 수 있는 프로그램이 필요하다는 맥락에서 현재 청소년들의 정서적 감정 상태를 잘 드러내며 청소년 문화의 한 코드로 자리 잡은 힙합댄스를 도입하였다. 힙합댄스는 '변칙적으로 추는 춤'이란 뜻으로 기성세대의 형태를 꼬집고 자신들의 세계관을 뚜렷이 보여주는 춤으로 특히 교정시설 청소년들에게는 가장 적합한 장으로 신체활동이자 무용장르이다.

본 프로그램은 총 24회로 매주 2회 실시하며, 매회 90분, 8회씩 3단계로 나누어 구성되어 있다. 초기에는 춤의 기본을 익히므로 자신을 표현하는 새로운 방법을 배우게 된다. 기초가 다져진 후에는 생활에서 응용 가능한 힙합을 배우고 춤으로써 자신의 감정을 구체적으로 표현하게 된다. 이때 정적인 집단상담에서 동적인 춤의 형식을 빌은 집단상담의 구체적인 실천의 단계라 할 수 있을 것이다. 마지막으로 자신들이 배운 춤을 응용하여 새로운 작품을 만들고 발표하는 단계로써 창작된 작품이 뜻하는 내용에 대한 토의와 새로운 춤의 느낌을 발표함으로써 자아에 대한 새로운 인식변화와 자아개념의 발달, 인간관계 및 의사소통의 증진으로 사회성이 회복될 수 있다.

〈표 8-2〉는 프로그램의 구체적인 내용이다

〈표 8-2〉 생활무용 프로그램 구성

회기	주제	활동내용	기대효과
1, 2 3, 4 5, 6 7, 8	신체 자각과 춤에 대한 이해	· 나의 몸에 대한 자각 · 명상과 호흡 · 요가 동작을 통한 스트레칭 · 움직임 요소별 특징적인 느낌 찾기 · 무용기본동작 - 걷기, 뛰기 · 점프로 돌기 종작 익히기 (발레의 동작 응용) · 근력운동	· 신체인식 · 움직임에 대한 거부감 해소 · 유연성 증가 · 스텝 이해
9, 10 11, 12 13, 14 15, 16	생활무용 즐기기 (힙합댄스)	· B-Boying · 이이솔레이션(Isolation) · 랩 브레이킹(나이키, 킥웜, 나인투나인티, 레인보우, 베이비 스와입스)	· 즐거움을 통한 춤 기능 발달 · 감정의 발산을 통한 스트레스 해소 · 자연스러운 신체표현
17, 18 19, 20 21, 22 23, 24	작품을 통한 타인과의 의사소통(조별 창작활동)	· 다양한 힙합댄스 · 배운 동작들을 연결하여 각 팀별 창작 · 발표하기 · 서로의 작품에 대한 토의 · 춤에 대한 느낌 발표	· 자아에 대한 새로운 인식변화 · 자아개념의 발달 · 사회성 회복

자료: 이화석, 2006.

5) 학교폭력 가해자 프로그램

학교폭력의 원인을 규명하고자 할 때에는 학교폭력의 주 가해자이자 피해자인 청소년 그 자신의 특성과 그들을 둘러싸고 있는 환경 모두를 포함시켜야 한다. 일반적으로 학교폭력과 원인은 학교폭력 청소년 그 자신의 개인적인, 가정 및 학교적 요인 그리고 사회환경적 요인 포함한다(홍봉선, 2005).

학교내외에서 폭력을 저지르는 학생들은 여러 요인들의 상호작용 결과로 반복적인 폭력 상황에 직면하게 되고 이러한 폭력의 반복은 자학적인 자아상의 형성과 또한 주변의 멸시로 인하여 결국 부정적인 자아개념이 형성과 또한 주변의 멸시로 인하여 결국 부정적인 자아개념이 형성되어 자기 자신을 필요 없는 존재 무능한 존재 약한 존재로 규정하며 그러한 방황으로 삶을 이끌어 간다.

따라서 이들에 대해 단기적, 일회적 개입으로는 효과를 기대되는 어렵다. 학교폭력과 관련된 여러 요인에 대한 다양한 측면의 개입 전략뿐만 아니라 지속적인 관심과 프로그램의 운영을 통해 폭력 가해 청소년 스스로 자아에 대한 근본적인 지지와 성취감을 획득할 수 있도록 도와야 한다.

다음에 제시할 학교폭력 가해학생 선도·교육 프로그램은 자신의 내면과 폭력이라는 외적 사건을 스스로 탐험하고 그에 대한 결과와 대응방안을 모색하여 자아존중간과 문제해결능력을 키우는 것을 목적으로 하고 있다.

비행 청소년 자신이 가진 자원을 지지함으로써, 비행청소년들의 자존감을 높이는 문제해결능력을 키워주며, 자신뿐만 아니라 타인에 대한 이해와 배려, 폭력행동에 따르는 결과를 인식, 책임지게 함으로써 자신의 행동에 대한 반성과 폭력의 재발 방지를 프로그램의 목표로 한다. 학교 현장이나 청소년 관련 시설에서 가해학생을 대상으로 일회성이나 단기적인 교육이 아니라 중장기적으로 운영할 수 있는 프로그램으로, 전문적인 기술 없이도 교사나 상담교사가 보편적으로 활용할 수 있는 프로그램이다.

본 프로그램은 탐색단계, 문제인식단계, 문제해결단계, 종결단계라는 4단계를 거치게 된다. 구체적으로 현재까지의 자신의 삶과 자신에게 중요한 환경을 돌아보고, 자신의 문제행동에 대한 정확한 인식과 공격성을 및 분조 조절 능력을 키우며, 폭력이 타인에게 미치는 영향력과 폭력의 의미 및 결과를 되짚게 함으로써 폭력이 범죄성을 알게 한다. 그리고 다양한 자기통제 능력을 기르고 타인과의 긍정적인 의사소통 기술을 습득하게 함으로써 문제 해결 방식에 대한 새로운 기술을 습득할 수 있도록 돕는다. 또한 자신의 장점과 단점을 통한 긍정적 자아를 형성하고 미래에 대한 구체적인 설계와 목표를 달성하기 위한 노력을 다할 수 있도록 도와줌으로써 폭력의 반복전인 고리를 끊을 수 있게 한다.

〈표 8-3〉은 프로그램의 구체적인 내용이다.

〈표 8-3〉 학교폭력 가해자 프로그램 진행 내용

단계	내용	세부내용
탐색 단계	나 바라보기1 (자시에 대한 이해)	프로그램에 대한 소개 및 규칙 정하기 자기소개 및 별칭 짓기를 통한 친밀감 구축 자신의 지금까지의 삶에 대한 통찰 가족 내 부모-자녀간 상호 작용에 대한 이해
문제 인식 단계	나 바라보기2 (폭력행동에 대한 인식)	프로그램에 참여하게 된 사건에 대한 토론 자신의 문제행동(폭력과 리더십 차이 등)을 분명하게 인식하기
	나 바라보기3 (가해 행위자로서의 나에 대한 이해)	자신의 공격성 및 분노 정도 등 자신의 심리적 특성의 수용
	입장 바꿔 생각해보기 (피해자에 대한 이해)	자신의 폭력이 타인에게 미치는 영향력에 대한 인식 학교폭력의 의미와 심각성, 그 폐해에 대한 이해
	넓은 세상보기 (폭력행위에 대한 법적 책임감 인식)	범죄로서의 폭력에 대한 인식 폭력 관련법에 대한 이해
문제 해결 단계	성장하는 나 (대안적인 기술습득 및 대인관계 향상)	분노조절 및 폭력충동 억제 기술 습득 등 다양한 자기 통제능력 배양 기능적인 의사소통 기술 습득 갈등상황에서의 긍정적인 해결방법의 중요성에 대한 이해
	함께하는 세상 (공통체 의식 함양)	건전한 친구관계 맺기
종결 단계	세상에 하나뿐인 나 (자아존중감 향상)	자신의 장점과 단점을 인식하고 수용하기 긍정적인 자아상 구축하기
	아름다운 도전, 희망찬 나 (미래에 대한 계획)	구체적인 인생 목표 정하기 목표달성을 위한 다짐

자료: 청소년위원회, 2003 : 한국청소년상담원, 2005 재인용.

6) 청소년 성범죄 관련 청소년을 위한 프로그램

우리나라는 현재 급격한 사회적 변화로 인해 전반적으로 청소년 성의 개방화가 빠른 속도로 진행되고 있다. 그러나 그에 비해 그들에게 요구되는 성윤리를 포함한 효율적인 성교육은 이루어지지 않고 있다. 또한 그동안의 잘못된 성관행과 가치관은 아직도 우리 사회에 팽배하다. 즉, 청소년들은 과거에 비해 성에 대한 적극적인 반응, 여학생들의 의지적 행동 등이 증가하는데 반해 남녀이중 기준과 전통적인 성역할도 공존하고 있는 것이다. 또한 남자 청소년의 경우에는 혼전 순결이나 임신, 강간 등의 문제에 있어 여성에 비해 더 허용적이고 성적 결과에 대해서 여성에게 일방적인 책임을 강요하는 등 성차별적인 태도와 의식을 가지고 있다(홍봉선, 2002b : 95). 이러한 것은 여러 가지 사회적인 성문제를 야기하는 그 중에는 성폭행범죄가 상당한 비중을 차지하고 있다.

이에 대한 우리 사회의 대응은 주로 성폭행 가해자에 대해서는 엄격한 법적 처벌이 주를 이루고 있으며, 피해자에 대해서는 성폭행상담소 등의 설치 및 지원의 강화를 통해 그 보호를 강화하고 있다. 그러나 아직도 성에 대해서는 보수적 태도를 취하고 있기 때문에 피해자의 능동적인 대처를 기대하기가 어렵고 또한 상담기관의 전문적이고 구체적인 프로그램의 활성화가 이루어지지 않고 있다.

다행인 것은 최근에 국가청소년위원회가 청소년매매 피해(가담)청소년을 위한 교육 프로그램을 마련하고 전국에서 시범실시하고 있다. 관련 법규인 청소년성보호법의 개정도 일부 이루어졌다. 이는 청소년 성문제 및 범죄에 대한 국가적 책무를 인식 및 강화했다는 신호탄으로 받아들여지며 이의 활성화가 요청된다. 프로그램의 전문성 강화도 이루어져야 한다. 아래에서 청소년 성범죄인 대상의 미국의 전문 프로그램인 PHASE(The program for Healthy Adolescent Sexual Expression)와 국내의 청소년 성문제 관련 프로그램 그리고 현재 시범실시중인 청소년위원회의 프로그램을 소개하고자 한다.

(1) 미국의 청소년 성범죄자를 위한 프로그램 : PHASE

미국에서 시행되고 있는 성폭력 가해자에 대한 전문 프로그램인 PHASE(The Program for Healthy Adolescent Sexual Expression)모델은 가족 중심 외래치료모델(Family-Based Outpatient Treatment Model)로서 주로 청소년 성범좌자의 사정(assessment)과 치료를 위해 미니애폴리스에서 1981년부터 실시되고 있는 프로그램이다. 이는 심리검사와 성교육 개인, 집단 및 가족치료를 포함하는 종합적인 임상서비스 프로그램이다. 특히, 가족관계를 중요시하여 프로그램 내에 가족 참여가 중요한 부문을 차지한다.

12~17세의 청소년으로 성적 가해자로 상습적·신체적 폭력범이 아닌 자, 약물 중독자가 아닌 자, 소년법원·보호관찰관·사회복지사 혹은 부모에 의해 의뢰된 자, 가족·양부모·사회복지사 혹은 보호관찰관과 같은 연고자가 지속적으로 프로그램에 협조할 수 있는 자가 대상이 된다.

PHASE 모델에서 제시한 성범죄자의 7가지 유형들은 다음과 같다(이백철, 1995 : 103~121).

① 호기심형·비행자(The Naive Experimenter/Abuser)

이는 순진하고 우발적이며 호기심에서 비롯되는 성적인 비행을 일회 내지 수회 범했으나 강요하거나 위협할 의지는 없었던 청소년들로 일반적으로 11~14세의 연령층이 많다. 이들은 비교적 건전한 가정 출신이고 정상적인 사회관계를 유지하고 있다. 대개 2~6세의 아동들을 상대로 성적 호기심을 충족시키기 위한 비계획적인 우발적 성적 비행이 주를 이룬다.

② 비사회화된 소아 성학대자(The Pseuersocializrd)

이 유형은 대개 수개월 동안에 1인 이상의 남자 혹은 여자 아동 피해자를 지속적으로 양산하는 청소년들로서 10대 초반이 많다. 이들은 불안정한 가족관계를 갖고 있고, 사회관계에서 소외되고 있으며, 신체적 혹은 성적으로 학대받은 경험이 있는 경우가 많다.

③ 가성 사회화된 소아 성학대자(The Pseuersocialized Child Molester)

이들은 대체로 지적 수준이 평균 이상이고 정상적인 사회관계를 유지하며 사교적이지만 가식적이고 약물사용자인 경우가 많다. 아동들을 상대로 힘이나 속임수를 사용하여 성적 오르가즘을 추구하고, 1년 이상의 만성적인 가학 전력을 가지고 있으며, 주로 10대 후반에 많다. 죄책감이 결핍되어 있고 본인의 비행을 합리화할 수 있는 능력을 가지고 있다.

④ 공격적인 성범죄자(The Sexual Aggressive)

대개의 강간자들과 폭력적인 소아 성학대자들은 이 유형에 속한다. 대상은 또래, 성인, 혹은 아동 등으로 폭이 넓다. 범죄자는 반사회적 성격장애가 있으며, 역기능적이고 학대적인 가족체계를 가지고 있다. 학교 성적이 불량하고 중도 학업중단자들이 많으며, 대체로 신체적 혹은 성적 학대 피해의 경험이 있다.

⑤ 성충동자(The Sexual Aggressive)

이 유형은 반복적으로 창문 엿보기나 음란 전화하기, 성기 노출, 여성 속옷 훔치기, 밀집된 장소에서 성기 마찰 등과 같은 행위를 통하여 성적 감정을 불러일으키거나 자위행위를 하는 사람들이 속한다. 고조된 분위기 연출 속에서 충동적 행위를 통하여 긴장감과 불안감을 완화하며 동시에 쾌락을 얻는다.

⑥ 성충동적 장애자(The Disturbed Impulsive)

이는 학대 행동과 관련하여 PHASE 유형 가운데 가장 이질적인 집단이다.

충동적 장애인은 사고장애, 기질적 뇌증후군, 시성 또는 행동발달상의 장애, 약물남용 등으로 인해 정상적인 억제작용이 되지 않는 경향이 있다. 사회적 및 가정적 소외, 학교성적 불량, 신체적 학대피해 경험, 가족 구성원의 신체적 및 성적 학대 그리고 약물남용 경험 등이 통상적 현상이다.

⑦ 집단형 범죄인(The Group Influenced)

이 유형은 또래 친구집단과 함께 성학대를 하는 경우로 10대 초반에 많다. 피해자는 범죄인들에게 잘 알려진 대상인 경우가 많고, 범죄자들은 피해자에 대한 죄책감을 느끼지 않으며, 책임을 피해자 또는 공범자들에게 자주 전가하는 경향이 있다.

PHASE의 분류법은 성범죄 청소년을 조사하고, 치료담당자, 경찰관, 소년보호관찰관 및 사회복지사와 같은 직업인들의 이해를 증진시키고 훈련하는 데 광범위하게 활용된다.

다음은 PHASE 프로그램의 치료의 단계는 〈표 8-4〉와 같이 구분될 수 있다.

〈표 8-4〉 PHASE 치료 단계

단계	목표	내용	방법	기대 효과
1단계	사정, 교육, 인정	· 사정:범죄인, 가족, 유관 전문가, 피해자와 그 가족들로부터 자료 수집 · 교육:집단모임에서 건전한 성행동과 성범죄 간의 차이나 관련 용어, 개념 등에 대하여 지속적인 교육 · 인정:성범죄 사실에 대한 인정	· 부모교육과 지지모임 만들기 · 통일된 치료계획을 위해 수집된 자료를 타 전문가와 나누기 · 전화, 개인접촉, '치료계획위원회' 조직	· 대상자와 가족이 성범에 대해 보다 편안하게 대화할 수 있게 됨 · 성범죄자 가족들의 범죄에 대한 부정이나 범죄행위의 최소화, 진술의 불일치 등을 억제
2단계	성범죄 자기 전기 작성(사실과 행동에 대하여)	· "성범죄 전기"를 작성	· 5세까지의 경험, 유치원 때, 2학년 때 등으로 피해를 당했거나 피해를 가했던 학대사건에 대한 사실을 차례대로 기술 · 가족들로 하여금 가족력을 작성하도록 유도	
3단계	성범죄 전기 작성(사고와 감정에 대하여)	· 범죄인이 경험했던 감정과 심층적이 이유들을 도출 · 범죄행위가 정서상으로 미친 영향 및 관계된 사람들에게 미친 영향들을 명확히 규명	· 사실과 기억한 내용을 명확히 함과 아울러, 개인, 집단 및 가족 모임에 전기를 쓰고 읽게 함	· 범죄자가 경험했던 감정과 심층적 이유 도출 가능 · 이후 범죄자가 행한 성범죄 행위가 발전되어온 과정을 규명하는데 도움이 됨
4단계	성범죄 원인간의 순환관계 규명	· 개인, 집단, 가족치료에서 사건의 전후에 인지적, 정서적, 상황적으로 무슨 일이 일어났는가를 명확히 하여 성범죄의 원인들간의 순환관계를 규명	(참고:〈그림 5-2〉)	· 치료계획과 진행을 보다 효과적으로 달성할 수 있음 · 대상자들의 그간의 거짓, 부정, 비난 그리고 부정확한 사고들을 효과적으로 억제 가능

〈표 8-4〉 이어서

5단계	재범 예방 훈련	· 효과적인 개입방법 개발	· 욕구들을 건전하고 비학대적인 방법으로 충족시킬 수 있도록 개인, 집단, 가족 치료 실시 · 법원의 지원과 감독을 받기 위해 재범 예방 계획에 대하여 보호관찰관에게 알림	· 전 단계까지의 과정으로 범죄의 맥락과 전력이 분명해지고 통찰력이 생성
6단계	사죄편지 작성 및 보상	피해자와 가해자 가족, 범죄자와 그 가족간에 종료 모임	· 사죄편지 쓰기가 유일하게 활용	
7단계	졸업과 사후관리	· 프로그램의 종료와 사후치료 계획	· 개인, 집단, 가족치료는 그간의 성범죄 프로그램에서 토의되지 않았던 문제들이 인시시키고 이에 대해사후관리 치료로 이어지면서 종료	· 미래의 위험상황에 대한 개입 전략 수립 가능

(2) 한국여성민우회 성폭력상담소 성폭력 가해자 프로그램

우리나라의 경우 성폭력 가해자 교육 프로그램이 체계적으로 개발되어 있지 않고 가해자 교육 프로그램 전문가도 충분치 않아 프로그램이 활성화되지 못하고 있다. 단지 수강 명령 대상의 프로그램들은 초보적인 단계나마 개발되어 있고, 프로그램을 시행하는 곳이 있을 뿐이다. 현재 우리나라에서 실시되는 청소년 성범죄 가해자 수강명령 프로그램들의 접근 방법은 대부분 성범죄 재발을 방지하는 방법으로 과거 행위를 비난하고 질책하는 것이 아니라 긍정적인 측면에서 청소년의 장점과 가능성을 일깨워 자아존중감을 회복하여 성폭력 재범을 방지하는 것에 중점을 두고 있기는 하나 대부분 비슷비슷한 프로그램으로 실시되고 있으며, 성인 수강명령 대상자들과 차별화되지 못한 프로그램들이 운영되고 있다.

청소년의 경우 현재와 미래의 모든 측면을 다루어야 하며, 특히 자신의 행동에 대한 구체적인 결과를 인식시킬 필요가 있다. 죄책감이 아닌 책임감을 갖게 하고 미래와 진로에 대한 설계와 타인에 대한 배려심을 가질 수 있도록 도울 수 있어야 한다.

청소년 성범죄 가해자들 대부분이 자의가 아닌 명령에 의해서 프로그램에 참여하게 된다. 그런 이유로 인해 프로그램 참여의 적극성이 떨어질 수 있으며 참여자와 진행자간의 솔직한 접근이나 라포의 형성이 어려울 수 있다. 특히 그 대상자가 청소년인 경우 성인의 경우보다 더욱 반항적인 방식으로 자기방어를 할 수도 있다.

한국여성민우회 성폭력상담소에서는 국내외 청소년 성범죄 가해자 프로그램을 분석하여 자체적으로 성폭력 가해자 프로그램을 개발하였다. 본 프로그램은 우리나라의 이중적으로 고착된 성규범과 성별 고정관념에 따라 남성의 성폭력을 정당화하고 피해자 책임론을 뒷받침하던 모순된 논리에 대한 문제점을 지적하며 개발된 프로그램이다. 인지행동 이론을 기반으로 하고 있으며, 개인 면접과 집단 프로그램의 형식으로 실사하는 경우와 교육상황에 맞게 운영방식을 조절하여 사용할 수 있다. 프로그램은 초기단계, 중기단계, 후기단계로 나눌 수 있으며 전체 10회기를 기준으로 하여 진행한다.

〈표 8-5〉는 실제 프로그램의 구성 내용이다.

〈표 8-5〉 한국여성민우회 성폭력상담소 프로그램

	회기	목표	프로그램	기대효과
초기	1	오리엔테이션 및 가해자 탐색	프로그램 설명 현재 상황을 위한 질문지	관계형성
	2	사건에 대한 듣기	기초질문지 상황질문지	사건의 구체적인 탐색
	3	자신과 만나기	문자완성검사	가해자 이해
중기	4	성폭력 개념 이해하기	성의식 점검테스트 성적의사결정능력 테스트 성폭력에 관한 테스트	성의식 점검 및 성폭력 개념의 정확한 이해
	5			
	6	나의 사건으로 성폭력 바라보기	성폭력 사례	왜곡된 성의식 확인 및 성폭력 행위에 대한 책임 인정
	7	성폭력 피해자 공감	연속선상의 성폭력 성폭력 피해자의 글 비디오에 관한 질문지	자신의 행위로 인해 피해자 육체, 심리, 정신적으로 어떤 고통을 당하고 있는지, 앞으로 어떤 영향을 받게 될지에 대한 이해
	8			
후기	9	'나' 돌아보기	사건 발생 전, 후의 감정, 행동, 사고에 대한 탐색	자기수용
	10	새로운 삶 계획하기	나의 행동전략에 대한 점검, 교육을 마치며...	행동전략 및 평가

자료 : 한국여성민우회 성폭력상담소

7) 국가청소년위원회 성매수 피해 청소년 프로그램

청소년 성매매에 대한 기존의 연구들을 살펴보면, 우선 청소년 성매매의 실태 및 원인에 대한 연구와 청소년성보호법 및 신상공개제도와 관련된 연구, 그리고 청소년 성매매에 대한 청소년들의 성인식에 대한 연구가 주를 이루고 있다. 이러한 연구들을 바탕으로 국내에서도 일부 청소년 성매매 관련 프로그램들이 개발되었으며, 이러한 프로그램은 크게 일반청소년을 대상으로 하는 예방적성격의 프로그램과 성매매 경험 청소년들을 대상으로 그들의 상습화 방지차원의 목적을 위한 프로그램(비전프로젝트 "네 꿈을 향해 쏘아라!")으로 구분된다.

이 중 후자의 경우가 본 주제와 관련이 깊은데, 이 경우에도 청소년쉼터나 선도보호시설에 기거하는 청소년을 대상으로 한다는 점에서 성매매 청소년의 과학적 분석을 토대로 한 사회 재적응에 집중된 구체적인 접근이라기보다는 생활보호, 의료, 법률, 진로 등의 프로그램과 함께 이루어지는 통합프로그램이다. 즉 다양한 이론적 기초에 기반하여 각종 상담기법이나 문화활동 그리고 치료를 목적으로 시행되고는 있지만 단순한 활동들의 조합이기 때문에 구체적 개입의 목표를 설정하고 일련의 계획적인 개입을 통한 정교화된 프로그램으로서의 구조화는 상당히 미약한 것으로 판단된다(홍봉선, 2006).

이러한 상황에서 아래의 청소년위원회의 프로그램은 성매매 가담 청소년을 성매수 성인에 의한 피해자로 규정하여 그들의 사회 재적응을 위한 국가적 지원의 당위성을 전제로 하여 기존의 성매매 청소년 생활시설의 통합적 프로그램의 한계를 극복하는 전문성과 효과성 있는 프로그램의 개발을 목적으로 내세우고 있다. 1개월 교육프로그램 개발 및 40시간 교육프로그램 개발은 국가 청소년위원회에서 창원여성의집에 위탁하여 2회에 걸쳐 실시한 시범사업-2005년 겨울탈출캠프(1개월 프로그램), 2006년 꿈찾아 탈출캠프(2개월 프로그램)-의 결과를 통해 성매수 피해 청소년의 탈 성매매를 도모하고, 개인의 상처지유, 자존감회복, 비전을 세우는데 효과성이 검증된 프로그램을 위주로 구성되었다. 특히 40시간 교육은 법적 의무교육시간으로 단기간 소기의 목적을 이룰 수 있는데 꼭 필요한 교육프로그램을 중심으로 개발이 이루어졌다.

법적근거 2005년 12월 13일 청소년성보호법 개정-성매수 대상 청소년 교육·상담 강화

제14조(소년부 송치 등) 제2항 신설

검사는 제13조제2항의 규정에 의하여 송치 받은 사건을 제1항이 규정에 의하여 소년부에 송치하지 아니하는 경우에 필요하다고 인정하는 때에는 다상 청소년으로 하여금 청소년의 보호 및 재활에 필요한 교육과정 또는 상담과정을 이수하게 하여야 한다.

〈표 8-6〉과 〈표 8-7〉은 각각 40시간 프로그램과 1개월 프로그램의 예시이다.

〈표 8-6〉 40시간 프로그램 예시

<table>
<tr><th>날짜
시간</th><th>8/3 (목)</th><th>8/4 (금)</th><th>8/5(토)</th><th>8/6 (일)</th><th>8/7 (월)</th><th>8/8 (화)</th></tr>
<tr><td>8:30~9:00</td><td rowspan="4">-</td><td colspan="5">기상 및 세면</td></tr>
<tr><td>9:00~10:00</td><td colspan="5">아침식사 및 교육준비</td></tr>
<tr><td>10:00~11:00</td><td rowspan="2">애니어그램을 통한 자기 본질 만나기</td><td rowspan="2">이미지 메이킹</td><td rowspan="2">성교육 I</td><td rowspan="2">암벽등반</td><td rowspan="2">생애 그래프평가 사후검사</td></tr>
<tr><td>11:00~12:30</td></tr>
<tr><td>12:30~13:00</td><td colspan="6">점심식사</td></tr>
<tr><td>13:00~14:00</td><td rowspan="3">나를 소개합니다. 너의 친구가 되고 싶습니다.</td><td colspan="4">PC 및 · 자유시간</td><td></td></tr>
<tr><td>14:00~15:00</td><td rowspan="4">애니어그램을 통한 자기 본질 만나기</td><td rowspan="4">분노표출 (시물놀이)</td><td rowspan="2">성교육Ⅱ</td><td rowspan="4">암벽등반</td><td rowspan="10">-</td></tr>
<tr><td>15:00~16:00</td></tr>
<tr><td>16:00~17:00</td><td rowspan="2">사전검사, Intake 및 MMPI</td><td rowspan="2">재즈댄스</td></tr>
<tr><td>17:00~18:00</td></tr>
<tr><td>18:00~19:00</td><td colspan="5">저녁식사</td></tr>
<tr><td>19:00~20:00</td><td rowspan="2">My Love House</td><td rowspan="2">재즈댄스</td><td colspan="2" rowspan="2">생활관 프로그램 (풍선아트등)</td><td rowspan="4">엄마!엄마! 다시 태어난 나!</td></tr>
<tr><td>20:00~21:00</td></tr>
<tr><td>21:00~21:30</td><td colspan="4" rowspan="2">간식 및 자유시간</td></tr>
<tr><td>21:30~23:00</td></tr>
<tr><td>23:00~23:30</td><td colspan="5">취침준비 및 취침(23:30 소등)</td></tr>
</table>

〈표 8-7〉 1개월 프로그램 예시

시기	프로그램 과정	주제	회기	목적
초기	만남 프로그램	친교프로그램	1회 (6시간)	선생님과 참여자간의 라포형성
	인지 프로그램	심리검사(MMPI)	1회 (2시간)	개인의 인성특징을 파악하여 이후 상담 및 치료에 활용
	(나름알기!)	MPTI 성격검사	2회 (4시간)	개인의 성격을 이해하고 자신의 진로탐색에 활용
		애니어그램	2회 (6시간)	개인의 고유한 본질적 특성을 알고 가능성 및 자신감 회복
		성교육(기본교육/현장방문/행사참여/여성인사와의 만남)	4회 (12시간)	다양한 프로그램을 통하여 건강한 성의식을 형성하고 여성으로의 삶에 자신감형성
중기	치유 프로그램 (나를 드러내기!)	모래놀이치료	4회 (18시간)	무의식을 의식화 하고 자가 치유 능력을 향상
		예술(음악)치료 I	4회 (8시간)	무의식속의 상처와 아픔을 의식화하여 내면 깊은 곳의 심리 정서 치유
		예술치료(싸아코드라마)2	1회 (6시간)	
		분노표출1,2	4회 (13시간)	내재된 분노표출과 감정 조절능력 향상
		자신감향상PG (암벽등반, 이미지메이킹, 재즈댄스)	5회 (13시간)	자신이 내·외면의 한계를 극복하고 자신감을 형성
말기	비전 프로그램 (나의 비전 찾기!)	진로탐색PG	4회 (8시간)	개인의 진로를 찾아서 이를 실현할 수 있는 자신감 갖기
		아름다운도전	3박 4일	자신의 나약함과 한계를 극복하고 건강한 삶의 도전과 비전에 대한 확신감 갖기
		미래인생설계	1회 (2시간)	능동적, 긍정적인 자세로 자신의 미래를 계획하기
전체	생활 프로그램	마니또 My Love House 하우스미팅 네일아트 놀이동산 생활·문화체험 (영화·연극보기, 사회기관 탐방 등)	평일저녁 및 주말 (토, 일)	개별상담 및 정서치료 위주의 프로그램을 통해 따뜻한 양육환경을 경험하게 하여 인간과 사회에 대한 신뢰감 형성

4. 교정복지 프로그램 사례

사회복지계의 책임성에 대한 요구와 효과성에 대한 필요성은 1990년대 미국을 중심으로 제기되기 시작했으며 국가적인 논쟁의 일부가 될 정도로 중요한 관심사가 되었다. 이로 인해 모든 사회복지기관의 서비스 제공자는 이런 쟁점에 대응하는 기제를 개발해야만 했으며 이러한 상황이 사회사업 전문 프로그램의 개발과 실천의 길을 열게 했다(정무성, 1999 : 19). 이러한 관심은 비단 미국뿐만 아니라 1990년대 후반에 한국의 사회복지계에도 비중있는 이슈화가 되었다.

특별히 교정복지분야는 교정 선진국처럼 전문직으로 자리매김을 하지 못하고 있는 실정에서, 더더욱 교정복지 프로그램의 효과성을 검증함으로써 전문성과 사회적인 관심을 불러일으켜야 하는 실정에 있다. 교정복지 프로그램이라고 함은 교정·교화, 즉 범죄인이나 비행청소년의 심리·사회적인 기제를 향상시키기 위해 인적·물적 자원을 활용하는 일련의 집합적인 행동들이라고 정의할 수 있다.

그러므로 여기에서는 프로그램 개발에 대한 일반적인 사항과 실제 프로그램 사례를 개별, 집단, 지역사회 중심으로 알아봄으로써 효과적인 프로그램 개발의 방향을 모색하고자 한다.

1) 프로그램 개발

(1) 프로그램이란

프로그램이란 '의도된 계획에 따라 어떤 목적을 달성하기 위해 인적·물적 자원을 활용하는 일련의 집합적인 행동들'이라 할 수 있다. 이와 같은 프로그램은 그 성격상 집합적 활동이며 일련의 진행과정에 따라 인간과 환경 간의 다양한 상호작용을 보여주는 역동적인 활동인 것이다(박경일, 2000 : 147). 따라서 교정복지에서 프로그램은 교정관계 프로그램 관리자난 진행자가 의도된 계획과 일정에 따라 비행청소년이나 범죄자들의 재범방지, 갱생, 사회복귀, 자립 및 재활과 같은 목표를 달성함으로써, 이들과 지역사회를 변화시키고자 하는 집단적인 활동이다.

이와 같이 프로그램 개발과정은 사회적으로 공인된 목적을 달성하기 위해 자원을 바람직하게 이용하려는 프로그램들의 집합이나 혹은 하나의 프로그램을 선택하는 것이다. 일반적으로 이것은 문제 인식과 욕구 분석을 출발점으로 하여 현존하는 기존 유사 프로그램과 프로그램들의 이론적 배경을 인식하는 것으로부터 시작한다. 그리하여 확인된 기존 유사 프로그램과 욕구분석 자료들은 바탕으로 전박적인 프로그램의 목적과 목표를 설정하고, 프로그램의 대안들은 검토하며 선택된 대안 프로그램들의 우선순위를 결정한다. 그리고 우선순위나 대안에 따라 프로그램을 실행하고 실행된 프로그램을 평가하는 일련의 과정이 필요하다.

특히 평가시에는 이미 설정된 목표에 대한 결과를 객관적으로 제시할 수 있어야 하는데, 설정된 목표의 평가 방법에 대한 선정 역시 프로그램 개발 과정에 속하는 요소이다(York, 1982 : 27).

(2) 프로그램 개발시 고려요소

교정복지 프로그램은 참여자(비행청소년이나 범죄자)가 잠재능력이 있고 시간이 지남에 따라 성장과 변화를 성취할 수 있다는 사회복지의 핵심 가치에 입각해서 설계되어야 한다.

이러한 관점에서 프로그램에 참여하는 모든 개인의 가치와 존엄성이 있으며, 다른 사람과의 관계 속에서 프로그램을 통해 학습되고 개발될 수 있는 능력이 있음을 기본 전제로 하여야 한다. 따라서 프로그램 관리자들은 이러한 가치를 프로그램의 개발에 반영하여야 한다(정무성, 199 : 68).

성급하고 불충분한 프로그램은 교정복지 서비스를 향상시키고 확장시키는 데 부정적인 영향을 초래한다. 다시 말해서, 프로그램의 조직화, 시행에 있어서 의 불충분한 준비는 교정관계자나 프로그램 참여자들의 '소진(burnout)'이나 환멸, 직원들의 분노나 욕구불만, 스트레스, 그리고 프로그램 활동 초기부터 문제를 계속적으로 야기시킬 수 있다(Brudney, 1990 : 92-93). 그리하여 류기형 외 5인(1999 : 225)은 자원봉사 프로그램 개발시 4기지 사항, 즉 ① 프로그램 대상자의 포괄성, ② 프로그램의 통합성, ③ 프로그램의 속성, ④ 프로그램의 네트워크화를 제안하고 있기도 한다.

여기서는 교정복지 프로그램을 개발할 때 고려해야 할 요소로서 5P(Person, Problem, Purpose, Process, Place)를 중심으로 살펴보고자 한다.

① 사람(person) : 능력 수준과 미에의 적합성

프로그램의 내용 선정에어서 가장 중요한 것이 지도 대상자에 대한 고려이다. 프로그램의 내용은 지도 대상자의 필요한 흥미 또는 능력 수준을 고려하여 주제의 내용과 방법에 부합하는 친밀감이 있는 것으로 선정한다. 뿐만 아니라 프로그램의 대상자는 참여자 및 그 가족들은 포괄할 수 있는 것이 보다 바람직하다.

② 문제(problem) : 프로그램의 통합성

단순히 비행청소년이나 범죄자의 비행성을 감소시키거나 재범방지 및 사회복귀에만 그치는 것이 아니라 이와 함께 대상자와 그 가족의 사회적 관계망을 유지하거나 회복시켜 주고 정서적인 안정과 자립, 갱생을 도모할 수 있는 대인적 서비스도 병행될 수 있어야 한다. 즉, 인간의 경제적·사회적·심리·문화적 제반 측면들을 통합적으로 고려하는 프로그램을 제공하도록 한다.

③ 목표(purpose) : 합목적성 및 목표의 일관성

프로그램 내용은 목표가 지시하는 바로 그 내용이어야 한다. 참여자로 하여금 협동심을 고취시킨다는 목표를 세워놓고 그 내용에는 경쟁상태의 활동 내용만을 포함시켰다면 그 내용은 그 만큼 목적에 일치되지 못한 셈이다. 따라서 프로그램 내용에 지나치게 치중하여 수단이 목적이나 목표에 진도되는 '목적전치(goal displacement)' 현상이 발생되지 않도록 유의하고, 프로그램을 진행하는 중간 중간에 목적과 목표를 점검해 보도록 한다.

④ 과정(Process) : 프로그램의 지속성과 네트워크화

프로그램은 지속적이며, 제도적인 안정성을 띠어야 한다. 프로그램들은 일시적이고 일회적인 접근으로 이루어져서는 안 되며, 장기적이고 체계화된 일정 계획아래, 지속적으로 제도화된 프로그램이 되도록 한다. 또한 프로그램의 내용을 구성할 때, 지식, 이해, 기능, 태도 등의 측면이 다양한 프로그램 장면에서 의미있게 통합되어 보다 높은 공통목표를 성취하는 데 기여할 수 있도록 해야 한다.

뿐만 아니라 비행 청소년이나 범죄자의 재범방지나 원만한 사회복귀 및 갱생을 위하여서는 공공시설, 기업, 민간, 종교단체 등 다양한 인적·물적 자원을 연결시키는 서비스 지원시스템을 구축하여 프로그램의 네트워크를 꾀한다.

⑤ 장소 (place) : 지역성

각각 그 지역적·문화적 상황이 다르기 때문에 프로그램의 선정에서도 지역적 특성을 반영하고, 각 지역의 독특한 특성을 발굴해 내는 일 또한 중요하다. 특히 그 지역의 문화적 특성이나 전통, 관습, 방언 등을 발굴하여 프로그램명이나 집단명으로서 활용할 때, 프로그램 참여자나 팀 구성원 및 지역사회 주민들이 프로그램에 보다 쉽게 접근될 수 있고 많은 호응도를 불러일으킬 수 있는 이점이 있다.

(3) 프로그램 관리자의 역할과 자세

일반적으로 프로그램 관리자는 부장, 슈퍼바이저, 조정자, 코디네이터 등 다양한 호칭으로 불리우는 기관 내 중간 수준의 관리자이다. 이들 프로그램 관리자는 프로그램에 직접적 책임을 지는 사람이며, 프로그램의 지속문제, 프로그램 참여자들의 기대나 해결되기를 바라는 문제에 기여할 뿐만 아니라, 그들이 소속되어 있는 조직에 대한 미래의 방향을 제시해 주는 역할도 수행한다. 이 밖에도 관리자들은 프로그램의 평가로부터 얻어낸 결과를 통하여 특수한 프로그램의 질을 향상시키는데 이바지하며, 평가 결과로부터 프로그램의 장점과 취약점을 파악하여 장점은 계속 유지하고 취약점에 대해서는 변경을 시도함으로써 프로그램의 질을 향상시킬 수 있다(유성호 역, 1997: 1985). 보다 구체적으로 이들의 역할과 자세를 살펴보면 다음과 같다.

① 사회복지 가치의 수용을 통한 투철한 복지서비스 정신(mind)을 정립한다.

② 사회적 후원(재원)에 상응하는 사회적 책임성을 인식한다.

③ 지역사회의 다른 복지자원과의 연계를 강화하는 자세를 지닌다.

④ 관리자는 자기의 업무에 관해서 언제나, 어떤 상태에서도 프로그램 과정을 체계적으로 진행한다.

⑤ 직접적인 프로그램을 담당하고 있는 사람들의 업무 수행을 지지하고 촉진한다.

⑥ 수행된 일과 그것의 효과에 대해 프로그램을 평가하는 능력의 창출 등이 요구된다.

2) 개별상담 사례연구

본 개별상담 사례는 서울보호관찰소 남부지소, 가족약물상담실의 「작은열매 큰나눔 상담사례연구집」(1998: 51-65)의 내용을 요약 정리한 것이다.

(1) 내담자

만 18세의 남자 내담자로 1995년도에 중학교 2학년을 중퇴하고 현재는 직업 없이 지내고 있다. 절도로 인해 본 보호관찰처분을 받았으며 이전 보호관찰 경험은 없다.

내담자는 말이 없으며, 어깨가 처져 있었으며 눈은 반쯤 감긴 듯한 모습이다. 잠을 못 자서 그렇다고 하는데. 술을 먹고 지난밤에 잤던 것 같다. 위축되어 있는 듯한 모습이 역력했으며, 매사에 자신이 없고 말이 없는 것 같다. 그러나 상대방에 대한 배려 및 존중하는 마음은 매우 잘 교육되어 있는 편이다.

(2) 가족관계

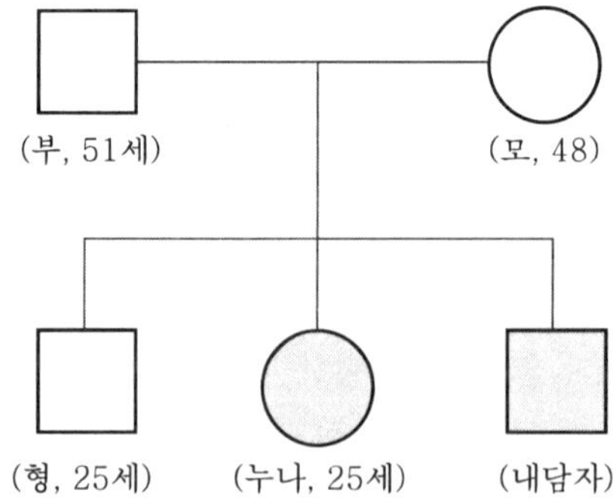

관계	연령	직업	동거 유무	기타
부	51	건축업(자영자)	동거	
모	48	가 사	동거	
형	25	오토바이 센터	별거	안양거주, 결혼
누나	23	회사원	동거	

초등학교 때 서울로 이사 왔으며, 늘 집이 가난한 것에 대해 불만이 많았고 이런 이유로 절도를 자주 했으며, 집을 나간 경우도 여러 차례 있었다. 중 1때는 절도죄로 구속도 되었으나 곧 풀려났으며, 본드 흡입도 이때부터 시작하였다. 부모에게서 매를 심하게 맞은 적이 많았으며, 공부에 대한 관심도 사라지고 빨리 자라서 돈을 많이 벌어 행복하게 살았으면 하는 생각을 지금까지 하고 있다.

부는 노동일을 하고 있으며 내담자의 비행을 매우 엄격하게 다스리려고 했던 것 같다. 다만, 경제적인 어려움 때문에 내담자와 관계가 원활하지 못했으며, 내담자는 그런 아버지를 신임하지 않았던 것 같다.

형과는 자주 싸웠으며, 그 이유로는 경제적인 면과 내담자의 비행 때문이었다.

가족간의 대화가 없는 편이며 내담자를 거의 포기한 상태이다.

(3) 사정

① 문제력

초등학교 때부터 경제적인 압박을 받았으며, 그러한 환경을 절도라는 비행으로 해결하려고 하였다. 몇 번에 걸쳐서 이루어진 비행이 자신을 괜찮다는 생각을 갖게 했으며, 따라서 자전거를 훔치고 오락실 현금을 털고, 기타 많은 절도행각을 자행하였다.

그러나 구속되거나 잡힌 사례가 없어 비행을 계속한 것 같다. 물론 중 1때 절도로 구속된 적이 있었지만 곧바로 훈방조치되었다고 한다.

이때부터 약물에 대하여 흥미를 가지게 되었고 술과 담배를 접하게 되었다.

현재는 거의 매일 술과 담배를 사용하고 있으며 약물은 하지 않고 있다. 그러나 가끔씩은 마음속에 유혹을 받는다고 한다.

② 약물사용력

약물종류	처음 사용연령	빈도	양	마지막 상용
알코올	14세	거의 매일		계속
담 배	13세	매일	10개	계속
본 드	14세	월 1~2회	1/4 통	1997. 2.

담배는 13세 때부터 시작했으며 술과 본드는 14세 때부터 시작하였다. 현재도술과 담배를 계속하고 있고 본드는 1997년 2월경에 구속된 이후로 전혀 입에 대지 않고 있다.

(4) 내담자의 주변 상황

① 친구관계

ⓐ 배○○ : ○○○공고 2년, 가장 친한 친구.

ⓑ 나○○ : 공범. 구치소 수감 중. 단란주점에 근무하는 친구들과 아가씨들이 함께 면회.

ⓒ 최○○A : 무직. 최근 오락실에서 만난 친구. 새벽까지 함께 술을 마시며 위로를 하는 관계로 대화가 된다고 생각.

ⓓ 최○○B : 가든에 근무. 내담자가 16세 때 만나서 함께 불량생활한 형. 소년원에 가면서 헤어졌다가 최근에 다시 만남. 매우 성실하게 변한 듯하며(내담자의 주장) 저축도 많이 하였고 차후에 포장마차를 할 계획이라고 함.

② 이성관계

ⓐ 여자는 많이 사귀었지만 오랫동안 지속된 경우는 없다.

※ 내담자의 인지 : 자신이 돈이 없고 잘 생기지 못했기 때문.

ⓑ 현재의 여자친구와는 최근에 만남.

ⓒ 여자문제로 인해 술, 담배를 자주 한다(3병, 반 갑 정도).

③ 주변 환경에 대한 상담자의 견해

ⓐ 단란주점, 가든 등으로 배회하는 모습이 역력하며 올바른 가치관 형성 및 미래에 대한 조명 없이 현실에 안주하는 모습이고 주위에 조언해 줄 대상이 전무한 상태로 여겨짐.

ⓑ 돈에 대한 집착이 매우 강하나 방법과 계획에 대한 생각은 막연하며 뜬 구름 잡는 형태이다(예 : 직장보다는 포장마차 같은 것을 하면 뜬다 아닙니까?)

ⓒ 가족과의 관계는 거의 방임상태라 여겨진다.

ⓓ 친구라는 절대적 개념이 없이 만남과 헤어짐이 쉬운 듯하다.

(5) 상담과정

① 1회 상담(1997.6.4)

ⓐ **중점사항** : 인적사항, 비행과정 및 견해, 성장과정, 교우관계, 미래상 등에 대한 간단한 의견, 생각 등 관계유지 차원에서 상담

ⓑ **내 용** : 초등학교 때 서울로 이사왔다. 초등 3학년 때부터 가족이 가난한 것에 불만이 있었으며, 자전거를 훔치고 오락실에서 현금함을 털면서 지내왔다. 중1때 절도로 잡힌 적도 있으며, 이때부터 본드로 흡입을 하였다. 그래서 아버지, 어머니께 매를 많이 맞았다. 그러나 지금은 때리지 않는다.

나○○이 형과 함께 부산에 갔는데 비가 와서 부산에 사는 나○○이 형 친구(?)가 오토바이를 훔쳐 마중을 나와 함께 그 오토바이를 타고 다니고, 여자들과 합숙하여 본드를 흡입하면서 2일 정도 다니다가 절도죄로 잡히게 되었다. 이 점에 대해서는 잘못했다고 생각한다. 소년원에 있을 때 전기용접기능사 2급 자격증을 취득했으며, 소년원에서 "상우공업사"에 연결해 주었으나 가고 싶은 마음은 없다. 개인적으로 알아보고 일할 계획이다(6월경).

현재는 아버지가 한 달간 쉬라고 해서, 비디오시청과 만화책 보는 걸로 소일하고 있다. 자신의 비행에 대해 매우 솔직하게 말하려고 노력하고 있었으나, 변명의 소지가 더 많았던 것 같다.

② 2, 3, 4, 5, 6회 상담(1997. 7. 4.~12.) : 생략

③ 7회 상담(1997. 12. 19.)

지금까지의 모든 내용을 정리하고, 앞으로의 계획 및 자신의 미래상에 대한 상담하였다.

ⓐ **가족관계** : 부모님과는 크게 대립되는 일이 없다. 과거 자신의 모습을 보고서 많은 실망을 한 상태이기 때문에 예전처럼 크게 관심을 가지시는 모습이 보이지 않지만, 때때로 내담자의 미래에 대해서 걱정을 하신다. 그때마다 한숨을 쉬시면서 걱정하는 것을 보게 된다. 또한 가끔씩 부모님을 쳐다보는데 매우 늙으셨다는 느낌이 들었다.

ⓑ **노동의 가치** : 일을 하는 것은 즐겁다. 솔직히 말해서 돈을 벌어서 내 스스로가 자립으로 쓸 수 있다는 점에서 기쁘다. 그러나 힘들다. 돈을 많이 벌어서 편안하게 살고 싶은데 뜻대로 안 되는 것 같다.

ⓒ **약물관계** : 본드는 전혀 하지 않으며, 술과 담배는 자주 한다. 이제는 나도 사회인이 아니냐는 반문으로 나이를 의식하지 않는 사회의 한 직장으로 남기를 바라는 것 같다.

ⓓ **진로문제** : 이제 학교를 간다는 것은 끝나지 않았냐는 말로써 자신의 미래상을 나타내려고 한다. 취직하여 돈을 버는 것에 관심의 초점이 잡혀져 있다고 할 수 있다.

ⓔ **여자관계** : 자신이 없다. 누군가에게 다가가 먼저 말하기는 힘들고 전에 만나고 있는 여자들-단란주점 여자, 전에 사귀었던 여자 등 - 과 만나는 것으로 만족을 하고 있다. 그리고 돈을 많이 벌면 여자는 자연스럽게 따라오지 않겠냐는 확신을 가지고 있다. 또한, 지금 만나는 여자들은 잠시 만나 즐기는 대상으로 인식하고 있으며, 언젠가 좋은 여자를 만날 것이라는 생각을 가지고 있다.

ⓕ **종　합** : 모든 문제는 돈과의 절대적인 연관 속에서 나타나지고 있다. 돈의 절대적인 신봉을 주장하는 내담자는 요즘 사회가치관의 문제를 보여주고 있다.

④ 8회 상담(1998. 1.22.) : 생략

⑤ 9회 상담(1998. 3. 19)

ⓐ **지금까지의 상담을 종합작업(동반자 : 모)**

ⓑ **내담자의 생각** : 면담을 통해서 내 자신을 많이 돌아보는 계기가 되었다.

특히 결심한 것 중의 하나라면 다시는 이런 것에 오지 않겠다는 다짐을 했다. 부모님의 잦은 다툼에 대한 이해가 생겼으며, 주위를 바라보는 시각의 변화가 있었다고 말할 수 있다. 일과 여자와의 관계, 주위의 모든 분들과의 관계형성, 부모님들에 대한 편견적인 생각 등 모든 면에서 대화의 장이 연결되었다는 것을 가장 큰 변화라고 할 수 있다. 그 전에는 귀찮고 짜증스러워서 참견을 하지 않았고, 돌아보지 않았는데 현재는 서로간의 오해 부분을 나눈다는 것이 특징이라 할 수 있다. 다시는 이런 일로 인해 이곳을 찾지 않을 것이다. 그동안 저의 모든 문제점들을 이해해 주고 좋은 길을 안내해 주신 선생님께 감사한다.

ⓒ **내담자 모의 생각** : 이번 사건을 통해서 많이 성장한 느낌 수 있다. 전에는 자주 빠지고 불려가고 그랬는데 이번에는 한 번도 게으르지 않고 참석하는 것을 보고 새로운 생각을 형성해 간다는 느낌이 들었다. 내담자 비행의 원인이 부모들에게 있는 것임을 알고 있다. 그러나 지금은 대화로 풀어 가려고 노력한다. 다만 우리 아이도 부모들을 조금은 이해해 주었으면 하는 바람이 있다.

ⓓ **상담자의 견해** : 부모들과 사이에서 빚어진 갈등의 원인-자녀교육에 대한 지식과 가치관 결여-을 제거하지 않는 한 재발의 위험성도 없지 않지만, 이번 상담을 통해서 나름대로의 변화된 생각을 가진 듯하다. 따라서 재발의 위험도는 매우 낮으며, 주위의 모든 관계형성을 원만히 이루어 나간다면 좋은 내담자가 되리라 믿는다. 한 가지 아쉬움이 있다면, 많은 문제점과 행동의 수정 부분들이 발견되고는 있지만 이것을 치료까지 연결하지 못하고 단순한 면담을 해결해 나가야 한다는 것이 안타깝다.

(6) 상담평가

① 자신의 삶에 대한 인식재고가 필요하다.
  ⓐ 무질서한 친구, 여자관계.
  ⓑ 미래에 대한 설계, 진로에 대한 인식이 절대적으로 필요하다.

② 돈에 대한 막연한 기대심리문제가 지적된다.
  ⓐ 돈의 중요성에 대한 인식전환, 즉 땀흘려 버는 돈의 가치를 환기할 필요가 있다.
  ⓑ 돈으로 보든 것을 할 수 있다는 인식을 바꾸어 줄 필요와 함께 인성교육이

요청된다.

③ 자신의 말에 대한 선명도 및 진실성에대한 자기인식이 필요하다.

ⓐ 처음에는 상담기간 동안 잘 보여야 한다는 생각으로 마음에 없는 말을 많이 하였지만, 편안한 상담관계를 형성한 이후 자신의 마음을 표현하기 시작하였다.

ⓑ 좋은 면만 보여야 관찰기간을 잘 지낼 수 있다는 주위 친구들의 조언에 따라 매우 신중한 자세를 취하였지만, 현재는 친한 친구처럼 스스럼없이 이야기를 진행해 나간다.

④ 상담 초기에 소극적이고 매우 정례적이었던 태도가 진실되고 자연스러운 마음가짐과 행동으로 변화되고 있다.

ⓐ 자기생각을 적극적으로 표현하기 시작하면서 자기주장 능력이 향상되었다.

ⓑ 무질서한 생활을 정리하려고 노력하고 있기는 하지만, 여전히 친구들과의 관계형성을 통한 대리만족을 얻는 것으로 평가된다.

⑤ 인성개발 프로그램의 참여를 통한 변화가 요청된다.

ⓐ 아무런 문제가 없어 보이는 듯하지만, 오히려 자기능력의 개발이 적극적으로 필요한 내담자이다.

3) 성폭력 가해자 수강명령 집단 프로그램

본 집든 프로그램은 대전호보관찰소의 수강명령우수집행사례집(1999 : 265-292)에서 제시된 내용을 발췌하여 요약 정리한 것이다.

(1) 프로그램 내용

① 성폭력 가해자를 대상으로 한 교육의 의의 및 필요성

성폭력 가해자들의 일반적 태도는 피해자의 유발론을 주장하는 등 자신에게 유리한 부분을 확대 주장하고 있으며 성폭력에 대한 심각성이나 죄의식이 없고, 그 범죄가 사건화되면 대부분 재수가 없거나 상대방을 잘못 선택한 것으로 생각하는 경향이 있다고 한다. 다른 한편으로는 사회, 문화, 경제, 교육 등 총체적인 환경이 여성을 평가절하시켰을 뿐 아니라 여성은 정복해야 할 성적 상품으로 인식하도록 영향을 주었다고 할 수 있다. 그러므로 성폭력을 예방하기 위해서는 사회·문화적으로 남녀에게 다르게 적용되는 성의 이중적 가치개념에서 벗어나야 하며 가해자 들은 피해자들의 정신적·육체적 고통을 명확히 알고 자신의 인생에서 그가 범한 는 자신에 대한 이해와 수용, 자신의 문제점 발견, 인간관계훈련, 남녀평등의식, 성에 대한 바른 이해, 성폭력이란 무엇인가 등에 대한 교육이 필요하다.

② 교육목표

① 자신의 인생을 돌아보고 있는 그대로의 자신을 받아들이고 자아정체감을 확립하게 한다.

② 자신이 저지른 성폭력을 객관적인 입장에서 직시하게 하며 자신의 잘못을 바로 깨닫게 하여 같은 잘못을 두 번 다시 저지르지 않도록 돕는다.

③ 인간관계에 자신감을 갖게 하고 더불어 사는 사회를 직접 체험하게 한다.

④ 성교육을 통하여 성에 대한 바른 가치관을 정립하게 한다.

⑤ 남녀는 서로 평등하며 서로 협력하는 동력자임을 알게 한다.

③ 교육방법

① 집단 심성수련과 성교육 등의 강의를 병행하여 실시함으로써 개인과 집단이 함께 성장하는 경험을 하게 한다.

② 개인활동, 소집단 활동, 전체 활동, 명상하기, 그림 그리기, 쓰기, 토론하기, 발표하기, 피드백 주기 등의 활동을 통하여 다채로운 경험을 하게 한다.

③ 될 수 있는 대로 자신의 내면세계를 표출하게 하고 정리하도록 돕는다.

④ 제 1일부터 제6일까지 각 날짜별로 그 날의 절정 프로그램을 가장 심도있게 다루어 교육의 효과를 극대화시킨다.

⑤ 매일 받은 자료를 토대로 하여 다른 프로그램을 실시한다.

④ 교육 대상자 인적 사항

별칭	가 족 관 계	직 업	나 이	범 죄 사 실
구 름 2	배우자(27) 자녀(8.5세)	회사원, 고졸	31세(69년생)	특수강간
잔디	모(68) 형(33), 형수(31)	자영업, 고졸	30세(70년생)	특수강간 미수
도움이 아저씨	부(56), 모(52) 동거인(32)	광고설비업, 고교 중퇴, 이혼경력	31세(69년생)	강간치상
생수	모(61) 형(38) 형(31) 누나(34)	○○산업대 재학	39세(71년생)	강간치상 미수
번개	모(59) 형(40, 38, 35, 33)영	고졸(미혼)	29세(71년생)	강간치상 상해
금부도사	부(61), 농업 모(59)	고물행상(미혼)	33세(67년생)	강간치상
바람	부(53), 농업 모(50) 처(27)	○○공전 재학	24세(76년생)	강간치상
구름	처(대졸) 자녀(1)	대졸	38세(62년생)	강제추행 및 치상
새알	부(57), 상업모(55) 막내	고퇴	21세(79년생)	성폭력

⑤ 교육 일정 및 내용

제1일

① 프로그램 및 목적

프로그램	목 적	평가및정리	비 고
	- 오 전 -		
별칭짓기	불안감과 어색함을 완화시키고 친밀감을 형성한다.	매우 불안하고 경계하는 느낌이 들었음	자료 1-2
가 족 화	가족 안에서의 자신의 위치와 역할을 들아보게 함. 가족의 소중함을 알고 가족에 대한 이해가 깊어지며 수용하는 자세가 된다.	부모와 아내에게 미안한 마음을 표현함	
	- 오 후 -		
나 표현하기	지금 현재의 나를 있는 그대로 느끼고 자신의 특징을 확인하며 표현해 본다.	아주 다양한 방법으로 자기를 표현하면서 흥미로워 함	
알리고 싶은 나	같은 취미, 유사한 성격을 알아봄으로써 동질감을 느끼게 한다.	편안한 마음으로 적극적으로 참여함	
명 상	음악과 시를 들으며 깊은 자신의 내면세계를 보게 한다.	차분한 분위기에서 마음을 가다듬게 함	자료 1-4
합 동 화 ※소감문	사회성을 살펴보고 자신이 더불어 사는 사회의 중요한 구성원임을 알게 한다. 집단 속에서 드러나는 자신의 모습을 발견한다.	① 적극적으로 활동하는 사람과 비활동적인 사람이 분류되어짐 ② 대부분 합동화 그림의 내용이 성기 중심적 ③ 공동작업임에도 불구하고 자기 영역에서 벗어나지 못하여 전체적인 조화를 이루지 못함	제1일의 절정프로그램 자료 1-5

② 프로그램 중심 내용 설명

◆합동화

· 아무 말도 하지 않고 어떤 행동이나 선호도 보내지 않는다는 규칙을 알려준다.

· 자신의 지금 현재의 느낌을 그려 본다.

· 소집단에서 완성된 그림을 조별로 발표한다.

· 협동하여 완성한 후의 느낌을 이야기하고 다른 조의 설명과 그림을 본 후 공감하는 부분을 이야기한다.

한 예로서 번개의 경우에는 왼쪽의 사람, 꽃, 멜로디를 그렸다. 남자의 힘은 체력에 있고 건강한 육체미와 성기에 힘이 있어 보이는 표현, 성적 매력이 있다고 생각한다.

제2일

① 프로그램 및 목적

프로그램	목 적	평 가 및 정 리	비 고
- 오 전 -			
연 상 화	마음을 열기 위한 프로그램	아픈 과거를 떠올리면서 마음의 불편함을 느낌(짜증난다고 표현)	자료 2-1
나는 주구인가	자신의 진실된 모습을 되돌아보고 앞으로 살아갈 방향을 뚜렷이 한다.	나에 대해서 처음으로 진지하게 느끼고 숙연해지는 분위기였음	자료 2-2
인간관계	-자신의 인간관계를 돌이켜보고 인간관계의 주체는 나 자신임을 알게 한다.	① 부모님이나 아내와의 관계는 면적이 가장 넓은 관계이므로 갈등이 크다. ② 학창시절 선생님들로부터 부정적인 영향 받음	제2일의 절정프로그램 자료2-3
- 오 후 -			
여성상, 남성상	-바람직한 남성관(여성관)을 알아보고 자신은 어떤 남성인가 생각해 본다. -양성의 특질을 이해한다.	- 강한(?) 남자 - 예쁜 여자를 선호함	자료 2-4
성의개념	올바른 성에 대한 개념 강의		
성이미지로 이어 그려 완성하기 ※소감문	-성에 대해 편안한 태도를 가질 수 있는 기초작업이 되게 한다. -집단원 개개인이 모두 동일하지 않음을 이해한다.	자신의 성의식을 솔직하고 자유롭게 표현함	자료 2-5 자료 2-7
설문조사 ① 성의식 ② 알고 싶은 성	집단원들의 성가치관을 파악하여 성교육의 방향을 설정	-비협조적임 -은폐, 거부, 표현하기 싫어하였음.	자료 2-6

② 프로그램 중심 내용 설명

◆인간관계

- 집단원들에게 유인물(관계에 대한 소개)을 나누어 준 다음 현재의 자기가 되도록 영향을 준 사람들을 떠올려 본다(어머니, 아버지, 형제, 친척, 선생님, 친구, 선·후배 ···).
- 나를 원 안에 표시한다.
  - 심리적으로 가깝게 느껴지는 사람들 --- 가운데 원
  - 그저 그렇게 느껴지는 사람들 --- 두 번째 원
  - 멀게 느껴지는 사람 --- 원 바깥의 순으로 표시한다.
- 표시된 사람들 사이의 관계를 선으로 표현

  = : 서로 믿고 속마음을 이야기할 수 있는 관계, 가까운 관계

  ≡ : 너무 간섭해서 귀찮은 관계, 지나치게 가까운 관계

  ∨∨∨∨ : 다투는 관계

  -|| - : 연락 안 하는 관계

위의 프로그램을 진행하면서 자신의 인간관계를 점검해 보는 기회를 갖고 인간관계의 질에 차이가 생기는 이유를 생각해 보았다. 그리고 다양한 개성을 가진 사람들이 서로 만나서 어떻게 하면 조화롭고 성공적인 관계를 만드는가의 의견을 주고받았다. 이어서 본 교육의 목표인 성교육으로 들어갔다.

프로그램은 다음과 같다.

- 성이란? 성의 이미지로 이어 그려 완성하기
- 집단원이 "성"하면 떠오르는 자신의 이미지 그림을 한 부분에 그린다.
- 옆 사람이 그리던 것을 받은 집단원은 거기에 덧붙여 그림을 그리고 이를 다시 시계 방향의 위치에 있는 다른 집단원에게 준다.
- 내 용 : 집단원이 갖고 있는 성에 대한 이미지와 느낌을 자유롭게 나누고 자신이 어떤 성 인식을 가지고 있는지 점검하고 어떠한 성 인식을 가지고 있는가에 따라서 자기자신에 대한 이미지 인간관계, 미래에 대한 비전 등이 좌우된다는

것을 이야기 했다. 그리고 성이 다양한 측면으로 구성되어 있으며 현재 알고 있는 성이 왜곡되거나 어느 한 쪽으로 편중되어 있음을 깨닫게 되었다고 한다. 그림에서 공통으로 나온 이미지는 '남성 · 여성', '임신', '섹스' 등이다. 이러한 것들은 남녀간 성행위에 집중된 것이다.

제3일

① 프로그램 및 목적

프로그램	목 적	평 가 및 정 리	비고
- 오 전 -			
조각 맞추기	-집단의 이익을 위해 때로는 자기의 고집을 버려야 한다. -공동체 구성원 개개인 모두 소중한 사람임을 깨닫는다.	두 팀으로 나누어서 활발하게 진행되었다. 한 팀은 매우 규칙을 중시하였고, 다른 한 팀은 자주 규칙을 어기며 승리에 목적을 두었다.	
성교육 강의	설문지를 자료로 한 강의 (자료 2-6A, B 2-7)	시큰둥하였음. 무관심한 척했음.	
성정보와 수용방법에 관한 토론	자신이 접한 성정보화 이야기하고 싶은 성경험을 발표하고 그 사건들을 토론을 통하여 객관화시킨 다음 성에 대한 바른 가치관을 형성할 수 있도록 돕는다.	자신들이 갖고 있는 성에 대한 왜곡된 많은 정보와 지식에 대해 자부심과 긍지를 느끼고 우월감으로 으쓱해서 활발하게 이야기하였음.	제3일의 절정프로그램
- 오 후 -			
거울되어 움직이기	움츠린 자신으로부터 해방감을 느끼게 하고 자신의 친밀감과 사회성을 기른다.	활발하였음. 매우 적극적이고 흥미로워 하였음.	
콜라주	-과거, 현재, 미래의 전체적인 자신의 삶을 조명해 본다. -과거의 좌절했던 문제점들이 미래에 도저날 수 있는 계기가 됨을 이해하게 된다.	활발한 분위기 속에서 미래에 대한 긍정적인 다짐이 보임.	사진 자료
가치관정립	〈주제〉 심장이식 수술을 누구에게 -의사소통능력과 자신과 타인의 진술을 평가해 보는 힘을 기른다. -자신이 무엇에 가치를 두고 살아가는가를 생각해 보는 기회를 갖는다.	- 매우 진지하였다. - 가장 약자로 생각되는 사람과 동일시하는 느낌이 들었다. - 집단원의 성격의 특성이 드러났다.	자료 3-3
소감문	-그날의 프로그램을 통하여 느낀 바를 적는다. -평가에 대한 자료를 삼는다.		자료 3-4

② 프로그램 중심내용 설명

◆성교육 강의와 성정보 수용방법에 관한 토론

제2일에 받은 설문지 및 궁금한 성 고민에 관한 강의로 시작했다. 우리나라 성문화의 사회적 배경, 성적 욕구가 왜 생기는지, 남녀 성의 특성, 성관계의 의미, 부부의 성 및 피임의 필요성 등을 설명하는 동안 집단원들의 반응은 거의 시큰둥하였다. 이어서 첫 번째 성관계에 대한 발표가 시작되면서 성 정보 및 성 경험에 대한 토론이 '내가 더 많이 알고 있는' 듯이 왕성하게 시작되었다.

- 앞으로의 성생활은 어떻게 할 것인가에 대한 토론에서 결론적으로 진짜 성은 부부의 성으로 결혼과 함께 첫날밤 첫 성관계를 통해서 소중한 생명까지 얻을 수 있는 성의식에서 좀더 개방된 성의식을 가져야 될 필요성을 본인도 새롭게 인식했으며 나아가 연인간이나 부부간의 성적인 만족은 서로의 보다 많은 대화로 성문제, 성기교를 해결할 수 있어야 하며 밖에서 해결하려는 것은 불합리함을 강조하였다.

제4일

① 프로그램 및 목적

프로그램	목 적	평 가 및 정 리	비 고
- 오 전 -			
신뢰감형성을 위한 버팀목 되어주기	-인간적 신뢰감과 일체감을 맛보게 한다. -남을 신뢰한다는 것은 편안하고 즐거운 일임을 알게 한다.	따뜻한 감정을 교환하고 표정이 편안해 짐.	
그림 보고 느낌 말하기(빈의자 기법으로 연결)	자신의 마음을 들여다보고 마음속에 있는 걸림돌이나 문제점을 파악하여 발표함으로써 편안한 마음을 갖게 한다.	숙연해 보이고 열심히 하였음	
편지 쓰기	항상 마음에 걸려 있는 사람에게 하고 싶은 말을 쓰게 함으로써 자신의 감정을 정화하고 타인에 대한 이해를 도모한다.	진솔하게 썼으며 상대방에게 전하고 싶어했음. 복사해 두고 돌려주었음.	자료 4-1
- 오 후 -			
명상			
성폭력영화 감상(제목:피고인)	성폭력 가해자와 피해자의 입장을 직면하게 한다.	자신의 범행에 대해서 솔직히 인정하고 억울함이 죄책감으로 변하였다.	50시간 교육 전체의 절정 프로그램. 자료4-2,4-3
소감문			자료 4-4

② 프로그램 중심 내용 설명

제 4일 오전에는 사람들이 서로에게 마음을 주고받을 때 어떤 느낌을 갖게 되는지, 서로에게 신뢰감을 느낄 때는 어떤 일들이 일어나는지 경험하기 위하여 신뢰감 형성을 위한 게임을 하였다. 그리고 연속해서 여러 개의 그림 중 자신의 마음이 가는 그림을 고르게 해서 그 느낌을 말하게 하였다. 이때 지금 여기의 자신을 발견하고 같은 그림을 보고 사람마다 다르게 느낀다는 사실에 매우 흥미로워 하였다. 또 지금 자신의 마음속에 걸려 있는 사람을 떠올리고 그 사람에게 평소에 하지 못한 말, 하고 싶은 말을 편지로 쓰도록 하였더니 많은 사람이 어머니에게 썼으며 아내와 아들에게 쓴 이도 있었다.

오후에는 성폭력 영화 '피고인'을 감상하였는데 처음 영화가 시작하면서 한 여자(주인공 '사라')가 술집에서 울부짖으며 뛰쳐나오는 장면을 보고 두세 사람의 집단원들은 눈을 감고 자는 척했으며 잠시 후에 다시 보고 또 눈을 감고 자는 척하기를 반복하였다. 그러나 나머지 집단원들은 처음부터 끝까지 진지하게 영화를 보았다. 영화 감상 후 토론 자료를 나누어 주고 쓰게 했는데 내용의 대부분은 그동안 교육의 결과로 거의 비슷한 통계가 나왔다.

자료를 각자 발표하고 토혼한 후 9명의 집단원을 3명의 소집단으로 나누어 소집단 활동으로 들어갔다. 소집단 속에서 집단원 상호간에 서로 의견을 내놓고 토론하고 조율하여 집단의 의견을 써서 발표하도록 했다. 각 소집단의 주제는 다음과 같다.

- 제 1 소집단 : 피해자 '사라'는 그 상황을 피할 수 있었는가?
  : '사라'는 앞으로 어떻게 살아야 하나?
- 제 2 소집단 : '사라'의 심정은?
  1) 피해 당시 심정
  2) 사건 후의 심정
  3) 새로운 남자 친구가 생겼을 때의 심정은?
- 제3 소집단 : 가해자 1.2.3.4. 에 대한 자신들의 느낌은?
  : 그리고 그들에게 하고 싶은 말은?

이상의 주제들을 갖고 소집단 활동을 하는 동 집단원들은 가해자 입장에 서보기도 하고 피해자 입장에 서 보기도 하였다. 프로그램을 진행하는 동안 모두는 진지하게 활동에 참여했으며 그들 중 어떤 이는 자신의 성폭행 범행에 대해서 자세히 이야기하였다. 그들 대부분이 말한 내용은 자신은 억울한 생각과 분한 마음으로 이 교육에 임했었다고 했다. 그 이유는 자신뿐만 아니라 당시 피해자에게도 문제가 있었으며 피해자가 원하는 대로 보상을 해주었기 때문에 자신의 죄 값을 치러야 한다는 사실을 받아들일 수 없었다고 한다.

그러나 지금까지의 교육과 오늘의 토론을 하는 동안 자신들이 저지른 일들을 객관적으로 바라볼 수 있었으며 피해자들의 입장에서 생각해 보았다. 우리나라 성폭행 피해 사례인 김부남 사건을 통해 성폭력 피해자의 정신적・육체적 피해를 듣고나서 자신이 진실로 죄를 지었다는 사실을 깨닫게 되었다고 한다. 다른 한편 그들은 '피고인'에 나오는 가해자 2와 가해자 3의 경우에는 이런 종류의 교육을 미리 받았더라면 절대로 그런 성폭행을 저지르지 않았을 것이라고 입을 모아 말했다.

토론이 끝난 후 우리나라 성폭행 피해 사례인 김부남 사건을 들려주고 성폭력 피해자들이 겪는 정신적·육체적 증상들을 설명하여 주었으며 각 주제에 대한 정리를 하고 진솔한 모습으로 참여한 모두에게 격려를 보내고 오늘의 교육에 대한 소감문을 쓰게 함으로써 제 4일의 교육을 마쳤다.

제5일

① 프로그램 및 목적

프로그램	목 적	평 가 및 정 리	비 고
	- 오 전 -		
-임신과 낙태 (VTR) -성병과 에이즈 -전체에 대한 토론	- 생명의 존귀함과 낙태의 실상을 파악한다. - 성병과 에이즈의 예방	- 절제된 성생활을 결심하였다. - 성병과 에이즈의 경각심을 높였다.	
	- 오 후 -		
강의 (김광진박사)	성폭력 피해자들의 실상을 파악하고 자신이 저지른 일이 피해자 인생에 치명적인 피해를 주었다는 사실을 깨닫는다.	- 그만한 일에 그토록 치명적인 피해를 입을 수 있다는 사실에 대해서 놀라움을 표시 - 재강화	자료 5-1
명 상생애선	일직선상에 그은 생애선을 보고 인생 이 짧다는 것을 깨닫게 함.	-자신이 생애를 한 눈에 볼 수 있다는 것에 신기해하였다.	자료 5-2
인생설계	-생애목표(인생관, 직업관, 결혼관)를 구체적으로 설계해 보게 하고 목표를 실행하기 위해 지금 이 순간 무엇을 해야 할지를 계획하고 다짐한다. -생애 목표가 있는 사람은 자신을 소중히 하고 함부로 다루지 않는다.	-그동안 계획 없이 살아온 것을 후회하였음. -자신의 미래에 대한 기대감이 컸다.	제5일의 절정 프로그램 자료 5-3
새마음 갖기	현재까지 참여한 모든 프로그램을 돌이켜 보고 정리함으로써 긍정적인 자신을 강화시킨다.	안정감이 느껴졌다.	자료 5-4
상담 전후의 모습	상담전과 후의 모습을 표현하게 해서 변화된 모습을 발견하게 되었다.	- 뿌듯해 하였다. - 변화된 모습을 보고 놀라워 하였다.	자료 5-5

② 프로그램의 중심 내용 설명

오전에는 성교육의 일환으로 임신과 낙태에 관한 VTR 시청을 하고 생명의 귀중함과 낙태의 실상을 알아보기 위한 목적으로 각자의 의견을 발표하면서 토론으로 들어갔다. 연이어 성병과 에이즈에 관한 증상과 발병에 관한 강의한 후 전체에 대한 토론을 하였다. 처음 VTR을 시청할 때의 태도는 몇몇 사람들은 끝까지 진지하게 보는 사람도 있었고 시시하다는 듯이 실망하는 이들도 보였다. 그러나 모두가 절제된 성생활을 해야 한다는 것과 원치 않는 임신은 하지 말아야 한다는 것에 동의를 하였고, 현재까지 한 번도 피임기구를 사용하지 않고도 아무렇지도 않았다고 여겼던 이들이 성병은 잠복기간이 길다는 것에 많이 걱정스러워하는 눈치였다. 그래서 토론이 활발하였다. 오후 첫 시간 시작되면서 김광진 박사의 성폭력 피해자들의 후유증에 대한 강의를 듣고 모두 숙연했으며 그토록 치명적인 피해를 주었나를 지난 시간을 통해 의아해 했던 점을 박사님에게 질문하기도 하고 확인하기도 하였다.

집단원 중에 박사님의 강의에 부합되는 피해자 입장에서의 경험 이야기를 듣고 놀라움을 표현했고, 자신도 가해자라는 사실을 잠시 잊은 듯 그 가해자를 영원히 사회에서 활동하지 못하도록 매장을 시켜야 한다고 말한 사람도 있었다.

이어서 현재까지의 교육을 통해 알게 된 모든 사실과 생각, 느낌을 가지고 오늘의 절정 프로그램인 인생설계(생애설계)를 하기 위해 바로 보고 바로 말하는 뜻이 담긴 시로 명상에 들어갔다. 그리고 '생애선'이라는 프로그램을 주어 일직선상에 놓여 있는 선 하나로 태어난 날짜와 사망일자(예상)를 양끝에 쓰게 하고 오늘 날짜를 선위에 찍게 하여 생애 전체를 느껴 보도록 하였다. 그런 다음 현재자신을 묘사하는 글, 직업적 목표, 묘비에 새겨질 글을 쓰게 하여 발표하게 하였다(자료 5-2). 연이어 좀더 구체적이고 실현 가능한 자신의 인생목표(인생관, 직업관, 결혼관)를 세우도록 하고 타임머신을 타고 10년 후의 오늘로 여행하였다. 그다음 글이나 그림으로 표현하고 발표하게 하였다(자료 5-3). 그리고 자신이 설계할 때의 심정과 다른 이의 생애설계를 듣고 느낀 점을 발표하게 하였다.

모두가 희망적이었고, 매우 기뻐하였으며 어떤 이는 막연하게 설계하였는데 그것은 내면 깊숙이 현실을 도피하고 있는 자신을 발견하였고 집단원 중의 한 명을 지적하며 나도 구체적으로 계획하는 것이 필요하다고 말하였다. 인생설계는 가변성이 있지만 이 순간이 미래에 상당한 영향을 끼칠 수 있다는 중요함과 아무리 좋은 꿈이 있다 하여도 실천이 없으면 수포로 돌아간다는 사실을 이야기하고 더 구체적으로 생의 목표를 위해서 교육이 다 끝나는 일주일 후에는 무엇을 할 것인지에 대한 질문에는 대부분이 지신이 하고 있는 일에 더 열심히 몰두할 것이라고 이야기했고, 어떤 이는 우선 자기를 고용해 준 사장에게 신뢰를 회복할 수 있도록 교육기간 동안 못다 한 일을 해내겠다고 했다.

이렇게 하여 프로그램의 중요한 단원을 모두 끝내고 자신을 강화하고 다짐하는 장으로 '새마음 갖기(자료 5-4)'를 하였다. 5일 동안의 전체 프로그램을 제시하고 인성 프로그램과 성교육에 관한 것으로 분류하여 각각 6개의 문항을 만들어 기록하게 하고 마지막으로 앞으로 '나는 이렇게 살련다'라는 자신의 각오를 쓰게 하였다. 6개의 문항은 다음과 같다.

① 을 배웠다.
② 을 깨달았다.
③ 을 다시 배웠다.
④ 을 발견했다.
⑤ 에 놀랐다.
⑥ 이 기뻤다.

그리고 '앞으로 나는 이렇게 살련다(각오)'

위의 프로그램을 다 끝내고 소감문 대신 상담 전과 후의 모습을 글이나 그림으로 그려 발표하게 하고(자료 5-5) 모두 눈을 감고, 밝고 맑은 눈으로 사물의 중심과 세상을 바로 보게 해 달라는 명상으로 하루를 모두 끝냈다.

제6일

① 프로그램 및 목적

프로그램	목 적	평 가 및 정 리	비 고
- 오 전 -			
관심 갖기	바람직한 인간관계 훈련		
성폭력 예방 의견	가해자와 피해자에게 도울 수 있는 의견을 자신의 입장에서 솔직하게 쓰게 하여 자신도 재점검하고 성폭력 예방에 일조한다.		자료6-1
여성학 강의(곽라 분이 교수)	제목: 여성의 시각으로 세상을 보자. -남녀 평등의식 고취 -성은 전인격적인 것이다.	여성에 대한 가치관이 흔들리면서 혼란스러워함.	자료6-2
- 오 후 -			
성폭력 강의 (김광진 박사)	-남녀의 성 특질 -성충동을 인간의 뇌로서 조적 가능하다.		자료6-3
강의 (윤태영 보호관찰관)	교육에 대한 목적 및 평가		자료5-2
사랑의 켄디 주고받기	-자신과 타인에 대한 긍정적인 사고를 히게 된다. -서로에 관심과 격려와 희망을 준다.	정성을 다하였음.	자료 : 본인들이 보관
성폭력수강 교육프로그램 평가지 작성	교육의 효과를 점검하고 앞으로 보완할 자료로 쓴다.		자료6-4

② 프로그램 중심 내용 설명

오전에는 관심갖기를 하여 바람직한 인간관계 훈련을 하였고 이어서 성폭력에 대한 예방 차원에서 가해자와 피해자 모두에게 도움이 될 수 있는 의견을 쓰게 하여 자신도 재점검하고 한 번 더 다짐을 하는 장이 되게 하였다(자료 6-1). 연이어 곽라 분이 교수는 "여성의 시각으로 세상을 보자"는 주제로 시작하여 결국 인간은 남녀가 평등한 것이고 성은 전인격적인 것으로 마무리하였다. 강의를 듣고 아직도 남성 우월적인 사상이 마음속에 내재하고 있던 집단원은 자신의 가치관이 흔들리면서 혼린스럽다고 솔직히 표현히였다. 오후에는 김광진 박사의 "남녀의 성특질과 성충동은 인간의 뇌로서 조절 가능하다"는 주제로 생물학적인 것과 정신적인 것을 뇌의 신경세포와 연결해서 강의를 한 것에 매우 동감한다는 표현을 하였다. 다음으로 윤태영 보호관찰관의 강의가 있었고 마지막으로 그동안 교육을 받으면서 불편하였던 점, 수치스러웠던 점, 자신들이 내면 깊숙이 감추었던 문제들에 직면하면서 느꼈던 마음의 상처들을 깔끔하게 마무리하고 그동안 각장에서 느꼈던 장점이나 앞으로 희망을 가지고 살 수 있도록 지지해 주는 글을 오늘의 절정 프로그램인 '사랑의 캔디 바구니'라는 유인물에 하나씩 채워 주고 평가지를 받은 다음 대단원의 막을 내렸다. 모두 헤어짐을 아쉬워했고 홀가분한 마음이라며 프로그램을 진행해 주신 상담 선생님들과 이 교육을 주관하여 새로운 마음으로 살 수 있도록 도와주신 보호관찰소 당국에 진심으로 고마워하는 마음이 역력하였다.

(2) 향후 집행방향

① 적정한 강사진 확보

금번 프로그램은 여성 진행자들로 구성되었던 바 진행자들 대부분이 성폭력피해여성들을 면담한 경험이 많아 대상자들에게 피해자들의 심리적 고통을 충분히 전달하는 장점이 있었으나, 남성들로 구성된 성폭력가해자들에게 프로그램을 적용하는데 있어 여성의 입장을 일방적으로 대변하는 경향이 다소 발생함으로 인해 일부 프로그램 내용에 거부반응이 나타나기도 하였다. 따라서 차기 집행시에는 강사위촉 및 구성에 세밀한 고려를 하여야 하겠다.

② 성폭력사범에 대한 수강명령 효과성 인식 제고

수강 프로그램 결과분석 자료를 토대로 법원과 지속적으로 협의하여 성폭력사범에 대한 수강명령 부과율을 높이고 집행효과 및 제도에 대한 인식도를 제고시키고자 한다.

③ 사전면담제도의 적극 활용

대상자들이 집행 초기에 가질 수 있는 수강명령에 대한 거부감과 저항을 최소화시키고 프로그램의 원활한 진행과 수강효과의 제고를 위해 성폭력과 관련하여 충분한 사전면담을 실시하여야 하고 성을 올바르게 이해할 수 있도록 사전 시청각 교육을 실시할 필요가 있다.

(3) 청소년 수강명령 프로그램 개발 방향

청소년 수강명령 프로그램은 보호관찰활동 중, 집단교육지도 기법으로서 보호관찰기법의 중요한 부분을 이루고 있다. 우리나라 보호관찰이 지금까지 제도적인 개발에 중점을 두어 왔다면 앞으로는 기법적인 개발에 힘을 기울여야 한다고 본다(이무웅, 1995 : 359-362)

① 수강명령 프로그램 모형 개발 보급

보호관찰대상자에 대한 수강명령 프로그램 개발은 전문적인 지식을 필요로 하기 때문에 그에 필요한 지식을 갖추고 있지 않은 보호관찰소에서는 단독으로 자체 프로그램 개발을 하기가 어렵다고 할 것이다.

앞에서 살펴보았듯이 아직은 우리나라의 보호관찰조직이나 직원이 스스로 수강프로그램을 개발하고 운영할 만한 여건이 안 되어 있다.

법무연수원, 한국형사정책연구원, 한국청소년연구원, 관련 대학의 연구팀 등 기존 연구기관을 활용하여 순수하게 외부기관에 위탁 개발하는 방안과 그러한 연구기관에 직원을 파견하여 연구기관의 도움을 받아 합동 개발하는 방안, 그렇지 않으면 일정한 보호관찰소를 지정하여 특정 유형의 프로그램을 개발하도록 하고, 그 보호관찰소는 기 영입한 범죄예방위원조직의 관련학과 교수 등과 합동하여 개발하게 하고, 개발된 특정 유형의 수강 프로그램 모형은 전국 보호관찰소에 보급함으로써 적정하게 응용할 수 있도록 하는 방안이다.

② 유형별 특성있는 수강명령 프로그램 개발

청소년의 성장하는 과정에 따른 연령적 심리의 특성 등을 감안하여 연령, 범죄, 직업별 또는 약물, 성관계, 교통관계사범 등 같은 특성을 대분류하여 특성있는 유형별 수강명령 프로그램을 개발·운영할 한다면 능률적이면서 효율성도 높을 것으로 사료된다.

③ 평가 활용 가능 수강명령 프로그램 개발

수강명령의 집행 결과를 평가하고 이를 다시 보호관찰에 활용하여 보호관찰에 도움이 되게 하는 결과평가연계운영이 필요하다고 본다. 따라서 자체 수강명령 프로그램이나 위탁수강명령 프로그램을 개발·운영할 때에는 그 프로그램 운영결과를 평가하여 활용할 수 있는 장치가 병행되어야 한다고 본다.

④ 개발된 수강명령 프로그램의 응용 개발

수강명령 프로그램의 개발에는 전문적인 지식의 동원과 함께 현실적 상황이 적정하게 반영되어야 한다. 자체 수강명령 프로그램 개발이 현실적으로 요청되고 있는 실정에서 직원이나 예산 등의 기본 조건이 갖추어져 있지 않으므로 이러한 여건을 타개하면서 프로그램을 개발하려면 전문가들이 이미 개발한 비행청소년 지도 프로그램을 응용하여 개발·운영할 필요가 있다. 비행청소년 지도프로그램 전문지도자들은 일반 청소년 지도 프로그램도 비행청소년에게 응용 지도하면 효과가 있다고 말하기도 한다.

4) 선도위탁부 기소유예자 사회적응 프로그램

본 프로그램은 부산보호관찰소에서 부산○○○종합사회복지관에 위탁하여 실시된 프로그램을 요약 정리하여 발췌한 것이다.

① 프로그램명 : 초록교실

② 대상자 : 선도위탁부 기소유예자 11명

③ 목적

본 프로그램은 단순한 호기심과 우발적으로 가벼운 비행에 가담한 청소년들에게 처벌을 하여 소년원 등에서 더 큰 범죄를 배우게 하거나 과거 경력으로 사회진출에 지장이 되는 일이 없도록 하기 위해서 비행 초기에 문제를 이해해 주고본인과 가족이 문제의 원인을 알도록 하여 문제를 해결하도록 하며, 청소년의 욕구를 건전하게 충족하도록 해주고 잠재능력을 개발할 수 있도록 하여 학교와 사회에 적응할 수 있는 능력을 키우도록 하는 것으로 문제가 심각해졌을 때 치료에 급급하는 것보다 큰 범죄인이 되는 것을 사전에 방지하는 예방에 큰 목적을 두고 있다.

④ 목표, 하위 목표

번	결 과 목 표	하 위 목 표
1	자신의 감정 및 욕구 표현능력 향상	1. 자신의 감정이나 욕구를 알도록 한다. 2. 긍정적인 감정, 욕구 표현을 알고 익히도록 한다.
2	대인관계 기술 증진	1. 부정적인 대인관계의 원인을 알도록 한다. 2. 가정, 학교, 친구관계에서의 대인관계 기술을 배우도록 한다. 3. 새롭고 유익한 대인관계를 확보하도록 한다.
3	문제해결능력 향상	1. 자신의 문제와 원인을 알도록 한다. 2. 문제에 대한 해결능력을 기르도록 한다.
4	자아존중감 향상	1. 자신감이 없는 원인을 알도록 한다. 2. 자신의 장점을 발견하도록 한다. 3. 자신의 잠재능력을 개발하도록 한다. 4. 자신의 긍정적인 역할을 모색한다. 5. 지지와 격려를 주고받는 것을 배우도록 한다.
5	사회적응력 향상	1. 올바른 생활습관을 갖도록 한다(예절, 절제, 청결, 질서, 책임감) 2. 올바른 가치관을 확립하도록 한다(도덕, 이웃에게 봉사하는 것). 3. 책임있는 생활인이 되도록 기술을 익히든지 학업에 충실하도록 한다.

⑤ 시행시기

1999년 9월 18일, 10월 9 · 16 · 23 · 30, 11월 6일(토) 오후 3:00~6:00

① 프로그램 일정표

횟수	일시	프로그램내용	목표
1회	9/18	• 복지관 소개 및 오리엔테이션 • 가정환경조사, 욕구조사, 사전설문조사 • 자기소개 및 별칭짓기 • 나의가족(가족지도 그리기, 가족조각)	• 라포형성 • 자신의 감정 및 욕구 파악 • 표현능력 향상 • 가족관계 기술 습득 및 관계개선
2회	10/9	• 성격검사(MBTI) • 나를 화나게 하는 것들 • 버리고 싶은 나 • 장점 찾기	• 장점 및 잠재능력 개발 • 문제발견 및 해결능력 향상 • 올바른 대인관계 기술 습득 • 목표 설정
3회	10/6	• 야외활동 • 저녁식사	• 잠재능력 개발 • 긍정적인 대인관계 형성 • 올바른 생활습관 가지기
4회	10/23	• 집단의사 결정하기 • 나를 아껴 주는 사람 찾기 • 부모님께 편지쓰기	• 올바른 가치관 습득 • 자신의 긍정적인 역할 찾기 • 대인관계 기술 습득 • 표현능력 향상 • 자아존중감 향상
5회	10/30	• 봉사활동 : 무의탁노인 가정방문	• 올바른 가치관 확립 • 자아존중감 향상
6회	11/6	• 생애설계하기 • 상장주기 • 마음의 선물주기 • 설문조사 • 수료식	• 목표 설정 • 지지와 격려를 주고받는 법 습득 • 자아존중감 향상 • 사회적응력 향상 • 자신의 긍정적인 역할 찾기

② 초록교실평가서

가. 프로그램 효과평가

〈평가 내용, 성과의 기준, 평가방법 및 측정도구〉

평가	목표 1	목표 2	목표 3
평가지표	1. 수료율 2. 프로그램 만족도	1. 표현능력 향상 2. 대인관계 기술증진 3. 문제해결능력 향상 4. 자아존중감 향상	1. 학교복귀 2. 학업유지(검정고시) 3. 자격증취득 4. 사회적응도 5. 재비행감소
측정도구	1. 출석부 2. 프로그램 만족도 설문지	1. 사전 · 사후 설문조사 2. 소감문	1. 설문지
측정방법 (측정도구 및 방법)	1. 설문지 통계분석 2. 목표달성척도 (GOAL Attainment Scaling)	1. 설문지 통계분석 2. 목표달성척도 GOAL Attainment Scaling)	1. 전화 2. 가정방문 3. 현장방문

나. 개입목표별 효과분석

(가) 프로그램 참석률(출석부 참조)

(나) 프로그램 만족도(만족도 설문조사 통계 참조)

조사결과 가장 점수가 많이 상승한 부분은 ① 잠재능력개발과 ② 목표설정으로 각각 1.7점씩 상승하였는데 만족도 설문에서 교육을 통해 배운 점에서 미래설계 및 목표설정이라고 응답한 결과와 비교해 볼 때 유의미한 결과로 사료됨. 따라서, 5기생의 경우 교육이 미래의 목표를 설정함에 있어 많은 도움이 되었다고 볼 수 있음.

(다) 성장도 조사

성장도 조사는 총 15문항으로 구성된 설문지로 사전, 사후 두 차례로 걸쳐 실시하였는데 한 문항 당 10점 만점으로 하여 150점 만점으로 환산한 것임. 사전, 사후 조사결과 총 7명의 교육생 중 6명의 점수가 상승하였고, 1명은 점수 변화가 없었음.

점수가 상승한 6명은 개인별로 8점에서 22점까지 상승하여 평균 10점 가량 성장을 보임. 그 중 가장 많은 성장을 보인 교육생은 한○○으로 22점 상승하였음.

(라) 목표달성척도(GAS)를 사용한 평가

〈목표달성추적표〉

일반목표 : 클라이언트의 사회적응력(가정, 학교, 사회) 향상			
성과의 수준 (척도의 점수)	목표1. 교육생 수료 율(0.3)	목표2. 프로그램 만족도 (0.3)	목표3. 개인능력 향상 (0.4)
최적의 향상 (1.0)	교육생 전원수료	만족도 설문조사 결과 교육생 전원 교육에 대한 만족도 점수 평균 9-10점	수료생의 성장도 조사에서 교육생 전원의 점수 향상과 135점 이상 득점자 30% 이상
기대이상으로 향상 (0.75)	교육생의 8명 수료	만족도 설문조사 결과 교육생 전원 교육에 대한 만족도 점수 평균 8점	수료생의 성장도 조사에 교육생 전원이 점수 향상
기대 이하의 성과 (0.25)	교육생 7명 수료	만족도 설문조사 결과 교육생 전원 교육에 대한 만족도 점수 평균 7점	수료생의 성장도 조사에서 점수하락된 교육생이 없음
기대 이하의 성과 (0.25)	교육생	만족도 설문조사 결과 교육생 전원 교육에 대한 만족도 점수 평균 5-6점	수료생의 성장도 조사에서 점수하락된 교육생 1-2명
전혀 성과가 없음 (0.00)	교육생의 5명 미만 수료	만족도 설문조사 결과 교육생 전원 교육에 대한 만족도 점수 평균 4점 이하	수료생의 성장도 조사에서 점수 하락된 교육생이 3명 이상

- 목표 1 : 교육생 100% 수료(0.75)
- 목표 2 : 만족도 설문조사 결과 만족도 평균 점수 8.8점(1.75)
- 목표 3 : 성장도 설문조사 결과 1명의 점수등락폭 0점 외 6명 전원향상 (0.5)

전반적인 목표달성수준(GGAL)
= (목표1의 가중치×성과기준) + (목표2의 가중치×성과기준) + (목표3의 가중치×성과기준)

∴ GGAL = (0.3×0.75) + (0.3×0.75) + (0.4×0.5)
= 0.225 + 0.225 + 0.2
= 0.65

결 과 : 전반적인 목표달성 수준(GGAL)이 0.65로서 기대한 정도의 향상(0.5)보다 0.15(약 30%) 초과 달성한 것으로 나타남.

5) 성공적인 비행청소년 예방/개입 프로그램

여기서는 한국 청소년상담원의 「청소년 탈비행화 조력을 위한 효과적인 개입전략 개발연구」(1999 : 88-96)에서 제시하고 있는 프로그램들을 간략히 요약 정리하여 교정복지에서 활용해 볼 수 있는 프로그램들을 제시하고자 한다.

(1) 조기 개입 프로그램

청소년의 위법행위나 범죄를 감소시키기 위해서는 초기 개입을 중요한 첫 단계로 하는 다각도의 접근이 필요하다(General Accounting Office, March 31, 1992). 가장 효과적인 형태의 예방적 개입은 위험요소의 감소와 보호요소의 증가를 동시에 제공할 수 있어야 한다. 초기 개입은 출생 전 시기부터 6세까지의 발달시기에 해당하는 예방적 접근이다.

부모-아동 상호작용 훈련
부모-아동 상호작용 훈련은 부실한 가족관리와 초기 반사회적 행동을 포함하는 위험요소를 효과적으로 감소시키는 프로그램이다(Strayhorn & Weidman. 1991). 이 프로그램은 한 가지 이상의 행동적 또는 정서적 문제를 보이는 학령 전 아동을 가진 저소득층 부모들에 대해 실시되었다. 부모들은 행동관리 및 양육 기술을 역할연습하는 것을 포함하는 2시간 집단상담을 4-5회 참여하였다. 또한 일정 수준에 도달할 때까지 자녀와의 놀이치료 회기를 통해 훈련받았다. 프로그램 종료 1년 후 효과검증 결과, 아동에 대한 주의력 결핍, 과잉행동, 공격성, 분노표출 행동에 대한 교사 평정에서프로그램에 참여했던 아동은 통제집단의 아동에 비해 유의미하게 높은 진전을 보였다.

(2) 학교에서 실시하는 프로그램

학교에서 실시하는 프로그램의 경우, 학급조직 · 학급운영 · 교수전략, 학교행동 관리전략, 갈등 해소 및 예방 교과과정, 또래 연결하기(peer mediating), 또래상담, 학교조직 등의 내용을 포함한다.

갈등해소 및 예방 교과과정

갈등해소 및 예방 교과과정은 학생들의 사회적 문제 해결력과 분노조절기술을 향상시키기 위해 계획된 것이다. 여기에 포함된 위험요소는 공격적 행동과 그와 관련된 비행, 비행, 또래집단이고, 보호요소는 갈등을 해결하는 기술, 건전한 신념, 행동에 대한 명확한 기준이다. 프로그램 효과연구의결과에 의하면, 갈등해소 및 예방 교과과정을 거친 학생들은 공감능력, 대인관계 문제 해결력, 사회적 기술, 친 사회적 행동에서 향상을 보였다.

또한 공격적인 청소년들은 공격적이지 않은 또래에 비해 폭력에 대한 수용에 있어 차이를 보이므로, 비폭력적 신념과 태도에 일차적인 강조점을 두는 갈등해소 및 예방 교과과정이 더욱 효과적일 수 있다.

보호관찰 청소년의 공격성 감소 프로그램

비행청소년들은 대부분 순간적이고 충동적으로 발생하는 분노, 공격성 등의 감정을 조절하지 못하고 특히 도덕적 가치판단의 미성숙으로 쉽게 비행을 저지르는 경향이 있다. 본 연구는 이러한 비행청소년의 심리사회적 특성에 기반하여 그들이 보이는 포괄적인 공격성을 경감시키기 위한 프로그램을 개발하고 그 효과성을 평가하고자 하는 연구이다. 즉, 정서·행동·인지적 측면에서, 공격성을 대체할 수 있는 다중 모델적 개입 프로그램인 Goldstein과 Glick의 ART 프로그램(Goldstein & Glick, 1994. : 9-26)을 한국적 상황에 맞도록 수정·보완하여 실제 적용해 보고, 시범운영과정과 평가과정에서 나타난 점을 중심으로 구체적인 개발을 완료하였다.

연구 결과, ART는 보호관찰청소년의 공격성을 감소하는 데 유의미한 효과를 보였으며, 특히 신체적 공격성, 언어적 공격성, 충동성 완화에 유의미한 효과를 지닌 것으로 나타났다. 또한 도덕성 평가에서도 프로그램에 참여한 청소년들이 통제집단에 비해 높은 수준의 도덕성 경향을 보였다. 특히 도덕성 훈련과 같은 인지적인 요소는 비교적 변화가 힘든 요소로 보고되고 있음에도 불구하구, 본 연구에서 효과를 보인 것은 추상적 수준에서의 가치판단 연습이 아니라 대인적 상황에서의 용서발달 과정으로 구체화시켜 적용했던 것이 유의했던 것으로 해석된다(박현선, 2000 : 768).

(3) 가정을 중심으로 하는 프로그램

학교 밖에 아동, 청소년, 가족을 대상으로 실시한다. 부모교육, 가족보호 서비스, 가족치료, 멘토링(mentoring), 방과후 활동, 폭력집단(gang) 예방, 청소년 봉사 프로그램, 직업훈련 및 고용 등의 내용을 포함한다. 여기에서는 멘토링(mentoring) 프로그램을 살펴보고자 한다.

멘토링(mentoring)
멘토링 프로그램에서는 보통 비전문 자원봉사자가 비행청소년과 함께 시간을 보내며 그들에게 역할 모델이 되어 주는 것이다. 멘토(mentor)들은 공감적이고 개방적이어야 하고, 청소년과 대화도 하고 함께 놀아 주기도 한다. 멘토(mentor)들은 대부분 1주일에 두 번 정도, 1회 방문에 3시간 정도 비행청소년과 함께 시간을 보낸다. 따돌림, 학업실패, 학교에 대한 소외감, 비행집단과의 어울림 등의 위험요소와 친사회적 관계 경험, 친사회적 관계를 위한 기술 및 인식, 친사회적 성인과의 연결, 건전한 신념, 행동에 대한 분명한 기준 등의 보호요소를 갖는다. 멘토링 프로그램의 효과평가 연구에 의하면, 단지 지지적인 멘토링 프로그램에서는 효과성이 검증되지 않았으나 행동관리 기법을 작은 단위로 단기간 실시한 멘토링 프로그램에서는 비행청소년의 출석이 향상되었다.

(4) 지역사회에서 실시하는 프로그램

지역사회가 가지고 있는 프로그램은 지역사회 법률과 정책에 대한 교육, 경찰정책을 포함한다. 여기서는 지역사회의 민간기관이 실시한 충격감금/신병훈련캠프(shock incarceration/boot camp) 프로그램과 대인관계 향상프로그램을 살펴보고자 한다.

충격감금/신병훈련캠프((shock incarceration/boot camp)
신병훈련캠프는 교도소의 자원을 절감하기 위한 것으로서 죄수의 장기구금 대신에 충격 프로그램에 보내지는 것이다. 물론 이러한 프로그램이 없었다고 가정하면 범죄자는 교도소에 보내져야 하고 보호관찰은 부과하지 않는다. 플로리다 주에서는 충격감금 대상자들을 선별하는 데 있어서 통상적으로 심각한 죄를 지은 사람들이 아닌 교도소 구금형을 선고받은 사람들 가운데에서 선발한다. 그러나 이러한 프로그램에 대해 비판도 많이 있다. 예를 들어, 교도서의 신병훈련식 접근은 근본적으로 어리석은 착상이며, 본 프로그램은 교도소에 수감되었을 때보다는 더욱 이들을 공격적이고 적대적인 인간화를 초래하는 위험도 있다고 한다(문선화 외 3, 2000 : 432-433).

대인관계 향상 프로그램
본 프로그램은 경주지역 선도조건부 기소유예 청소년을 대상으로 경주지역 범죄예방위원연합회 부설 청소년종합상담실 5일간에 걸쳐 실시한 대인관계 향상프로그램으로서 지역사회의 민간기관이 자발적으로 실시하여 개척한 프로그램이다. 본 프로그램은 대인관계에서 어려움을 느끼는 청소년들을 대상으로 또래집단의 역동성을 활용하여 긍정적인 집단 경험을 하도록 고안되었다. 그 결과 본 프로그램은 보화관찰 청소년들의 대인관계 향상에 있어 효과가 있는 것으로 나타났다. 특히 대인관계 향상과 관련된 변화를 살펴보기 위해 대인관계 변화 척도지를 사용하여 사전·사후 검사를 실시하고 분석해 본 결과, 대상 청소년들의 만족감, 개방성, 의사소통, 신뢰감, 이해성, 친근감, 민감성 부분에서 긍정적인 변화를 보여주었다. 아울러 본 프로그램의 일정 가운데 지역사회에 소재하고 있는 장애인시설에서 대상 청소년들이 하루 동안 자원봉사를 하고 난 후 많은 변화를 보여주었다. 따라서 비행청소년들을 보호하고 지도하는 모든 현장에서 비행청소년들이 긍정적 대인관계를 형성할 수 있도록 전문적인 프로그램을 개발하고 활용하는 것도 비행청소년을 위한 효율적인 지도방법이라고 할 수 있다(이상주, 2001).

제 9 장

교정복지분야론

1. 청소년비행

우리나라의 청소년인구가 양적으로 감소하는 경향이 뚜렷함에도 불구하고 비행청소년의 수는 오히려 계속적으로 증가하고 있으며, 또한 비행연령이 점차로 저연령화되고 있을 뿐만이 아니라, 집단화, 흉포화하고, 위험수위를 넘는 집단성범죄가 특히 증가하고 있어서 성인범죄와 구분하기 어려운 유형의 청소년비행이 급격히 증가하고 있는 실정이다. 청소년비행이 증가하고 있는 이유는 청소년기의 발달상의 특성과 함께 청소년의 생활환경을 둘러싸고 있는 가정 및 사회 환경적인 영향이 크다고 할 수 있다. 즉, 청소년은 생리적으로는 이행하는 과정 중에 있으면서, 심리적으로는 자아정체감의 혼란을 경험하는 미성숙한 시기에 있는데, 현대사회에서 만연하고 있는 자극적이고 개방된 인터넷문화, 성문화, 향락소비문화, 사행문화, 개인주의문화, 사회도덕 가치의 약화, 성인범죄의 흉포화 영향 등이 혼돈기에 있는 청소년을 쉽게 일탈하도록 유도하면서, 비행을 저지르는 청소년이 증가하고 있는 것이다. 청소년비행의 문제에 개입할 때는 성인범죄와는 구별하여 다루어야 하는데 특히, 비행이 일어난 이후에 재비행이 발생하지 않도록 하는 것이 사회적 중심과제라고 할 수 있다. 즉, 비행청소년이 성인으로 성장하는 과정에서 성인범죄를 일으키지 않도록 하는 사회적인 조처가 중요하다고 할 수 있다. 여기에서는 교정복지적 측면에서 청소년비행에 관한 주목해야 할 부분을 중심으로 살펴보도록 하겠다.

1) 청소년비행(juvenile delinquency)의 개념

비행(delinquency)은 범죄라는 용어와는 구별되어 쓰이고 있는데 특히, 청소년의 반사회적인 일탈행위를 다룰 때, 범죄라는 용어보다는 비행이라는 용어를 사용하고 있다. 청소년은 인간발달의 성장과정에 있기 때문에 사회적인 보호와 지도가 필요한 계층으로 분류되고 있으며, 따라서 청소년들이 사회규범에 위배되는 일탈행위를 하더라도 우발적이고 일회적인 범죄행위로 가정하고 교육과 교정에 의해 사회로의 정상적인 복귀를 강조하는 경향이 있다.

청소년비행은 청소년들이 일반적으로 법률적으로 규정되어 있는 사회규범에 위배되는 행위와 반사회적 일탈행위를 일으키는 경우를 의미한다. 여기에는 협의적으로 법률상 저촉되는 행위에서부터 가출 등과 같이 사회의 윤리와 도덕에 반하고 있는 행동까지도 비행의 범주에 포함하고 있다. 청소년비행과 범죄를 구분하고 있는 근거는 첫째, 「소년법」에서 형사처벌과 분명히 구분하고 있는 소년사건의 보호처분을 명시하고 있어 비행과 범죄의 구분선을 제시하고 있다. 둘째, 비행과 범죄에 따른 처벌을 위해 수용하는 시설을 소년원과 소년교도소로 구분함으로써 비행과 범죄의 구분선을 제시하고 있다. 셋째, 비행과 범죄에 대한 처벌에서 불법행위자의 나이를 고려하고 있는 점이 비행과 범죄를 구분하는 기준이 되고 있다. 이러한 근거에 따르면, 청소년비행은 「소년법」에 따라 보호처분을 받을 정도의 일탈행위로 정의할 수 있다(최옥채, 2007).

그러나 실제로 청소년을 위한 교정복지의 실천과 정책의 범위를 논하기 위해서는 청소년 비행을 보다 구체적으로 정의하고 있는 우리나라의 현행법을 살펴보는 것이 필요하다. 먼저 우리나라에서 청소년범죄와 비행을 가장 중심적으로 다루고 있는 「소년법」(2007.12.21 개정전문) 제2항에서 “소년”이란 19세 미만인 자를 말하며, 제3조에서는 청소년이 일으킨 소년 보호사건은 가정법원소년부 또는 지방법원소년부[이하 "소년부(少年部)"]에서 소년 보호사건의 심리(審理)와 처분 결정을 소년부 단독판사가 처하도록 규정하고 있다. 제4조에서는 죄를 범한 소년, 형벌 법령에 저촉되는 행위를 한 10세 이상 14세 미만인 소년, 집단적으로 몰려다니며 주위 사람들에게 불안감을 조성하는 성벽(性癖)이 있거나, 정당한 이유 없이 가출하거나, 술을 마시고 소란을 피우거나 유해환경에 접하는 성벽이 있는 사유에 해당하거나 비행청소년의 성격이나 환경에 비추어 앞으로 형벌 법령에 저촉되는 행위를 할 우려가 있는 10세 이상인 소년을 소년부의 보호사건으로 심리한다고 규정되어 있다. 여기에서 청소년비행은 형벌법령에 저촉되는 행위와 형벌법령에 저촉되지 않는 행위로 구분되어 있는데, 이는 14세 연령 전후를 기준으로 하여 구분되고 있다. 즉, 비행 행위에 대한 처분의 기준이 되는 범죄행위란 14세 이상 20세 미만의 소년이 행한 형벌법령에 저촉되는 행위를 말하며, 형벌법령을 저촉하는 행위를 하였으나 형사책임연령에 도달하지 않았기 때문에 형사책임을 묻지 않는 행위와는 구분하여 처분되는 것이다. 결국, 「소년법」에 바탕을 이루고 있는 청소년비행의 개념은 형벌법령에 저촉되는 행위뿐만이 아니라 범죄로 발전될 수 있는 반사회적인 일탈행위를 포함하고 있으며, 이는 미성숙한 청소년에 대한 사회적·가정적 보호책임을 상기하고, 비행청소년에 대해 형사처분에 관한 특별조치를 행함으로써 교육·교정을 통한 사회복귀와 건전한 성장에 대한 새로운 기회부여, 그리고 범죄예방을 강조 등을 포함하고 있다고 할 수 있다.

2) 청소년비행 및 범죄현황

청소년비행 및 범죄현황의 공식통계적인 집계는 비행으로 인한 소년보호처분 건수에 의해 통계적으로 확정하고 있다. 따라서 대검찰청의 청소년범죄 통계자료(청소년백서, 2007)를 기초로 하여 최근 5년간 법원에서 처분한 청소년비행 현황을 살펴보고자한다. 청소년비행의 주요 유형은 비행으로 인한 소년보호처분 건수에 의해 결정 할 수밖에 없다.

(1) 청소년 비행의 동향

지난 5년간 총범죄는 매년 증가추세를 보이다가 2005년에 감소한 후 다시 증가한 반면, 청소년 범죄는 2002년에 총범죄 대비 5.1%였던 것이 2005년에는 3.6%까지 감소하였다가 2006년에 다시 3.9%로 증가하였다.

〈표 9-1〉 범죄대비 청소년범죄 구성 현황

(단위: 명, %)

구분 \ 연도	2002	2003	2004	2005	2006
총 범 죄	2,416,711	2,441,267	2,606,718	2,384,613	2,401,537
소년범죄	123,921	104,158	92,976	86,014	92,643
구성비율(%)	5.1	4.3	3.6	3.6	3.9

자료 : 대검찰청

2006년도 청소년 범죄 유형별 분포상황을 보면, 재산범(절도-사기-횡령·배임-장물 순)이 38.1%로 가장 많았고, 다음으로 폭력범(폭행·상해) 23.9%, 교통사범 21.2%. 살인·강도·강간 등 강력범은 2.7% 순이었다.

재산범 중에서 절도는 지난 5년간의 청소년비행 중에서 가장 높게 나타나고 있다. 절도 내용은 현금이 대부분이고, 오토바이를 훔치는 경우가 증가하고 있다. 오토바이 절도는 도로교통과 같은 다른 비행이 경합되는 경우가 대부분이다. 오토바이를 훔친 청소년은 대부분 무면허이거나 교통법규를 철저히 지키지 않기 때문이다. 최근에는 신용카드를 훔치는 사례도 증가하고 있다. 청소년의 절도가 빈번하게 일어나는 현장으로 상가, 유흥가, 주택이 드문 외진 곳 따위를 들 수 있다. 교통사범은 대부분 오토바이 운전 중 도로교통법을 위반한 사례다. 무면허, 헬멧 미착용, 신호위반 따위가 구체적인 비행 내용이다. '차배달'을 포함하여 청소년들의 무절제한 오토바이 사용과 폭주족의 증가가 주요인이다. 한편 폭주족은 오토바이 수리점이나 철공소에서 오토바이를 개조하여 사용하기 때문에, 경찰은 수리점이나 철공소 주인들에게 '불법 개조 안 하기'를 홍보하고 있다. 언론은 오토바이 폭주를 청소년 비행의 중요한 유형으로 보도하고 있다. 청소년의 오토바이 폭주는 4월에 시작하여 여름철에 심하며, 한밤중에 굉음을 냄으로써 시민들에게 불편을 주고 있을 뿐 아니라, 중앙선을 넘어 곡예 폭주를 함으로써 폭주 청소년 자신과 운전자들에게 위험한 사고를 불러일으키고 있다. 이들 폭주 청소년들은 정해진 출발지에서 특정 거리를 주행한 후 약속된 목적지에 도착하여 음주와 흡연을 즐기기도 하고, 동승한 여자들과 장소를 옮겨 함께 지낸다. 경찰이 이들을 단속하고 있지만 이에 앞서 오토바이 폭주에 관한 전문가들의 조사와 실제 개입을 위한 연구가 필요하다. 청소년 폭력은 대체로 무리를 지어 일어나고 있으며, 학교폭력이 주류를 이루고, 조직의 성원으로 활동하는 경우도 증가하고 있다. 특히, 피해 학생들이 자살하는 경우도 있어 학교폭력의 위험성이 높아지고 있다. 학교폭력에서 주요 피해 유형은 금품갈취, 폭행, 성적 피해, 숙제해 주기, 시험답안 보여 주기, 시험답안 보여 주기 따위로 나타났다. 한편 이들의 피해 상황은 육체적인 피해뿐 아니라 정신적인 피해도 큰 것으로 조사되었다. 청소년의 사기는 주로 인터넷을 통해 이루어져 사이버비행으로 일컬어지기도 한다. 이는 인터넷 시대를 맞이하면서 2001년부터 등장한 비행 유형이다. 청소년의 성폭력은 전체 청소년비행 중 2%안팎을 차지하고 있다. 최근 성폭력은 가해 청소년들이 집단으로 가담하여 피해자에게 치명적인 피해를 주는 사례가 크게 증가하고 있다. 대체로 성폭력 청소년은 유해화학물질 사용 청소년과 함께 수강명령을 받는다. 한편 원조교제를 포함하여 성매매에 준하는 여자 청소년들의 행위는 다방이나 난란주섬과 같은 유흥가에 고용되어 행해지고 있다(최옥채, 2007).

〈표 9-2〉 청소년 범죄 유형별 현황

(단위: 명)

구분		2002	2003	2004	2005	2006
계		123,921	104,158	92,976	86,014	92,643
강력범	소 계	2,699	2,868	2,877	2,273	2,492
	살 인	60	19	25	35	18
	강 도	1,375	1,550	1,218	826	966
	강 간	1,122	1,192	1,501	1,230	1,340
	방화 · 실화	142	107	133	182	168
폭력범	소 계	39,911	31,532	29,940	27,647	22,173
	폭행 · 상해	39,465	31,199	29,561	27,187	21,436
	공 갈	386	272	327	387	580
	기 타	60	61	52	73	157
재산범	소 계	37,981	36,049	32,487	32,472	35,307
	절 도	26,484	24,208	24,215	26,053	28,854
	횡령 · 배임	866	840	765	864	1,011
	장 물	308	246	283	352	504
	사 기	10,323	10,755	7,224	5,203	4,938
교통사범		36,006	26,022	22,452	18,646	19,642
기 타		7,324	7,687	5,220	4,976	13,029

주: 1) 강도에는 특정범죄가중처벌등에관한법률(강도) 포함
2) 강간에는 성폭력범죄의처벌및피해자보호등에관한법률위반 사범, 청소년의성보호에관한법률 제10조 위반 사범 포함
3) 폭행·상해에는 폭력행위등처벌에관한법률위반 사범 포함
4) 공갈에는 특정경제범죄가중처벌등에관한법률(공갈) 포함
5) 폭력범 기타는 체포와 감금(특가법 포함), 협박, 약취와 유인(특가법 포함)
6) 절도에는 특정범죄가중처벌등에관한법률(절도) 포함
7) 횡령·배임에는 특정경제범죄가중처벌등에관한법률(횡령, 배임) 포함
8) 장물에는 특정범죄가중처벌등에관한법률(장물) 포함
9) 사기에는 특정경제범죄가중처벌등에관한법률(사기) 포함
10) 교통사범은 교통방해의죄, 도로교통법, 교통사고처리특례법, 특가법(도주차량)

자료 : 대검찰청

청소년 범죄의 연령별 현황을 보면, 지난 5년간 19세 소년의 범죄 비율이 높게 나타났으나, 2006년에는 전체 범죄 건수 중에 16세 소년이 18.5%에 해당하는 범죄

건수를 기록함으로써 19세 소년의 범죄 건수를 앞질렀다.

〈표 9-3〉 청소년 범죄 연령별 현황

(단위: 명, %)

연령 / 연도	계	14세 미만	14세	15세	16세	17세	18세	19세	연령 미상
2002	123,921	1,753 (1.4)	8,571 (6.9)	15,085 (12.2)	18,938 (15.3)	19,348 (15.6)	22,585 (18.2)	29,143 (23.5)	8,498 (6.9)
2003	104,158	1,423 (1.4)	8,456 (8.1)	13,396 (12.9)	15,722 (15.1)	16,369 (15.7)	17,846 (17.1)	22,873 (22.0)	8,073 (7.8)
2004	92,976	676 (0.7)	6,236 (6.7)	9,663 (10.4)	10,588 (11.4)	12,200 (13.1)	15,059 (16.2)	18,348 (19.7)	20,206 (21.7)
2005	86,014	523 (0.6)	7,121 (8.3)	11,640 (13.5)	12,030 (14.0)	10,755 (12.5)	11,561 (13.4)	13,848 (16.1)	18,536 (21.5)
2006	92,643	610 (0.7)	9,245 (10.0)	15,582 (16.8)	17,138 (18.5)	14,428 (15.6)	14,302 (15.4)	16,541 (17.9)	4,797 (5.2)

자료 : 대검찰청

2006년도 청소년 범죄 남녀별 비율을 보면, 남자가 83.8%, 여자가 16.2%로 2005년을 제외하면 남녀의 비율이 일정 수준을 유지하고 있다.

〈표 9-4〉 청소년 범죄 남녀별 현황

(단위: 명, %)

남녀 / 연도	계	남 자		여 자	
	인 원	인 원	점 유 율	인 원	점 유 율
2002	123,921	103,384	83.4	20,537	16.6
2003	104,158	86,381	82.9	17,777	17.1
2004	92,976	77,952	83.8	15,024	16.2
2005	86,014	73,385	85.3	12,629	14.7
2006	92,643	77,616	83.8	15,027	16.2

자료: 대검찰청

(2) 청소년 마약사범류 동향

지난 5년간 전체 마약류사범은 꾸준한 감소 추세를 보이다가 2006년도에 다소 증가하는 추세를 보인 반면, 청소년의 마약범죄는 2004년에 급격한 감소를 보인 것을 제외하면 대체로 증감을 반복하고 있는 것으로 나타났다.

〈표 9-5〉 청소년 마약류사범 연령별 현황

(단위: 명, %)

구 분 연 도	전체 마약류사범	청소년 마약류사범			
		15세 이하	16~17세	18~19세	합 계
2002	10,673	0(0%)	11(13.9%)	68(86.1%)	79(100%)
2003	7,546	3(8.1%)	6(16.2%)	28(75.7%)	37(100%)
2004	7,747	0(0%)	0(0%)	18(100%)	18(100%)
2005	7,154	1(3.3%)	10(33.3%)	19(63.4%)	30(100%)
2006	7,711	3(9.3%)	6(18.8%)	23(71.9%)	32(100%)

자료: 대검찰청

한편, 2006년도 전체 환각물질 흡입사범은 전년에 대비하여 다소 감소하였으나 청소년 환각물질 흡입사범은 전년도 13.3%에서 21.4%로 크게 증가하였다. 환각물질 흡입은 부탄가스, 본드, 시너와 같은 휘발성 물질을 흡입하는 행위다. 이들 유해화학물질 사용은 청소년들에게 정신적·육체적 성장에 치명적인 폐해를 가져올 뿐 아니라 범죄와 비행으로 발전하기 쉬워 그 해악이 매우 크다. 유해화학물질 사용은 학교 주변, 취약 지역사회 주변, 유흥가 주변에서 주로 일어나고 있으며, 사용 약물은 헤로인과 같은 마약류에서 시너, 본드와 같은 흡입제까지 다양하다. 특히, 지역별로 사용하는 약물이 다르게 나타나고 있는데 이는 그 지역의 경제·사회적 특성을 반영하는 것이다(최옥채, 2007).

〈표 9-6〉 연령별 환각물질 흡입사범 단속현황

(단위: 명, %)

연령 / 연도	전체	15세 미만	15세	16세	17세	18세	19세	청소년 합 계
2002	1,172	51 (12.2%)	28 (6.7%)	117 (28.0%)	73 (17.5%)	87 (20.8%)	62 (14.8%)	418 (100%)
2003	912	18 (9.1%)	33 (16.7%)	37 (18.7%)	33 (16.7%)	40 (20.2%)	37 (18.7%)	198 (100%)
2004	685	12 (9.9%)	17 (14.0%)	23 (19.0%)	16 (13.2%)	24 (19.8%)	29 (24.0%)	121 (100%)
2005	699	7 (7.5%)	11 (11.8%)	14 (15.1%)	19 (20.4%)	34 (36.6%)	8 (8.6%)	93 (100%)
2006	683	31 (4.5)	44 (6.4)	30 (4.4)	21 (3.1)	13 (1.9)	7 (1.0)	146 (21.4)

자료: 대검찰청

(3) 학생 범죄의 동향

지난 5년간 학생범죄 건수는 꾸준히 감소 추세를 보이고 있는 반면, 소년범죄 대비 학생범죄는 꾸준히 증가추세를 보이다가 2006년에 다소 감소하였다.

〈표 9-7〉 학생범죄의 연도별 현황

(단위: 명, %)

구 분	전체범죄(A)	소 년 범 죄		학 생 범 죄	
		인 원(B)	구성비(B/A)	인 원(C)	구성비(C/B)
2002	2,416,711	123,921	5.1	76,489	61.7
2003	2,441,267	104,158	4.3	68,549	65.8
2004	2,606,718	92,976	3.6	63,678	68.5
2005	2,384,613	86,014	3.6	57,980	67.4
2006	2,401,537	92,643	3.9	58,463	63.1

자료 : 대검찰청

(4) 가출

청소년의 가출경험은 〈표 9-8〉에서와 같이 계속적으로 증가하고 있는 것으로 나타났다. 청소년가출은 청소년일탈행위의 대표적인 유형으로서 여겨지고 있으나, 가출이라는 자체행위만으로 형법상의 처벌을 동반하지는 않는다. 그러나 청소년의 가출행위는 청소년을 둘러싸고 있는 가정·학교·사회환경이 청소년의 욕구충족을 방해하고 심리·정서적으로 가출 동기를 제공하고 있으며, 또한 가출이후에 절도, 약물복용, 성범죄 등의 범죄로 이어질 수 있는 환경과 기회를 제공할 수 있기 때문에 청소년비행의 주요유형으로 다룰 수 있다.

〈표 9-8〉 청소년 가출경험률 추이

(단위: %)

연도 / 추이	1996	2002	2005	2006
	8.6	8.5	9.9	10.9

자료: 국가청소년위원회, 청소년백서(2007)

3) 청소년비행의 처분과 예방

(1) 비행청소년의 사법 처리

청소년범죄에 대하여는 일반 형사소추절차에 의한 형사처벌과 함께, 비행청소년의 교육과 선도를 목적으로 한 보호처분 등을 인정하고 있다. 죄질이 극히 불량하여 선도, 교육이 불가능하다고 판단되는 범법소년에 대해서는 형사처벌을 하고, 개선 가능성이 있는 범법소년에 대하여는 선도, 보호측면에서 교육적인 처우를 실시하고 있다. 비행소년의 처리기관은 경찰, 검찰, 법원 등이 있으며, 이의 역할과 기능을 다음과 같이 살펴보고자 한다(청소년백서, 2007).

① 경찰

12세 이상 14세 미만 형사미성년자(촉법소년)가 발견되면 경찰에서는 범죄내용과 신상관계, 환경 등을 조사하여 가정법원 소년부에 송치하고 14세 이상 범죄소년은 형사사건으로 검찰에 송치한다.

1986년 7월부터 경찰은 소년수사전담반을 구성하여 소년범죄를 전담하도록 하고 있다. 또한, 소년에 대한 정확한 조사를 위해 2003년 10월부터 2개 경찰서(서울송파, 수원남부)에서 소년범을 조사할 때 범죄심리사 등 전문가를 참여시켜 소년의 재범 위험성 등에 대한 검사를 시범실시하고 있다.

② 검찰

2006년 소년범죄에 대하여 검찰이 처리한 내역을 보면 소년범죄자 92,643명 중, 구공판 4.2%, 구약식 10.2% 기소유예 51.2%, 소년부송치 19.6% 등으로서 이를 전체범죄의 기소유예율 13%와 비교하면, 소년범죄의 기소유예율이 38.2%나 높다. 이는 소년범죄에 대해서는 일반범죄와 달리 선도위주로 처리하고 있음을 보여주는 것이다.

2006년 소년범죄 중에서 학생범죄의 처리내역을 보면, 구공판 1.9%, 구약식 12.9%, 기소유예 56.3%, 소년부송치 15.4% 등이다. 이를 전체 소년범죄의 처리내역과 비교할 때 구공판은 2.3%가 낮은 반면, 기소유예는 5.3% 높게 나타나고 있다. 이는 학생들이 일시적인 잘못으로 범법행위를 하였더라도 처벌보다는 부모나 학교에서 선도하는 것이 바람직하다는 판단에서 관용으로 처리한 결과라고 볼 수 있다.

〈표 9-9〉 소년범죄 처리 현황

(단위: 명, %)

연도	계	기소			불기소					소년부송치
		소계	구공판	구약식	소계	무혐의	기소유예	기소중지	기타	
2002	124,076 (100)	37,192 (30.0)	8,450 (6.8)	28,742 (23.2)	67,110 (54.1)	4,421 (3.6)	48,155 (38.8)	4,649 (3.7)	9,885 (8.0)	19,774 (15.9)
2003	104,325 (100)	25,428 (24.4)	6,500 (6.2)	18,928 (18.2)	59,414 (57.0)	3,898 (3.7)	43,207 (41.4)	5,325 (5.1)	6,984 (6.8)	19,483 (18.6)
2004	93,060 (100)	21,125 (22.7)	5,473 (5.9)	15,652 (16.8)	55,775 (59.9)	3,503 (3.8)	41,619 (44.7)	3,199 (3.4)	7,454 (8.0)	16,160 (17.4)
2005	85,887 (100)	15,197 (17.7)	4,252 (5.0)	10,945 (12.7)	53,876 (62.7)	3,233 (3.8)	41,059 (47.7)	2,310 (2.7)	7,274 (8.5)	16,814 (19.6)
2006	92,643 (100)	13,290 (14.3)	3,875 (4.2)	9,415 (10.2)	79,499 (85.8)	3,313 (3.6)	47,435 (51.2)	2,599 (2.8)	7,995 (8.6)	18,157 (19.6)

자료 : 대검찰청

〈표 9-10〉 학생범죄 처리 현황

(단위: 명, %)

연 도	계	기 소			불 기 소				소년부 송 치
		소 계	구공판	구약식	소 계	무혐의	기소유예	기 타	
2002	76,617 (100)	20,665 (26.9)	2,409 (3.1)	18,256 (23.8)	45,313 (59.2)	2,760 (3.6)	34,925 (45.6)	7,628 (10.0)	10,639 (13.9)
2003	68,711 (100)	17,417 (25.4)	2,052 (3.0)	15,365 (22.4)	40,998 (59.6)	2,489 (3.6)	32,299 (47.0)	6,210 (9.0)	10,296 (15.0)
2004	63,689 (100)	15,550 (24.4)	1,688 (2.7)	13,862 (21.8)	39,518 (62.0)	2,540 (4.0)	30,916 (48.5)	6,062 (9.5)	8,621 (13.5)
2005	57,833 (100)	11,329 (19.6)	1,342 (2.3)	9,987 (17.3)	37,687 (65.2)	2,422 (4.2)	30,023 (51.9)	5,242 (9.1)	8,817 (15.2)
2006	58,463 (100)	8,648 (14.8)	1,135 (1.9)	7,513 (12.9)	49,875 (85.3)	2,506 (4.3)	32,915 (56.3)	5,435 (9.3)	9,019 (15.4)

자료 : 대검찰청

③ 소년분류심사원

소년분류심사원은 「소년법」 제18조 제1항 제3호의 규정에 의해 가정법원 또는 지방법원 소년부에서 위탁한 소년을 수용·보호하고 이들의 자질과 비행원인을 과학적으로 진단하여 어떠한 처분이 적합한가를 분류심사하는 법무부 소속 기관이다. 1977년 서울소년분류 심사원이 처음 개원한 이래 현재 3개 기관(서울·부산·광주)이 설치되어 있고 또한, 소년 분류심사원이 설치되지 않은 대구·춘천·전주·청주·제주·대전·창원 등 7개 지방법원 소재 지역에서는 소년원에서 업무를 대행하고 있으며, 소년원이 설치되지 않은 인천·수원 등 2개 지방법원 소재지의 경우 인천·수원은 서울소년분류심사원에서 위탁소년의 수용관리와 분류심사업무를 수행하고 있다.

소년분류심사원은 비행소년의 개체적 원인규명, 소년비행의 조기발견과 치료, 소년비행의 실증적 요인 규명, 청소년비행 예방 및 재비행 방지를 목적으로 위탁소년의 요보호성 여부와 그 정도를 과학적으로 진단하여 그 결과를 법원소년부에 보내 조사·심리시에 참작하도록 하며, 소년원·보호관찰소에 처우지침을 제공하고 보호자에게 사후지도 방법을 권고하는 기능을 수행하고 있다.

또한 『청소년적성검사실』을 부설하여 학생 등 지역사회 청소년들을 대상으로 적성·지능·성격 등 심리검사를 종합적으로 실시, 소질과 특성에 맞는 진로지도 지침을 제공하고, 가정·학교·사회단체 등에서 의뢰한 문제 청소년에 대해서도 비행성향을 규명하여 구체적인 개선지침을 제시하는 등 청소년문제 전문기관으로서의 선도적 역할을 수행하고 있다.

한편, 2002년부터 각 시·도교육청과 협의하여 소년분류심사원을 「초·중등교육법시행령」 제31조제3항(학생의 징계 등)에 의한 중·고등학생 특별교육 이수기관으로 지정·운영함으로써 일반 중·고등학교의 문제학생들에 대한 특별교육을 실시하고, 비행청소년 전문기관으로서 상담 및 생활지도 등 풍부한 임상적 경험과 전문지식을 활용하여 이들의 잠재적 우범·비행소년화를 차단하는 등 교육현장에서의 비행예방에 적극적인 역할을 수행하고 있다. 아울러, 체험교육 위주의 『기소유예 대상소년 특별교육과정』을 운영하여 소년분류심사원의 전문 진단기법 및 인성교육 프로그램을 기소유예 대상소년의 교육에 활용함으로써 이들의 비행성을 조기개선하고 재비행을 방지하는데 기여하고 있다.

각 해당 지방검찰청에서 의뢰한 기소유예처분 대상소년에 대해 심리검사, 심성훈련, 체험교육 등 1~5일 과정의 비합숙 통학식 프로그램을 운영하고 있으며, 2002년 이후 2006년까지 일반학교와 검찰청으로부터 위탁된 학생 6,501명이 2002년 이후 특별교육을 수료하였다. 2003년 7월 1일부터는 청소년 비행예방과 재범방지를 위해 구속송치 대상자 위주로 시행해 오던 분류심사제도를 불구속 송치자를 포함한 모든 소년보호사건 대상자로 확대하기 위하여 '보호소년 상담조사제'와 '분류심사관 심리참여제도'를 대법원과 최종 정책협의를 거쳐 시행하게 되어 2003년 이후 7,525명이 상담조사를 받았다.

(2) 위탁소년의 수용

위탁소년의 수용은 「소년법」 제18조제1항제3호 및 「소년원법」 제7조 규정에 따라 법원소년부의 위탁결정서에 의한다. 새로 수용된 위탁소년에 대하여는 지체 없이 건강진단과 위생에 필요한 조치를 하고, 보호자에게 수용사실을 통지한다. 위탁소년은 성별, 연령, 비행의 질, 공범 및 질병유무 등을 고려하여 분류·수용하고, 인권보호와 보건 · 위생, 비행의 감염방지에 적정을 기하는 한편, 소년들이 교육적 환경에서 안정감을 갖고 생활하도록 배려하고 있다.

소년분류심사원의 위탁기간은 1월을 초과하지 못한다. 다만, 기간 연장이 필요할 경우에는 소년법 제18조제3항에 의거 법원소년부의 결정으로 1회에 한하여 이를 연장할 수 있다. 2002년 신수용인원은 7,659명이었으나 2006년에는 4,612명으로 감소하였으며, 일일평균수용인원도 2002년 486명에서 2006년 269명으로 감소하였다.

〈표 9-11〉 소년분류심사원의 위탁소년 수용현황

(단위: 명)

연도 / 구분	2002	2003	2004	2005	2006
신 수 용 인 원	7,659	6,334	5,925	5,072	4,612
일일평균수용인원	486	433	367	306	269

자료 : 법무부

(3) 처우 · 교육활동

성장기 청소년의 심신발달에 알맞은 환경을 조성하기 위해 급식관리위원회에서 작성한 차림표에 따라 급식하며 피복 · 침구류, 세면용품, 학용품 등 생활용품을 지급하고 있다.

또한 의사와 간호사를 배치하여 위탁소년의 건강관리 및 질병을 치료하고, 시설 내 치료가 곤란하다고 인정되는 때에는 외부병원에 통원치료를 실시하고 있으며, 면회는 위탁소년의 보호 및 교정교육에 지장이 있다고 인정되는 경우를 제외하고는 모든 사람을 대상으로 허용하고 있다.

위탁소년의 교육은 언어 · 행동 · 예절 · 규범 등 기초적인 생활지도와 정신교육을 실시하고 심리극 · 분노조절훈련 · 감수성훈련 등 다양한 심리치료프로그램을 운영하는 한편, 체육활동 · 시청각교육 · 독서지도 · 레크리에이션 등 심성순화 교육과 각 종교별 관계인사를 초빙하여 신앙지도를 실시하고 있다. 또한, 사회지도층 인사를 보호소년지도위원으로 위촉, 위탁소년의 신상 및 진로문제에 관한 상담활동을 전개하고 어머니회를 운영하여 무의탁소년 등 불우 소년에 대한 지원활동을 펼치고 있다.

(4) 분류심사

분류심사란 비행소년의 요보호성(要保護性) 여부와 그 정도를 과학적으로 진단하여 교정교육을 위한 구체적인 방법을 밝혀주는 일련의 활동을 말한다. 여기에서 요보호성이란 소년의 성격과 행동에 나타난 여러 가지 문제점을 방치할 경우 범죄로 심화될 위험요인을 말하는 것으로, 요보호성 여부의 판별이 분류심사의 중요한 관건이다.

분류심사는 심사대상에 따라 수용분류심사와 외래분류심사, 실시방법에 따라 일반분류심사와 특수분류심사로 구분한다. 수용분류심사는 법원소년부에서 위탁한 소년을 대상으로 하며 외래분류심사는 가정・학교・사회단체 등에서 의뢰한 청소년을 대상으로 한다.

일반분류심사는 수용된 모든 소년을 대상으로 하되 그 중 문제 또는 비행요인이 비교적 간단한 소년에 대하여 면접조사와 신체의학적 진찰, 표준화검사, 자기기록 및 행동관찰 등을 주로 실시하며, 특수분류심사는 일반분류심사를 한 결과, 문제 또는 비행요인이 중대하고 복잡한 소년에 대하여 개별검사와 정신의학적 진단, 자료조회 및 현지조사 등을 추가하여 실시한다. 이와 같은 조사를 바탕으로 담당 분류심사관과 심리학・교육학 관련 전문가 등으로 구성된 분류심사위원회에서 재비행 위험성 정도를 판정하고, 그 결과를 종합하여 처우지침, 예후(豫後) 및 판정종류 등을 기재한 분류심사결과를 법원소년부에 송부함으로써 심리자료로 제공하고 보호처분 집행기관인 소년원・보호관찰소 또는 위탁소년의 보호자 등에게 지도자료로 제공하고 있다. 2006년에 수용된 소년 중 분류심사를 받은 소년은 3,839명이었는데, 이 중 일반분류심사를 받은 인원은 2,539명이고, 특수분류심사를 받은 인원은 1,300명이었다.

〈표 9-12〉 소년분류심사원의 수용분류심사 실시현황

(단위: 명)

구 분 \ 연 도		2002	2003	2004	2005	2006
수용분류 심사	계	6,509	5,954	5,109	4,281	3,839
	일반분류심사	4,331	3,987	3,678	3,045	2,539
	특수분류심사	2,178	1,967	1,431	1,236	1,300

자료 : 법무부

(5) 소년심판절차 개선

청소년 비행예방과 재범방지를 위해 구속송치 대상자 위주로 시행해 오던 분류심사제도를 불구속 송치자를 포함한 모든 소년보호사건 대상자로 확대하기 위하여 '보호소년상담조사제'와 '분류심사관 심리참여제도'를 대법원과 최종 정책협의를 거쳐 2003년 7월부터 시행하고 있다.

① 보호소년 상담조사제 도입

2003년 7월 새롭게 도입된 '보호소년상담조사제'는 불구속 송치로 보호자 등에게 위탁되어 있는 소년을 대상으로 법원 소년부 판사 또는 가정법원 판사가 전문가의 진단이 필요하다고 인정되는 경우 대상소년을 소년분류심사원에 주간에만 4~6일 출석하여 상담과 조사를 받도록 하는 제도이다. 이에 따라 소년분류심사원에서는 대상소년의 성격과 행동특징, 능력과 욕구 등 개인이 지니고 있는 자질과 환경적 특성에 대한 조사와 비행원인 규명을 위한 종합적인 진단을 실시한 후, 그 결과를 담당 소년부 판사에게 심리자료로 송부하는 한편, 보호자에게는 소년의 훈육과 지도지침으로 제공하고 아울러 소년의 비행성 제거를 위한 '특별교육'을 병행하고 있다. 이 제도는 시설수용에 대한 부담을 없애면서도 모든 소년사건 대상자에 대하여 개인적인 특성에 맞는 다양한 교육 · 처우 방향을 제시함으로써 판사의 소년사건 심리시 심층적·과학적 처분 결과 도출에 기여할 뿐만 아니라, 상담조사 결과 등을 종합하여 작성된 과학적인 자료를 토대로 보호자에게 자녀의 지도방향 등에 대하여 체계적인 지침을 제공하였으며 대상소년에게는 집단상담, 봉사활동, 체험교육 등을 통한 교육효과를 거두고 있다. 상담조사제는 3개 소년분류심사원 및 대구 · 전주 · 청주 · 춘천 · 창원 · 제주 · 대전의료소년원에서 2003년 618명, 2004년 1,882명, 2005년 1,890명, 2006년 3,135명을 대상으로 실시하였다.

② 분류심사관 심리참여 제도

이 제도는 소년사건 심리과정에서 각 소년부판사가 분류심사결과통지서에 의문이 있거나 그 보고서만으로는 소년이 처한 상황을 정확하게 파악할 수 없는 경우, 소년의 성행과 비행환경 등을 정확히 알고 있는 담당 분류심사관을 법정에 참여시켜 직접 의견을 듣는 제도로서, 이는 대법원에서 추진하고 있는 '국민의 사법참여 방안'과 맥을 같이하고 있으며, 소년분류심사원의 국가 후견자적 역할을 강조하고 있는 소년법 이념을 충실히 구현할 수 있다는 점에서 의미 있는 제도로 평가받고 있다.

(6) 소년분류심사원의 사회적 역할 강화

① 일반학교 부적응학생 등 특별교육 내실화

지역사회 일반 청소년들의 비행을 예방하기 위해, 3개 소년분류심사원 및 7개 대행 소년원이 각 시 · 도 교육청으로부터 「초 · 중등교육법」 시행령 제31조에 의한 "중·고등학생 특별교육 이수기관"으로 지정되어, 2001년 10월 시범운영을 거친 후 2002년부터 일반학교 부적응학생에 대한 특별교육을 실시하고 있다.

특별교육은 진로·성격 등 심리검사, 심성훈련, 체험교육 등 1~5일 과정의 프로그램을 운영하고 있는데 교육과정을 이수하면 특별교육수료증을 수여하고 교육결과를 해당학교에 통보하여 학생 생활지도의 자료로 활용토록 하였으며, 학부모에게 적성검사 결과 등 자녀지도에 필요한 정보를 제공하고, 해당 학교와 협조하여 교육수료학생에 대한 추수지도로 실시하여 비행청소년 전문기관으로서의 분류심사원 역할을 강화하고 대국민 신뢰도 제고에 기여하고 있다.

② 기소유예 대상자, 선도유예자 특별교육 실시

3개 소년분류심사원 및 7개 대행 소년원에서 각 해당 지방검찰청과 협의를 통해 기소 유예대상자, 신도유예자에 대한 체험교육을 실시함으로써 그들의 비행성 조기 개선과 아울러 재비행 방지에 기여하고 있다. 이는 소년분류심사원의 비행소년에 대한 전문 진단기법과 교육 프로그램을 비행의 초기단계에 있는 청소년 교육에 적극 활용함으로써 청소년 선도 강화 및 재비행 방지를 목적으로 실시하였다. 교육은 비합숙 체험교육 방식으로 심리 검사, 심성훈련 등 1~5일 과정의 프로그램을 운영하고 있다.

〈표 9-13〉 소년분류심사원의 특별교육 실적

(단위: 명, %)

연도 \ 구분	계	일반학생	선도유예	기소유예	기타
2002	668	372	229	12	55
2003	1,367	747	251	271	98
2004	1,333	585	75	466	207
2005	1,423	740	5	630	48
2006	1,710	1,008	0	371	331

자료 : 법무부

③ 소년법원

소년법원에서는 경찰, 검찰, 법원에서 보내온 소년사건에 대해 비행원인을 조사·심리하여 보호처분을 결정하고 있다. 현재 소년법원은 서울가정법원, 대구·부산·광주에 지방법원 가정지원, 대전·춘천·청주·전주에 지방법원 소년부 등 8개소가 있다. 소년법원은 소년의 성격·환경·비행경위·재비행성 여부에 대한 조사관의 의견과 소년분류심사원 분류심사관의 심사의견, 그 밖의 필요한 경우 관련 전문가의 조언 등을 참고하여 처분을 결정한다.

〈표 9-14〉 소년보호사건 접수인원 및 접수구분 인원

(단위: 명, %)

구분 연도	계	법원송치	검사송치	경찰서장 송치	타법원 소년부 에서 이송	보호자등에 의한 통고
2002	26,811(100)	2,881(10.7)	19,402(72.4)	4,512(16.8)	15(0.1)	1(0.0)
2003	24,222(100)	2,045(8.4)	17,667(72.9)	4,474(18.5)	14(0.1)	22(0.1)
2004	22,810(100)	1,730(7.6)	16,138(70.7)	4,881(21.4)	43(0.2)	18(0.1)
2005	24,353(100)	1,637(6.7)	16,607(68.2)	6,060(24.9)	42(0.2)	7(0.0)
2006	25,946(100)	1,357(5.2)	17,856(68.8)	6,665(25.7)	68(0.3)	

자료 : 법원행정처, 사법연감, 2006.

소년법원의 판사는 검찰로부터 송부된 사건기록과 조사관의 조사의견을 종합하여 심리개시 여부를 결정하고 심리도 비공개로 진행한다. 소년법원에서 행하는 보호처분의 현황은 다음과 같다.

〈표 9-15〉 소년보호사건 처리상황

(단위: 명, %)

구분 연도	계	보호처분										불처분	심리 불개시	검찰청 송치	타법원 이송	기타
		소계	1호 보호자 등에 감호 위탁	1·2호 병합	1·3호 병합	2호 단기 보호 관찰	3호 보호 관찰	4호 보호 시설 등에 감호 위탁	5호 병원·요양소에 위탁	6호 처분	7호 소년원 송치					
2001	30,496 (100)	20,306 (89.6)	23,848 (78.2)	-	-	[8,818]	[8,981]	717 (2.4)	7 (0.0)	1,420 (4.7)	1,314 (4.3)	1,255 (4.1)	1,798 (5.9)	97 (0.3)	-	32 (0.1)
2002	26,677 (100)	24,035 (90.1)	20,681 (86.0)	-	-	[7,869]	[8,325]	879 (3.3)	5 (0.0)	1,322 (5.0)	1,148 (4.3)	1,268 (4.8)	1,120 (4.2)	202 (0.8)	-	39 (0.1)
2003	26,484 (100)	22,569 (85.2)	19,846 (74.9)	-	-	[7,383]	[7,646]	534 (2.0)	-	1,107 (4.2)	1,082 (4.1)	1,224 (4.6)	2,448 (9.2)	208 (0.8)	-	35 (0.1)
2004	22,678 (100)	5,987 (88.0)	3,353 (14.8)	-	-	[6,642]	[7,329]	547 (2.4)	-	1,027 (4.5)	1,060 (4.7)	1,106 (4.9)	1,431 (6.3)	115 (0.5)	-	68 0.3)
2005	24,303 (100)	21,633 (87.0)	4,166 (17.1)	6,897 (28.4)	7,470 (30.7)	9 (0.0)	9 (0.0)	577 (2.4)	5 (0.0)	1,053 (4.3)	947 (3.9)	1,228 (5.1)	1,758 (7.2)	129 (0.5)	47 (0.2)	6 (0.0)
2006	25,262 (100)	20,241 (80.1)	4,596 (18.2)	7,003 (27.7)	6,416 (25.4)	10 (0.0)	10 (0.0)	462 (1.8)	10 (0.0)	883 (3.5)	851 (3.4)	1,512 (6.0)	3,344 (13.2)	50	106 (0.4)	9 (0.0)

주 : 2호 및 3호 처분 [ ]내는 타처분과 병합된 인원수임

자료 : 법원행정처, 「사법연감」, 2006.

4) 청소년비행 관련법

비행청소년의 처분 및 보호와 관련하고 있는 법은 관점에 따라 달라질 수 있다. 청소년비행과 관련한 주요 법으로 「소년법」을 들 수 있으나, 이 법이 다루고 있는 보호처분을 앞에서 소개하였으므로, 여기에서는 「청소년보호법」, 「풍속영업의규제에관한법률」, 「음반·비디오물및게임물에관한법률」, 「청소년의성보호에관한법률」에 대해서 살펴보겠다(최옥채, 2007).

(1) 청소년보호법

이 법은 청소년에게 해로운 환경을 규제하는 데 중점을 두고 있다. 이 법의 목적은 청소년에게 해로운 매체물 및 약물 따위가 청소년에게 유통되는 것과 청소년이 해로운 업소에 출입하는 것을 규제하고, 아울러 청소년폭력이나 학대와 같이 청소년에게 해로운 행위를 포함한 여러 유해 환경으로부터 청소년을 보호하여 건전한 인격체로 성장하도록 하는 데 두고 있다.

① 주요 유해물과 환경에 관한 규정

ⓐ 청소년 유해약물

청소년에게 해로운 약물로 술, 담배, 향정신성의약품, 마약, 대마, 환각물질 따위를 규정하고 있다.

ⓑ 청소년 유해물

청소년에게 해로운 영향을 주는 물품으로는 음란한 행위를 조장하는 성기구, 음란성과 사행성을 조장하는 완구류, 기타 청소년위원회가 결정한 것들이 있다.

ⓒ 청소년 출입·고용 금지 업소

청소년이 출입할 수 없고 고용될 수 없는 업소로 식품접객업소, 비디오물 감상실, 노래연습장업, 무도학원업, 사행행위영업 줒ㅇ에서 관련법이 규제하는 곳을 들 수 있다.

② 책임의 관한 규정

청소년의 보호를 위해 가정의 역할과 사회, 국가, 지방정부의 책임을 명시하고 있다. 즉, 청소년의 친권자는 청소년이 유해매체물, 유해약물, 유해업소, 폭력, 학대에 접촉하거나 출입할 수 없도록 규제하고, 이를 사용하거나 출입할 때 즉시 제지해야 한다. 한편 중앙정부와 지방정부는 청소년 관련 단체와 같은 민간의 자율적 유해환경 감시와 고발활동을 장려하고 이에 필요한 지원을 해야 한다.

③ 청소년보호센터의 설치

청소년폭력 및 학대나 해로운 환경으로부터 청소년을 임시로 보호하기 위해 청소년위원회에 청소년보호센터를 둘 수 있다. 청소년보호센터에서는 피해를 당한 청소년에게 법률상담, 소송업무 대행 따위의 법률적 지원을 할 수 있도록 전문변호사를 둘 수 있다. 덧붙여 청소년폭력 및 학대로부터의 피해 및 가해 청소년이나 약물에 의해 고통받는 청소년의 재활을 위해 청소년위원회에 청소년재활센터를 둘 수 있다. 이들 센터의 운영을 위해 중앙정부와 지방정부가 적극 지원하도록 규정하고 있다(최옥채, 2007).

(2) 풍속영업의규제에관한법률

이 법은 특히 청소년들이 자주 출입하고 있는 여관, PC게임방, 노래방, 비디오감상실 따위에서 일어날 수 있는 청소년비행의 예방과 밀접한 관계를 가지고 있다. 이 법의 목적은 풍속영업을 하는 장소에서 선량한 풍속을 해치거나 청소년의 건전한 육성을 저해하는 행위 따위를 규제하여 미풍양속의 보존과 청소년의 보호에 이바지하는 데 있다.

① 풍속영업의 범위

이 법에서 규정하는 풍속영업은 숙박업, 이용업, 목욕장업, 유기장업, 비디오물 감상실업, 노래연습장업, 게임제공업, 무도학원업을 들 수 있다.

② 풍속영업자의 준수 사항

첫째, 풍속영업장에서 성매매 행위나 음란 행위를 하게 하거나 이를 알선·제공해서는 안 된다.

둘째, 풍속업소에서 음란한 문서, 도화, 영화, 음반, 비디오물, 기타 물건을 반포·판매·대여하거나 이를 하게 하는 행위와 음란한 물건을 진열·보관해서는 안 된다.

셋째, 풍속업소에서 도박 기타 사행 행위를 하게 해서는 안 된다.

넷째, 경찰서장이 필요한 경우 경찰공무원을 시켜 풍속영업소의 상태를 점검하고자 할 때 풍속영업자는 이를 허락해야 한다.

(3) 음반·비디오물및게임물에관한법률

이 법은 청소년들에게 해로운 시청각 매체에 대한 규제를 위한 것이다. 이 법의 목적은 음반, 비디오물, 게임물의 질적 향상을 도모하고 음반, 비디오물, 게임물 산업의 진흥을 촉진하여 국민의 문화생활과 정소생활에 이바지하는 데 있다.

또한 이 법에서는 음반, 비디오물, 게임물에 대하여 다음과 같이 규정하고 있다.

첫째, 음반이란 유형물에 고정되어 재생될 수 있도록 제작된 물체를 말한다.

둘째, 비디오물이란 연속적인 영상이 유형물에 고정되어 재생될 수 있도록 제작된 물체로서 테이프 형태와 디스크 및 기타 신소재 형태로 된 것을 말한다.

셋째, 게임물이란 컴퓨터 프로그램으로 오락을 할 수 있도록 제작된 영상물과 오락을 위하여 게임제공업소 내에 설치·운영하는 기타 게임기구를 말한다.

이 법에서 규정하는 음반, 비디오물, 게임몰을 이용하여 행하는 업자는 다음 사항을 지켜야 한다.

첫째, 음반, 비디오물, 게임물을 제작하는 사람은 문화관광부장관에게 등록해야 한다.

둘째, 게임제공업소를 운영하는 자는 이용자에게 게임물을 이용하여 도박이나 기타 사행 행위를 하게 하거나 이를 하도록 방치해서는 안 된다.

셋째, 유통 관련 업자는 이 법의 명령에 위반하여 제작된 음반, 비디오물, 게임물을 이용하여 영업을 해서는 안 된다.

넷째, 게임제공업소나 노래연습장을 운영하는 자는 19세 미만의 청소년을 정하는 출입시간 외에 출입하게 해서는 안 된다.

다섯째, 유통 관련 업자는 영업장 내에서 화재나 안전사고 예방을 위한 조처를 강구해야 한다.

여섯째, 비디오물이나 게임물을 유통하거나 시청제공 및 오락제공을 목적으로 제작하거나 수입이나 반입 추천을 받고자 하는 자는 미리 해당 비디오물이나 게임물 내용에 관하여 영상물등급위원회의 등급분류를 받아야 한다(최옥채, 2007).

(4) 청소년의성보호에관한법률

만 19세 미만의 아동과 청소년의 성매매와 성폭행으로부터 보호하고 이들에게 상담과 선도를 실시하고자 2000년 7월부터 이 법을 시행하였다. 이 법의 목적은 청소년의 성을 사거나 이를 알선하는 행위, 청소년을 이용하여 음란물을 제작·배포하는 행위, 청소년에 대한 성폭력행위 따위로부터 청소년을 보호·구제하여 이들의 인권을 보장하고 건전한 사회구성원으로 성장할 수 있도록 하는 데 있다.

① 청소년의 성보호 관련 규정

청소년의 성을 보호하기 위해 이 법에서 규정하는 주요 사항을 정리하면 다음과 같다.

첫째, 청소년의 성을 사는 행위란 청소년, 청소년을 알선한 자, 청소년을 실질적으로 보호·감독하는 자에게 금품을 제공하고 청소년과 성교행위를 하거나 청소년과 구강, 항문과 같은 신체의 일부나 도구를 이용한 유사성교행위를 말한다.

둘째, 중앙정부와 지방정부는 청소년의 성을 사는 행위, 청소년에 대한 성폭력행위와 같은 범죄를 예방하고 청소년을 보호하며 이의 근절을 위해 조사, 연구, 교육, 계도를 위해 필요한 재원을 조달해야 한다.

셋째, 폭행, 협박, 위계, 채무, 업무, 고용 따위의 관계로 청소년의 성을 사는 행위를 한 자는 3년 이상의 유기징역에 처한다.

넷째, 청소년 이용 음란물 제작자, 청소년 이용 음란물판매자, 청소년을 청소년 이용 음란물 제작자에게 알선한 자는 각각 5년 이상, 7년 이하, 1년 이상 10년 이하의 징역에 처한다.

② 대상 청소년의 선도보호 규정

이 법이 정한 위반행위의 대상 청소년은 다음과 같은 처분과 보호를 받게 된다.

첫째, 대상 청소년의 선도보호와 재활을 위해 성매매 관련법에 따라 처벌하지 않고 소년법에 따라 보호사건으로 처리한다.

둘째, 대상 청소년을 발견한 보호자나 학교와 사회복지시설의 장은 관한 소년부 법원에 통고할 수 있다.

셋째, 보호 및 재활 시설에서는 대상 청소년을 위해 제반 치료, 상담 프로그램을 실시한다.

넷째, 대상 청소년을 위해 성매매 관련법이 규정하는 상담소와 모자복지법이 규정하는 모자복지상담소는 병원이나 관련 시설을 연계하여 개입한다.

다섯째, 청소년의 성을 사는 행위에 대한 수사를 담당하는 사사기관은 청소년의 인권과 특성을 배려함과 동시에 그 명예와 존엄을 해치지 않도록 각별히 주의해야 한다.

여섯째, 청소년위원회는 청소년의 성을 산 자의 성명, 연령, 직업과 같은 신상과 범죄사실의 요지를 작성한 계도문을 관보와 정부중앙청사(특별시, 광역시, 도의 본청 포함) 게시판에 1개월간, 청소년위원회 인터넷 홈페이지에 6개월간 게시한다(최옥채, 2007).

5) 청소년비행예방을 위한 과제

지금까지 살펴본 내용을 바탕으로 청소년비행을 예방하기 위한 몇 가지 과제를 다음과 같이 제시할 수 있다(최옥채, 2007).

(1) 청소년 관련 사법제도의 문제

비행청소년의 사례가 경찰에서 검찰로 넘어갈 때 약 1~2개월 구치소나 교도소에 수감하는 사례가 많은데 이를 하루빨리 시정해야 한다. 즉, 비행청소년은 구치소나 교도소가 아니라 소년원이나 소년분류심사원에 수용해야 한다.

(2) 청소년비행과 범죄의 혼돈

청소년비행에 관한 주요 자료라고 할 수 있는 정부의 통계에서 청소년의 범죄와 비행이 구분되지 않는 경우가 있으며, 비행에 대한 조사가 철저히 이루어지지 않고 있다. 특히, 청소년비행 유형에 관한 규정의 마련과 연구를 위한 기초자료근거를 확보하기 위해서 정확한 통계자료가 구축되어야 한다.

(3) 비행예방에 중점

비행을 이미 저지른 청소년들에 대한 재비행 방지와 사회적응조처의 체계화와 비행을 저지를 수 있는 청소년들에 대한 예방체계를 활성화하는 것이 중요하다. 비행에 대한 예방교육과 지역사회의 건전한 환경구축, 전문 비행예방프로그램의 활성화, 가정 및 학교의 교육환경 개선 등을 통하여 청소년이 건전하게 성장하고 지역사회의 구성원으로서 책임감을 갖고 참여할 수 있는 성장환경의 조성이 구축되어야 한다. 이를 위한 주요과제로는 비행청소년의 재활과 비행 예방을 위해 지방정부가 앞장서서 지역사회환경개선에 노력해야하며, 청소년비행과 관련하고 있는 지역사회의 일선 기관, 단체, 개인의 관심을 쏟아 연계 개입해야 한다. 오토바이센터를 포함한 청소년 유해업소 운영자들이 물품판매 시에 청소년소비자를 제한해야 한다. 유흥지역사회 주민들의 자발적인 참여가 필요하다. 언론을 통한 청소년비행에 관한 이해의 한계를 극복해야 한다.

2. 여성범죄

여성범죄는 여성이 주체가 되거나 가담하여 법률을 위반하는 범법행위를 총칭하는 개념이다. 그러나 여성범죄가 법률적, 사회적으로 성별을 기준으로 구분하고 있는 특정 범죄영역을 의미하고 있는 것은 아니다. 지난 10년간 우리나라에서 발생하였던 여성범죄율은 전체 범죄율의 약 15% 내외로서(범죄백서, 2007) 높은 비율을 차지하고 있지는 않으나, 최근 지속적으로 증가하고 있는 실정으로서 여성범죄의 예방과 여성범죄자에 대한 처우조처에 관심이 높아지고 있다. 1970년대 이후 경제발전과 사회구조의 변화는 여성의 사회진출과 권리의식을 높이고 성별격차를 약화시킴으로써 여성이 자신의 의지에 의해 주체적으로 사회에 참여하는 기회를 높였을 뿐만 아니라, 이와 함께 범죄에 가담하는 여성의 수가 증가하였고, 범죄가담의 내용

역시 사회적 환경의 변화에 따라 변화하는 양상을 보이고 있다. 여기에서는 여성범죄의 현황과 처우에 대하여 살펴보고자 한다.

1) 여성범죄현황

일반적으로 세계 각국의 남녀인구 구성비는 거의 비슷하지만 성별에 따른 범죄율에는 큰 차이를 보인다. 즉, 평균적으로 각국의 여성범죄는 남성범죄의 10~20%를 차지함으로써 여성범죄율이 남성범죄율을 크게 밑돌고 있다(최옥채, 2007). 여성범죄에 관한 이해를 위해 최근 우리나라의 여성범죄 현황과 여성범죄의 주요 유형을 범죄백서(2007)를 중심으로 살펴보고자 한다.

〈표 9-16〉 여성범죄자수

(단위: 명, %)

구분 연도	전체	여성		
		인원	여자비	인구비
2002	1,954,692	342,338	14.9%	14.0
2003	1,727,648	356,219	17.1%	15.0
2004	1,792,583	373,883	16.4%	15.7
2005	1,965,571	308,443	15.7%	13.0
2006	1,932,729	301,366	15.6%	14.3

주 : 인구비는 여성인구 1,000명당 범죄자수.
자료: 범죄백서, 2007

먼저, 1998년에 339,104명이었던 여성범죄자수는 1999년에는 전년대비 24,584명으로 7.2%가 증가하였는데, 이는 IMF 금융위기의 경제난으로 인한 것으로 추정되며, 2006년에는 301,366명으로 감소하였으나 증감을 반복하는 추세에 있다. 이와 같은 상황은 영국이나 미국의 과거 상황과 비교할 때, 여성범죄가 증가하는 정도는 비슷하나 전체 범죄에서 차지하는 비율은 약간 낮은 것으로 드러나고 있다. 이렇게 여성범죄가 날로 증가하는 것은 경제규모의 확대에 따라 여성의 사회참여 기회가 늘어났기 때문이라고 보는 측면이 강하다. 그러나 한편에서는 여성의 사회 참여 기회가 확대된 것은 곧 여성의 생활을 안정되게 하여 오히려 여성을 범죄로부터 피할 수 있게 한다고 주장하기도 한다(최옥채, 2007).

최근 10년간의 여성형법범의 범죄유형별 실태는 다음 〈표 9-17〉과 같이 나타나고 있다. 범죄유형별로 보면, 2006년에는 재산범죄가 86,623명으로 60.7%, 강력범죄가 26,166명으로 18.3%, 풍속범죄가 8,923명으로 60.7%, 강력범죄가 26,166명으로 18.3%, 풍속범죄가 8,923명으로 6.3%, 위조범죄가 7,117명으로 5.0%를 나타내어 위 네 유형의 범죄가 전체의 90.3%에 이르고 있다.

2002년과 2006년을 비교하여 보면, 강력범은 9.8%에서 18.3%로 증가하여 급격한 증가율을 보이고 있으며, 또한 위조범도 3.1%에서 5.0%로 증가하였다. 이와는 반대로 풍속범은 11.5%에서 6.3%로서 급격한 감소를 나타내고 있다.

〈표 9-17〉 여성형법범의 범죄유형별 비율

(단위: 명, %)

구분 연도	계	재산범	강력범	위조범	풍속범	과실범	기타
2002	127,230	84,460 (66.4)	12,485 (9.8)	3,969 (3.1)	14,587 (11.5)	744 (0.6)	10,985 (8.6)
2003	150,027	108,380 (72.2)	13,917 (9.3)	4,032 (2.7)	11,609 (7.7)	721 (0.5)	11,368 (7.6)
2004	158,299	117,483 (74.2)	12,163 (7.7)	5,630 (3.6)	10,846 (6.9)	726 (0.5)	11,451 (7.2)
2005	128,098	88,257 (68.9)	11,613 (9.1)	6,919 (5.4)	8,965 (7.0)	679 (0.5)	11,660 (9.1)
2006	142,688	86,623 (60.7)	26,166 (18.3)	7,117 (5.0)	8,923 (6.3)	795 (0.5)	13,064 (9.2)

주 : 강력범은 전체범죄의 경우 살인, 강도, 강간, 성폭력, 방화의 수치만 적용했으나, 여성의 경우는 폭행, 상해 포함함.
자료 : 범죄백서, 2007

여성범죄자의 연령구성비를 보면, 2006년의 경우 41세 이상 50세 이하가 91,248명으로 전체의 30.3%를 차지하여, 가장 많은 인원을 나타내고 있으며, 그 다음으로 36세 이상 40세 이하가 13.3%, 51세 이상 60세 이하가 12.2%를 차지하고 있다(〈표 9-18〉 참조).

〈표 9-18〉 여성범죄자 연령별 인원 및 구성비

(단위: 명, %)

구분 연도	19세 이하	20~25	26~30	31~35	36~40	41~50	51~60	61세 이상	미상
2006	10,501 (3.5)	26,545 (8.8)	26,543 (8.8)	31,001 (10.3)	40,142 (13.3)	91,248 (30.3)	36,827 (12.2)	12,016 (4.0)	26,552 (8.8)

자료 : 범죄백서, 2007

여성범죄자의 교육정도를 보면, 2006년의 경우 고등학교 졸업자(중학교중퇴자포함)의 비율이 33.3%로서 가장 많은 인원을 나타내고 있으며, 대학이상 학력자는 11.5%로서 그 다음을 차지하고 있다(〈표 9-19〉 참조).

〈표 9-19〉 여성범죄자 연령별 인원 및 구성비

(단위: 명, %)

구분 연도	미취학	초등학교	중학교	고등학교	대학이상	미상
2006	3,637 (1.2)	16,631 (5.5)	26,871 (8.9)	100,295 (33.3)	34,677 (11.5)	119,255 (39.6)

자료 : 범죄백서, 2007

여성범죄자의 생활정도를 보면, 2006년의 경우 하류가 41.9%로서 가장 많은 인원을 나타내고 있으며, 중류가 23.5%로서 그 다음을 차지하고 있으며, 상류의 비중은 0.8%를 차지하고 있다(〈표 9-20〉 참조).

〈표 9-20〉 여성범죄자 생활정도별 인원 및 구성비

(단위: 명, %)

구분 연도	하류	중류	상류	미상
2006	126,498 (41.9)	70,845 (23.5)	2,247 (0.8)	101,767 (33.8)

자료 : 범죄백서, 2007

여성범죄자의 범행동기를 보면, 2005년도를 기준으로 우발적 14.0%, 부주의 10.6%, 이욕 5.5% 등의 순으로 나타나고 있으며, 이욕 및 부주의의 범행동기는 2004년에 비하여 각각 1.3%p씩 감소하였으나, 우발적 범행동기는 전년대비 1.4%p 증가하였다.

〈표 9-21〉 여성범죄자의 범행동기

(단위: 명, %)

	계	이욕[1)]	사행심	보복	가정 불화	호기심	유혹	우발적	현실 불만	부주의	기타[2)]
1999	100.0 (363,688)	17.3	1.1	0.3	0.6	0.4	0.5	11.5	0.8	14.4	53.1
2000	100.0 (328,126)	15.5	1.3	0.4	0.8	0.4	0.3	14.2	0.6	16.3	50.2
2001	100.0 (344,755)	15.5	1.3	0.3	0.7	0.5	0.5	14.8	0.6	15.8	49.9
2002	100.0 (342,338)	15.5	1.3	0.3	0.6	0.5	0.5	13.8	0.6	15.4	51.6
2003	100.0 (356,219)	15.4	1.0	0.2	0.6	0.3	0.3	12.9	0.5	14.5	54.3
2004	100.0 (373,883)	6.8	1.3	0.2	0.5	0.3	0.4	12.6	0.4	11.9	65.5
2005	100.0 (308,443)	5.5	1.3	0.3	0.5	0.3	0.4	14.0	0.5	10.6	66.6

주 : 1) 생활비 마련, 유흥비 마련, 도박비 마련, 허영심, 사치심, 치부 등
2) 미상 포함

자료 : 대검찰청, 「범죄분석」 각 년도.

2) 여성범죄의 원인

여성범죄에 관한 주요 자료를 인용하여 여성범죄의 원인을 살펴보면 다음과 같다(최옥채, 2007).

(1) 생물학적 원인

생물학적 원인으로서 여성은 남성과 다른 신체구조를 가지고 있고, 생리작용의 특수성이 범죄 원인으로 작용하고 있다는 점을 강조하고 있다. 여성은 월경, 임신, 폐경과 같은 생리적 과정을 경험하는데, 그 과정에서 호르몬의 영향으로 과민성과 충동성을 갖게 되고 정신적 저항력이 약해져서 범죄를 저지를 수 있다는 것이다.

(2) 심리학적 원인

심리학적 원인으로서 여성 심리의 특이한 수동성이나 감수성이 범죄와 연결될 가능성이 높다는 점을 강조하고 있다. 이는 여성의 심리적 요인 중 질투, 원한, 히스테리, 망상증세 따위가 여성의 폭력범죄를 일으키는데 작용한다는 것이다.

(3) 사회학적 원인

사회학적 원인으로서 사회경제적 측면과 여성의 사회적 역할 측면에서 강조하고 있다. 예컨대 남편의 경제적 무능력, 음주, 도박과 같은 환경에 처한 여성이 가계에 대한 책임을 맡고 이를 해결하기 위해 범죄에 가담할 수 있다는 것이다.

3) 여성범죄 과정의 특성

범죄가 일어나기 전부터 범죄 이후의 결과에 대해 여성이 받아들이는 심리적 특성을 살펴보면 다음과 같다(최옥채, 2007).

첫째, 남성범죄와 마찬가지로 여성범죄는 우발적인 범행이 강하다. 그러나 남성범죄와 달리 범죄 동기가 가정불화인 비율이 높고 친구의 영향이 큰 것으로 나타나고 있다.

둘째, 남성범죄에 비해 공범보다는 단독범의 비율이 높고, 공범이 있는 경우 남성에 비해 범죄를 직접 행하는 비율이 낮은 반면 범죄를 부추기거나 돕는 역할이 남성에 비해 높은 것으로 나타났다.

셋째, 여성범죄의 피해자는 주로 가족이나 주변 사람들인 경우가 남성범죄에 비해 월등히 많은 것으로 나타나고 있다.

넷째, 범죄 과정에서나 범죄 이후에 여성범죄인 스스로 남성범죄인보다 사회적으로 더 비난받을 것이라고 생각하는 것으로 조사되었다. 이는 여성범죄인의 자아존중감이 낮게 나타나고 있음을 시사하는 것이다.

4) 여성범죄인의 처우

현재 여성수용자는 일반교도소 내 분산 수용되거나 또는 청주여자교도소에 집중 수용하고 있다. 여성수형자의 특성 및 처우 등을 고려하여 독립된 여자교도소의 설치가 요구되어 오던 중, 1989년에 처음으로 청주시에 500명 수용규모의 여자교도소를 설치 · 운영하였고 2006년 말 548명을 수용하고 있다. 이들 여성범죄인 중 대동여아와 함께 살기도 한다. 특히 청주여자교도소는 여성범죄인으로서 살인, 강도와 같은 강력범을 집중 수용하고 있다. 한편 대전지방교정청의 청주여자교도소를 제외하면 각 지방교정청 산하 교정기관의 수용 능력에 따라 분산 수용하고 있는데, 대체로 서울, 경기, 부산 지역에 집중하고 있다.

여성범죄인의 처우는 곧 교정 현장에서 이루어지고 있는 교정활동을 가리킨다. 여성범죄인들이 교정기관 안에서 받고 있는 모든 처우과정을 익힘으로써 교정복지 실천 개입 방안을 모색할 수 있다(최옥채, 2007). 여성수용자를 위한 교정프로그램 계획을 위하여 이들의 수용 실태를 파악해 보고자 한다.

(1) 여성수형자의 특성

① 여성수형자의 죄명별 특성

2006년을 기준으로 앞의 여성범죄 유형에서 살펴본 것과 같이, 여성수용자 중 사기 · 횡령이 가장 높은 비율을 차지하고 그 다음은 살인이 높은 것으로 나타났다.

〈표 9-22〉 여성수형자 죄명별 인원 및 구성비

(단위: 명, %)

구분 / 연도	절도	횡령·사기	폭력·상해	강도 등	살인	마약류 사범	과실범	기타
2006	171 (1.2)	472 (5.5)	66 (8.9)	45 (33.3)	257 (11.5)	55 (4.1)	15 (1.1)	254 (19.1)

자료 : 범죄백서, 2007

② 여성수형자의 형기별 특성

2006년을 기준으로 형기를 살펴보면, 1년 이상 3년 미만이 가장 많은 38.4%를 나타내고 있으며, 무기형을 포함하여 10년 이상의 장기형도 전체의 14.4%를 차지하고 있다.

〈표 9-23〉 여성수형자 형기별 인원 및 구성비

(단위: 명, %)

구분 연도	무기	15년 이상	15년 미만	10년 미만	5년 미만	3년 미만	1년 미만	6월 미만
2006	171 (1.2)	472 (5.5)	66 (8.9)	45 (33.3)	257 (11.5)	55 (4.1)	15 (1.1)	254 (19.1)

자료 : 범죄백서, 2007

③ 범수별 특성

여성수용자의 범죄 횟수별 특성은 남성수용자에 비해 뚜렷하게 나타났다. 전체 여성수용자의 70.1%가 초범으로서 가장 많은 비율을 차지하고 있다. 이는 여성수용자의 경우 범죄예방과 재범방지를 위한 정책이 중요함을 의미한다고 할 수 있다.

〈표 9-24〉 여성수형자 범수별 인원 및 구성비

(단위: 명, %)

구분 연도	초범	2범	3범	4범 이상
2006	936(70.1)	198(14.8)	70(5.2)	132(9.9)

자료 : 범죄백서, 2007

(2) 주요 처우 프로그램

여자수형자에게는 의료 및 모자보호 등 처우에 특별한 배려를 하고 있는데 특히, 임신 중에 있거나 출산 후 60일 이내의 산부는 질병에 걸린 자에 준하여 처우하고 있다.

또한 신입의 여자가 출산한 유아를 교도소 등에서 양육할 것을 신청한 때에는 상당한 이유가 있으면 생후 18개월에 이르기까지 이를 허용하고 있다.

청주여자교도소의 경우 여성수형자를 위한 학과교육, 생활지도교육, 교도작업, 직업훈련 등의 처우프로그램을 실시하고 있다. 그 내용을 보면 초·중·고 교육을 위한 학과교육, 분재, 합창, 사물놀이와 같은 레크리에이션 프로그램, 종교집회, 사회복지시설에의 봉사활동, 외부기업체에 출퇴근 작업을 하는 외부통근제도, 한복·양장·제과제빵·미용·조리·기계지수 등의 직업훈련, 21세기 지식정보화 사회에 대비한 컴퓨터교육 등이 실시되고 있다(범죄백서, 2007).

교정기관 내 여성수용자에게 제공하는 프로그램은 이들의 재활과 관련하여 매우 중요한 의미를 지닌다. 이들 프로그램과 여성수용자를 특별히 규제하고 있는 사항을 살펴보면 다음과 같다(최옥채, 2007).

① 규제 사항

교정 당국이 남성수용자에 비해 여성수용자에게 특별히 제공하는 프로그램은 없다. 다만 처우상 배려하고 있는 규정 사항이 있는데 이는 다음과 같다.

첫째, 여성수용자는 단순 분리 수용이 아닌 별도 건물에 격리 수용하고 수용자에 대한 검사는 여성교도관이 담당한다.

둘째, 신입 여성수용자의 유아대동은 본인의 신청으로 아동의 생후 18개월까지 허용한다.

셋째, 임산부 수용자는 환자에 준하여 처우하고 모든 여성수용자들에게 화장품 사용과 자유로운 두발상태를 허용한다.

넷째, 유아를 대동한 부녀수용자에 대해서는 유아의 보육을 위해 유의하며 생리 중인 자에게는 자극적인 언동을 삼가도록 배려한다.

이와 같은 배려와 규제 사항은 행형법, 수용자 분류처우규칙, 계호근무준칙에 명시되어 있다.

② 교육

수용자를 위한 교육은 '수용자등교육원칙'에 명시하고 있으며, 그 내용은 크게 학과교육과 생활지도교육으로 구분할 수 있다.

학과교육은 초등과 1년, 중등과와 고등과 각각 1년 과정을 두고 있으며, 1995년부터 독학사제도를 시행하고 있다. 그러나 이런 과정에 여성수용자들의 참여율이 낮아 학과개설에 어려움을 겪고 있는 것으로 조사되었다.

생활지도교육으로 신입자교육, 정신교육, 교양지도, 정서지도, 사회지도, 종교지도, 석방 전 생활지도 따위를 실시하고 있다. 특히, 청주여자교도소에서는 기체조, 조류

사육, 사물반, 분재반, 산악훈련 프로그램을 제공하고 있다. 아울러 합창 경연대회, 예능 발표회, 건강체조 경연대회 따위를 교도소 내외에서 열고 있다.

③ 교도작업

전국 교정기관에서 시행하고 있는 교도작업은 목공을 포함하여 16개 공과가 있다. 여기에 외부통근작업과 위탁작업이 있으며 작업등급에 따라 작업상여금을 수형자들에게 지급하고 있다. 여성수용자들에게는 청주교도소의 봉제를 제외하면 대부분 취사나 청소와 단순위탁작업이 주류를 이루고 있다.

④ 직업훈련

수형자의 출소 후 생활을 안정시켜 사회복귀 및 재범을 방지하기 위한 교육프로그램의 일환으로 직업훈련을 실시하고 있는데, 청주여자교도소에서는 여성의 특성에 맞는 양장, 한복, 미용, 조리, 기계자수 등의 직종을 중심으로 직업훈련을 실시한 결과 기능자격취득 합격률도 높게 나타나고 있다.

교정기관에서 직업훈련은 공공직업훈련과 일반직업훈련으로 구분하고 있다. 공공직업훈련은 정부의 인가를 받아 기능사 자격 취득을 목표로 실시하고 있다. 한편, 일반직업훈련은 각 교정기관의 실정에 따라 적절한 기능을 연마하도록 하고 있다. 여성수용자를 위한 직업훈련은 제한적인데, 청주여자교도소에는 한복기능사, 기계자수기능사, 양장 · 조리 · 미용기능사 따위의 직종이 개설되어 있다.

5) 여성범죄에 대한 교정복지실천

여성범죄 역시, 범죄가 발생한 이후에 여성범죄자에 대해 사후적인 조처를 하는 것보다는 범죄발생과 가담을 예방하는 것이 효과적인 범죄예방개입정책이라고 할 수 있다. 그러나 범죄가 발생했다면 여성범죄인을 재활하는데 중점을 두고 사회복귀와 재범방지를 위하여 노력하여야 한다. 여성범죄 예방은 지역사회의 범죄 가능성이 높은 여성에게 초점을 두고 있으며 한편, 여성범죄인의 재활은 주로 교정기관에서 실시하고, 부분적으로 보호관찰집행에 따른 개입이 있다. 이 두 가지 측면에서 교정복지실천 전략을 살펴보고자한다(최옥채, 2007).

(1) 여성범죄 예방전략

여성범죄 예방을 위한 사회복지사의 개입은 철저히 자신의 주변 여건과 능력에 따라 제한되어야 한다. 즉, 모든 여성범죄 예방에 관여해서는 안 되고 평소 자신의 활동 지역사회를 중심으로 실시해야 한다. 앞에서 살펴본 여성범죄의 특성을 토대로 사회복지사의 여성범죄 예방에 기여할 수 있는 전략을 정리하면 다음과 같다.

① 여성의 범죄 가능성을 가정에서 파악한다.

앞에서 여성범죄의 피해자가 가족이나 친척이라는 사실과 범죄 원인으로 가정불화가 많다는 점을 지적하였다. 이는 여성범죄가 가정 내 가족 간 역동의 특성이 원인이 되어 일어나고 있다고 추정할 수 있다. 이에 사회복지사는 가정방문이나 주변인들의 정보를 이용하여 여성의 범죄 가능성을 알아보려는 치밀한 노력이 필요하다.

② 가정에 사회복지서비스를 최대한 제공한다.

여성범죄는 경제적으로 어려운 여성들이 더 많이 행하고 있다. 경제적으로 어려운 층은 곧 생활상 큰 고충을 가지고 있고, 이들은 지역사회에서 대체로 사회복지사들과 관계를 형성하고 있다. 이때 사회복지사는 이들 여성을 포함한 가정이 정부와 민간이 시행하고 있는 사회복지서비스를 최대로 받을 수 있도록 조처함으로써 여성의 범죄를 예방할 수 있다.

③ 여성 개인의 직업훈련에 중점을 둔다.

여성범죄인의 경제적 형편이 어려울 때 이들의 가정을 위한 사회복지서비스도 중요하겠지만, 여성 개인을 위한 자립 방안을 마련하는 것도 중요하다. 그런 의미에서 사회복지사는 '고용촉진훈련사업' '자활사업'과 같은 프로그램을 적극 이용하고, 나아가 지역사회의 사회복지관 프로그램에 연계하여 빈곤 여성의 직업훈련에 중점을 두어 이들 여성의 범죄 예방에 기여할 수 있다.

④ 범죄 취약 지역사회의 여성에 관심을 갖는다.

범죄의 가능성이 높은 곳을 범죄 취약 지역사회라고 볼 수 있다. 이런 지역사회는 저소득층이 밀집해 있다는 특징을 가지고 있다. 사회복지사는 평소 성매매가 집중으로 이루어지고 있는 지역사회를 포함하여 범죄 취약 지역사회에 관심을 가져야 한다.

(2) 여성범죄인 재활

알려진 바와 같이 여성범죄인이 재활과 관련하여 사회복지사가 직접 개입할 수 있는 것은 현실적으로 매우 제한되어 있다. 그나마 개입 가능한 방안을 모색하면 다음과 같다.

① 교정기관의 직원과 교류

지역사회의 사회복지사는 교정기관의 직원들과 친밀한 관계를 형성하여 서로 교류하는 것이 필요하다. 이는 꼭 여성범죄인의 재활뿐 아니라 지역사회 중심 교정복지 프로그램을 위해서도 중요하다. 상호교류를 통해 정보를 주고받을 수 있으며 서로의 업무 수행에 협력할 수 있어 여성범죄인의 재활에 큰 이점이 될 것이다.

② 여성범죄인의 가정 지원

여성범죄인의 구금은 가정에서 여성이 해야 할 역할을 상실케 하기 때문에 특별한 지원이 요구된다. 예컨대 사회복지사는 여성범죄인 가정의 아동 보육, 집안의 허드렛일 따위를 위해 자원봉사자를 동원하여 돕거나 지역사회의 물적 자원을 활용하여 이들 가정을 지원할 수 있다.

③ 여성범죄인의 지도

여성 보호관찰 대상자 수가 늘면서 이들에 대한 지도를 중시하고 있는데, 이는 지역사회 중심 프로그램으로서 중요한 교정복지실천이라고 할 수 있다. 보호관찰 대상 여성 중 많은 수가 사회봉사명령을 받고 있는 실상을 고려할 때, 사회복지사는 먼저 이들이 봉사활동에 임할 수 있는 장소를 연결해 주고 지도해야 한다. 이때 교정복지실천 기술을 토대로 개입한다면 어떤 분야의 전문가보다 유익한 개입이 될 것이다.

(3) 여성범죄인의 재활에 대한 문제점

① 불평등한 사회 여건

여성범죄가 남성범죄와 비교하여 사회적으로 불평등한 여건을 개선시키기 위해 다음과 같은 사항들이 요구되고 있다.

첫째, 가정 내에서 여성의 위치가 향상되어야 한다.

둘째, 가족의 기능을 강화하고 회복시키기 위한 국가의 정책적인 배려가 필요하다.

셋째, 남녀 간 경제적인 불균등을 해소하고 여성에게 취업 기회를 동등하게 보장해야 한다. 이와 함께 여성범죄인을 남성범죄인보다 부정적으로 보는 사회의 시각도 바뀌어야 한다.

② 여성범죄에 관한 연구의 방향

남성범죄와 분리하여 독자적인 여성범죄 연구방향에 대해 박광섭은 다음과 같이 제시하고 있다.

첫째, 여성범죄의 원인에 관한 이론적 논의보다 실제적인 연구가 필요하다.

둘째, 여성범죄인과 관련한 여성 피해자에 대한 분석도 함께 시도해야 한다.

셋째, 여성범죄 대책은 정책으로서 합리성을 가지고 있는가에 대한 검증을 통해 합당한 정책을 제시해야 한다.

③ 여성범죄인의 처우 개선

여성범죄인의 교정 및 처우와 관련하여 개선해야 할 사항이 교정기관 안팎에서 한 목소리로 모아지고 있다. 최응렬과 강봉학은 여성범죄인의 처우 개선에 대해 다음과 같이 요약하고 있다.

첫째, 여성수용자를 위한 전용 교정기관을 최소한 네 개 지방교정청별로 확충해야 한다.

둘째, 여성수용자의 합리적인 직업훈련을 위해 다양하고 현실성 있는 훈련 종목을 실시해야 한다.

셋째, 여성수용자는 남성수용자와 달리 사방에서 보내는 시간이 많으므로 사방의 크기나 구조 따위를 고려해 여성에 맞는 시설을 갖추어야 한다.

이러한 사항들을 해결하려면 여성수용자만을 위한 전용 교정기관을 각 지방교정청별로 설치하는 것이 급선무다. 이는 현재 각 교정기관의 여성수용자 인원이 부족하여 이들을 위한 프로그램을 실시하지 못하고 있는 점과 가족기능 강화의 장애가 되는 가족으로부터의 원거리 수용을 극복할 수 있다는 점 때문에 더욱 중요한 의미를 갖는다. 특히, 신연희의 주장과 같이 기혼 여성수용자를 위한 이들의 가족 관련 프로그램을 실시할 필요가 있다.

이외에도 경찰이 주도하는 수사단계에서 수용기관에서의 집행단계에 이르기까지 여성피의자나 여성범죄인의 인권이 적극 보장되어야 한다. 이를 위해 여성피의자를 위한 부서를 확충하고, 수용기관에서의 처우가 달라져야 한다. 다음 사례와 같이 여자경찰서까지 설치하지는 않더라도 각 경찰서 안에 여성 피의자를 위해 충분한 조직을 갖추어야 하고, 수용시설에서의 인권침해 요소가 사라져야 한다.

1947년에 서울, 부산, 대구, 인천에 여자경찰서를 설치하였다가 1957년에 폐지하였다. 당시 여자경찰서는 부녀자의 풍기 및 수사에 관한 사항, 불량 청소년의 지도와 감화 및 단속, 여성범죄 정보 수집 및 수사에 관한 업무를 관장하였고, 주된 업무는 성매매 단속이었다.

여성수용자의 43.7%가 성적 수치심을 느꼈다고 답했으며, 상황별로는 신체검사(68.9%), 목욕(22.5%), 이송(18.9%)때 각각 성적 수치심을 느끼는 것으로 조사됐다. 특히, 신체검사 때 여성교도관이 보는 앞에서 옷을 모두 벗게 한 뒤 앉았다 일어서기를 반복하게 하거나, 생리 중인 여성수용자의 생리대 안쪽까지 확인하는 등 인권침해적인 요소가 많았다고 국가인권위원회는 지적했다.

3. 노인범죄

과거에 노인은 사회적 취약계층으로서 범죄대상으로 주목받았으나, 2007년 노인어부에 의한 연쇄살인사건, 2008년 숭례문방화사건 등과 같은 노인에 의한 강력범죄가 연달아 발생하면서 최근에는 노인에 의한 범죄가 사회적 이슈로 주목받고 있다. 특히, 1997년 60세 이상 노인인구가 전체인구의 9.7%였으나 2007년 13.8%까지 증가하였고, 앞으로 노인인구증가가 지속화될 것으로 예측되면서 노인인구 증가에 따른 노인범죄의 증가가 사회문제화되고 있다. 특히, 노인평균수명 연장, 노인의 사회활동참여 증가 등의 영향으로 과거 범죄 대상이 되었던 노인들이 점차로 범죄가해자로서 참여하고 있는 것이다. 노인범죄의 증가는 가정과 사회에서의 노인역할과 지위의 변화에 따른 상대적 박탈감과 소외감, 경제적 빈곤 등이 원인이 되어 발생하고 있다는 점에서 노인개인의 잘못된 인성만으로 원인을 돌릴 수 없는, 중요한 사회문제중의 하나라고 하겠다. 이와 같이 사회변동에 따른 노인범죄의 증가는 현대한국사회에서 노인문화의 부재와 삶의 질 저하 등이 원인이 되어 발생한 문제로서 교정복지적인 실천개입이 필요한 중요영역이라고 할 수 있다. 특히, 노년기는 생의 통합기로서 과거의 삶을 돌아보고 정리하면서 보람과 안정을 느끼고, 이를 통해 생을 완성하고 편안하게 마감한다는 특별한 과업을 갖는 시기로서, 노인범죄는 노년기의 불안한 사회환경을 반영하는 단적인 예라고 할 수 있다.

1) 노인범죄의 개념

노인범죄란 노인에 의한 범법행위를 총칭하는 것이다. 여기에서 노인의 연령을 어느 범위로 규정하는가가 노인범죄에 대한 범위로 나타날 수 있다. 그러나 범죄와 관련해서는 범죄 당시의 나이와 교정기관 수용 이후의 나이, 두 가지로 보아야 하는 측면이 있어 범죄노인의 연령을 규정하기가 쉽지 않다. 한편, 노인범죄에 관한 연구는 대부분 범죄 관련 통계자료에 근거하고 있기 때문에 이들 공식 자료에서 제시하는 범죄노인의 연령 기준에도 주목할 필요가 있다. 예컨대, 대검찰청의 범죄분석에는 61세와 71세 이상 범죄인을, 법무연수원의 범죄백서에는 60세 이상 범죄인을 특별히 구분하여 발표하고 있다. 대체로 우리나라의 노인범죄 관련 연구자들은 대검찰청의 범죄분석 자료에 근거해 61세 이상을 노인범죄의 연령 기준으로 삼고 있다. 교정복지적 측면에서 노인범죄의 연령은 65세 이상으로 규정하는 것이 바람직하다. 왜냐하면 교정복지실천은 사회복지실천의 테두리 안에서 진행되어야 하므로, 범죄노인이 클라이언트인 교정복지실천은 노인복지법에서 다루는 서비스 대상자와 상통해야 하기 때문이다(최옥채, 2007). 그러나 교정복지적인 범주에서 노인의 연령을 65세 이상으로 규정하는 것도 바람직하지만, 본서에서는 노인범죄인을 60세 이상의 범죄인으로 규정하고자 한다.

2) 노인범죄의 특성

노인범죄의 특성은 다음과 같다(최옥채, 2007).

첫째, 노인의 범죄율은 다른 연령층에 비해 낮다. 노인의 범죄율이 낮다는 사실은 생물학적, 사회심리학적, 사회환경적 요인의 여러 이론에 따라 입증되고 있다. 노인은 목표와 열망이 변화되어 평화롭고 조화로운 상호관계에 대한 관심이 많아지기 때문에 범죄에 가담하는 빈도가 다른 연령층에 비해 떨어진다. 실제로 지난 5년간 우리나라의 연령층별 범죄발생 빈도를 보면 31~40세, 20~30세, 41~50세, 19세 이하, 51~60세, 61세 이상 순으로 나타나고 있다.

둘째, 전체 범죄노인의 57%가 범죄경력이 있는데, 이들의 최초 범죄는 41~50세 사이에 가장 많이 일어나는 것으로 나타났다. 따라서 범죄노인에 대한 효과적 개입을 위해서는 범죄노인의 범죄경력에 관한 연구의 필요성이 제기된다.

셋째, 범죄노인의 범행 동기는 단순하다. 노인범죄는 사회적·가정적 역할과 경제력의 상실로 빈곤문제와 고독 및 소외와 밀접한 관계가 있다. 노인이 행한 범죄는 주로 개인적인 범행 동기가 강하고, 계획적이기보다는 우발적인 범행이 많은 것으로 나타나고 있다.

넷째, 교정시설의 고령 수용자는 최초 범죄연령이 젊어 수용기간이 길고, 교육정도도 초등교육에 불과하며, 직업이나 주거도 일정하지 않고, 배우자를 비롯한 가족관계도 불량한 경우가 대부분이다.

다섯째, 범죄노인은 인간관계 기술이 부족하다. 최근 5년간 노인범죄 중에서 폭력이 가장 높은 비율을 차지하고 있는데, 노인의 폭력범죄 발생률이 높은 이유는 이들의 원만하지 못한 인간관계와 복잡하게 얽힌 이해관계 때문이다.

여섯째, 범죄노인은 중복 욕구를 갖는다. 범죄노인을 사회복지 측면에서 보면 이들 노인은 노인복지서비스의 대상자이며, 나아가 범죄인으로서 교정복지서비스의 클라이언트가 된다. 따라서 범죄노인은 특정 한 가지 서비스만으로 이들의 욕구를 해결할 수 없기 때문에 다양한 개입이 필요하다.

3) 노인범죄의 발생 요인

최근 들어 노인범죄가 증가하고는 있으나 전체범죄의 발생건수를 기준으로 보면 큰 비중을 차지하지는 않는다. 노인범죄의 발생요인에 대해 설명하고 있는 관점은 크게 두 가지로 나누어 상대적인 낮은 범죄율의 요인에 대해 설명하고 있는 관점과 점차로 증가하고 있는 노인범죄의 요인에 대해 설명하고 있는 관점으로 나누어 살펴볼 수 있다(홍봉선, 2004).

(1) 노인의 낮은 범죄율을 설명하는 요인

① 연령의 증가에 따른 범죄성의 퇴화

인간은 연령이 높아짐에 따라 범죄성이 감소하거나 범죄의 빈도가 감소하기 때문에 노인의 범죄가 줄어든다고 보는 것이다. 범죄성의 감소는 노인의 특성과도 관련이 있는데 노인은 나이가 들면서 점차 공격성이 사라져 범죄빈도가 감소한다. 즉, 인구의 일정한 비율이 삶 전체를 통하여 범죄를 범하지만 나이가 들면서 범죄를 보다 적게 행한다는 것이다.

노인들은 현재의 삶이 대체로 안주하려는 성격을 가지고 있어서 범죄라는 극단적인 행위를 다른 연령층에 비해 적게 하는 경향을 나타내며 일반적으로 노인의 성격은 보수적이고, 변화를 싫어하는데 이도 노인 범죄율을 낮추는 데 영향을 미친다.

② 생물학적인 요인

인간은 노령기에 접어들면 신체적인 노화 현상이 필연적으로 뒤따르게 된다. 신체적 노화는 민첩성, 순발력, 공격성 등을 감퇴시켜 노인으로 하여금 범죄행위를 적게 만드는 요인이 되는 것이다. 따라서 노인들은 신체적인 힘을 사용하는 범죄는 낮을 수밖에 없다(김승용, 2000).

인간의 생물학적 노화는 다양하게 설명되는데 어떠한 이론에 입각해서 인간이 노화되든지 간에 노화가 되면서 뇌 기능, 심장 기능, 신체 기능 등의 활동이 둔화되는 것이 사실이다. 또한 신장이 줄어들고 체중이 감소하며, 뼈가 수축하게 되는데 이는 심리적으로 노인을 위축되게 만드는 요인이 된다. 이렇게 인간이 생물학적으로 노화되면서 범죄에 접근할 수 있는 가능성이 줄어들기 때문에 다른 연령층에 비해 노인이 보다 적은 범죄율을 나타낸다고 보는 것이다.

③ 코호트(cohort) 효과와 범죄에 대한 인식의 변화

노인이 다른 연령층에 비하여 범죄율이 낮은 것은 범죄를 억제하려는 사회적 가치 규범을 더 많이 알고 있기 때문에 범죄율이 줄어든다는 것이다. 즉 젊은 세대보다 사회규범에 보다 적응을 잘하고 사회화가 잘 이루어지기 때문이라는 것이다(김승용, 2000). 이러한 것도 역시 노인들이 보수적이고 변화를 두려워하는 측면과 관련이 있다.

또한, 범죄 경력이 있는 노인들이 나이가 들면서 범죄를 적게 행하는 것은 범죄행위에 대한 손익을 계산해 볼 때 범죄행위로 인한 이득이 많지 않다는 판단을 할 수 있기 때문이며 나아가 삶의 황혼기에 접어들면서 노년을 조용하고 원만한 인간관계 속에서 살고자 하는 욕구가 증가하기 때문이다. 노인들은 이전에 비해 자기가 맺어 온 사회적 유대를 존속하려는 성질을 가지고 있으면서 범죄로 인해 발생되는 반대급부를 기대하지 않는 경향이 높아진다.

(2) 노인범죄의 증가율을 설명하는 요인

전체 범죄에 있어서 노인 범죄의 절대적 수치는 전술한 요인에 의해서 낮으나 그 증가율은 타 연령층에 비해 상대적으로 높은 상승곡선을 그리고 있다. 그 이유는 인구 변동과 사회학적 관점으로 설명할 수 있다(홍봉선, 2004).

① 인구 변동 관련 원인

첫째, 고령화사회로 진행함에 따라 노인 범죄도 증가하고 있다. 우리나라는 이미 2000년에 65세 이상 인구가 7%를 넘어 고령화 사회로 진입하였고, 2020년이면 노인인구가 14%를 이루는 고령사회가 될 것이다. 이렇게 노인인구의 증가로 인해 노인 범죄가 늘고 있고, 이와 같은 추세는 앞으로도 지속될 것으로 전망된다.

둘째, 범죄에 대한 형기가 장기화하기 때문에 범죄노인은 증가하고 있다. 즉, 범죄 당시에는 노인이 아니었으나 범죄 후 교정시설에 수용되어 있으면서 노인이 되는 범죄노인들이 증가하고 있다.

② **사회학적 관점 원인**

첫째, 노인의 빈곤문제가 날로 심각해지고 있는 상황에서 노인의 범죄는 계속 증가하게 될 것이다. 일반 범죄인의 특성 중 하나로 범죄인 자신 혹은 그들 가정의 빈곤을 강조하고 있는 바와 같이 노인 범죄 역시 빈곤으로 인하여 증가할 수밖에 없을 것이다.

둘째, 늘어나고 있는 노인의 알코올중독이 노인 범죄의 증가에 영향을 미치는 것으로 보인다. 즉 노인의 알코올중독은 노년기 삶의 질에 심각한 영향을 미칠 뿐만 아니라 가족의 경제적, 정신적 부양부담을 증가시켜 범죄로 이어질 가능성이 높다.

셋째, 소외와 고독감을 느끼는 노인의 증가가 노인범죄를 일으키게 하는 원인으로 작용하고 있다. 노인들에게 삶의 보람을 느끼지 못하게 하는 사회적 분위기는 많은 노인들에게 깊은 절망과 고독감에 빠지게 한다. 고독과 소외의 정도는 농촌이나 중소도시보다 대도시가 더 심하다. 다수의 노인들이 은퇴이후에도 계속 일하기를 원하고 있지만, 노년기의 소외와 고독감을 극복할 수 있으면서 경제적 소득도 일부 보장받을 수 있는 직업을 유지하거나 확보한다는 것이 매우 어렵다. 또한 핵가족화의 영향과 개인주의적 가치의 확산이 세대 간의 가치격차와 갈등을 증가시킴으로써 노인의 소외와 고독감이 증가하고 있다. 이는 노인범죄의 직·간접 요인으로 작용한다

넷째, 노인범죄인에 대한 사회적 대응책이 부재한다는 것이다. 노인범죄는 규모가 크지 않고 강력범죄보다는 경미한 범죄가 많다는 이유로 형사사법기관의 노인범죄에 대한 대책은 매우 소홀하다. 그러나 최근의 노인범죄경향은 노인범죄인의 절대수가 점차로 증가하고 있으며 강력범죄 및 성범죄의 비율도 전체 범죄건수 중에서 증가하는 추세이다. 따라서 노인인구가 점차로 증가하고 노인 범죄인의 절대수가 상승하고 있는 상황에서 노인 범죄에 대한 보다 종합적이고 체계적인 정책 수립이 요청된다.

4) 노인범죄인에 대한 특별 처우의 필요성

범죄노인은 범행 당시보다는 교정기관 수용 중에 노년기를 맞이하는 경우가 많아

범죄노인을 위한 특별 처우가 요구된다. 교정시설의 범죄노인들에게 특별 처우가 필요한 이유는 이들 노인이 다른 연령층의 범죄인보다 다양한 욕구를 가지기 때문이다. 범죄노인이 다양한 욕구를 가지게 되는 원인을 다음과 같이 요약할 수 있다(최옥채, 2007).

① 고조된 심리적 불안감

연령에 관계없이 교정기관에서 생활하는 모든 범죄인은 심리적으로 불안한 상태다. 수용생활의 불편함, 가족에 관한 걱정, 사회로부터 받는 낙인 따위가 모든 수용자들에게 심리적으로 부담을 주며, 노인수용자는 심리적 부담으로 인해 불안감이 다른 연령층의 범죄인보다 더 클 것으로 판단된다. 특히, 출소 후의 생활을 고려하면 대부분의 노인수용자들은 절망감에 빠지기 쉬울 것이다.

② 피폐한 신체적 건강

심리적 불안감과 함께 범죄노인의 신체적 건강은 악화될 수밖에 없다. 교정 실무자들은 노인수용자의 신체적 건강을 악화시키는 열악한 교정기관의 설비를 지적하고 있다. 특히, 난방시설이 없는 사방에서의 겨우살이는 노인수용자들에게 각종 질환을 불러일으켜 이들의 건강을 더욱 악화시키고 있다.

③ 부실한 가족관계

범죄노인의 가족관계는 대체로 부실하다. 이들 가족관계의 부실함은 노인 수용자 가족의 면회횟수가 다른 연령층의 범죄인의 면회횟수보다 월등히 떨어진다는 교정현장 실무자의 답변으로 가늠할 수 있다. 이뿐만 아니라 범죄 노인은 배우자와 사별한 경우가 많아 부양가족들로부터 외면당하는 사례가 많다. 특히, 홀로 사는 노인수용자는 가족들로부터 전혀 도움과 지지를 받지 못하고 있다.

④ 출소 후 열악한 생활환경

65세나 70세 이후에 출소하는 대부분의 노인은 갱생보호공단을 거쳐 사회에 복귀하고 있다. 이 같은 현상은 범죄노인의 출소 후 생활환경이 매우 열악함을 보여준다. 출소 후 이들의 생활환경을 감안하여 출소 전에 합당한 서비스가 제공되어 열악한 생활환경에 대비할 수 있도록 노인수용자를 위한 특별처우가 필요하다.

5) 노인범죄의 현황

(1) 노인범죄 현황

1995년에 노인범죄자의 비율은 전체 범죄에서 1.8%를 차지하고 있었으나 2004년에는 2.9%로 증가하였고 2005년에는 3.8%까지 증가하였다. 노인범죄의 증가 현황을 살펴보면 다음의 〈표 9-25〉와 같다.

〈표 9-25〉 노인범죄자 증가 현황

(단위: 명, %)

구분 연도	전체	61세 이상 노인	노인범죄자 비율
1995	1,804,405	32,534	1.8
2004	2,284,095	66,943	2.9
2005	1,965,571	74,770	3.8

자료 : 대검찰청, 「범죄분석」, 각년도

2005년 총 범죄자 중에서 61세 이상 고령범죄자가 차지하는 비율은 3.8%이고, 형법범에서는 4.0%, 특별법범에서는 3.6%를 차지하고 있다. 형법범을 범죄유형별로 보면, 명예·신용·무고·공무방해 등 「기타범죄」가 7.9%로 가장 높았고, 다음으로 「과실범죄」 6.8%, 「위조범죄」 5.4% 등의 순으로 나타났고 있다. 2004년과 비교하면 61세 이상 총범죄자 수는 7,827명(11.7%) 증가하였고, 형법범은 3,068명(9.7%), 특별법범은 4,759명(13.5%)이 각각 증가하였다.

〈표 9-26〉 노인범죄자의 범죄유형별 현황

(단위: 명, %)

구분 / 연도	1995	2004	2005
형법범전체	517,925	950,089	865,325
61세 이상 노인	12,658(2.4)	31,679(3.3)	34,747(4.0)
재산범죄	6,900(1.9)	13,383(3.1)	14,286(3.8)
강력범죄	1,677(3.0)	11,494(3.0)	12,581(3.5)
위조범죄	850(6.2)	1,183(5.1)	1,450(5.4)
공무원범죄	53(1.9)	55(1.9)	52(2.0)
풍속범죄	680(1.3)	1,852(4.0)	1,824(4.7)
과실범죄	338(4.7)	350(5.7)	373(6.8)
기타	2,170(6.7)	3,362(6.5)	4,181(7.9)
특별범법	19,876(1.5)	35,264(2.6)	40,023(3.6)

자료 : 대검찰청, 「범죄분석」, 각 년도

6) 교정복지적 대응

노인의 범죄문제를 해결하기 위해서는 그 발생원인을 제거하고, 재범을 막기 위한 조처가 다각적으로 모색되어야 한다. 특히, 노인이 심각한 범죄를 저질러 노년기를 교도소에서 보내게 된다면, 한 인간으로서의 자존감은 심각한 손상을 입을 수밖에 없기 때문에 노인범죄예방은 노인복지적인 차원에서 중요하다고 할 수 있다.

여기에서는 노인범죄의 예방대책과 교정복지적인 차원에서 노인범죄를 다루고자 한다(홍봉선, 2004).

(1) 노인범죄의 예방대책

노인범죄는 노인의 생활욕구를 충족시킬 수 있는 자원을 생활환경으로부터 얻지 못할 때 이를 충족하기 위하여 최후의 수단으로서 선택되는 행위라고 할 수 있다. 카플랜은 노인문제의 해결에 있어 빼놓을 수 없는 생활상의 욕구로써 다음의 일곱

가지를 들고 있다. ① 건강을 증진하고 생명을 연장하기 위한 의료 및 정신의학적 서비스, ② 적절한 주거의 환경, ③ 정신적 안정성과 사회적 유용성을 위한 기회, ④ 퇴직 후의 경제적 안정, ⑤ 만성병 노인을 위한 보호조치, ⑥ 노동능력에 적합한 일을 갖는 기회, ⑦ 창조적 활동의 기회 및 여가를 적극적으로 이용할 수 있도록 하는 지도(김종오, 1998)이다.

노인 범죄의 예방적 대책은 이러한 노인문제에 대한 효율적 처방에 근거하여 이루어져야 하며 구체적으로는 다음의 것들이 있다.

① 경제적 지원 강화

노인들의 범죄 중 재산범죄가 다른 범죄의 증가율에 비해 보다 높은 상승률을 나타내고 있다. 노인들이 경제문제로 인하여 생계형 범죄를 한다는 것은 빈곤 노인들에 대한 정부의 지원책이 미흡하기 때문이다. 경제적 빈곤을 해결하기 위해서는 노인을 위한 취업기회를 확충해야 하며 저소득층 노인을 위한 공적연금제도와 생계보호제도 등의 확대가 요청된다.

② 노인인력의 사회적 활용 확대

지속적으로 증가하고 있는 노인인력을 사회적으로 활용하는 것은 노인의 여가시간을 보람 있고 건강하며 즐겁게 보낼 수 있도록 하는 가장 효과적인 방법이다. 이를 위하여 노인의 자원봉사확대, 노인의 여가활동참여프로그램의 확대, 노인교육프로그램의 확대, 노인의 취업기회확대 등의 대책을 마련해야 할 것이다. 이와 같이 노인인력의 사회적 활용을 확대함으로써 노인문화를 구축하고 노인의 생활의 질을 높임으로써 노인범죄를 예방할 수 있는 대책이 될 것이다.

③ 노인상담의 활성화

노인들의 소외와 고독감을 해소하여 그들에게 심리적인 안정감을 줄 수 있는 정책적인 배려로서 노인문제를 상담하고 도움을 요청할 수 있는 상담실의 개설 및 확대가 이루어져야 한다.

④ 노인의 인간관계구축을 위한 프로그램 확대

노인인구가 증가하고 평균수명이 연장됨으로써 노년기가 길어지고 있다. 건강하게 생존하는 노인인구가 증가하고 있는 동시에, 독거노인의 수 또한 증가하고 있는

데, 이는 노인의 고독감과 외로움을 심화시키고 있는 주요요인 중의 하나라고 할 수 있다. 노인범죄 중에서 특히, 노인의 성범죄는 노인의 성적인 욕구나 이성교제 욕구를 발산할 수 있는 통로가 존재하지 않기 때문에 발생하는 문제로서, 홀로된 노인뿐만 아니라, 모든 노인을 위한 이성관계 향상을 위한 프로그램이 필요하며, 노인들이 건전하게 사귀고 교제할 수 있는 장이 마련되어야 한다(김승용, 2000).

(2) 노인 범죄인에 대한 교정처우적 대책

노인 수용자의 특성을 고려할 때 사회적응능력과 가족관계를 강화하는 것이 노인 수용자 처우에 있어 사회복지의 이념을 실행하는 주된 내용이 될 수 있을 것으로 본다(남상철 · 신연희, 2003; 홍봉선, 2004).

① 사회적응력 강화 프로그램

노인범죄자 대상의 사회적응력 강화 프로그램의 개발과 지원체계의 확대를 통하여 출소 후 그들의 사회적응력을 높여 재범을 예방할 수 있다. 사회적응력 강화 프로그램의 적용 시기는 출소 전과 출소 후를 모두 포함하여야 하며, 사회적응력 프로그램의 실행 방향은 노인 출소자의 생활능력의 향상과 가족자원의 개발 차원에서 이루어져야 할 것이다.

노인출소자들의 사회적응력 강화를 위한 프로그램의 내용은 취업을 통한 경제력 향상과 오랜 수감세월로 인한 사회적 공백을 메워줄 수 있는 사회적 기술습득, 그리고 성격결함 교정과 건강한 생활습관의 형성 등이 포함되어야 한다. 또한 긍정적 자아정체감과 삶의 태도를 가질 수 있는 프로그램들이 지역사회를 기반으로 제공되어야 하는데, 이는 노인범죄의 범행동기가 '원한이나 분노 때문'으로 응답한 경우가 많기 때문이다(이건종 · 정영실, 1995).

② 가족관계 강화 프로그램

노인수형자들은 출소 후에 돌아갈 가정이 없는 경우가 많다. 가정은 출소자의 재범을 예방하고 재사회화를 달성하는 데 있어 필수불가결한 요소이다. 때문에 가족관계의 단절은 출소 후 사회의 적응력을 약화시킬 뿐만 아니라, 사회적응에 대한 동기 부여를 하지 못할 수도 있다. 가족관계의 강화를 통해 얻을 수 있는 효과는 첫째, 가족해체의 방지 둘째, 개별 가족성원의 심리적 안정 확보 셋째, 성공적인 사회적응을 도울 수 있다는 것이다.

노인출소자 중 많은 경우가 돌아갈 가정이 없어 갱생보호시설에 위탁되고 있으므로 거처가 불안정한 노인출소자들이 사회복귀 시 일정기간 동안 머무를 수 있는 시설이 확충되어야 한다. 이는 구금기간 동안 노인재소자들이 가족과 유대관계를 지속할 수 있도록 지원할 수 있는 프로그램을 개발하고 실행하는 것이 선행되어야 함을 시사한다(남성철 · 심연희, 2003).

③ 특별 처우

60세 이상의 노령재소자들은 소년들과 같이 특별 보호와 지원이 절대적으로 필요하다(지광준, 2002). 즉, 이들은 일반 성인들과는 다른 개입과 처우방식이 필요하다. 그 이유는 먼저, 노인 수형자들은 노인성 치매나 노인성 질환 등의 신체적, 기질적인 장애를 가지고 있는 경우가 대부분이기 때문이다. 둘째, 심리적으로도 젊은 수형자들과는 다르게 매우 불안정하며, 오랜 수형생활로 인하여 사회로의 복귀 등은 도리어 이들에게 정신적 부담감으로 작용할 수도 있다. 노인 범죄인의 특성 중 하나가 재범률이 높다는 것인데, 이는 가족의 단절과 사회의 낙인으로 인해서 출소 후의 사회적응력을 약화시킬 뿐만 아니라 특이한 경우지만 교도소의 생활로 회귀하려는 양상을 띠기도 한다. 셋째, 이들이 출소 후에 직업을 얻는다는 것은 거의 불가능하며, 빈곤으로부터 탈출하기 위한 스스로의 자구책을 찾는 것도 쉽지 않은 일이다. 이에 따라 노인범죄자에 대한 특별한 처우를 위하여 다음의 사항들을 고려할 수 있을 것이다.

㉮ 노인 전문수용시설의 운영

노인수용자를 위한 전문시설은 우선 치료시설로서의 성격을 가져야 한다. 노인수용자 인구의 증가는 교정당국의 비용부담을 가중시키는 것으로 알려져 있다. 이들은 여러 가지의 이유로 일반수용에 비하여 건강상의 문제를 가지고 있어서 질병과 이를 위한 치료 및 예방에 관한 비용이 요구되기 때문이다(남상철 · 심연희, 2003). 노인수용시설은 보안 차원보다는 의료서비스를 보다 효과적으로 실시할 수 있는 시설 형태를 갖추는 것이 바람직할 것이다. 또한 노인범죄자들이 상대적으로 사회적 위험을 야기할 개연성이 낮다는 것을 감안하여 시설은 의료전문가나 가족들과의 접근성이 높은 곳에 위치하는 것을 적극 고려하여야 한다.

㉯ 가석방과 집행유예의 확대

재범률이 높은 노인범죄자들의 경우에는 재판과정에서 집행유예의 대상에서 제외되는 경우가 많게 된다고 한다. 그러나 고령자의 경우에는 다수의 재범자일 경우라도 집행유예 판결과 보호관찰을 병행할 수 있도록 집행유예에 대한 제한조건을 완화해 주어야 한다. 또한 고령재소자의 대부분은 행형성적이 양호하고 가석방의 요건이 충분함에도 불구하고 가석방의 혜택에서 제외되고 만기 출소하는 사례가 많다. 이들은 출소 후 정착할 수 있는 거처가 불확실하여 이를 위한 보호관계의 조정이 시간이 걸리고 출소 후의 취업 설계가 명확하지 않기 때문이다(남상철, 1999). 따라서 노인재소자에 대한 가석방의 확대는 보호시설의 확대, 취업기회의 증대와 병행하여 진행되어야 한다. 이는 갱생보호시설과 같은 보호시설의 확충과 사회복지기관과의 연계 확보가 요청되는 일이다(남상철 · 심연희, 2003).

④ 갱생보호공단의 개입

갱생보호공단에서 생활하는 60세 이상의 출소자는 전체 출소자에 비하면 그 수가 매우 적은 편이다. 고령출소자를 위한 프로그램이 적어 이들의 자립도에 크게 기여하지 못하고 있기 때문이다. 이들의 지적, 신체적 능력 등을 고려한 다양한 프로그램의 개발과 그들의 신체적, 정신적 문제에 대한 상담 프로그램, 지역사회 적응 프로그램 등의 개발이 필요하며, 사회복지시설과의 연계 프로그램도 마련되어야 할 것이다.

그러나 일반적으로 사회복지기관이나 시설에서는 이들을 기피하거나 관련 프로그램의 부재로 인하여 고령출소자를 받아들이지 않는데, 이것은 이들은 사회의 적응기간을 갖기도 전에 재범에 노정시키는 결과를 야기한다. 이러한 재범을 막기 위해서라도 갱생보호공단은 고령 출소자의 수용을 위한 적극적인 프로그램 개발에 대한 의지의 강화가 요청된다.

사회복지실천 측면에서의 바람직한 노인범죄자의 재활은 교정실무와 노인복지, 그리고 교정복지의 맥락을 토대로 이루어져야 한다. 노인범죄자가 사회로 출소 후 적응해야 하는 사회적 상황에 대해서 세 기관의 연계가 무엇보다 필요하다. 교정실무적 차원에서 범죄노인에 대한 관리와 재사회화의 측면을 고려한 프로그램과 지역사회 자원과의 연계가 필요하며, 이러한 연계를 통해서 노인복지시설화의 협력 프로그램의 운영이 있어야 한다. 대부분의 범죄노인들이 출소 후 갱생보호공단을 거쳐 사회로 진입하는 것을 고려할 때 갱생보호공단의 보호를 종료했을 때 복지시설이나 양로원, 종교단체에 입소하는 것이 더 편리하도록 시스템 상의 정비를 할 필요도 있다. 이들이 시설에 입소한 후에는 무엇보다 재활에 관심을 가지고 교정실무자와 노인복지 관계자가 협력을 해야 할 것이다. 또한 교정복지적 차원에서 이 모든 시스템의 관리 등의 업무를 교정복지의 지식과 기술을 갖춘 전문사회복지사가 감당해야 한다(최옥채, 2003).

7) 노인범죄의 전망과 과제

노인범죄에 대해 교정복지실천 측면에서 다음과 같이 전망할 수 있다(최옥채, 2007).

첫째, 앞으로 노인범죄자의 수는 계속 증가할 것이다. 이는 교정복지 관련 사회복지사뿐만 아니라 모든 사회복지사들의 개입을 가속화할 것이다.

둘째, 노인범죄자 수의 증가와 함께 이들 노인범죄자는 경제, 의료, 보건과 같은 다양한 욕구를 가지게 될 것이고, 이 같은 해결을 위해 교정당국은 형사처벌자라 하여 개입을 외면할 수 없을 것이다.

노인범죄자에 관한 전망에 따라 교정 당국이나 교정복지실천 사회복지사는 다음과 같은 과제를 수행하거나 대비해야 할 것으로 본다.

첫째, 노인범죄의 예방을 위해 노력해야 한다. 교정복지 관련 사회복지사는 경찰, 시민단체, 노인복지 관련 기관과 함께 노인의 범죄가 줄도록 다양한 개입을 시도할 필요가 있다. 예컨대, 지역사회의 여러 기관이나 단체가 협력하여 노인이 소외감과 고독감으로부터 벗어나도록 사회참여나 여가활동에 전념하게 함으로써 이들의 범죄를 예방할 수 있다.

둘째, 노인범죄에 관한 연구가 활발하게 이루어져야 한다. 특히, 연구의 실제성을 높이기 위해 경찰청과 법무부 교정국의 자료에 중점을 둠으로써 범죄 전후의 노인에 관한 실태분석이 필요하다. 이를 위하여 경찰, 검찰, 법무부 교정국은 노인범죄에 대한 통계를 일원화하고, 세분화된 전문 통계자료를 구축해야 한다.

셋째, 교정 당국은 교정기관의 노인범죄자를 위해 「노인복지법」에서 규정하는 다양한 프로그램을 실시해야 하고, 이를 위해 지역사회의 노인복지관련 기관의 도움을 받도록 노력해야 한다.

제10장

교정복지의 과제와 전망

앞으로 교정복지가 어떤 방향으로 전개되어야 하는가는 우리나라 형사정책의 방향에 따라 결정될 것이다. 이러한 형사정책은 범죄인에 대한 형벌의 구성체계와 그 형벌에 대한 관점에 따라 형성될 것이며, 또한 사회변화와 함께 변화하는 범죄인에 대한 처우의 이념을 반영할 것이다. 가장 바람직한 교정복지의 형벌의 관점은 적극적 특별예방의 성격을 띠어야 할 것이다. 그러나 아직도 자유형으로 대표되는 응보형적 형벌의 관점이 우리나라의 교정정책에 강력한 영향을 주고 있으며, 따라서 교정복지의 특별예방적 정신과 부합되는, 혹은 그것을 넘어서 가해자와 피해자의 복지가 최대한으로 보장되는 미래지향적인 형벌의 형태는 무엇인가가 앞으로의 교정복지체계를 구축하는데 영향을 미칠 것이다.

또한 교정 현장에서 범죄자에 대한 처벌보다 중요한 것은 출소 이후의 사회복귀와 재범의 방지라고 할 수 있다. 이러한 의미에서 교정복지의 실천역할은 매우 중요하다고 할 수 있다. 그러나 교정복지실천은 아직 초보적인 수준에 머물러 있다. 따라서 교정의 전(全)단계에서 사회복지사의 역할을 검토해 보고 우리나라 교정 현장에의 사회복지사의 개입과 역할을 전망해 보는 것은 교정복지의 핵심적인 과제중의 하나라고 할 수 있다. 이를 위하여 교정복지의 회복적 사법(restorative justice) 관점과 우리나라 교정현장에 사회복지사의 역할과 투입에 관한 종합적인 전망 등에 관하여 살펴보고자 한다(홍봉선, 2004).

1. 회복적 사법(restorative justice)의 이념

1977년 Albert Eglash가 발표한 논문에는 세 가지 유형의 형사사법을 주장했는데, 이 세 가지의 유형은 ① 처벌에 기초한 응보적 사법(retributive justice), ② 범죄자에 대한 정신치료에 기초를 둔 분배적 사법(distributive justice), ③ 보상(restitution)에 기초를 둔 회복적 사법(노성호, 2000: 35)이다.

여기서 말하는 회복적 사법(혹은 회복적 정의)이 범죄인에 대한 형사사법체계의 새로운 비전으로 제시될 수 있을 것이다.

회복적 정의는 범죄와 처벌에 대하여 전통적인 입장과는 다른 변화된 철학으로부터 출발한다. 전통적인 사법정의의 관행은 보복적인 입장에서 구금을 실행함으로써 범죄로 인해 피해자가 받은 상처를 회복하도록 돕는 일과 범죄인으로 하여금 자신의 행위로 인해 파괴된 상태를 수선(reparations)하도록 하는 규정 사이에 균형을 유지하려고 한다. 반면, 회복적 정의의 관점에는 범죄를 국가에 대한 공격행위로 이해하는 것이 아니라, 개인이 다른 개인에게 해를 끼친 범법행위로, 다른 사람과의 관계를 위반한 것으로 개념화한다. 따라서 개인과 개인과의 관계가 우선적으로 취급되어야 한다. 이러한 범죄에 대한 기본적 철학은 범죄자와 범죄피해자의 인간성을 인정하는 것이다. 회복적 정의는 전체 사법절차를 거치는 과정에서 범죄피해자와 가해자를 포함하여 그 범죄사건으로 피해를 입은 모든 사람들의 상처를 아물게 하는 데에 그 목적을 두고 있다. 다시 말하면, 범죄와 관련된 주요 당사자들을 보면 범죄피해자, 범죄자, 그리고 지역사회이며, 이러한 관련자들을 범죄로 인한 잘못된 결과를 바로 잡고, 화해하고 정상적 관계를 재확인시켜주는 해결책을 강구하는 과정에 참여시킨다. 단지 참여뿐만 아니라 범죄로 인한 잘못된 결과를 올바르게 정정하도록 의무를 갖게 하는 것이다(배임호, 1995: 237-238).

즉, 범죄에 의해서 야기되는 손상은 직접적인 피해자뿐만 아니라 피해자 및 가해자의 가족, 그들의 공동체와 경우에 따라서 가해자 자신도 포함한다는 것이며, 이러한 관계적인 손상은 주목받아야 하며, 의사결정 과정에 고통 받는 측 모두가 참여함으로써 화해(조정)가 이루어져야 한다고 본다(노성호, 2000: 34-35).

예를 들어, 회복적 정의의 실천자는 피해자-범죄인 중재 프로그램에서는 범죄인이 피해자에게 금전적인 손해배상을 하기도 하고 피해자를 위해 무보수로 일정한 기간 일을 하기도 하고, 지역사회를 위해서는 주로 사회봉사로서 과거의 잘못한 행동의 결과에 대한 책임을 다하고자 한다. 이렇게 피해자와 지역사회 또는 국가에 범죄인이 자신이 범한 행동의 결과를 바로잡는 것은 그 자신의 행위를 돌아볼 수 있는 기회가 주어지는 것을 의미하며, 한편으로는 잘못된 것을 바로잡기 위해서는 어떻게 해야 한다는 것을 결정할 수 있도록 도와주고 타인에게 입힌 손상을 바로 고치는 각 단계를 밟도록 도와주는 것이다(배임호, 1995: 245).

범죄인을 다룸에 있어서 가장 근본적이며 핵심적인 문제는 우리의 광범위한 정보나 현대 기술을 활용하는 것도 의미가 있겠지만, 무엇보다도 그들을 대하고 형벌하는 우리의 가치와 철학에 달려 있다고 하겠다. 이러한 가치와 철학을 대변해 주는 응보주의 중심의 정의와 회복적 정의의 개념을 〈표 10-1〉과 같이 나타내 볼 수 있다(배임호, 1995: 240).

이러한 의미를 가지고 있는 회복적 사법이 우리 사회에서 현실화될 때 교정복지가 지향하는 범죄인의 존엄과 권리의 향상이 획기적으로 달성될 수 있을 것으로 생각된다. 또한 본 프로그램은 범죄의 가해자와 피해자의 관계를 중시여기고 지역사회의 참여가 필수적이기 때문에 그의 성공을 위해서는 인간관계를 중시여기면서 지역사회 자원 동원에 관한 특별한 마인드와 기술을 갖추고 있는 사회복지 정신과 실천기술이 요구된다. 이것은 교정복지 프로그램에 사회복지의 전문 지식과 기술의 개입이 확충될 기회를 갖는 것이므로 교정복지 발전의 견인차 역할을 할 수 있을 것이다. 마지막으로 피해자의 보상이 이루어지며 또한 이에 대한 지역사회의 참여는 사회적 통합을 촉진하여 궁극적으로는 범죄예방에도 크게 기여할 것으로 생각된다.

〈표 10-1〉 응보주의와 회복적 정의(사법)

	응보주의	회복적 정의
1. 범죄에 대한 이해	• 범죄는 위법행위로써 국가(state)를 거역한 것임 • 위법행위가 법규정을 따라 기술적(technical) 용어로 한정됨	• 범죄는 개인을 거역한 것이며 또한 관계를 파괴시킨 것 • 위법행위는 윤리적, 사회적, 경제적, 정치적인 전체 맥락에서 이해됨.
2. 정의에 대한 개념	범죄인과 국가 사이의 상호 경쟁적 관계에서 범에 의하여 죄를 정하여 이에 따르는 고통을 부과하는 것	이러한 범죄의 개념은 잘못된 일들을 정정해야 할 의무를 갖게 한다. 정의는 범죄피해자, 범죄인, 그리고 지역사회가 범죄로 인한 상처를 고치고 화해를 가져올 수 있는 해결책을 강구하는 데 참여케 한다.
3. 정의(Justice)에 대한 여러 측면들	• 죄의 대가를 치르는 것이 중심 • 과거에 초점을 둠 • 범죄에 관계된 사람들의 욕구는 부차적임 • 서로간에 적대적으로 싸우는 모델 • 서로간에 차이점들이 강조됨 • 범죄인이 저지른 해(harm)에 상응하는 해를 부과 • 범죄인에 초점, 피해자는 무시됨. • 국가와 범죄인이 핵심 • 손해배상이 거의 이뤄지지 않음 • 국가가 범죄자에게 조치를 취함, 범죄인은 피동적임 • 국가가 독점적으로 사건 처리 • 범죄인은 문제를 해결할 책임이 없음 • 범죄인과 지역사회의 관계가 악화됨 • 반성과 용서를 못하게 함 • 경쟁적이고 개인주의적인 가치가 격려됨	• 문제해결 중심 • 미래에 초점을 둠 • 범죄와 관련된 사람들을 욕구가 우선적임 • 대화하는 모델 • 서로간의 공유점을 추구함 • 해를 정정하도록 규정 • 피해자의 욕구가 중요시됨 • 피해자와 범죄인이 핵심 • 손해배상이 이뤄지는 것이 정상적임 • 범죄인이 문제해결에 일익 담당 • 피해자, 범죄안, 지역사회가 문제해결에 참여할 수 있는 역할 인정 • 범죄인은 문제를 해결해야 할 책임 있음 • 지역사회로의 범죄인 통합이 증가됨 • 반성과 용서가 격려됨 • 상호성(mutuality)과 협력이 격려됨

자료: 홍봉선, 교정복지론, 2004.

2. 교정사회복지사의 역할과 개입 전망

교정사회복지사는 범죄인이 타인과의 관계를 건설적으로 형성하고, 사회적으로 수용될 수 있도록 행동 유형을 변화시키도록 원조해야 한다. 이러한 노력은 사회복지실천의 다른 영역과 마찬가지로 크게 두 가지의 접근방법이 있다. 첫째 방법은 개인적 접근방법으로서, 자기 자신에 대한 보다 깊은 이해, 그리고 장점과 자원의 발견을 통하여 개인이 변화되도록 원조하는 개인과의 활동이고, 둘째 방법은 환경적 접근방법으로서, 생활하기에 더 건전한 사회적 분위기가 조성되도록 환경을 변화시킴으로써 가능해질 것이다. 사회복지사가 원조해야 하는 범죄인의 개인적인 문제는 심각한 열등감, 사회화에 대한 무력감, 타인에 대한 부정적 감정, 형제간의 경쟁, 그리고 가족해체 등이다. 이러한 개인적인 문제를 가지고 있는 범죄인에게 교정사회복지사는 범죄인 및 출소자들이 느끼는 문제에 대해 이야기하도록 분위기를 형성해 주고, 사회적으로 건전한 행위를 할 수 있도록 자신에 대해서 통찰력 있는 이해를 하도록 격려해야 한다. 또한 환경적인 문제를 가지고 있는 범죄인에게 교정사회복지사는 곤란 상태를 감수하고 극복하는 능력을 강화시키는 것을 도울 수 있으며, 부적절한 주택과 영양, 방임가족, 부적절한 직업훈련과 직장 배치, 경제적 스트레스 등과 같은 조건을 완화하는 데에 원조할 수 있을 것이다(남진열, 2000: 46).

이에 대해 박종삼(1989)은 교정서비스에서 사회복지사의 개입의 필요성을 다음과 같이 다섯 가지로 제시하고 있다. 첫째, 행형 이론과 행형 제도가 처벌응보형에서 교정교화형으로의 변화함으로 인해 전문적인 교정서비스가 요청된다. 둘째, 교정교화사업을 위한 근본적 대책으로서 비행과 범죄의 예방 그리고 재범 방지를 위한 전문적 예방, 치료대책이 요청된다. 셋째, 비전문인력에 의한 교정사업의 개선으로서, 형식적 교정업무 시행으로 인한 분류처우, 갱생의 비전문성 등 문제점의 개선이 요청된다. 넷째, 사회 인식 변화와 재적응을 위한 여건 조성으로서, 사회수용·사회적응을 위한 지역사회의 전문사회복지사를 필요로 한다. 마지막으로, 우수한 전문인력의 양성과 채용을 통해 교정 분야에 관심을 갖고 있는 학생의 조기양성과 임용제도의 개선을 통한 전문적인 교정사회복지사의 채용이 요청된다.

이와 같이 교정서비스에 있어 사회복지사의 개입 필요성은 매우 적절하고 타당함에도 불구하고 우리나라의 보호관찰제도를 비롯한 교정 현장은 아직 이러한 필요성에 적극적인 대응을 하지 못하고 있는 실정이다. 그러나 사회 전반과 사회복지 현장의 급속한 전문화 경향은 교정복지 현장이라고 해서 예외가 될 수 없다. 현재 법무부가 강도 높은 개혁을 시행하고 있는데, 이에는 교정분야의 전문성에 대한 부분도 포함되어 있을 것으로 판단된다. 이러한 교정사회복지사의 기본적인 역할과 그 필요성을 기초로 하여 교정사회복지사의 실천과정과 필요한 훈련 및 사법절차 과정에서의 역할을 설명하고자 한다(홍봉선, 2004).

1) 교정사회복지사의 실천과정과 훈련

Needleman은 청소년 교정제도에서 사회복지실천을 향상시키기 위해서 몇 가지 단계를 시사했다. 첫째, 사회복지사는 직·간접적 서비스 방법에 대한 적절한 훈련이 필요하다. 둘째, 사회복지사는 관계를 개선하기 위해 의사를 전달하는 것과 지역사회 서비스 자원을 활용하기 위해 효과적으로 동원하는 것이 필요하다. 셋째, 사회복지사가 활동하는 지역사회에 대한 이해, 즉 지역사회의 사회경제적, 문화적, 민족적, 그리고 인종적 요인뿐만 아니라 지역사회의 규범, 청소년 행동에 대한 주변의 관용, 범죄에 대한 이해가 필요하다. 넷째, 사회복지사와 다른 청소년 사법전문가 사이에 불화, 적의, 긴장을 줄이기 위해서 사회복지사는 교정제도에 대한 종합적인 기능에 대한 기여 가치를 설명할 필요가 있다. 마지막으로, 많은 사회복지사들이 청소년 사법제도의 구성원이 되는 것이 필요하며, 따라서 신규직원 채용방법이 사회복지사를 유인하도록 개발될 필요가 있다. 사회복지사가 청소년 범죄인과의 관계에서 혁신적인 개입을 통해 그들의 지식과 기술을 활용하는 기회를 증가하는 것이 인정될 수 있도록 주장함으로써 실천분야에서 사회복지사의 역할이 효과적일 수 있을 것이다(남진열, 2000 : 410). 이것은 청소년 교정 현장에만 적용되는 단계는 아닐 것이다. 성인의 교정현장에서도 적용이 가능할 것이다. 결국 교정 현장에서 일하는 사회복지사에게는 교정실천 현장에 적합한 지식과 기술, 철학의 습득이 요구된다. 먼저 지식과 관련하여, 교정복지의 대상인 범죄인과 비행청소년을 효과적으로 원조하기 위하여 사회복지실천에 관한 지식 외에도 사법과 관련된 지식이 습득되어야 한다. 또한 범죄인과 그 가족이 처한 특수한 상황에 대한 이해가 선행되어야 하며, 이들에 대한 사회적인 낙인과 처우의 상황을 이해해야 한다.

교정제도에서 사회복지실천을 향상시키기 위해서는 사회복지사에 대한 전문적 훈련이 필요하며, 최옥채(2003 : 65-67)는 교정사회복지사가 익혀야 할 사항을 다음과 같이 열거하고 있다.

(1) 교정제도에 관한 이해

사회복지사는 우선 교정정책, 교정행정, 교정실무를 포괄하는 교정제도를 이해해야 한다. 즉, 정부가 비행청소년과 범죄인의 재활을 위해 시행하고 있는 시책(교정정책)과 이 정책을 실천하고자 하는 업무의 체계(교정행정), 그리고 일선에서 일어나고 있는 주요 업무(교정실무)를 사회복지사는 분명하게 알아야 한다.

(2) 교정복지실천 현장에 관한 이해

사회복지사는 교정복지실천 현장을 이해함으로써 비행청소년이나 범죄인들의 심리·사회적인 측면을 충분히 이해할 수 있고, 이를 토대로 하여 이들의 재활을 위해 개입하는 데 크게 도움이 될 것이다.

(3) 교정상담에 관한 이해

교정복지실천 현장에서 사회복지사는 상담기술을 통하여 교정대상자를 이해하고 대상자의 문제를 파악하고 이를 사정함으로써 교정복지를 실천할 수 있다. 심리학을 바탕으로 하는 상담이론의 토대는 이를 적용하는 현장에 따라 달리 적용되어야 한다. 따라서 특정 상담이론을 교정복지실천 현장에 적용하고자 할 때, 먼저 범죄인과 비행청소년의 환경과 이들이 지니는 특성을 잘 파악해야 한다. 이러한 작업은 역시 많은 경험과 끊임없는 노력 그리고 본인의 성향을 바탕으로 확대·발전될 수 있다.

(4) 협력단체와 조직의 관리

범죄인의 재활은 여러 분야의 사람들이 협력하여 이루어진다. 그러므로 범죄인을 위해 종교인, 사업가, 법률가, 기타 민간단체 등 수많은 조직과 개인들이 관련되어 도움을 주고 있다. 이러한 도움의 효율성과 지속성을 높이기 위하여 사회복지사는 자신의 조직관리 능력을 발휘해야 한다. 그러기 위해서 사회복지사는 먼저 도움을 받고자 하는 대상자와 도움을 주고자 하는 개인이나 단체에 대한 특성을 파악하고, 나아가 이들 양자가 효과적으로 관계를 형성하도록 지원해야 한다.

(5) 정신적 무장

사회복지사가 특별한 직업의식이 없이 범죄인과 함께 일한다는 것은 매우 힘든 일이다. 정력과 시간을 투자한 만큼 결과를 얻기는커녕 오히려 개입하지 않은 것만도 못한 결과를 가져올 때가 있기 때문이다. 이뿐 아니라 범죄인 혹은 비행청소년을 위한 수용시설의 근무여건은 공무원으로서 유사한 수준의 다른 어느 곳보다 열악하다. 사회복지사는 이러한 제반 조건을 감수하고 전문가로서 활동하기 위해 남다른 정신으로 무장할 필요가 있다. 예컨대, 사회복지사에게 인간존중 정신, 함께 일하는 정신, 실천하는 정신 등을 강조할 수 있다. 특히 수용시설의 재소자나 소년원생을 상대하는 사회복지사 또는 실무자는 전문지식과 기술보다 인간 존중의 가치를 더 중시할 수도 있어야 한다. 아울러 비행과 범죄를 성실히 이해하고 이를 대처하는 정신이 필요하다.

2) 사법과정 단계별 교정사회복지사의 역할

우리나라에서 교정복지는 주로 사법처리 절차상의 마지막 단계에서 이루어지는 교정처우(correctional treatment) 단계에서의 사회복지활동을 말한다. 그러나 광의의 교정복지의 범위에는 사법처리 전 과정 즉 경찰, 검찰, 법원 단계와 나아가 사후보호(after care) 단계까지의 사회복지활동이 포함되고 있으며 선진국에서는 이런 광의의 교정복지활동이 이미 활발하게 이루어지고 있다. 우리나라의 교정현장에서도 사법절차 전 과정에서의 교정복지적인 개입이 필요하다는 것이 인정되고 있어서, 앞으로 사법절차 전 과정에서 이루어지는 교정사회복지사의 역할이 점차로 중요해질 것이다. 현실적으로는 청소년을 대상으로 하는 교정 현장과 성인을 대상으로 하는 교정 현장을 구별할 수 있으나 교정사회복지사의 역할은 대동소이하다고 할 수 있을 것이다. 여기에서는 비행청소년을 위한 교정현장을 중심으로 하여 교정사회복지사의 역할을 살펴보고자 한다(홍봉선, 2004).

(1) 경찰 단계에서의 교정복지

형사처리 절차상 비행청소년이 최초로 접촉하게 되는 경찰단계에서는 경찰의 활동과 판단이 이후 단계인 검찰이나 법원의 결정에 상당한 영향을 미칠 뿐 아니라 청소년 개인의 장래를 좌우할 만큼 중요한 단계라 할 수 있다. 경찰단계에서의 교정사회복지사의 역할은 경찰 내부와 외부 지역사회의 양면에서 가능할 수 있을 것이다.

첫째로, 경찰 내부에서 외국과 같이 전문사회복지사를 소년경찰로 채용한다든지 혹은 기존 소년경찰에 대한 지속적인 의무교육을 통해 소년 비행업무를 보다 전문화시킴으로써 교정복지의 기능과 역할을 확대시켜 나갈 수 있을 것이다.

사회·심리적 지식과 이론에 익숙하고 충분한 사례조사를 통해 비행청소년의 특성과 성격을 파악·이해하며, 전문적 진단과 치료기술을 습득하여 적절한 조치를 강구하는 등의 전문사회사업 활동이 경찰 단계에서 활발히 이루어져야 할 것이다.

둘째, 경찰 밖의 지역사회의 사회복지사들은 경찰과 밀접한 관련을 맺으면서 비행청소년에 대한 경찰의 처리 및 선도과정에 적극적으로 개입할 수 있을 것이다. 대표적인 역할을 제시해 보면 경찰활동에 대한 상담, 조언, 자문에 응하여 비행청소년의 특성과 배경을 이해하는 데 조력하고 경찰이 지나치게 처벌위주의 결정을 내리지 않도록 비행청소년의 선도방향을 제시해 주는 일과 지역사회 내의 인력, 자원을 조직·활용하여 청소년 선도를 같이 담당하는 일 등을 들 수 있을 것이다.

근래에 외국에서는 경찰과 함께 직접 순찰하는 일, 긴급구호 전화에 응답해 주는 일 등 경찰 단계에서의 교정사회복지사의 새로운 역할들이 점차 증가하고 있는 것으로 나타나고 있다(Skidmore 외 2인, 1991 : 229).

(2) 검찰 단계에서의 교정복지

검찰 단계에서는 예컨대, 부산검찰청의 기소 전 상담제도 등에 적극 참여하여 검찰과 상호 연계하여 검사들이 합리적인 판단을 할 수 있도록 조력자의 역할을 할 수 있을 것이다. 또한, 보다 장기적으로는 사전상담위원이라는 단순히 자원봉사자 위치를 넘어서 책임과 권한이 부여될 수 있는 확고한 신분을 보장받음으로써 전문 교정사회복지사들이 검찰청의 범죄청소년 기소와 관련한 업무에 보다 적극적인 전문성을 발휘할 수 있어야 할 것이다.

그 외에도 검찰 단계에 있어서 교정사회복지사는 검찰과 상호연계 하여 비행청소년의 조사활동에도 개입하고 사회심리적 자료를 검사에게 제공함으로써 청소년을 이해하고 사건을 처리하는데 합리적 판단을 할 수 있도록 조력할 수 있을 것이다.

그러나 궁극적으로는 경찰·검찰의 단계에서 안정적이고 지속적인 차원에서 범죄 청소년의 재범 방지와 복지 증진에서 전문성을 발휘할 수 있는 제도적 장치가 마련되어야 한다. 즉, 경찰서와 검찰에 비행청소년을 위한 상담실 같은 조직을 갖추어 비행청소년과 그들 가족을 대상으로 사전 조사, 상담, 구체적 서비스의 제공 등의 역할을 수행해야 한다. 그것이 그들의 재비행 예방을 통한 복지증진과 범죄로부터의 사회보호라는 형사정책적 목표 달성을 위한 효과성과 효율성이 가장 높은 것으로 판단되기 때문이다.

소년사법절차에서 경찰·검찰은 소년사건을 처리함에 있어 그들의 교정·교화에 어떠한 전문성도 발휘하지 못하고 있으며, 오히려 그들의 반사회성을 조장하고 있는 것으로 나타났다. 따라서 이들 단계에서 교정사회복지사의 참여를 제도적으로 보장받는 혁신적 조치가 뒤따라야 할 것이다.

(3) 재판 단계에서의 교정복지

재판의 절차와 단계에서 교정사회복지사의 가장 중요한 역할은 판사가 판결을 내리기 전에 범죄 사실과 범죄소년의 특성 및 상황 등을 파악하고 이해할 수 있도록 사전조사를 실시해서 조사결과를 제공하는 일이다. 조사는 객관적 입장에서 종합적인 상황을 제시할 수 있도록 구성되어야 할 것이며, 범죄소년 당사자에 관한 것뿐만 아니라 가족, 인척, 친구관계 등 관련 영역 및 사람에 대한 광범위한 내용이 일반적으로 포함된다.

이러한 판결 전 조사 및 조사결과를 진단하는 조사관과 진단자의 역할 이외에도 외국에는 교정사회복지사가 법정의 심리과정에 직접 참여하여 전문가 증인으로서의 역할을 수행하기도 하고 범죄소년의 입장을 대변하여 자신의 의견 개진을 통해 판결에 영향을 행사하기도 한다. 현재 보호관찰제도에서만 도입하고 있는 판결 전 조사제도를 전 사법절차에 확대 적용할 필요가 있으며 이의 업무를 전문적 식견을 갖추고 있는 교정사회복지사의 고유 업무가 될 수 있도록 하여야 할 것이다.

(4) 교정처우 단계에서의 교정복지

교정 단계는 사회복지사의 역할 중 매우 중요한 사회복지실천 활동 영역으로서, 시설 중심 프로그램과 지역사회 중심 프로그램을 통하여 비행청소년들의 교정·교화를 위한 역할을 할 수 있을 것이다.

본 단계에서의 교정복지 활성화를 위하여 하루 빨리 시설내처우와 사회내처우를 불문하고 전 교정현장에 외국처럼 대거 사회복지사들이 투입되어 교정 현장의 전문화를 완성하고자 하는 과업을 지금 바로 시작하여야 할 것이다.

(5) 사후관리 단계에서의 교정복지

사후 단계에서는 사회와의 격리생활과 심리적 괴리감으로 인한 심리적 갈등·사회적응 능력의 부족 등으로 사회 재적응의 실패와 재범의 가능성을 제거하기 위해서 사회성 강화와 사회적응력을 키우기 위한 성행의 재활·치료, 상담 역할을 사회복지사가 수행해야 할 것이다. 이러한 사후 단계에서의 역할은 교정 현장에 교정사회복지사의 투입이 활성화되고 있지 않는, 특히 중간처우의 집이 공식적으로 실시되지 않는 상황에서는 교정 현장과 지역사회복지관의 협조로 복지관의 사회복지사가 참여하는 시스템을 구축할 필요가 있다고 본다.

현재 비행청소년과 성인의 사후보호를 위해 이루어지는 대표적인 활동으로서 갱생보호활동이 전부이다. 갱생보호 활동, 즉 출소자의 사후보호를 담당하는 대표적인 기관인 한국갱생보호공단의 경우에는 일부지만 사회복지사가 직원으로 참여하여 나름대로 전문성을 발휘하고 있으며 기관의 입장에서도 더 많은 사회복지사의 참여를 원하고 있지만 현실과의 괴리가 있는 것으로 알고 있다. 갱생보호공단 직원의 일정부분 이상은 사회복지사로 구성되는 제도적 장치가 요망된다.

3) 우리나라 교정현장에서의 사회복지사 개입 전망

1945년 미국사회복지사협회에서는 교정분야에 있어서 사회복지의 개입에 대한 논의가 진행되었다. 여기에서 사회복지가 교정분야에 개입해야 한다는 입장과 범죄인이 비자발적 클라이언트라는 이유로 범죄인과 활동하게 되면 사회복지의 가치인 자기결정권(self-determination)을 위반하게 된다고 반대하는 입장이 대립하였다.

사회복지의 개입을 반대하는 입장은, 범죄인은 사회복지사가 범죄인을 처우하기 위해서 부과하는 서비스에 비자발적으로 동의함에 따라 비윤리적, 비현실적, 그리고 비효과적이라는 것이다. 그러나 이 입장은 교정 분야뿐만 아니라 아동보호서비스(child protective services)와 같은 많은 사회복지 분야에도 비자발적 클라이언트가 존재한다는 점을 인식하지 못하였다. 또한 자기결정은 인간이 완전하게 자유로운 행위자가 아니며, 억제되어 있기 때문에 절대적인 것이 아니다. 사실은 도움을 원하지 않는 사람도 도움은 상대적인 것이라는 의미에서 원조를 받을 수 있으며, 원조자도 도움을 선택적으로 제공할 수 있다. 원조자의 역할에는 활동에서의 저항과 반대 등에도 불구하고 클라이언트의 개입과 협력을 필요로 한다.

개입을 찬성하는 입장은, 교정분야에서 요구되는 변화에 기여하기 위해서는 사회복지가 개입해야 한다고 믿으며, 만약 사회복지가 교정분야에서의 역할을 거절한다면, 중요한 인간서비스 분야를 다른 억압적인 집단에게 양도하는 것이라고 주장하였다(Johnson & Schwartz, 1994: 299-501).

교정현장에서 사회복지사가 참여하는 것은 지극히 당연하며, 앞으로 현재보다 훨씬 강도 높게 이루어져야 한다. 만족할 만한 수준은 아니지만 이미 보호관찰소와 한국갱생보호공단 중심의 교정현장에서는 사회복지계의 적극적인 참여를 원하고 있는 것이 사실이다. 그 외에도 소년원, 소년분류심사원 등의 교정기관에서도 사회복지계의 참여에 대하여 매우 호의적이며, 미약하나마 이들 기관에 교정사회복지사들이 직원으로 채용되어 있다. 또한 국가 주도의 형사정책적 차원에서도 교정현장의 사회화 및 전문화를 위하여 선진 외국들의 경험을 활용하고자 하고 있으며, 거기에는 교정현장에 교정사회복지사를 투입하는 방안도 당연히 포함되어 있다.

사회복지의 대상자 중에서 상대적으로 가장 열악한 클라이언트라고 할 수 있는 범죄인과 출소자, 그리고 그들의 가족을 지원하는 교정복지는 그들의 인간존엄성을 지켜주는 최후의 버팀목 역할을 담당할 것이다.

교정복지 관련 학회 소개

한국교정복지학회
The Correction Welfare Society of Korea

(홈페이지 주소: http://www.cwsk.net)

한국교정복지학회는 교정복지에 관한 연구를 통해 한국의 교정복지발전에 기여함과 동시에 건강한 가정, 행복한 세상을 만들어가고자 하는 복지운동을 전개하고자 합니다.

또한 학교폭력 및 비행청소년 선도와 범죄없는 사회를 구현, 즉 행복하고 건강한 사회를 만들기 위하여 교정복지의 메신저가 되기 위한 노력으로 전인건강과 교정에 관한 학술연구를 통해 한국의 교정복지 발전에 기여함을 목적으로 합니다.

HRW 한국인권사회복지학회

(홈페이지 주소: http://www.hrwk.net)

한국인권사회복지학회는 인권복지에 관한 활발한 연구 및 학술 교류 활동과 더불어 현장과의 밀접한 연계를 통하여 인간다운 삶과 행복한 세상을 만들어 가고자 하는 인권복지운동을 전개하고자 합니다.

또한 인권의 이상에 기초한 복지를 통하여 사회를 통합시키고 평화와 정의 및 상호에 대한 존경에 기초한 인간 공동체를 만들어 나감으로써 한국의 인권복지 발전에 기여함을 목적으로 합니다.

참고문헌

강봉학(1998), "여성 수용자 실태", 1998년 추계 한국교정학회 학술대회 자료집.

경찰청(2005), 경찰백서.

______, http://icic.sppo.go.kr

______, www.police.go.kr

공정식(2002), 『형사정책』, 서울: 동현출판사.

교정국(1997), 수용자 교육교화 및 직업훈련 운영과 통계.

교정사회사업연구회(1994), 각국의 교정사업. 광주: 도서출판 예원.

구종희(2001), 『사회봉사명제 정착을 위한 사회사업적 개입』, 정우식 외, 『교정사화사업의 이해』. 서울: 홍익재.

국가청소년위원회(2007), 청소년백서.

김경신 외(2007), 『청소년복지론』, 서울: 청목출판사.

김기헌(2000), 보호관찰제도의 현황과 발전적 방향, 연세대석사논문.

김봉길(1996), 판결전 조사에 대한 소고, 보호 통권3호, 법무부.

김상균(2004), 『범죄학 개론』, 파주: 양서원.

김성균 외(2007), 『형사사법복지정책론』, 서울: 청목출판사.

김승용(2000), "노인과 범죄", 2000년 한국노인복지학회 추계학술대회 자료집.

김용준 외 공저(2005), 『교정복지학개론』, 서울: 교학사.

김준호 외(2003), 『청소년비행론』, 서울: 청목출판사.

김화수(1991), 『행형법학』, 동민출판사.

______(2004), 범죄자 처우의 유형과 동향, 한국교정학회.

남상철, 『교정발전론』, 서울: 시사법률사, 1998

류기형・남미애・박경일・홍봉선・이경희・장중탁(1999), 『자원봉사론』, 파주: 양서원.

류기형・박경일(1991), "비행청소년에 대한 사회사업실천 모델에 관한 연구-생활모델을 중심으로." 『사회과학논총』, 제9권 제2호. 부산대학교

문선화 외(2000), 『보호관찰제도와 실천번역』, 서울: 아시아미디어리서치.

문화관광부(1988), 청소년백서.

__________(1999), 청소년백서.

박경일(2000), "사회복지 프로그램진행과 관리기법." 사회복지평가제도의 진단과 개선방향. 2000년도 추계 학술발표 및 워크샵. 한국사회복지행정학회.

박상기 외(1999), 『형사정책』, 형사정책연구원.

박영수(1991), “한국소년보호관찰제도의 운영실태 및 운영상 문제점”, 『청소년 범죄연구』 제9집, 법무부.

박현선(2000), “보호관찰청소년을 위한 공격성 감소 프로그램의 효과”. 한국사회복지학회 2000년 춘계학술대회 자료집, 한국사회복지학회.

배임호(2000), “비행청소년을 위한 범죄피해자·가해자 중재(mediation) 프로그램실천가능성”, 『교정연구』, 한국교정학회.

______(2003), “사회내처우의 쟁범과 과제”, 『교정연구』 제19호, 한국교정학회.

______(2007), 『교정복지론』, 파주: 양서원.

______(1996), “소년보호관찰 프로그램의 효과적 운영방안에 관한 연구.” 『교정연구』, 제6호. 한국교정학회.

배임호 외(2004), 『교정복지론』, 파주: 양서원.

배종대(2001), 『형사정책』, 서울: 홍문사.

______(2002), 『행형학』, 서울: 홍문사.

배종대·정승환(2002), 『행형학』, 서울: 홍문사.

범무부(1988), 범죄백서.

______(1998), 교도소 어떻게 달라졌나.

______(2001), 보호관찰실무연구논문집, 서울보호관찰소.

범무부 교정본부 http://www.corrections.go.kr

범무부 대전보호관찰소(1999), 『수강명령우수집행사례집』.

범무부 범죄예방정책국 http://www.moj.go.kr

법무연수원(1994), 누진처우제도.

__________(2007), 범죄백서.

보호관찰소 http://seoul.probation.go.kr

서울보호관찰소 남부지소, 가족약물상담실(1998), 『상담사례연구집』,. 통권 제3호.

서울소년분류심사원 http://simsa.jschool.go.kr

영국 외무부(2002), 교도소 관리에 대한 인권적 접근, 교도관을 위한 지침서, 런던 킹즈 칼리지 부설 국제교도소 연구센터.

오흥수(2002), “한국노인범죄의 실태에 대한 고찰”, 노인복지연구(2002 봄호), 한국노인복지학회.

이건종·전영실(1995), “노인의 범죄 및 범죄피해에 관한 연구”, 한국형사정책연구원.

이동진(2002), 『소년자원보호자제도제도에 관한 연구』, 서울:한국형사정책연구원.

이만종(2002), 『범죄학 개론』, 서울: 학현사.

이무웅(1992), 『보호관찰제도론』, 서울: 도서출판 풍남.

______(1995), “청소년 수강명령 프로그램 개발 방향.” 『교정연구』. 제5호. 한국교정학회.

이백철(1998), 『교정교육학』, 시사법률.

이상주(2001), “보호관찰 청소년의 대인관계 향상을 위한 프로그램 개발에 관한 연구-경주지역 선도조건부 유예 청소년을 중심으로-." 동국대학교 사회과학대학원 석사학위논문.
이상철(1994), 판결전 조사제도에 관한 연구, 한국형사정책연구원.
이승호(1996), 우리나라 사회내처우의 역사적 전개와 향후 발전방향, 형사정책 제8호, 한국형사정책학회.
이양섭(2004), 교정처우의 발전방안에 관한 연구, 경기대학교 석사학위논문.
이영란 역(1994), Heidensohn, Frances M.저, 여성과 범죄, 서울: 나남출판.
이영분 외(2001), 『사회복지실천론』, 동인.
이윤호(2002), 『교정학개론』, 서울: 박영사.
이윤호・공정식(1995), 『교정학』, 서울: 법률행정연구원.
이정미・최옥채(2005), "청소년의 재비행 과정", 한국사회복지학회 추계학술대회 자료집.
이종원(2004), "노인 범죄 및 범죄피해에 관한 실증적 연구", 대전대학교 박사학위 논문.
이훈규(1996), 『수용자 교정교육의 효율성의 관한 연구』, 서울:한국 형사정책연구원.
임병순 역(1985), 『교정교육개론』, 안양 : 안양소년원.
장인협・최성재(1994), 『노인복지론』, 서울대학교출판부.
전영실(2004), "여성폭력범죄의 특성 및 대책", 교정연구, 제22호, 한국교정학회.
정갑섭(1990), 『교정학』, 서울: 을지서적.
정무성(1999), "사회복지 프로그램 지원 신청서 작성". 한국사회복지행정학회 제1차 Workshop. 한국사회복지행정학회 교육전문위원회.
______(1999), 『사회복지 프로그램 기획과 관리』, 나눔의 집.
정진연・신이철(2005), 『형법총론강의』, 숭실대학교 출판부.
제임스 C. 피셔・캐더린 M. 콜. 유성호 역(1997), 『자원봉사프로그램의 관리와 리더십』, 아시아 미디어리서치.
조병인(2000), 『현대사회와 범죄』, 서울: 법문사.
지광준(2002), "노인범죄의 특성과 그 대책", 『한국노년학』.
차용석(1989), 『보호관찰제도의 효율적 시행방안』, 서울:법무부.
천정환(2005), 『교정복지학』, 서울: 대왕사.
______(2006), 『교정인권복지론』, 푸른북.
______(2006), 『신범죄학』, 서울: 백산.출판사.
천정환・이종갑(2005), 『교정학』, 서울: 대왕사.
최석윤(1999), 판결전조사제도, 보호관찰제도의 회고와 전망, 제24회 형사정책세미나, 한국형사정책연구원.
최영인(2005), 『현대여성학과 여성범죄이론』, 서울: 백산출판사.
최옥채(1986), 합리적-정서적 요법에 의한 보호관찰 사례연구. 숭실대학교 대학원 석사학위논문.
______(2007), 『교정복지론』, 서울: 학지사.

최인섭(1995), 전과자에 대한 사회적 인식에 관한 연구. 한국형사정책연구원.

최인섭 · 전영실(1993), "여성범죄의 실태에 관한 연구", 한국형사정책연구원.

최희찬(1999), 미국 민영교도소 제도: 그 역사와 발전. 교정, 통권 282호.

치료감호소 http://www.forencure.go.kr

하워드 아바딘스키 지음, 문선화 · 김영호 · 이경남 · 장수환 옮김(2000), 『보호관찰제도와 실천』, 서울: 아시아미디어리서치.

한국 청소년 상담원. 1999. "청소년 탈비행화 조력을 위한 효과적인 개입전략 개발연구."

한국갱생보호공단 http://www.mojra.or.kr

한국교정교화사업연구소(1998). 교정교화, 제1호.

한국소년보호협회 http://www.kjpa.or.kr

허주욱(1997), 『교정학』, 서울: 일조각.

______(1998), 교정제도의 개선방안에 관한 연구, 강원대학교 박사학위논문.

______(2002), 『교정학』, 서울: 법문사.

홍봉선(1997), 갱생보호와 사회복지. 갱생보호. 제7호.

______(2004), 『교정복지론』, 파주: 현학사.

______(2007), 『교정복지론』, 고양: 공동체.

홍봉선 · 남미애(2006), 『청소년복지론』, 파주: 양서원.

홍성열(2000), 『범죄심리학』, 서울: 학지사.

Abandinsky, Haward(1977), Probation and Parole: theory and practice. New York:prentice-Hall Inc.

Berk, Richard A., & Rossi, Peter H. (1997), *Prison Reform and State Elites.* Cambridge: Gallinger Publishing Company.

Biles, Davis(ed.)(1998), *Current International Trends in Corrections,* Sysney: The Federation Press.

Braithwaite, John, & Sandry, Jack(ed.)(1982), *Regional Developments in Corrections*, Canberra: Australian Institute of Criminology.

Brudney, J. L.(1990), Fostering Volunteer Programs in the Public Sector. SanFranciso : Jossey-Bass Publishers.

Chesney-Lind(2003), *The Female Offender : Girls, Women and Crime*, Sage Pubns.

Clear, Todd R., & Cole, george F.(2000), *American Corrections*, Boston: West/Wadsworth.

Cole, Geoge F.(1986), *The American System of Criminal Justice*, California: Brooks/Cole Publishing Company.

Colson, C. W. (1995), *Dangerous currents: A New Crime Wave is Coming. How will We Respond?*. Justice Report. Winter.

Dodge, Calvert R. (1979), *A World Without Prison: alternative to incarceration through the world.* Massachusetts: Lexington Books.

Evans, Peter. (1980), *Prison Crisis.* London: George Allen & Unwin.

Felkenes, Geoge T.(1973), *The Criminal Justice System: it's function and personnel,* New Jersey: Prentice-Hall Inc.

Felkens, Georg T. (1973), *The Criminal Justice System: it function and personnel, New Jersey*: Prentice-Hall Inc.

Flowers, R. Barri(1995), *Female Crime, Criminals and Cellmates : An Exploration of Female Criminality and Delinquency,* McFarland & Co Inc Pub.

Gitch, G. Thomas(1989), *Crime and Correction in Holland: a commentary,* International Journal of Offender Therapy and Comparative Criminology, Vol. 33, No. 2.

Gitchoff, G. Thomas(1989), *Crime and Welfare: a history of penal strategies,* Hampshire: Gower.

Gitchoff, G. Thomas. (1989), *Crime and Correction in Holland: a commentary.* Interantional Journal of Offender Therapy and Comparative Criminology, Vol. 33, No. 2.

Kaiser, Gunther(1984), *Priosn System and Correctional Laws: Europe, the U.S. and Japan. New York*: Transactional Publication.

McKelvey, Blake(1974), *American Prisons: a study in American social history prior to 1915.* New Jersey: Patterson smith.

Mika,H.(1995), *Editor's Notes.* Mediation Quarterly. 12(3).

Murphy, John W., & Dison, Jack E.(eds.)(1990), *Are Prisons Any Better?: twenty years of correctional reform.* Newbury Park: SAGE.

NACRO(1990), *Criminal Justice Policy for the 1990s: a response to the government's white paper on justic and protecting the public.* London: National Association for the Care and Resettlement of Offenders.

NACRO.(1990), *Criminal Justice Policy for the 1990s: a response to the government's white paper on justice and protecting the public,* London: National Association for the Care and Resettlement of Offenders.

Orland, Leonard(1975), *Prisons: houses of darkness.* New York: The Free Press.

Peguy, C.(1994), *We can Make a Difference: Keys for Solving the Prison Program.* Justice Report(Justic Fellowship). Winter.

Ryan, Mick, Ward Tony(1998), *Privatization and the penal System: the American experience and the debate in Britain.* Milton Keynes: Open University Press.

Short, Renee(1979), *The Care of Long-term Prisoners,* London: The MacMillan Press Ltd.
Short, Renee(1979), *The Care of Long-term Prisoners.* London: The MacMillan Press Ltd.

Smykla, John Ortiz(1981), *Community-based Corrections: Principals and Practices*, New York: MacMillan Publishing Co., Inc.

stern,Vivien(1987), *Qualitative Analysis for Social Scientists.* Sydney: Cambridge University Press.

Thomas, Charles W.(1987), *Corrections in America: problems of the past and the present*, Beverly Hills: SAGE.

Tomas, Charles W. (1987), *Correction in America: problems of the past and the present.* Beverly Hills: SAGE.

Whitfied, Dick(ed.)(1991), *The state of the Presons: 200 years on.* London: Routledge.

York, Y. O.(1982), Human Service planning. Chapel Hill : The University of North Carolina Press.

Zastrow, Charles(2004), *Introduction to Social Welfare*, Belmont: Brooks/Cole-Thomson Learning.

Zastrow, Charles(2004), *Introduction to Social Work and Social Welfare Belmont*: Books/cole-Thomosn Learning.

Zer, H.(1990), *Changing Lenses.* Scottale. Pennsylvania: Herald Press.

찾아보기

〈기타〉

[저자 소개]

• 박영숙
성산효대학원대학교 사회복지학과 교수

• 김주연
명신대학교 사회복지학과 교수

• 고명석
명지대학교 사회교육원 교수

• 강영실
한국성서대학교 사회복지학과 교수

• 김수정
한성디지털대학교 사회복지학과 교수

• 황희숙
한북대학교 사회복지학과 교수

• 구승신
세계사이버대학교 사회복지학과 교수

• 신소정
부산여자대학 아동복지보육과 겸임교수

교정복지론

2008년 8월 5일 초판인쇄
2008년 8월 10일 초판발행

저 자 박영숙·김주연·고명석·강영실
김수정·황희숙·구승신·신소정
발행인 유 성 렬
발행처 **청목출판사**
서울특별시 영등포구 신길동 233-96
전화 (02) 849-6157(代)·2820
FAX (02) 849-0817
등록 제318-1994-000090호

파본은 바꾸어 드립니다. 값 20,000원

http : //www.chongmok.co.kr

ISBN 978-89-5565-256-7